미드웨이 해전과 나

미드웨이 해전과 나

전설적인 미군 급강하폭격기 조종사의 회고록

노먼 잭 클리스
티머시 J. 오르 · 로라 로퍼 오르 지음 **이승훈** 옮김

일조각

내 사랑 진에게 바친다.

– 노먼 잭 클리스

참전용사들의 이야기를 경청하는 법을 가르쳐 준
우리의 친구 그리고리 A. 코코Gregory A. Coco 씨에게 이 책을 헌정한다.

– 티머시 & 로라 오르

일러두기

1. 본문에서 옮긴이가 추가한 내용에는 '옮긴이'라고 명시했다.
2. 책명은 『 』로, 논문명, 기사명은 「 」로, 영화, 그림, 노래 등 개별 작품명은 〈 〉로, 잡지 등 연속 간행물은 《 》로 표시했다.
3. 국내에 소개된 작품명은 번역된 제목을 따랐고, 국내에 소개되지 않은 작품명은 우리말로 옮겨 적고 원제를 병기했다.

한국어판에 부쳐

 (아내이자 공저자인) 로라와 제가 더스티 클리스 대령을 만났을 때 저희 마음에는 한 가지 목표가 있었습니다. 그의 흥미진진한 이야기를 시간이 다하기 전, 후대를 위해 정리하는 것이었습니다. 2012년 1월에 첫 인터뷰를 했을 때 클리스 대령은 95세였으나 아주 정정하셨습니다. 그는 여전히 유효한 운전면허증이 있었고 매일 수영했습니다(사실 클리스 대령은 그 뒤로도 5년 동안 건강을 잘 유지하다가 생의 마지막 3개월에 접어들어서야 기력을 잃었습니다). 저희는 클리스 대령의 이야기가 미 해군 역사에서 중요한 위치를 차지하고 있으며 이를 보전할 필요가 있다고 느꼈지만, 그의 이야기가 오래도록 남을 대중적인 책이 될 것이라고 확신하지는 못했습니다.

 저희는 브렌던 심스Brendan Simms와 스티븐 맥그레거Steven McGregor가 『은빛 폭포: 미국은 어떻게 미드웨이 해전에서 승리했는가The Silver Waterfall: How America Won the War in the Pacific at Midway』(2022)에서 『미드웨이 해전과 나』를 "진정한 미국적 이야기를 다른 작품, 작은 마을의 이름 없는 젊은이가 전쟁터로 갔다가 다시 고국으로 돌아간 경험을 묘사한 오디세이"라고 평가했다는 것을 알게 되었습니다. 5년 사이에 클리스 대령의 책은 수많은 독자의 심금을 울렸습니다.

2017년에 『미드웨이 해전과 나』가 출간된 이후 클리스 대령은 미드웨이 해전에 참전한 미 해군 조종사 가운데 가장 유명한 사람 중 하나가 되었습니다. 『미드웨이 해전과 나』는 조지 게이George Gay*의 『유일한 생존자The Sole Survivor』가 출간된 이래 등장한 중요한 결과물입니다. 두 사람 모두 회고록에서 미드웨이 해전이 만들어 낸 비애—가까운 벗들을 잃은 일—를 강조합니다. 특히 클리스 대령은 해전 생존자들이 느낀 성취감, 해전이 가져다준 개인적 보상을 좀 더 깊이 다루며, 제6정찰폭격비행대가 거둔 믿기 힘든 성취를 더 길게 언급합니다. 항공모함 엔터프라이즈의 SBD 조종사들은 허투루 폭탄을 투하하는 법이 없었고, 클리스 대령은 자신의 부대가 미드웨이 해전에서 미 해군이 거둔 성공의 선봉에 섰음을 독자들이 기억해 주기를 바랐습니다.

자신의 부대에 엄청난 자부심을 품었음에도 클리스 대령은 주인공이 되고 싶어 하지 않았습니다. 그는 독자들이 자신의 기벽과 성취뿐 아니라 기억할 만한 동료들의 성취도 기억해 주기를 바랐습니다. 이 책에는 대령이 잊지 않았던 다채로운 등장인물들이 나옵니다. 얼 갤러허, 빌 웨스트, 페리 티프, 클리오 돕슨, 존 스노든, 클래런스 디킨슨, 브루노 가이도와 그의 가장 친한 친구 톰 에버솔입니다. 무엇보다 클리스 대령은 독자들이 이들의 이름을 기억해 주기를 바랐습니다. 그는 자신이 인생의 정점—해군십자장 수여, 여자친구와의 결혼—에 이르렀던 것은 그들

---

* 제8뇌격비행대VT-8 소속 조종사. 미드웨이 해전에서 항공모함 호닛 공격대의 뇌격대로 6월 4일 아침에 출격했다. 게이 소위의 부대는 뇌격대 지휘관 존 C. 월드론John C. Waldron 소령의 독자적 판단으로 본대에서 이탈해 항로를 변경했다가 일본 기동부대를 만나 공격했으나 전멸했다. 이 전투의 유일한 생존자인 게이 소위는 표류하면서 일본 항공모함들이 SBD 급강하폭격기의 공격을 받는 장면을 직접 목격했고, 회고록 『유일한 생존자』를 남겼다.

덕분이라고 생각했습니다.

　로라와 저는 한국 독자들을 위해 『미드웨이 해전과 나』를 번역한 이승훈 씨의 성실한 작업에 깊이 감사드립니다. 저희는 앞으로도 더 많은 독자가 클리스 대령의 이야기에 감명받기를 희망합니다.

　클리스 대령은 자신이 큰 행운을 누린 사람이라고 제게 종종 말했습니다. 미드웨이에서 살아남았고, 사랑하는 사람과 함께 건강한 삶을 누렸으니까요. 만약 그가 생존해 있어서 이 책의 사인회를 연다면 그런 행운을 독자들에게도 기원하지 않았을까 상상해 봅니다. 그런 의미에서 저희는 이 책을 접한 한국의 독자들에게 클리스 대령에게 찾아왔던 행운이 함께하기를 바랍니다. 클리스 대령과 우정을 나누는 동안 저희가 그랬듯, 그가 누린 행운의 한 조각이라도 얻는다면 사랑하는 이의 격려와 행복을 평생 충분히 받을 수 있을 테니까요.

버지니아주 노퍽에서

공저자 티머시 오르

머리말

　해군에서 전역하신 후 아버지('더스티' 클리스 대령)는 제가 다니던 고등학교의 선생님이 되셨습니다. 제게 아버지가 전쟁 중에 무슨 일을 하셨느냐고 묻는 사람은 없었던 것으로 기억합니다. 만약 물어봤다고 해도 아버지가 미드웨이 해전에서 일본 함선 3척에 폭탄을 맞혔다고 대답할 정도로 잘 알았을지는 의문입니다. 학생들은 아버지가 이룬 일에 대해 어느 정도 알았던 것 같습니다. 아버지의 별명이 '제독Commodore'이었거든요.

　저녁 식탁에서 아버지가 느린 말투로 전쟁에 대해 말씀하실 때마다 저는 아버지에 대해 더 많은 사실을 알 수 있었습니다. 브루노 피터 가이도Bruno Peter Gaido는 아버지가 처음으로 이야기하신 비행대 전우였습니다. 아버지는 "피터는 비행 갑판에 서 있던 던틀리스기에 뛰어오르더니 .30구경 기관총이 있는 후방 총좌에 들어가 발사 준비를 했지. 그리고 일본군 폭격기에 사격했어. 하마터면 우리 엔터프라이즈함 승조원들에게 운 나쁜 날이 될 뻔했단다." 아버지는 싱긋 웃으며 말씀하셨습니다. "가이도에게는 운 좋은 날이었고 일본 폭격기 탑승원에게는 운수가 별로인 날이었지." 아버지는 나중에 가이도가 일본군에게 포로로 잡혀 고문에 가까운 심문을 버티다가 바다에 던져졌다고 말씀하셨습니다. 그가 비밀을 누설했다는 소문이 있었지만 아버지는 자주 이렇게 말씀하셨습니다. "난 피터를 알아. 절대 그럴 사람이 아니야."

빌 웨스트Bill West 소위도 자주 우리를 '방문'했습니다. 아버지는 빌의 비행기가 어떻게 비상착수를 했는지, 쉬운 구조작업으로 마무리될 수 있던 사건이 어떻게 하다가 소름 끼치는 사고로 끝났는지를 말씀해 주셨습니다. 아버지는 함의 난간을 붙든 채 친구 빌이 안전벨트를 풀고 탈출했다가 신발이 안테나선에 걸리는 장면을 목격하셨습니다. 웨스트 소위는 꼼짝없이 발이 묶여 버렸고, 결국 기수가 기울어지며 바닷속으로 가라앉는 SBD 던틀리스 급강하폭격기에 딸려 들어가 버렸습니다. 그와 몇 미터 떨어진 난간에 기대어 계시던 아버지는 친구가 죽는 모습을 그저 바라만 볼 수밖에 없었습니다.

아버지는 농담과 말장난을 아주 좋아하셨고 배꼽 잡는 이야기를 끊임없이 하시는 분이었습니다. 당신이 하신 말씀에 웃고, 다른 사람이 한 농담에 웃고, 또 웃을 만해서 웃는 그런 분이었지요. 아버지는 "나는 운 좋은 사람이란다. 왜 지금까지 하나님께서 나를 데려가지 않으셨는지 모르겠구나."라고 자주 말씀하셨어요. 그렇게 겸손하신 분이었습니다.

저는 아버지가 보관하신 역사적 문서들을 통해 아버지에 대해 서서히 알게 되었습니다. 제가 아버지의 일지 관리자가 되었거든요. 그 과정에서 저는 아버지가 전쟁 기간 동안 꼼꼼하게 적어 두신 노트를 열심히 읽었습니다. 저는 아버지가 어머니에게 쓴 연애편지들도 보관하게 되었습니다. 그 편지들을 읽다 보면 아버지가 해군십자장을 받으신 날 어머니에게 보낸 키스에서 서로에게 사랑의 말을 전하는 모습과 목소리가 생생하게 느껴졌습니다. 저는 배 모양으로 꼬아 만든 작고 가는 철사 조각도 보관하고 있는데, 크기가 6.5제곱센티미터도 되지 않습니다. "내가 가가에 맞힌 폭탄의 핀이란다."라고 아버지는 말씀하셨습니다.

아버지께서 타계하신 지금, 저는 아버지가 언제나 몸에 지닌 성모마리아 메달과 훈장들, 장례식 때 발사된 조총弔銃 탄피 몇 개를 가지고 있습니다. 아버지의 관을 감싼 깃발도 제게 있지요. 아버지의 놀라운 이야기도 전부 다 제가 가지고 있습니다. 로라와 티머시 오르 씨에게 감사의 말씀을 드립니다. 두 분이 한 인터뷰와 수없이 많은 대화 덕에 아버지의 이야기가 영구히 남게 되었습니다. 아버지는 사람들에게 "오르 부부가 나에 관한 책을 쓴다네!"라고 말씀하셨습니다. 아버지는 강인한 의지로 100세 생신까지 살아계셨지만 책이 인쇄되는 것을 보겠다는 목표를 이루지 못하고 그 얼마 전에 돌아가셨습니다. 지금 영적 비행기spiritual plane('영적 차원'으로도 '영적 비행기'로도 해석할 수 있다.—옮긴이)(말장난이에요, 아버지)를 타고 저 높은 곳에서 웃고 계신 아버지가 보입니다. 저는 아버지가 당신의 영웅담이 생생한 기록으로 남았다는 사실을 자랑스러워하실 것이라 확신합니다. 그러나 같이 복무했던 이들을 기렸다는 점에 대해 더 감사해하실 것입니다. '위대한 세대greatest generation'라고 불린 세대가 이룬 바를 지금의 독자들이 평가할 수 있도록 말입니다.

질 클리스Jill Kleiss

차례

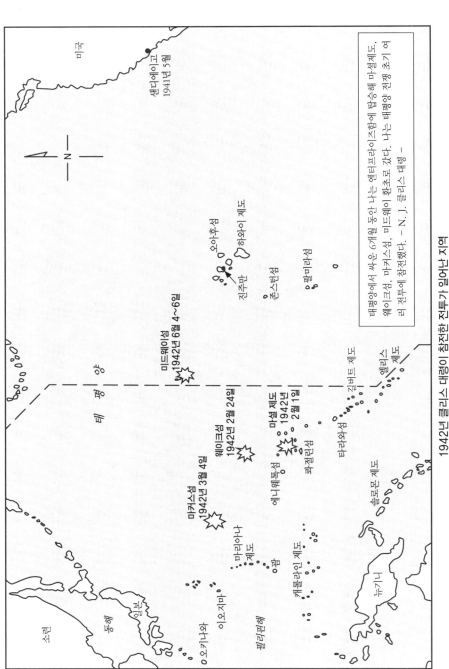

미국

샌디에이고
1941년 5월

태평양에서 싸운 6개월 동안 나는 엔터프라이즈함이 탑승해 마셜제도, 웨이크섬, 마커스섬, 미드웨이 환초로 갔다. 나는 태평양 전쟁 초기 여러 전투에 참전했다. ─ N. J. 클리스 대령 ─

오아후섬
하와이 제도
진주만
존스턴섬

팔미라섬

미드웨이섬
1942년 6월 4~6일

태 평 양

웨이크섬
1942년 2월 24일

마셜 제도
1942년
2월 1일

마커스섬
1942년 3월 4일

에니웨톡섬

콰절린섬

길버트 제도

타라와섬

엘리스
제도

마리아나
제도

괌

솔로몬 제도

소련

동해

일본

이오지마

캐롤라인 제도

뉴기니

오키나와

필리핀해

1942년 클리스 대령이 출전한 전투가 일어난 지역

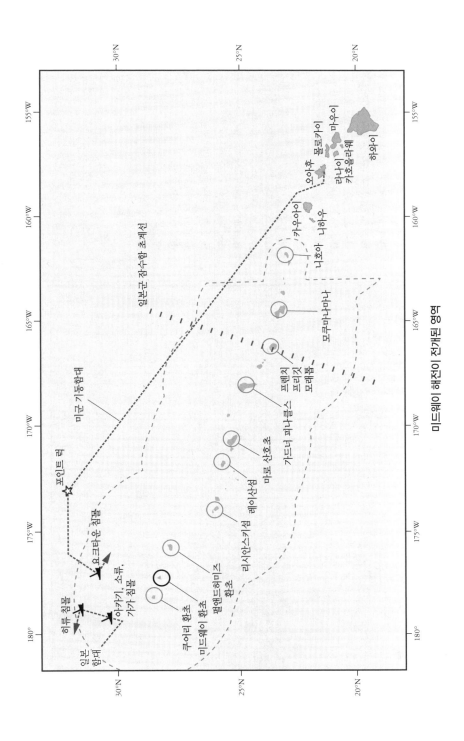

미드웨이 해전이 전개된 영역

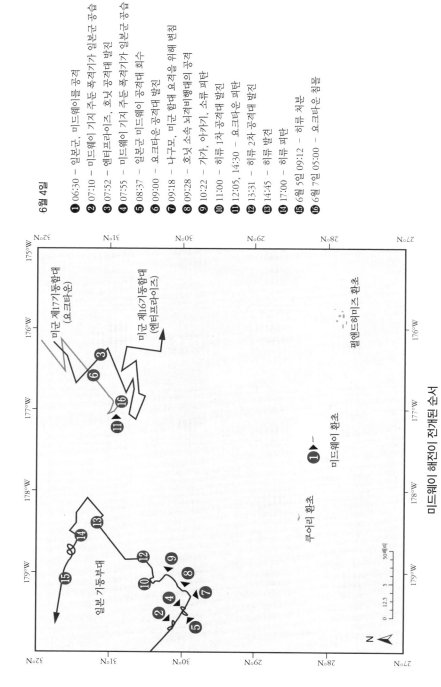

미드웨이 해전이 전개된 순서

6월 4일

❶ 06:30 – 일본군, 미드웨이를 공격
❷ 07:10 – 미드웨이 기지 주둔 폭격기가 일본군 공습
❸ 07:52 – 엔터프라이즈, 호넷 공격대 발진
❹ 07:55 – 미드웨이 기지 주둔 폭격기가 일본군 공습
❺ 08:37 – 일본군 미드웨이 공격대 회수
❻ 09:00 – 요크타운 공격대 발진
❼ 09:18 – 나구모, 미군 함대 요격을 위해 변침
❽ 09:28 – 호넷 소속 뇌격비행대의 공격
❾ 10:22 – 가가, 아카기, 소류 피탄
❿ 11:00 – 히류 1차 공격대 발진
⓫ 12:05, 14:30 – 요크타운 피탄
⓬ 13:31 – 히류 2차 공격대 발진
⓭ 14:45 – 히류 발견
⓮ 17:00 – 히류 피탄
⓯ 6월 5일 09:12 – 히류 자침
⓰ 6월 7일 05:00 – 요크타운 침몰

들어가며

　내 이름은 노먼 잭 클리스Norman Jack Kleiss다. 나이는 99세다. 아주 오래전, 나는 일본과의 전쟁에서 싸웠다. 내가 복무한 부대는 미 해군 소속 급강하폭격비행대인 제6정찰폭격비행대Scouting Squadron Six[이름 그대로 번역하면 '정찰비행대'이지만 이 비행대는 색적정찰索敵偵察과 폭격 임무를 동시에 맡았으므로 이를 반영해 '정찰폭격비행대'라고 번역했다. 이하 VS-6이라고 표기한다. ―옮긴이]로 이 비행대는 요크타운급Yorktown class 항공모함인 USS(United States Ship, 미국해군함선) 엔터프라이즈Enterprise에 배치되었다. 1942년의 첫 6개월간 나는 중부태평양에서 벌어진 여러 전투에 참여했다. 6월 4일부터 7일까지는 우리 해군이 일본 제국을 상대로 첫 결정적 승리를 거둔 장대한 전투인 미드웨이 해전에서 싸웠다. 6월 4일 하루에 우리 함대의 급강하폭격비행대는 적 항공모함 4척을 격파했는데, 이것은 내 인생에 다시 볼 수 없었던 놀라운 위업이었다. 많은 역사가들이 미드웨이 해전을 태평양전쟁의 '전환점'이라고 불러 왔다. 이 해전이 세계사에서 가장 유명한 해전 중 하나임에는 논란의 여지가 없다. 어쨌거나 나는 운이 좋아서 이 전투에서 살아남았다.

　요즘 미드웨이 해전에서 겪은 일들을 돌이켜 보면 마치 어제 일어난 일처럼 기억난다. 하지만 언제나 그러하지는 않았다. 전투가 끝나고 본국으로 돌아온 직후에는 생각할 일들이 아주 많았다. 우선 나는 내 인생의 사랑과 결혼하기를 원했다. 또한 나는 미 해군의 일원으로서 염두에 두었던 새로운 경력을 쌓아 나가야 했다. 무엇보다 전쟁에서 본 끔찍한 일들을 더 이상 머릿속에 담아 두고 싶지 않았다. 6월 4일에 나는 좋은 전우들을 많이 잃었고, 그들을 죽이고 나를 살린 운명의 기괴한 변덕을 생각하면 마음이 아팠다. 직면하기 싫었던 미드웨이에서의 기억은 금방 희미해졌다. 마침내 1962년에 해군에서 전역했을 때 미드웨이 해전은 내 긴 경력에서 작은 각주에 불과했다.

1979년 VS-6의 옛 전우들이 와이오밍 주립박물관Wyoming State Museum에서 열린 미드웨이 해전 심포지엄에 참석했다. 나는 전우들을 만나 옛이야기를 나누고 싶었다. 이것은 내가 처음으로 참석한 대규모 미드웨이 해전 기념행사였다. 여기에서 나는 몇 가지 사실을 알게 되었다. 나는 미드웨이 해전에 대한 지식에 목말라 하는 열정적인 사람들을 보고 충격을 받았다. 1942년 6월의 중요한 날들로부터 37년이 지난 후에도 미국인들은 전투를 직접 경험한 사람들로부터 전쟁 이야기를 듣고 싶어 했다. 놀라운 일이었다. 나는 내 이야기가 굉장히 재미있다고 생각하지는 않았다. 내가 일본 항공모함 2척을 격침하는 데 일조한 것은 사실이지만, 그것이 특별한 일이라고 생각하지는 않았다. 나는 해군에서 훈련받은 일을 했을 뿐 그 이상은 아니었다.

해가 갈수록 나는 점점 더 주목받게 되었다. 역사가들은 나와 인터뷰하고 싶어 했다. 텔레비전 스튜디오에서는 역사 다큐멘터리에 나를 넣어도 되겠느냐고 문의했다. 21세기가 밝자 미드웨이 해전은 나를 가만히 내버려 두지 않았다. 물밀듯이 밀려드는 질문에 정확히 답하기 위해 나는 해전에 대한 기억을 되살리고 또 되살려 보아야 했다. 묻어

버린 지 오래된 기억들과 마주해야 했다. 소금기를 머금은 공기, 바람이 조종석에 휘몰아치며 내는 포효, 폭발하며 붉은 화염을 내뿜는 적함, 말로 이루 다 표현할 수 없는 생생한 느낌을 소환해야 했다. 해전에서 잃은 전우들의 얼굴과, 전투가 끝난 후 침상에서 시간을 보내는 동안 나를 괴롭힌 슬픔을 기억에서 다시 끄집어내야 했다. 오늘도 그날— 1942년 6월 4일 목요일—은 귀찮은 친구처럼 내 어깨 위를 맴돌며 내 귀에 계속 재잘거린다. "내가 네 인생에서 가장 중요한 날이야."라고. 그날은 나를 놓아 주지 않을 것이다.

최근 몇 년 동안 미드웨이 해전에 대한 기억은 더욱더 내 마음을 파고들었다. 2010년 8월, 버넌 미킬Vernon Micheel이 타계하자 나는 내 비행대에서 유일하게 살아 있는 조종사가 되었다. 2011년 1월에 클레이턴 피셔Clayton Fisher가 사망하자 나는 미드웨이 해전에서 싸운 급강하폭격기 조종사들 중 마지막 생존자가 되었다. 아마 이 전투에 참전한 미군 조종사들 중 최후의 생존자일지도 모른다. 인터뷰할 사람들이 없어지자 역사가들이 새로운 정보를 얻기 위해 나를 찾아온다. 최근 나는 스스로에게 계속 이렇게 물었다. 왜? 왜 신은 내가 마지막 사람으로 적합하다고 보았을까? 왜 나는 내 여생의 매일매일 미드웨이를 기억해 내야 할까? 수많은 명상과 기도 끝에 나는 마지막 남은 소명을 완수해야 한다고 결심했다. 나의 이야기를 해야 한다.

나는 역사를 위해, 그리고 우리나라가 존속하도록 목숨을 바친 전우들을 기리기 위해 이 일을 하고 싶다. 지상에서 내 유해가 먼지로 돌아가고 오랜 시간이 지난 후에도 역사가들이 내 이야기를 이용하기를 희망한다. 역사가들은 이 책을 칭찬할 수도 조롱할 수도 있고, 이 책에 대해 어떤 말도 할 수 있다. 나는 전혀 개의치 않는다. 하지만 그렇게 오래 살았으면서 미드웨이 해전을 기억하는 데 아무것도 하지 않았다는 말만큼은 듣고 싶지 않다. 내가 마음의 평화를 찾을 수 있는 유일한 방법은 본 것을 묘사하고 내가 아는 한 정직하고 충실하게 이야기를 전하는 것이다. 시간이 지나 몇몇 사건에 대한 기억은 흐려졌지만, 나는 비행 일지와 일기, (나중에 내 반려자가 된) 여자친구에게 쓴 편지, 우리 비행대의 교전 보고, 혼란스러웠던 태평양전쟁 첫 몇 달 동안 일어난 일을 재구성하기 위해 찾아낸 일차 사료 등을 충실하게 확인했다.

하지만 이 회고록은 전투 이야기 이상의 것이다. 이 이야기는 러브스토리이기도 하다. 인류 역사상 가장 처절한 전쟁이 일어나기 얼마 전, 나는 진Jean이라는 이름의 매력적인 젊은 여성을 만났다. 나는 진에게 첫눈에 반했다. 다행히 그녀도 내게 큰 거부감을 느끼지 않아서 우리는 데이트를 시작했다. 태평양에서 싸우는 동안 나는 본국으로 돌아가 진과 결혼해야겠다는 생각뿐이었다. 그렇다고 해서 우리 사랑 이야기가 단순히 '소년과 소녀가 만나 사랑한' 이야기는 아니었다. 몇몇 복잡한 문제가 얽혀들어 하마터면 우리 연애를 망칠 뻔했다. 간단히 말해 '소년과 소녀가 만나 사랑한' 다음 엄청나게 많은 일들이 일어났다. 소년은 멍청하게도 소녀를 놓쳤고, 그 일을 후회했으며, 바보같이 군 것을 사과했고, 소녀를 되찾았다가, 몇 번의 전투에서 싸우기 위해 항해를 떠났고, 마침내 처음에 소녀를 놓친 일생일대의 실수를 저질렀다는 걱정으로 해군 복무기간 대부분을 보냈다는 이야기다. 내 이야기는 부끄러운 실수로 점철된 러브스토리다. 나도 안다. 어찌 되었든 나는 상황을 반전시켜 한 남자가 찾을 수 있는 최고의 배우자와 생을 같이하게 되었다. 나는 진에 대한 애정으로 태평양전쟁의 가장 암울한 시기를 견딜 수 있었고, 이 회고록은 그녀의 친절함과 연민에 대한 증언이기도 하다. 진, 당신이 천국에서라도 이 글을 읽을 수 있다면 얼마나 좋을까.

나는 언제나 당신을 사랑하오. 내 목숨보다 더.

　내 회고록은 당시 막 성년에 도달한 미국 해군 항공대의 역사이기도 하다. 제2차 세계대전이 발발하기 전에 나는 조종사가 되고 싶었다. 신설된 미 해군 항공대가 아직 실전에서 혹독한 검증을 받지 못한 시기에 나는 비행기와 사랑에 빠지고 말았다. 우리 조종사들은 수상함 장교들의 편견, 결함 있는 장비, 급강하폭격dive-bombing이라고 부른 우리가 선호한 공격 방법의 위험성 등 온갖 난관을 극복해야 했다. 우리는 도움이 될 만한 표지가 없는, 광막한 백지나 마찬가지인 태평양에서 목표를 향해 길을 찾는 방법을 배워야 했다. 우리는 전투가 벌어지면 등 뒤에서 우리를 덮치는 적 전투기를 회피하는 방법을 배워야 했다. 우리는 시속 240노트(444km/h)로 급강하하면서 폭탄을 투하하는 방법을 배워야 했다. 우리는 블랙아웃Black out(외력으로 인해 피가 하체로 쏠려 일시적으로 기절하는 현상─옮긴이)을 일으킬 위험이 있는 중력가속도G-force를 견디며 비행기를 한계까지 몰아가는 방법을 배워야 했다. 우리는 모함으로 귀환하기 위해 연료를 절약하는 방법을 배워야 했다. 우리는 한밤중이나 폭풍이 몰아치는 바다에서 앞뒤로 요동치는 작은 비행 갑판을 포착해 착함하는 방법을 배워야 했다. 우리는 전우가 격추되거나 실종되어 유해를 회수할 길이 없을 때에도 조용히 슬퍼하는 방법을 배워야 했다. 우리는 아직 역사가 짧은 미국 해군 항공대가 시행착오를 통해 급강하폭격의 위험성을 발견하고 있을 때, 이 모든 것을 해내야만 했다.

　마지막으로, 이 책은 특정 전투와 그 유산에 대한 회고록이다. 내 이야기는 남부 캔자스에서 보잘것없이 시작하지만, 나는 VS-6에서 조종사로 보낸 시간과 미드웨이 해전에서 내가 맡은 역할에 초점을 맞췄다. 이 해전에서 5분 만에 일본 기동부대의 자부심인 항공모함 4척이 미군 더글러스Douglas SBD 급강하폭격기 48기에 의해 격파되었다. 나는 많은 용감한 사람들, 조종사들, 후방사수들과 나란히 싸웠고 그들을 굳게 신뢰했다. 그중 많은 이들이 돌아오지 못했다. 연료가 떨어져 바다에 불시착한 VS-6의 동료들은 외롭게 바다를 떠돌다가 천천히 죽어갔다. 나와 가장 친한 친구—제6뇌격비행대Torpedo Six/VT-6 소속—도 일본군 전투기에 격추되어 그 못지않게 끔찍한 죽음을 맞았다. 또 다른 전우 두 사람은 일본군에게 잡혀 심문받고 처형당했다. 그들은 모두 자기 의무를 다하며 패전의 구름이 짙게 드리웠을 때 우리 해군에 승리를 안기기 위해 노력하다가 죽었다.

여러 해 동안 침묵을 지킨 끝에 나는 지금이 보답할 때라는 것을, 영구적인 무언가를 완성할 때라는 것을, 내 전우들의 용맹을 증언할 때라는 것을 받아들였다. 그들이 없었다면 나에게 그 끔찍한 전투에서 살아남기에 충분한 기량이나 자신감이 존재하지 않았을 것이다. 나는 최선을 다해 그들이 보인 모범을 따르고 그들처럼 용감해지고자 했다. 부끄러운 순간과 실수, 후회를 포함한 나의 삶을 대중과 나누는 데에는 많은 용기가 필요하다고 생각한다.

독자 여러분, 내게 관대함을 베풀어 주시되 나를 영웅이라 부르지는 말아 주오. 태평양전쟁에서 나는 내 일을 했고 그게 전부다. 내가 — 하늘에서 폭탄을 투하하는— 위험한 임무를 수행했고, 세상이 전쟁으로 갈가리 찢기는 예외적인 시대를 산 것은 사실이다. 하지만 나는 장수와 영원한 사랑이라는 축복을 받은 운 좋은 바보일 뿐이다. 운명은 내게 호의를 베풀었지만, 나는 아직도 그 이유를 이해하지 못하고 있다.

1

캔자스에서 보낸 어린 시절

1916~1932년

　나는 1916년 3월 7일에 캔자스주Kansas 커피빌Coffeyville에서 태어났다. 아버지 성함은 존 루이스 클리스John Louis Kleiss이고 어머니 성함은 룰루 더넘 클리스Lulu Dunham Kleiss다. 클리스 일족은 1859년에 독일의 고향을 떠나 위스콘신주Wisconsin에 정착했다. 이민 온 해에 태어난 할아버지 존 B. 클리스John B. Kleiss는 우리 일족 중 첫 미국 출생자다. ─친구들이 'J. L.'이라고 부른─ 아버지는 1888년 8월 21일에 태어났다. 아버지는 거의 평생을 위스콘신주에 살며 철도회사에서 목공장으로 일하다가 나중에 뉴욕에 있는 상호보험회사의 보험 판매사원으로 취직해 캔자스로 이주했다. 어머니 룰루 이저벨 더넘은 1882년 3월 17일에 일리노이주Illinois 로건 카운티Logan County에서 태어났다. 어머니 일족의 가계는 독립전쟁 때 뉴저지에서 대륙군Continental Army〔미국 독립전쟁 시기인 1775년에 북아메리카 13개 식민지가 연합해 영국과 싸우기 위해 만든 군대─옮긴이〕 정찰병으로 복무한 피터 밴터Peter Banta까지 거슬러 올라간다. 어머니는 능숙한 타자수였고 아름다운 필체의 소유자였으며, 옷을 지어 가난한 사람들에게 기부하는 봉재 모임인 지역 도르가회Dorcas

Society에서 일했다. 항상 내게 친절하고 나를 돌봐주고 내게 필요한 것이 없는지 살펴보는 완벽한 어머니였다. 내 개인 기록물들을 모아둔 문서철을 뒤져 보면 내가 처음으로 쓴 단어는 '어머니'였다.

내 고향 커피빌은 캔자스주 남동부의 평평한 초원에 자리 잡은 몽고메리 카운티Montgomery County의 12개 마을 중 하나였다. 마을의 남쪽 경계에서 몇 킬로미터만 더 가면 오클라호마주Oklahoma였다. 마을 동쪽으로는 아칸소강Arkansas River의 주요 지류 가운데 하나로 버디그리스강Verdigris River이라고 불리는 270마일(434km) 길이의 구불구불한 강이 유유히 남쪽으로 흘러갔다. 내 고향이 유명해진 사건이 있다. 돌턴 갱Dalton Gang이 비참한 최후를 맞은 곳이 바로 커피빌이다. 1892년에 커피빌에는 욕심 많은 도둑이 탐낼 만한 은행 2개가 있었다. 10월 5일, 오클라호마에 본거지를 둔 악명 높은 갱단 5명이 커피빌에 도착해 두 은행을 동시에 털려고 했다. 대담했지만 어리석은 계획이었다. 도둑들이 쓸데없이 인원을 분산한 덕에 커피빌 주민들은 마을의 총포상 겸 철물점에 모여들어 화기를 빌려 응징에 나섰다. 12분에 걸친 총격전 끝에 갱단원 4명이 죽었고 커피빌 주민도 4명이 사망했다. 어린아이들은 아무것도 없는 프레리에 세운 신흥 마을을 악랄한 침입자들로부터 지켜낸 흥미진진한 이야기를 동네 어른들에게 들으며 자랐다. 나도 총격전에 참가했던 콧수염을 기른 남자에게서 이 이야기를 들었던 게 기억난다. 말이 많은 그는 아이들을 모아 놓고 자기가 이 전설적인 전투에서 어떻게 "다쳤는지wounded"(발음 때문에 "당했는지pounded"와 운율이 맞게 들렸다.)를 자랑스럽게 떠들었다.

내 부모님의 집은 계속 확장되던 도시의 녹지 공간 한가운데에 있었다. 뒷마당에 있는 꽃밭과 아스파라거스밭 때문에 집에서는 거의 언제나 꽃향기와 아스파라거스 냄새가 났다. 뛰노는 어린아이들이 내는 소음이 좁은 길을 따라 메아리쳤다. 큰 집을 자랑하는 우리 이웃인 러셀 Russel과 에피 톤지어Effie Tongier 부부는 아이가 아홉 명이었다. 그 집은 당시 메이저리그 야구팀 워싱턴 세너터스Washington Senators의 스타 투수이자 야구 명예의 전당에 처음으로 헌액된 다섯 명의 선수 가운데 하나인 처남 월터 존슨Walter Johnson이 누나 부부에게 선사한 집이었다.

어릴 적 나는 어머니처럼 눈동자 색이 검은색에 가까웠다. 내 머리카락은 밝은색 직모였지만 나이를 먹으면서 점점 짙어졌고, 귀가 크고 튀어나왔다. 동년배 남자애들보다 키가 작고 세 형제 중 막내여서 나는 어머니에게 충분한 관심을 받으며 자랐다. 어릴 적 내 성격이 어땠는지는 잘 기억나지 않지만, 어머니는 내가 저지른 실수와 장난을 메모한 사진 앨범을 보관해 두었다. 어머니의 기록에 따르면 나는 통제 불가능할 정도로 모험에 대한 열정이 강했다. 한 사진에서 나는 니트 보닛을 쓰고 웃자란 풀에 둘러싸인 채 비포장도로 한가운데에 서 있다. 사진 설명은 이렇다. "아주, 아주 먼 길이었지." 나는 그 길의 끝을 처음 보는 사람이 되고 싶었다. 나는 물도 사랑했다. 여섯 살 때 좋아했던 옷은 세일러복이었다. 나는 그 옷을 굉장히 자주 입었는데, 어머니도 그 옷을 좋아했기 때문에 똑같은 옷을 계속 입는 게 별로 어렵지 않았다. 어머니는 이렇게 썼다. "이 옷을 네가 처음 입었을 때 너는 (주머니 깊이 손을 찔러넣고) 거울을 보며 '난 진짜 남자예요. 안 그래요, 어머니!'라고 말했단다." 1924년에 부모님과 함께 간 캘리포니아 여행에서 태평양을 처음 보았다. 나는 금세 파도와 사랑에 빠졌다. 큰 파도를 뒤집어쓰며 몇 시간 동안 첨벙대며 놀다가 결국 억지로 끌려 나왔다. 나의 모험에 대한 갈망은 캔자스 프레리 지방의 고된 환경을 잘 버텨낸 형과 누나를 선망한 데에서 비롯되었다. 나보다 여섯 살 위의 루이스Louis 형과 세 살 위의 캐서린Katherine 누나는 은근히 방랑벽이 있었다. 두 사람 다

세 살 때 일리노이주 링컨의 고모 집에서 노새를 타는 모습. 이 사진을 찍고 몇 초 뒤에 노새가 날뛰는 바람에 나는 첫 '비행'을 했고, 하마터면 죽을 뻔했다. (Norman J. Kleiss, 이하 NJK)

행동이 빠르고 영리하며 형제들을 사랑했다. 똑똑하고 동생을 잘 챙겨주는 형과 누나의 막내로 살기는 수월했다. 나는 그저 앉아서 배우기만 하면 되었다.

어쨌든 나는 뭐든 내 식으로 하는 것을 좋아했다. 먼저 나는 내 이름부터 지었다. 나는 '노먼 잭 클리스'라는 이름으로 세례를 받았다. 생의 첫 4년 동안은 모두 나를 노먼이라고 불렀다. 난 그 이름이 싫었다. 나는 가운데 이름인 잭이라고 불러 달라고 고집을 피웠다. 거들먹거리는 어른들이 "꼬맹이 노먼, 잘 지내니?"라고 물으면 나는 씩씩거리며 "내 이름, 잭!"(동사는 빼먹었다.)이라고 정확하게 정정했다. 다섯 살 때쯤 부모님은 내가 바꾼 이름을 받아들였다. 나는 잭이었다. 그때부터 영원히 잭은 내 이름이 되었다. 나는 무모한 행동을 좋아해서 그것 때문에 크게 덴 일도 있었다. 세 살 때 고모 농장을 방문한 어느 날 나는 사촌 형의 노새에 타겠다고 고집을 피웠다. 어머니와 아버지는 반대했지만 나는 사촌 형의 도움을 받아 안장에 올라탔다. 갑자기 내 어리석음을 증명하겠다고 작정이라도 한 듯, 노새가 앞다리를 들고 일어서더니 나를 공중으로 던져 버렸다. 나중에 어머니는 당시 상황을 "우리는 겁에 질려서 네가 분명 죽었다고 생각했단다."라고 설명했다. 소름 끼치는 털썩 소리와 함께 나는 땅바닥에 떨어졌다. 노새는 나를 제거해서 신이 난 듯 팔짝팔짝 뛰어다녔고, 부모님은 나를 구하러 허겁지겁 달려왔다. 어딘가 부러졌을 것이라는 부모님의 걱정과 달리 놀랍게도 나는 툭툭 털며 일어났고, 왼팔 한 군데에 타박상을 입은 것 빼고는 무사했다. 죽음이 나를 스쳐 지나가 살아남은 첫 경험이었다. 어머니 말씀으로는 그 뒤로 며칠간 내가 혀 짧은 소리로 우스꽝스럽게 "나쁜 느새야."라고 수없이 말하면서 노새를 원망했다고 한다.

독립적 성향 때문에 문제에 부닥친 경우도 잦았다. 우리 집 끝 쪽에 있는 나무에 묶였던 적이 있는데, 그때가 네다섯 살쯤이었다. 하루는 아버지가 집에서 사무실까지 걸어가는 길에 나를 데려갔다. 커피빌에서 가장 번화한 거리를 따라 여덟 블록을 가는 여정이었다. 아버지 직장에 함께 가 본 것은 그때가 처음이었고 정말 좋았다. 가는 길에서 본 커피빌의 풍경, 노면전차와 버스, 돌턴 갱이 강도질했던 장소, 아버지의 사무실, 모든 게 좋았다. 다음 날 아버지가 출근한 후 나는 아버지를 따라가 보기로 결심했다. 길을 충분히 기억해 둔 나는 스스로에게 이렇게 말했다. "음, 시내로 가서 다들 어디로 가는지 보기만 하면 돼. 계속 바쁘게 움직이는 사람들을 따라가다 보면 재미있는 건 다 놓치겠는데." 아버지 사무실에 단 한 번 가 봤지만 나는 전차선로를 무사히 건너고 교차로를 가로질러 계단을 올라 마치 자주 오는 손님인 양 아버지의 사무실에 도착했다. 아버지는 불같이 화를 냈다. 나를 질질 끌다시피 집으로 데려간 아버지는 어른 없이 혼자 돌아다니면 안 된다는 교훈을 주기 위해 나를 나무에 묶어 버렸다. 처음에는 이게 무슨 상황인지 잘 몰랐다. 왜 아버지가 나를 꼼짝 못 하게 묶어 두었지? 나는 밧줄을 세게 당기며 씩씩하게 소리쳤다. "이 나무 뽑으 거야!"(그때 나는 'ㄹ' 발음을 전혀 못 했다.) 날 도와줄 사람은 아무도 없었다. 결국 아버지가 풀어 줄 때까지 나는 꼼짝 못 하고 나무에 두세 시간가량 묶여 있었다.

아버지가 가르치려 한 교훈은 완전히 마음속에 뿌리내렸던 것 같다. 그 뒤로 아버지 뒤를 따라 직장에 간 적은 없었으니까. 하지만 그 일 때문에 내가 탐험을 그만두었는지는 확실하지 않다. 어린 시절의 나는 세상을 더 많이 보고 싶었고 그 누구도—아버지와 어머니조차— 나를 멈추게 할 수 없었다. 이 모든 게 내가 구제 불능이었다는 뜻은 아니다. 사실 나는 꽤 일찍부터 잘잘못을 가리는 법을 배웠다. 하루는 아버지가 지하 수조에 부착된 펌프를 청소하기 위해 사람을 불렀다. 뭔가 유치한 이유였겠지만, 수조 구멍에 물체가 떨어졌을 때 나는 첨벙 소리를 듣고 싶다는 생각이 들었다. 나는 아무도 보지 않는 틈을 타 우리 집에서 가장 좋은 은제 식기를 들고 나와 입을 벌린 깊은 구멍으로 하나씩 떨어뜨리면서 첨벙 소리가 날 때마다 낄낄거렸다. 하지만 스릴은 얼마가지 않았다. 부모님은 가정부가 식기를 훔쳐 갔다며 그녀를 해고했다. 나는 심한 죄책감에 사로잡혔다. 6개월 뒤 수조를 청소하는 사람이 수조 배수로를 청소하다가 잃어버린 은식기를 찾았다. 누구의 잘못인지를 알게 된 부모님은 내게 즉시 벌을 주었다. 나는 교훈을 얻었다. 내 잘못된 행동 때문에 죄 없는 가정부에게 끔찍한 결과가 생긴 것이다. 이 사건은 '결과'의 정의를 일깨워 주는 도구로서 수년간 내 마음을 떠나지 않았다. 그 뒤로 나는 내 잘못 때문에 남들이 고통받지 않도록 최선을 다했다.

종교는 내 어린 시절에 중요한 역할을 했다. 매주 일요일에 어머니와 아버지는 가장 좋은 옷을 차려입고 10번가와 엘름Elm가 북서쪽 모퉁

이에 있는 진중한 벽돌 건물인 제일감
리교회First Methodist Episcopal Church에
서 열리는 아침예배에 출석했다. 주일
학교 선생님들의 말씀을 듣고 나는 신
이 인간사에 일상적으로 개입한다고
믿게 되었다. 좋건 나쁘건 설명할 수
없는 사건들은 모두 신이 세운 계획의
일부다. 나는 이 메시지가 내 인생관
에 영향을 주었다고 생각한다. 인생은
소명이라는 것이 내 믿음이다. 영원히

꼬마 선원. 가장 좋아하는 옷을
입은 여섯 살 때의 나. (NJK)

살 수 없는 인간은 현세의 임무를 끝낸 다음에야 영혼이 천국으로 불
려 갈 수 있는 것이다. 나는 신에게 나를 위한 특별한 계획이 있다고 믿
는 편을 선호한다. 그게 무엇인지를 밝히는 것은 내 몫이다.

여섯 살 때 나는 마을 한가운데에 있는 작은 학교인 가필드 초등학교
Garfield Elementary School에 입학해 공교육을 받았다. 배우는 것은 즐거
웠다. 내 첫 성적통지서에는 M, B, E가 고루고루 섞였는데,* 전 과목
에서 평균이거나 평균 이상의 성적을 거뒀다는 뜻이다. 첫 학기에는 지
각이 전혀 없었고 아파서 나흘 결석했을 뿐이었다. 나는 장난치기도 무
척 좋아했다. 1922년 1월의 어느 겨울날, 수업에 들어가려고 기다리
고 있을 때 친구와 나는 학교 건물의 모퉁이 뒤에 숨어서 문으로 다가
오는 영어 선생님을 지켜보고 있었다. 우리는 잘 겨눈 눈뭉치를 예고

---

* 가필드 초등학교에서 선생님들은 학생 성적을 평가할 때 '만족스럽지 못함
unsatisfactory'은 U, '평균average'은 M, '뛰어남Exceptional'은 E라고 표시했다. 모든
과목이 이 평가체계를 따랐다. '학업성취도'와 '성실성' 부문만 A~F 평가체계를 따랐
다. 나는 모두 B를 받았다.

없이 선생님에게 던졌다. 눈뭉치는 정확히 선생님의 가슴에 맞았고 균형을 잃은 선생님은 마치 만화에서처럼 우스꽝스럽게 넘어져 허공에서 두 다리를 휘저었다. 우리는 도망칠 계획이었지만 거꾸로 넘어진 선생님의 모습이 너무 우스워서 배를 잡고 웃느라 도망칠 기회를 놓쳐 버렸다. 결국 굴욕을 당한 선생님은 똑바로 일어나 우리 팔을 붙들고 1학년인 우리를 일주일 동안 근신에 처한다고 선언했다.

눈뭉치 사건은 위험을 사랑하는 내 기질의 발현이었다. 어릴 적부터 나는 무모한 행동을 하는 데 거리낌이 없었다. 친구들은 위험한 일이 생기면 나를 찾았고 나는 그에 부응했다. 공놀이를 할 때 가끔 지붕에 공이 얹히는 경우가 있었다. 같이 노는 아이들 중 내가 제일 작았기 때문에 나는 이웃집 지붕에 가장 쉽게 올라갈 수 있었다. 나는 친구들을 위해 자원해서 잃어버릴 뻔한 장난감을 되찾아 왔는데, 부모님이 보았다면 몹시 언짢아할 일을 한 셈이다. 그때는 술래잡기조차도 거친 면이 있었다. 형과 나는 길 건너에 사는 로즈부시Rosebush 형제 케네스Kenneth와 로버트Robert네 집에 자주 놀러갔다. 커피빌식 술래잡기는 원래 형태와 매우 달랐다. 놀이를 시작할 때 우리는 누가 '술래'가 될지를 결정했다. 술래는 집 뒷마당 한가운데에 서고 나머지는 술래 주변을 빙빙 돌며 달렸다. 그러면 술래가 불 붙인 불꽃놀이 폭죽을 제1차 세계대전 때 썼던 탄피 속에 넣었다. 그러고서 우리는 테니스공을 그 위에 떨어뜨렸는데 이렇게 하면 탄피는 일종의 대포가 되었다. 술래는 이동할 수 없지만 폭죽의 심지가 다 탈 때까지 기다리며 탄피를 빙빙 돌릴 수 있었다. 폭죽이 터지면 테니스공이 로켓처럼 발사되었다. 공에 맞은 사람은 땅바닥에 넘어졌다. 우리는 이런 식으로 놀았다.

요새 기준으로 보면 테니스공을 대포처럼 쏘는 놀이가 이례적이겠지만 당시에는 일상적이었다. 그 시대에는 아이들을 별로 걱정하지 않았

내 첫 동료 선원들. 우리 배 펀킨 크리크 스페셜호를 자랑스럽게 보여 주는 캔자스주 커피빌의 링컨가 아이들. 루이스 형(오른쪽에서 두 번째), 캐서린 누나(오른쪽 끝), 내(왼쪽에서 두 번째)가 보인다. (NJK)

다. 살든지 아니면 죽든지였다. 우리는 힘든 과정을 거쳐 빠르게 성장했고 스스로를 챙기는 법을 배웠다. 여름이 되면 아버지는 우리를 버디그리스강에 데려다주고 종일 보트 놀이를 하게 놔두고도 크게 신경 쓰지 않았다. 나와 친구들은 폐가에서 목재를 가져와 버디그리스강의 지류에서 이름을 따 '펀킨 크리크 스페셜Punkin' Creek Special'(이 강의 실제 이름은 펌프킨 크리크Pumpkin Creek'다. —옮긴이)이라고 이름 붙인 나룻배를 만들었다. 나중에 나는 전용 보트까지 만들었다. 건설 현장에서 훔쳐 온 잉여 바닥 자재를 이용해 작은 배를 뚝딱뚝딱 만들었다. 아침마다 아버지는 자동차 뒤에 내 작은 보트를 걸고 버디그리스강까지 나를 데려다주었다. 나는 아침부터 내내 하류 쪽으로 떠내려갔다. 오후 2시 30분쯤에 아버지가 길을 따라 운전하면서 내 보트를 찾았고, 어디서든 내가 뭍으로 올라와 있으면 나를 집으로 데려갔다.

어른 없이 몇 시간 동안 떠다녔기 때문에 우리는 서로를 돌보는 방법을 배웠다. 펀킨 크리크 스페셜호의 승조원은 남자애 여섯, 여자애 하나, 개 한 마리로 나, 형, 누나, 로즈부시 형제, 빌 미첼Bill Mitchell과 잭 이셤Jack Isham, 그리고 로즈부시 형제의 강아지인 에어데일 테리어 댄Dan이었다. 내가 너무나 사랑한 댄은 키 근처에 앉았다. 우리는 무척 즐겁게 놀면서도 책임을 나누는 법을 배웠다. 누군가는 늘 키를 잡았다. 우리 중 한 명은 위험한 것이 있나 사방을 경계했다. 낚시와 잡담으로 즐거운 시간을 보냈지만 이 경험은 우리에게 귀중한 삶의 교훈을 가르쳐 주었다. 항상 경계하고, 자신의 일에 대한 책임을 지라.

나는 다른 방법으로도 책임감을 배웠다. 집안일을 도우며 받은 돈이 내가 처음으로 번 돈이었다. 아버지는 내가 부엌 화로에 석탄을 채우면 용돈을 주었다. 창고에서 하루에 세 번 정도 석탄을 퍼 와서 한 양동이당 1센트를 받았다. 내가 나이를 먹자 아버지는 더 까다로운 일을 맡겼다. 잔디밭을 깎는 데 5센트, 지붕에 올라 불필요한 나뭇가지를 치우거나 벽돌로 깐 보도 밑에 모래를 더 채워 넣는 데 10센트를 받았다. 여덟 살 때 처음으로 다른 사람을 대상으로 돈 버는 일을 시작했다. 버려진 싱어Singer 재봉틀 용품의 디자인을 본따 시가 상자 뚜껑에 새 그림을 그려 이웃집에 개당 15센트를 받고 판 것이다. 2년 뒤에는 비계 꼭대기에 있는 빌딩 페인트공들에게 페인트통을 올려다 주고 하루에 10센트를 받았다. 늘 집중하고 균형을 유지해야 했기 때문에 위험한 노동이었다. 페인트공들과 일하면서 아버지라면 절대 가르치지 않았을 험한 말을 많이 배웠다. 누구라도 농땡이를 부리다 걸리면 가차 없이 욕설이 날아왔는데 현장에서는 흔한 일이었다. 나이를 먹어도 일은 쉬워지지 않았다. 중학생 때는 약국에서 심부름하며 저녁마다 15센트를 받았다. 근무시간은 밤 9시부터 자정까지였다. 고등학생이 되어서는 지역 신문 《커피빌 저널Coffeyville Journal》에서 일주일에 2달러씩 받으며 신문 배달을 했다. 나는 인쇄가 끝난 신문을 한 시간 내에 구독자들에게 배달해야 했다. 그러지 못하면 '항의kick'를 받았는데, 불평하는 고객 한 사람당 받는 돈에서 5센트씩 감액하는 조치였다. 보통 일주일에 한 번씩 항의를 받았는데, 대개 배달경로 가장 끝에 있는 집에서 제기한 불평 때문이었다. 간단히 말해 돈 벌기는 어려웠고 안정적인 수입은 절대 보장되지 않았다.

캔자스에서 어린 시절을 보낸다는 것은 총과 함께 성장한다는 뜻이다. 법의 도움을 받을 수 없을 때 무기를 들고 자기 이익을 지켰던 시절의 평판을 진지하게 여긴 커피빌 주민들은 아이들에게도 사격술을 전수했다. 캔자스주 여성 산탄총 사격 챔피언이었던 고모 헬렌 러스러프 Helen Ruthrauff가 나에게 귀중한 조언을 해주었지만, 내가 명사수가 되도록 가르침을 준 사람은 이웃에 사는 내 두 친구의 아버지 얼 알폰소 로즈부시Earl Alfonso Rosebush 씨였다. 로즈부시 씨는 시합에 출전하지는 않았지만 내가 본 최고의 명사수였다. 그는 언제나 리볼버 권총을 가지고 다녔다. 어느 날 아저씨의 챈들러Chandler 승용차를 얻어 타고 드라이브를 갔다. 차가 모래 먼지를 흩날리며 도로를 달리는데 갑자기 수풀에서 수토끼 한 마리가 뛰쳐나왔다. 로즈부시 씨는 멈추지 않고 권총을 뽑더니 문 측면에 손목을 댄 자세로 발사했다. 토끼는 단 한 번의 사격으로 죽었다. 그는 차를 세우고 내게 죽은 토끼를 가져오라고 시켰다(집으로 가져가 저녁 식사에 쓸 요량이었다). 믿기 어려운 광경이었다. 그는 빠른 속도로 달리는 차에서 움직이는 표적을 명중시켰다. 그는 놀란 내 표정을 보더니 물었다. "이렇게 사격하는 법을 배우고 싶니?" 나는 고개를 끄덕였다. 그는 나를 제자로 받아들여 자기 권총으로 연습하게 했다. 나는 로즈부시 씨의 지도 덕에 나중에 급강하폭격기 조종사가 되었을 때 뛰어난 조준 실력을 발휘할 수 있었다고 생각한다. 어쨌든 달리는 수토끼를 겨눠 사격하는 것은 배의 진행 방향 앞에 폭탄을 떨어뜨리는 것과 크게 다르지 않았다. 두 경우 다 사수는 현재 표적이 있는 곳이 아니라 표적이 갈 곳을 겨눠야 하기 때문이다.

전반적으로 나는 즐거운 어린 시절을 보냈고 캔자스 프레리는 남자아이에게 즐거운 장소였다. 하지만 이 시절에 슬픈 일도 닥쳤다. 나는 우리 가족에게 닥친 커다란 비극을 견뎌낼 준비가 전혀 되어 있지 않았다. 1929년 2월 14일, 어머니가 뜻밖에 일찍 돌아가신 것이다. 사인은 위암이었다. 투병 과정은 길고 고통스러웠다. 암은 어머니를 1년 넘게 괴롭혔고, 중압감에 시달리던 아버지는 가족을 임시로 나누어야만 했다. 아버지는 고통을 줄일 수 있는 방법을 찾으러 볼티모어Baltimore의 존스 홉킨스 대학병원으로 어머니를 데려갔고, 나를 일리노이주Illinois 링컨Lincoln에 사는 이모부 윌리엄 콜먼Willian Coleman에게 보냈다.

링컨에서의 생활이 내 장래 희망을 바꾸는 계기가 되었다. 윌리엄 이모부는 주변의 이목을 끄는 인물이었다. 이모 넬리 더넘Nellie Dunham과 결혼한 이모부는 제1차 세계대전 때 군의관으로 복무했다. 이모부에게는 월터 댄 콜먼Walter Dan Coleman이라는 아들이 있었는데 그는 아들이 자기의 뒤를 따라 의사가 되기를 원했다. 하지만 월터는 1929년에 해군사관학교 진학을 선택했다. 아들이 의학으로부터 멀어지자 이모부는 의학 지식에 대한 열정을 내게 전수하려고 했다. 나는 이모부의 생각이 맘에 들었고, 몇 달 동안 이모부가 수술하거나 왕진할 때 따라다녔다. 흰 가운을 입고 다양한 질환을 치료하는 이모부를 보는 것은 즐거웠다. 내가 가장 좋아했던 것은 아기들을 치료할 때였는데, 이모부는 말 못 하는 아기들의 고통을 덜어 주기 위해 노력했다. 의학에 대한 내 관심에 깊은 인상을 받았는지, 이모부는 내가 의대에 진학할 의사가 있다면 학비를 지원해 주겠다고 했다. 잠시 동안이었지만, 나는 의사가 되고 싶다고 확신했다.

1929년 겨울, 나는 끔찍하게 슬픈 어머니의 장례를 치르러 커피빌에 돌아왔다. 내 긴 인생에서 가장 힘들었던 일 중 하나가 어머니에게 작별을 고하는 것이었다. 비록 가족들이 나를 둘러쌌지만 나는 춥고 외로웠으며, 아무 감정도 들지 않았다. 이런 느낌은 처음이었다. 내게 유일한 위안은 종교였다. 성서에 따르면 어머니는 천국으로 가서 —고통 없이— 주님 곁에 앉아 있었다. 그렇게 생각하니 뭔가 힘든 일이 끝났다는 느낌이 들었다. 어쨌든 나는 몹시 혼란스러워 보였을 것이다. 내 우울함을 달래 주기 위해 톤지어스 부부가 진저Ginger라는 이름의 작은 개를 선물했다. 감사한 일이었지만 진저가 최고의 개는 아니었다. 몇 달 뒤 진저는 도망가 버렸다. 그 우울한 겨울 동안 나 혼자 슬픔을 짊어질 운명에 처한 것 같았다.

중학교 졸업반으로 복학한 나는 더 염세적으로 변했고 중요한 세상의 사건에 점점 더 눈뜨게 되었다. 그때 내가 쓴 글에서는 비관주의라는 거품이 부글부글 일어 올랐다. 대공황 탓에 캔자스의 불황이 갈수록 심해지자 나는 —윌리엄 이모부가 본 것보다 더 큰— 전쟁이 곧 닥칠 것이라고 확신하게 되었다. 내가 제2차 세계대전을 예언했다기보다는, 평화가 계속될 것이라는 전망에 대해 회의적인 시각을 갖게 되었다고 말할 수 있겠다. 1933년 필드 킨들리 고등학교Field Kindley Memorial High School 졸업반이었을 때 나는 전쟁의 불법화를 의도한 국제적 합의인 1928년의 켈로그-브리앙 조약Kellogg-Briand Pact〔부전조약不戰條約 — 옮긴이〕에 대한 논문을 쓰기로 했다. 나는 상식적 외교와 도덕적 진보주의가 전쟁을 쓸모없게 만들 것이라는 생각에 의문을 제기하고, 국가는 언제든 전쟁을 벌일 수 있다고 결론지었다. 싸울 필요는 언제나 존재할 것이다. 어머니가 돌아가셔서 생긴 절망감이 암울한 철학이 담긴 글을 쓰는 데 영향을 주었을지도 모르지만, 어찌 되었건 내 리포트는 뜻하지 않게 예언을 한 셈이었다. 나는 전쟁이 또 일어나 미국을 순진한 생각에서 흔들어 깨울 것이라고 예상했다.

　내가 깨닫지 못했던 것은 인류 역사상 가장 피비린내 나는 전쟁이 다가오고 있다는 것이었다. 그리고 내가 그 소용돌이에 휩쓸려 들어가리라는 것도.

2

비행의 유혹
1932~1934년

1932년 1월 18일, 나는 열다섯 살 때 캔자스 주방위군Kansas National Guard에 입대해 방과 후 주말에 복무했다. 나이를 속였지만 모병관은 그다지 신경 쓰지 않는 듯했다. 나는 군 복무를 원했다. 그 이유를 정말 설명하지 못하겠다. 10대의 나는 사회에서 내 자리를 찾고 있었다. 어머니가 세상을 떠난 후에 느낀 비통함이 나 자신을 증명하고 싶다는 욕구를 불러일으켰다. 그것과 더불어 나는 군인이 되어 내 운을 시험해 보기로 했다. 나는 제114기병대의 B소대에 입대했다. 딱히 기대에 맞는 자대 배치는 아니었다. 포트 라일리Fort Riley 기지에는 구급차가 1대뿐이었고 시동장치가 없었다. 낡아빠진 차량에 시동을 걸려면 병사들이 차를 언덕 아래로 밀어야 했다. 비슷한 수준의 구닥다리 장비들을 가지고 작업하고 있노라니 군대에 남겠다는 열의도 사그라들었다. 오로지 말에 대한 사랑만이 나를 군대에 붙들어 놓았다. 나는 여기서 네발 달린 친구들에 올라탈 기회가 많았다. 사실 내가 속한 중대의 사람들보다 포트 라일리의 말들에 대한 기억이 더 많다. 말마다 개성이 달랐다. 같은 말은 없었다.

나는 그중 한 마리를 각별히 사랑했다. 이름이 제프Jeff인 그 말은 환경과 지형을 가리지 않고 점프하고 수영하고 껑충거리며 활보하고 전속력으로 달릴 수 있었다. 내가 도전적인 문제를 내면 제프는 아주 좋아했다. 내가 나무울타리를 건너뛰거나 강을 헤엄쳐 건너려고 할 때 제프는 물러서는 법이 없었다. 장애물을 타 넘으면 제프는 자부심에 우쭐거렸고, 다른 말에게 없는 탄탄한 우아함을 한껏 뽐내며 신이 났다. 나처럼 제프도 마치 무언가를 증명하려는 듯했다. 이렇게 말하면 좀 이상할지 모르겠지만, 나는 제프에게서 군인의 용기를 처음으로 경험했다. 제프는 내게 용기의 가치를 가르쳤으며 도전에 직면하는 방법을 알려 주었다. 제프를 타고 장애물을 넘을 때, 나는 제프 자신도 그것을 넘을 수 있을지 몰랐을 것이라고 확신한다. 하지만 제프는 언제나 시도할 만한 가치가 있다고 느꼈다. 내 생각에 그것은 용기의 한 형태다. 우리는 미지의 것에 대항해 무엇을 할 수 있는지를 확인함으로써 우리의 두려움을 시험한다. 제프에게는 단 하나 이상한 버릇이 있었는데, 기수가 자기 눈을 똑바로 바라보지 않으면 싫어했다. 눈을 마주치지 않고 등을 돌리면 제프는 엉덩이를 꽉 깨물었다. 내가 직접 여러 번 당해 가며 배웠다. 나는 제프에게 군인이 알아야 할 또 다른 교훈을 배웠는데, 바로 상급자를 존중하라는 것이다. 제프는 자기가 상급자라고 믿었음에 틀림없다.

말을 사랑했음에도 나는 기병대가 전장을 지배하는 시대가 끝났음을 알았다. 몇 달이 지나자 비행기가 전투의 미래라는 확신이 점점 더 강해졌다. 어느 날 우리 부대가 포트 라일리 외곽에서 대규모 모의 전투를 벌였다. 부대는 청군과 적군으로 나뉘었다. 나는 청군 소속으로 말에 올라타 전투를 벌이며 군인으로서의 내 역량을 시험했다. 적군 소속 복엽기가 나타나자 우리 팀의 동료가 엄폐하라고 소리쳤고, 나는 숲 가장자리로 말을 몰았다. 비행기가 어떻게 작전하는지가 궁금해서 나는 다가오는 비행기를 더 잘 보려고 나무 사이를 응시했다. 갑자기 판정관이 나를 멈추며 가리키더니 "자네, 전사했네!"라고 말했다. 모의 전투는 종종 자의적 규칙을 따랐지만 이번에는 판정관이 정확히 판정했다. 만약 급강하하는 비행기가 무장했더라면 나는 꼼짝없이 죽었을 것이다. 내 어릴 적 영웅 찰스 린드버그Charles Lindburgh가 생각났다. 나는 조종사가 되려면 용기가 필요하다고 생각했다. 어쩌면 두 가지를 합칠 수 있을지도 몰랐다. 나는 비행사이자 군인이 될 수 있었다. 새로운 꿈이 생겨났다. 나는 날개 달린 기병, 공중 전장의 기사가 되고 싶었다.

조종사가 내 유일한 꿈은 아니었다. 10대 시절은 빠르게 지나갔고 나는 직업 선택을 놓고 고민했다. 여러 가지 선택지를 심사숙고했으나 진심으로 나를 기쁘게 하는 일은 없었다. 형의 뒤를 따라 대학에 진학할 수도 있었다. 몇 년 전 루이스 형은 짐을 싸서 맨해튼Manhattan에 있는 캔자스 주립 농과대학Kansas State Agricultural College에 들어갔다. 사교적인 성품 때문에 형은 대학에서도 인기가 좋았고 남학생회를 세우는 데 일조하기도 했다. 1932년에 나는 대학 생활이 어떤지 느껴 보려고 형을 찾아갔다. 실망스러웠다. 형의 남학생회관 숙소는 여인숙보다 나을 것이 없었다. 부유한 학생들은 돈을 더 내고 건물 안에서 살았지만 대부분의 학생들은 현관이나 길거리에 친 천막에서 살았다. 겨울에 방문한 나는 루이스 형과 함께 잔인한 날씨를 견뎌내야 했다. 밖에서 생활하는 것은 녹록치 않아 보였다. 더욱이 형의 초라한 수입을 보고는 대학 진학에 대한 매력이 사라져 버렸다. 여름에 형은 노면전차회사에서 삽과 곡괭이를 들고 일해 하루에 2달러를 받았다. 먼지와 땀투성이가 되도록 일하는 노고에 비해 터무니없이 적은 돈이었다. 이것이 대학 교육의 가치란 말인가? 돈을 버는 더 좋은 방법이 분명 있을 터였다. 대학에 그렇게 많은 시간을 투자하면서 또 다른 직업을 가지는 것은 어리석어 보였다.

나는 또 다른 가능성, 즉 솔론 E. 서머필드Solon E. Summerfield 장학금 신청을 검토해 보았다. 솔론 서머필드는 뉴욕에서 리본 공장을 운영하여 큰돈을 벌었다. 그의 아버지는 캔자스 대학의 법대 교수였다. 1929년, 서머필드는 아버지를 기려 '자격 있는 남학생들'이 캔자스 대학에 4년간 전액 장학금을 받으며 다닐 기회를 주기 위해 장학재단을 설립했다. 캔자스 대학이라면 일리노이에서 꾸었던 꿈을 계속 좇을 수 있을지도 몰랐다. 어쩌면 의사가 될 수도 있었다. 장학금 수혜자 선정 기준은 높았다. 선정되려면 고등학교 성적이 최상위권이어야 했다. 더 정확히 말하자면 최상위 4명 이내에 들어야 했다. 나는 다른 아이들이 밖에서 노는 동안 온종일 자습실에 틀어박혀 많은 책을 읽으며 열심히 공부했다.

신청 마감일이 다가올 즈음에 나는 최상위 4등 안에 들어갔다. 하지만 장학금을 받으려면 경쟁률이 높은 시험을 세 번 치러야 했다. 우리 학교에서 온 지원자 4명은 시의 한 관청으로 가서 첫 시험을 치렀다. 시험 문제는 사회과학과 인문학 분야에서 다양하게 나왔다. 고사장을 나오면서 시험을 못 봤다는 생각이 들었는데, 특히 내가 잘 모르는 라틴어 지식을 묻는 문제가 많았기 때문이다. 다른 지원자 3명과 이야기를 나누었는데, 나는 시험을 망쳤다고 인정했지만 그들은 시험을 잘 봤다며 으스댔다. 다음 날 나온 시험 성적은 정반대였다. 합격자는 나뿐이었고 나머지 3명은 탈락했다. 나는 역사 문제를 잘 푼 덕분에 이차 시험을 치르게 되었다. 그리고 주 전체에서 지원한 최종 응시자 10명에 포함되어 캔자스 대학에서 치르는 삼차이자 최종 시험까지 올라갔다.

마지막 시험을 준비하기 위해 나는 아버지 사무실이 있는 건물에서 빈 방 하나를 빌려 공부했다. 하루는 아버지가 변호사 친구에게 나를 소개했는데, 그분의 형제가 캔자스 대학에서 법대 교수로 재직 중이었다. 아버지는 친구에게 "너한테 많이 물어볼 수 없다는 건 안다만, 우리 아들이 뭘 하면 될까?"라고 물어보았다. 그는 우리에게 딱 한 단어를 말했다. "진화evolution." 그게 다였다.

나는 그가 던진 수수께끼 같은 힌트를 이해했다. 스콥스 재판Scopes Trial(1925년 7월 21일 미국 테네시주에서 열린 과학 교사 존 스콥스에 대한 재판이다. 스콥스는 공립학교에서 진화론을 가르치지 못하게 한 테네시주 법률을 어기고 학생들에게 진화를 가르쳤다는 이유로 벌금형을 받았다.─옮긴이)이 열렸던 때가 9년 전이다. 캔자스에서도 진화론 교육을 둘러싼 논란이 계속되고 있었다. 나는 그의 경고를 진지하게 받아들여 관련된 질문을 받았을 때 대답할 내용을 심사숙고해 두었다. 나는 성서에 나오는 천지창조에 대한 믿음을 굽힐 생각이 없었지만, 동시에 내가 좋아하는 과목인 자연과학을 존중했다. 분명 그 질문의 의도는 종교적 환경에서 자란 캔자스 청년을 당혹스럽게 하는 것이었다. 그런 질문을 받으면 우리 같은 사람은 진화론을 허튼소리로 일축하고 프로그램에서 낙방할 것이다. 나는 그런 상황을 만들지 않겠다고 굳게 마음먹었다. 캔자스 대학에 도착한 내게 대학교수 여러 명이 걸러내기성 질문을 했고, 변호사 아저씨가 정확히 예언한 대로 한 교수가 내게 진화론을 믿느냐고 물어보았다. 나는 헛기침을 하고 '음' 하며 운을 뗀 뒤 창조론의 성서적 이해와 우주의 기원에 대한 과학적 기초가 지닌 각각의 장점에 대해 말했다. 그리고 최종 답변을 해야 할 때가 오자 이렇게 설명했다. "이 문제에 대해서는 정말 결론을 내리지 못하겠습니다만, 저는 캔자스 대학으로 가서 4년을 보내면 옳은 결론을 내릴 수 있을 것이라고 생각합니다." 이 대답에 교수들이 기뻐했음에 틀림없었다. 나는 장학금 대상자가 되었다.

그때까지만 해도 마침내 내가 갈 길을 선택한 것 같았다. 나는 캔자스 대학에 들어갈 날을 기다리고 있었다. 그런데 그때 저울질하던 다른 선택지가 있었다. 메릴랜드주Maryland 애너폴리스Annapolis에 있는 미 해군사관학교U.S. Naval Academy였다. 나는 여전히 조종사가 되고 싶었고, 그 목표를 달성하는 가장 좋은 방법은 해군사관학교 생도가 되는 것이라고 생각했다. 비행에 대한 사랑에 불을 지핀 것은 포트 라일리에 있는 육군 소속 비행기였지만 나는 항공력 확장 프로그램을 빠르게 진행하고 있던 해군을 선택했다. 고등학생 때 나는 새로운 항공모함 2척, USS 렉싱턴Lexington(CV-2)과 USS 새러토가Saratoga(CV-3)가 진수되었다는 신문 기사를 읽었다. 그때 또 다른 항공모함인 USS 레인저Ranger(CV-4)가 준공을 목전에 두고 있었고, 해군은 1933년 8월에 뉴포트 뉴스 조선소Newport News Shipbuilding와 레인저보다 큰 종류인 요크타운급Yorktown class 항공모함의 건조 계약을 체결했다. 해군항공대는 해마다 커지고 있었으므로 나는 지금이 해군 조종사가 되기에 최적의 시기라고 판단했다. 해군사관학교 진학은 쉽게 결정할 수 있는 일이 아니었다. 사관학교의 교과과정은 생도를 지휘관으로 양성하는 과정이지 조종사 양성 과정이 아니었다. 사관학교에서 4년을 보낸다고 해도 비행훈련을 개시하기까지 2년을 더 기다려야 했다. 졸업 후 임관한 소위는 수상함대에서 2년을 보내야 했고, 그때까지 조종사가 되겠다는 희망을 포기하지 않으면 플로리다주Florida 펜서콜라Pensacola에 있는 조종사후보생 교육 프로그램에 들어갈 수 있었다. 간단히 말해 해군사관학교에 들어가 조종사가 되기까지 6년이 걸렸다.

사관학교에 입학하려면 하원의원 추천서가 필요했는데, 나는 커피빌

고등학교 졸업생인 해럴드 클레멘트 맥구긴Harold Clement McGugin 캔자스 제3선거구 의원의 추천서를 받았다. 구체적으로 말하자면 맥구긴 의원의 아내 넬 버드 맥구긴Nell Bird McGugin 여사와 인연이 있었는데 그녀는 남편보다 몇 배는 더 똑똑한 사람이었다. 맥구긴 여사는 첫눈에 나를 좋게 보았고 모험을 갈망하는 내 기질을 높이 평가했다. 여사가 남편을 상당히 압박한 덕분에 나는 해군사관학교 입학 '4순위 후보' 자리를 얻었다. 해군장관은 하원의원 선거구 하나당 2명의 사관생도 지원자를 지명할 수 있었다. 빈자리가 난다면 나는 네 번째 순위로 지명받을 수 있었다. 내가 입학하려면 내 앞에 있는 지명자들이 입학 요구 조건을 충족하지 못하거나 자퇴하기를 바라야 했다.

1933년 5월에 열린 고등학교 졸업식 날, 내가 염원하던 일들이 충돌하고 말았다. 졸업장을 받은 다음 교장 선생님이 "잠깐 기다리게!"라고 하며 나를 멈춰 세웠다. "캔자스 대학에서 자네를 4년 장학생으로 결정했다는 소식을 받았네, 축하하네!" 교장 선생님은 나를 방으로 데리고 가 졸업식에 온 캔자스 대학 교수들을 만나게 했다. "또 잠깐만 기다리게." 교장 선생님이 말하기 시작했다. "자네가 해군사관학교 입학생 후보 4순위고 모든 시험에 통과했다는 소식도 왔다네." 온통 칭찬 세례가 쏟아졌다. 그런데 캔자스 대학 교수들은 방금 교장이 한 말에 주목했다. 다음 날 캔자스 대학에서 전화를 받았다. 장학금과 해군사관학교 보결 후보자 자리를 둘 다 가질 수 없다는 내용이었다. 장학 프로그램 대표는 이렇게 말했다. "4순위 후보생이기는 하지만 자네는 둘 다 가질 수는 없네. 내년에 캔자스 대학에 진학하고 해군사관학교 지명을 즉시 취소하지 않으면 자네 장학금은 없네." 이런 상황에 부닥치리라고는 예상하지 못했다. 나는 4, 5분 정도 생각한 후 해군사관학교 보결 후보자 자리를 택했다.

보결 후보자였으므로 사관학교에 입학하기 위해 꼬박 1년을 기다려야 했다. 고등학교를 졸업하고 한 달 뒤인 1933년 6월에 놀지 않으려고 일자리를 구했다. 오일 컨트리 스페셜티Oil Country Specialties라는 유정 굴착 장비를 만드는 회사였다. 캐서린 누나가 벤 빌Ben Beal이라는 관리자와 사귀고 있던 덕에 취직할 수 있었다. 처음에는 청소부로 일하면서 시급 35센트를 받다가 얼마 후 견습공이 되어 정규시간 근무 보수로 시급 50센트를, 초과 근무에 대해서는 1달러를 받았다. 상당히 위험한 일이었다. 독성물질인 청산으로 도구를 경화하는 작업이었는데, 그래도 내가 커피빌에서 가졌던 직업 중에서 최고였다.

간접적이었지만, 오일 컨트리 스페셜티에서 처음으로 비행할 기회를 얻었다. 마침 더글러스 브라운Douglas Brown이라는 관리자가 몇 해 전 창립된 비행 서커스단의 삼 형제 중 맏이인 로저 '롤리' 인먼Roger 'Rolly' Inman과 교분이 있었다. 인먼 형제는 스턴트 비행기에 태우고 다니던 두 살짜리 수사자 때문에 유명해졌다. 사자 소유주인 롤리 인먼은 가끔 사자를 자동차 뒤의 접이 좌석에 태우고 다녔고, 놀란 커피빌 주민들은 휘둥그레진 눈으로 그 광경을 보았다. 어느 날 브라운이 롤리 인먼을 나와 아버지에게 소개해 주었다. 인먼 형제는 얼마 전 신형 모델-17 비치크래프트Beechcraft 스태거윙Staggerwing 비행기를 사들였다. 26피트(7.9m)짜리 복엽기인 이 비행기는 폐쇄식 조종석 약간 앞쪽에서 아래쪽 날개가 뻗어 나왔다. 롤리 인먼은 비행기를 보여 주다가 "조종석이 어떻게 생겼는지 보고 싶어?"라고 물었다.

나는 "예!"라고 대답했다. 롤리 인먼은 아버지에게 커피 한 잔을 대접한 다음 우리를 비행기 조종석으로 데려갔다. 나는 조종석의 부조종사 의자에 앉았고 아버지는 뒷좌석에 앉았다. 얼마 후 인먼이 스로틀을 켰고 우리는 하늘로 날아올랐다. 상공에서 아버지가 조종사와 부조종사석 사이에 서 있는 동안 비행기가 경고 없이 완벽한 루프 기동을 했다. 그런데도 커피가 한 방울도 떨어지지 않았다. 비행기가 착륙한 후 아버지를 보았다. 떨고 있었다고 하기는 어려웠으나 당혹스러워하는 기색이 역력했다.

아버지가 손을 내밀며 말했다. "두 번 비행하게 해줘서 고마워요."

"두 번이라고요?" 롤리 인먼이 껄껄 웃었다. "한 번뿐이었는걸요!"

아버지가 응수했다. "아니, 두 번 맞아요. 처음이자 마지막 비행이요."

아버지는 비행을 싫어하셨을지도 모르지만 나는 비행을 사랑했다. 중력을 거부하는 이상한 짜릿함을 느끼게 해주는 루프 기동을 더 해보고 싶었다. 나는 비행사가 되겠다는 생각에 완전히 사로잡혔다. 캔자스 대학 장학금을 거절한 게 옳은 선택이었을까 하는 의문은 루프 기동과 더불어 사라져 버렸다.

나는 해군사관학교에서 살아남기 위해 차곡차곡 준비해 나갔다. 1933년 8월에 커피빌 단기대학에 등록해 미적분학과 프랑스어를 수강했다. 이디스 스타이닝어Edith Steininger라는 훌륭한 선생님에게 미적분학을 배웠는데, 선생님은 미적분학을 알아듣기 쉽게 가르쳤다. 사실 해군사관학교 교관들 전체보다 이디스 선생님 한 사람에게서 수학을 더 많이 배웠다. 나는 시간을 쪼개 아침에 수업을 들은 후 오후에 오일 컨트리 스페셜티의 공장에서 일했고, 가끔 자정쯤 퇴근할 때도 있었다. 주말에는 유명한 대형동물 사냥꾼 마틴Martin과 아내 오사 존슨Osa Johnson의 총기를 청소하고 보수했다. 존슨 씨 부부는 친척 집에 방문하러 주기적으로 커피빌에 왔는데 그때 낡거나 부서진 소총을 가지고 왔다. 나는 이 총들을 닦고 고쳤는데, 네다섯 정을 고칠 때마다 내게도 한 정이 생기곤 했다. 일 때문에 힘든 해였지만 나중에 돌아보니 가장 좋았던 한 해였다.

매일 이마에서 땀이 비 오듯 쏟아지고 공부하느라 눈이 무거워지는 가운데 어느덧 커피빌에 작별 인사를 고할 날이 찾아왔다. 애너폴리스가 내게 어서 오라고 손짓하고 있었다.

3

해군사관생도
1934~1938년

1934년 5월, 나는 메릴랜드주 애너폴리스에 도착해 미 해군사관학교에 입교했다. 여기에 끝없이 펼쳐진 프레리는 없었다. 캠퍼스는 224에이커(0.9km²) 넓이에 건물이 125개 동이 있을 정도로 **빽빽**했다. 내가 도착한 곳은 전통과 교화에 흠뻑 젖은 왕국이었다. 설립한 지 89년 된 미 해군사관학교와 교수진은 세월의 시험을 견딘 융통성 없는 엄격한 방식으로 해군 장교들을 양성했다.

그때까지 해군사관학교가 배출한 졸업생 수는 1만 1,000명이었다. ─1938년 졸업 동기생이 될─ 내 기수의 학생 수는 575명이었다. 나는 해군 장교가 되기를 희망하는 많은 사람들 중 한 명일 뿐이었다. 도착하자마자 우리는 포켓 사이즈의 200페이지짜리 책인 『리프 포인트Reef Points』('리프 포인트'는 돛을 돛대에 고정하는 데 쓰는 로프를 가리키는 용어다. 여기에서는 미 해군사관학교에서 신입생을 대상으로 한 핸드북을 가리킨다. ─옮긴이)를 받았다. 교직원들은 이 책을 ─속어로 플레비plebe라고 불린─ 신입생들의 '성경'으로 여겼다. 이 책은 우리에게 단어 하나하나를 꼼꼼히 읽으라고 경고했다. "읽어라, 마음에 새겨라, 여기 써진 대로 살아라! 여기에 적힌 대로 하면 해군사관학교에서 하는 항해가 즐거울 것이다. 선원이 '항해지침'의 권고대로 행동하면 항해가 더 즐거워지는 것과 마찬가지다."『리프 포인트』는 신입생들이 이제 막 들어온 해군이라는 병종에 대해 아무것도 모른다는 사실을 알게 될 것이라고 말해주었다. 우리는 선배들에게 허락된 특혜가 왜 우리에게는 허락되지 않는지 궁금해질 수 있다. 우리는 반복적이고 겉보기에 쓸데없는 일을 한다고 불평할지도 모른다. 이때 신입생들의 성서는 우리에게 질문을 제기하지 말라고 가르쳤다. 책에 따르면 "일단, 너는 거의 모든 평가에서 낙제한 자신을 보게 될 것이다. 그러나 그래야 한다. 그리고 시간이 지남에 따라 그 '이유'가 보일 것이며 낙제했다는 데 감사할 것이다. … 겉보기에 무의미한 과제는 임기응변의 재능과 기꺼이 명령을 따르는 복종심을 가르칠 것이다. 우리는 모든 것에서 배울 것이다. 이곳 사관학교에서 해군 장교 육성 훈련이 아닌 것은 아무것도 없다."『리프 포인트』에는 어기면 징계를 받을 수 있는 사항 18개―올바른 자세를 유지할 것, 어떤 벤치에는 그 근처에도 가지 말 것, 화려한 벨트를 차지 말 것, 언제나 '다나까'체로 말할 것, 스포츠를 할 것 등등―가 무작위로 실렸는데, 그 사항들을 어기지 않기 위해 우리는 서로를 감시해야 했다. 특히 첫 번째 명령이 기억난다. 신입생이 선배에게 명령을 받으면 우리는 "예, 알겠습니다!"라고 말하고 최선을 다해 실행하라는 지시를 받았다. 책에는 "절대 따지지 마라."라고 쓰여 있었다.

나중에 알았지만, 해군사관학교의 화려한 전통 중 대부분은 교수진이 아니라 가학적인 선배들이 고안해낸 것이었다. 1급 생도(4학년)가 만든 행동양식이 4급 생도(신입생)까지 차례차례 내려왔고, 우리는 사관학교에 들어오자마자 이 행동양식을 접했다. 선배들은 모든 방법을 동원해 후배들을 불법적으로 괴롭혀서 계급의 가치를 가르쳤다(공식적으로 괴롭힘은 사관학교에서 허락되지 않으며 위반자는 군사재판에 회부되었으나 이 점을 신경 쓴 선배는 없었다). 사회에서의 위치가 어땠건 간에 신입생은 해군사관학교에서 최약자였다. 4학년 선배들은 '파리 잡기swatting'라는 벌로써 엄격한 형태의 규율을 유지했다. 이것은 사관학교 행동규범의 핵심인 신사로 행동하는 데 실패한 자에게 가해지는 체벌이었다. 4학년 선배들은 사소한 이유로 체벌을 가했다. 예를 들면 나는 캠퍼스의 특정 건물의 벽돌 개수를 기억하지 못한다는 이유로 처벌을 받았다. 불평 없이 구타를 받아들였지만 너무나 불공정한 처사였다. 나를 구타하라고 명령한 선배는 자기 권위를 적용해 누군가가 맞는 모습을 보고 싶었을 뿐이었다. 나는 최대한 품위를 지키며 굴욕을 견뎠다.『리프 포인트』의 충고를 받아들여 아무 말도 하지 않았다.

파리 잡기에 대해 나쁘게만 말할 수는 없다. 가끔은 긍정적 효과도 있었다. 4학년 선배들은 후배들이 심각한 규율 위반을 저지르면 파리 잡기를 '수여했다.' 기숙사에 몰래 술을 들여왔다가 발각되거나 무작위로 실시한 음주 조사에서 신입생이 걸리면 가혹행위가 이어졌다. 그중 '무한정 앉아 있기sit for infinity'는 마치 의자에 앉아 있는 듯한 자세를 몇 시간 동안 취하게 하는 벌이다. 어떤 위반자는 팔이 아플 때까지 욕조에서 노 젓는 행동을 해야 했다. 이런 가혹행위는 신입생들의 일탈적 행동양식을 교정하는 역할을 했다. 영리한 신입생들은 실수를 바로 잡았다. 고집 센 친구들은 가혹행위에 질려 버린 나머지 자퇴했다. 그해가 끝날 무렵 나는 잔인한 4학년 선배들을 피해 다니는 데 진절머리가 났다. 결국 해법을 찾았다. 레슬링부에 들어가 탁월한 실력을 보여준 것이다. 스포츠팀은 단결력이 강했다. 그때부터 무슨 문제가 생겨도 나를 건드리는 4학년 선배는 없었는데, 모두가 근육질에 건장한 레슬링부 동급생들의 보복이 두려웠기 때문이다. 그 결과 나는 파리 잡기를

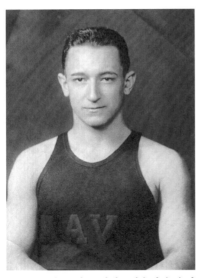
해군사관학교 생도 시절. 레슬링부 유니
폼을 입고 있다. (NJK)

덜 받았고, 식당에서 공개적으로 '무한정 앉아 있기'를 당하며 굴욕을 견디지 않아도 되었다.

일부러 선배의 화를 돋우려는 신입생은 없었지만 3학년 선배들은 장난치고 반항하는 행동을 즐겼는데, 이는 사관학교의 엄격한 행동규범을 위반하는 짓이었다. 우리 신입생들은 입교한 지 얼마 안 되었을 때 뛰어난 전기 기술을 가진 신화적 인물인 자이곤Zigon에 대한 기담을 들었다. 자이곤이라는 사람이 실제 존재했는지, 그가 했다는 일이 사실인지는 모르지만, 내가 사관학교에 재학하는 동안 자이곤 이야기를 모르는 사람이 없었다. 사관생도들은 마치 민담에 나오는 영웅처럼 자이곤에 대해 쑥덕거렸다. 사촌 형 월터 콜먼이 그를 직접 안다고 주장했기 때문에 나도 그 이야기를 알았다. 자이곤은 캠퍼스를 종횡무진 누비며 사건을 일으켰는데, 전설에 따르면 사람들이 앉으면 전기충격을 받는 의자를 만들었다고 한다. 시내에서 훔쳐 온 공중전화기를 자기 방에 설치하고 요금청구서가 행정동에 배달되도록 했다는 이야기도 전해졌다. 한번은 자이곤이 총장실에 장난 전화를 걸어 큰소리로 외설적인 말을 퍼부었다. 에이허브 선장처럼 정체불명의 용의자를 꼭 잡겠다는 결의에 차 사냥에 나선 총장은 방문을 박차고 나와 엘리베이터에 탔는데, 자이곤이 엘리베이터를 층과 층 사이에 멈춰 서게 하는 바람에 속수무책으로 엘리베이터에 갇힌 신세가 되고 말았다. 자이곤은 산책로 아래를 지나가는 증기 터널에까지 침투해 이 터널을 각 건물로 진입하는 통로로 이용했다고 한다. 그는 시험지를 훔치고 일종의 암시장을 열어 필요한 생도들에게 시험당 50센트를 받고 답안지를 팔았다. 이런 이야기가 끝이 없었다. 결국 자이곤은 장난 때문에 퇴교당했는데, 모두가 이것만은 사실이라고 믿었다.

즐거운 장난꾼 자이곤 이야기는 우리가 벌이는 시끌벅적한 장난의 기준이 되었고 우리는 자이곤의 수준에 도달하거나 그를 능가하고 싶었다. 나는 어릴 때 장난꾼 기질이 있었지만 해군사관생도가 된 후에는 사회 통념에 어긋나는 일은 거의 하지 않았다. 해군사관학교에 처음 왔을 때 나는 조종사가 되겠다는 목표 외에는 아무것도 생각하지 않았다. 캠퍼스 혹은 우리가 부르는 이름인 '야드Yard'를 걸어갈 때면 나의 과업에 진지하게 임해야 한다는 사실을 상기했다. 위대한 제독과 지휘관들에게 헌정된 기념물들을 볼 때마다 나도 올바른 교육을 받은 다음 높은 책임감을 느끼며 임무를 수행한다면 그들과 비슷하게 용기 있는 행동을 할 것이라는 자신감으로 충만해졌다. 사관학교 예배당에는 우리 해군의 USS 컨스티튜션Constitution과 영국 해군의 HMS 자바Java 사이에 벌어진 전투를 묘사한 아름다운 그림이 걸려 있었다. 맥도너 홀Macdonough Hall의 정문에는 피츠버그만 해전Battle of Pittsburgh Bay에서 노획한 영국군 대포가 있었다. 나는 1812년 전쟁(미국-영국전쟁―옮긴이)에서 미국에 반기를 든 쇼니족Shawnee 추장 테쿰세 기념물Tecumseh Monument을 지나 행진하는 것을 좋아했다. 밴크로프트 홀Bancroft Hall 앞에 있는 테쿰세 기념물은 한때 USS 델라웨어Delaware의 선수를 장식했던 상을 실물 크기로 복제한 청동상이다. 미식축구 시합을 하기 전에 생도연대는 이 조각상에 왼손으로 경례하고 기념물 방향으로 페니

동전을 던지는 '페니 경례penny salute'를 하며 행운을 빌었다.

테쿰세 추장이 우리에게 행운을 안겨 주고 싶어 했다면 아마 1934년에 열린 육군-해군 사관학교 대항전에서 그러했을 것이다. 내 기억에서 캠퍼스 전체가 강력하고 완벽하게 단결한 모습을 보인 첫 사건이었다. 춥고 부슬비가 오는 12월 1일, 우리는 필라델피아의 프랭클린 운동장Franklin Field에 모여 1890년 이래 두 사관학교 사이에 이어져 온 미식축구 대항전에 참가했다. 해군사관학교 팀은 1921년 이후 한 번도 육군을 이겨 본 적이 없었기 때문에 상당한 압박감을 느끼고 있었다. 오버코트를 입은 육군과 해군의 사관생도들이 발이 푹푹 빠지는 뻘밭으로 변한 경기장 가장자리로 행진했다. 몇몇 해군사관학교 생도들은 발이 진득한 진창에 빨려 들어가는 바람에 신발까지 잃어버렸다. 시합이 개시되자 양 팀은 서로에게 팔다리를 거칠게 휘저어댔고 선수들은 지저분한 모습으로 뻘밭에 우스꽝스럽게 미끄러졌다. 나는 내 멘토인 우리 팀 펀터punter 빌 클라크Bill Clark 선배를 열렬히 응원했다(모든 신입생은 한 기수 위 선배를 멘토로 배정받아 그의 감독과 보살핌을 받았다). 몇 시간이 지났는데도 양 팀 모두 터치다운을 올리지 못했다. 어느 순간, 튄 진흙을 뒤집어쓴 심판이 공을 찾아 주려다가 실수로 쿼터백에게 진흙 덩어리를 건넸고 진흙 덩어리는 그의 손에서 조각나 땅으로 떨어졌다. 마침내 우리 팀은 11야드 라인에 도착했고 슬레이드 D. 커터Slade D. Cutter 생도가 필드 골 키커로 불려 나왔다. 커터는 완벽한 필드 골을 기록했고 우리는 3 대 0 스코어로 경기를 끝냈다. 기쁨에 넘친 우리 생도들은 경기장으로 난입해 땅에서 골대를 뽑아 버렸다.

미식축구 경기는 재미있었지만 나는 항상 졸업을 염두에 두었고, 나만큼 학업을 열심히 하는 친구들과 어울렸다. 가장 친한 친구들 중 한 명인 엘턴 루이스 크냅Elton Lewis Knapp은 특출나게 뛰어난 생도로서 우리 기수 상위 10퍼센트 이내, 전체 43등으로 졸업했다. 그의 옆에 있으니 책을 읽기가 수월해졌다. 그는 해군 장교가 되기 위해 시간과 노력을 아끼지 않는 존경할 만한 친구였다. 덤으로 엘턴 덕분에 여성들과 어울릴 기회가 많아졌다. 그때 나는 여자를 사귀는 데 끔찍하게 소질이 없었다. 여가 시간이 생기면 총을 만드는 데 다 썼다. 나는 자주 학교 공작실에 가서 잡철을 용접해 .22구경 기관단총을 만들었다. 학기가 끝날 무렵에는 총 4정을 만들어 사격 연습을 했다. 총기에 대한 열정 때문에 내게는 괴짜라는 평판이 따라다녔다. 해군사관학교 연감에는 나에 대해 이렇게 써 있다. "총에 대한 열정을 빼면 잭의 전기를 쓸 수 없을 것이다. 재학 기간에 그는 포켓 권총부터 기관총까지 모든 종류의 총을 만들었다. 나라의 부름을 받게 될 즈음이면 그는 독일인들과 그들의 빅 버사Big Bertha(독일군이 제1차 세계대전에서 사용했던 초대형 대포—옮긴이)가 보잘것없어 보일 정도의 물건을 만들어 낼 것이다." 나는 총만 만지작거리느라 사회생활에 신경 쓸 겨를이 없었지만, 엘턴이 로맨스를 찾아 외출하면서 나를 데리고 갈 때만큼은 예외였다. 잘생기고 매력적인 엘턴은 동네 아가씨들의 이목을 끌었다. 엘턴의 도움이 없었다면 내게 데이트를 신청하는 여자가 없었을 것이다. 아무리 예쁜 아가씨가 엘턴에게 데이트를 신청해도 엘턴이 내가 낀 더블 데이트가 아니면 안 된다고 고집했기 때문이다. 엘턴은 여자친구가 누구든 간에 그녀에게 반드시 나를 위해 그녀만큼 예쁜 파트너를 데려오게 했다.

물론 나는 여자를 쫓아다니고 총을 만드는 것 외에 리더십 연마에도 시간을 투자했다. 나는 소리치고 고함을 지른다고 부하들의 존경을 얻을 수 없음을 배웠다. 연병장에서 규율 하나하나를 엄격하게 지키기를 좋아한 선배 생도가 생각난다. 후배 생도가 명령을 예측해 행동하면 그는 우리 모두를 질책하고 마지막 명령을 내릴 때까지 지시받은 대로만 행동하라고 명령했다. 점점 커지는 자기 목소리를 듣고 싶어 안달 난 게 분명했다. 하루는 대열을 지어 ―패러것 필드Farragut field라고 불리 는― 훈련장으로 갔을 때였다. 선두에 있던 그가 대열을 관찰하기 위 해 뒤로 걸어가다가 갑자기 사라졌다. 보수반원이 파 놓은 큰 구덩이에 빠져 버린 것이다. 말썽이 난 파이프를 파내려고 만든 구덩이였는데 위 험 표시를 제대로 해 두지 않았다. 대열은 그의 명령을 끝까지 지키기 위해 제방을 타고 올라 세번강Severn river까지 행진했다. 물이 무릎까지 닿자 우리는 발걸음을 멈췄다. 구덩이에서 스스로 빠져나온 불운한 대 장은 충실하게 명령을 이행해 물에 흠뻑 젖어 버린 우리를 먼발치에서 보고 이렇게 말했다. "웃어도 좋다."

　새 학년을 앞두고 9월의 짧은 방학을 맞기 전 6, 7, 8월에 우리 생도 들은 매해 '여름 순항 훈련'을 실시했다. 1학년, 2학년, 3학년 생도들은 여름 순항 훈련을 통해 항해술, 선박 조종술, 전기공학, 포술, 무전기 조작에 대한 실용적 지식을 습득했다. 나는 여름 순항 훈련을 두 번 했 는데 한 번은 1935년, 또 한 번은 1937년에 했다. 생도들은 전함 3척에 나뉘어 배정되었다. 나는 매번 2만 6,000톤의 와이오밍급Wyoming class 전함 USS 아칸소Arkansas(BB-33)에 배치되었다. 이 거대한 전함은 전성 기를 훌쩍 지났다. 아칸소함에는 현대적 통신수단이 없었다. 함내 전 화 대신 전성관傳聲管, voice tube과 신호 표시기annunciator를 사용했다. 보일러 8개를 모두 가동해도 이 배는 겨우 15노트(28km)로 느리게 항 해했고 최소 선회반경도 거의 1해리(1.85km)에 달했다.

　1935년의 순항 훈련에서는 참 많이 배웠다. 나는 아칸소함의 주포탑 6개 가운데 한 곳에서 근무했다. 각 주포탑에는 12인치(305mm) 함포 2 문이 장착되었다. 나는 여름 내내 포탑에서 일하며 포에 포탄을 장전하 고 발사했다. 크게 뿌듯함을 느낄 만한 일은 아니었으나 내부에서 근무하며 전함이 어떻게 작동하는지를 배웠다. 하지만 두 번째 항해에서는 더 큰 보상을 받았다. 아칸소함은 1937년 6월 4일에 출항해 유럽으로 떠났는데, 첫 기항지는 젊은 뱃사람들을 흥분시키는 곳인 스웨덴과 노르웨이였다. 항구마다 금발에 파란 눈의 여성들이 우리를 맞았고 스웨덴에서는 섬세한 페이스트리가 우리를 환영했다. 나는 그곳의 음식과 깔깔대며 웃는 아가씨들이 좋았다. 아칸소함에는 고위급 손님들도 찾아왔다. 그중 노르웨이 왕세자 올라프 5세Olav V가 가장 특기할 만했다. 특유의 빗어 넘긴 헤어스타일을 한 왕세자는 잘 차려입은 예복의 가슴에 훈장을 잔뜩 매단 채 갑판을 천천히 걸어왔다. 예상을 깨고 왕세자는 우리 선원들과 어울리며 악수했다. 한 장교가 왕세자에게 배에서 보고 싶은 것이 있느냐고 물었다. 그가 원한 것은 사과 한 개가 전부였다.

두 번째 순항 훈련에서 나는 포술 전문가가 되는 데 초점을 맞췄다. 권총과 소총 사격에는 이미 '특등사수'였기 때문에 함포 사격에서도 같은 평가를 받아야겠다는 강한 욕구에 사로잡혔다. 나는 뒤쪽 포탑 중하나인 5번 포탑에서 근무했다. 포탑은 상부 구조물에 인접해 솟은 시설battlement(이 단어의 사전적 의미는 '총안이 있는 흉벽'이지만 여기에서는 비유적 표현으로 쓰였다. 의미상 적절한 단어가 없어 '시설'이라고 번역했다.—옮긴이)이었다. 선배 생도가 적절한 앙각으로 포를 올리는 사각수射角手, pointer를 맡아 포를 적절한 각도로 올렸다. 학업 성적 덕에 포의 방향을 조정하는 편각수偏角手, trainer를 맡은 나는 포탑을 선회시켰다. 포를 안전하게 사격하기 위해 우리는 화약의 온도, 외부온도, 내부온도를 비롯한 31개 사항이 적힌 체크리스트를 점검하고 중요한 세부 사항을 꼼꼼히 적어 두었다. 포탑을 선회할 때면 우리는 포가 다른 포탑의 포나 갑판에 있는 사람, 장비와 충돌하지 않도록 반드시 사전에 확인해야 했다. 나는 밤낮으로 일하며 복잡한 장전과 발사 절차를 모조리 암기했다.

포술 실력을 측정하기 위해 아칸소함 함장은 각 포탑의 승조원들에게 예인선이 끄는 표적에 사격하는 훈련을 시켰다. 최고의 승조원은 몇 초 만에 표적에 영점을 맞출 수 있었다. 조준할 때 우리는 이 배에 실린 유일한 현대적 장비인 12인치(30.5cm) 광학식 조준경을 사용했다. 이 무시무시하게 큰 쌍안경의 성능은 믿을 수 없을 정도였다. 맹세하건대 이 조준경으로 거의 1해리 떨어진 곳에 있는 신문도 읽을 수 있었다. 우리 포탑 승조원들이 최고등급을 받는 데 별다른 열의를 보이지 않자 나는 기발한 유인책을 고안했다. 하루는 노르웨이 해안을 따라 항해하다가 조준경 거울에 아름다운 여성들로 가득한 해변이 들어왔다. 모두 수영복을 벗은 채였는데 근처에 몰래 훔쳐볼 남자들이 없다고 생각한 듯했다. 나는 나체의 노르웨이 여성들을 표적으로 삼아 사격 연습을 했다. 연습할 때마다 나는 예뻐 보이는 여성을 표적으로 골라 조준했다. 승조원들이 연습을 끝내면 나는 그중 한 사람에게 조준경을 들여다보게 해 표적을 확인시켰다.

내가 물었다. "저 여자가 보이나?"

"예, 그렇습니다!"

"저 여자가 수영복을 입고 있나?"

수병들은 낄낄대며 "아닙니다!"라고 말했다.

외로운 내 부하들은 말할 필요도 없이 포술 연습을 즐기게 되었다. 그 여성들 덕택에 우리는 금방 '특등사수' 등급을 받았다.

아칸소함은 6월 하순에 스칸디나비아를 떠나 독일의 킬Kiel에 잠시 머물렀다가 포르투갈령 마데이라섬Madeira Island 푼찰Funchal로 향했다. 독일에 잠깐 기항하는 동안 나는 나치즘의 대두에 눈뜨게 되었다. 1935년의 첫 여름 순항 때 아칸소함 승조원들과 함께 독일을 방문했다. 그때 독일인들은 신임 수상 아돌프 히틀러Adolf Hitler에 대해 자랑스럽게 이야기했다. 그들은 히틀러가 어떻게 실업을 끝내고 "영광과 힘"을 국가에 가져다줄 수 있는지에 대해 말했다. 1937년에 다시 방문했을 때에는 상황이 그다지 낙관적이지 않았다. 거리에서 서로 싸우는 군중이 보였다. 많은 사람들이 연설의 자유를 제약하고 공산주의자와 유대인을 탄압하는 정부 시책을 지지했다. 당시 많은 미국인들처럼 나는 이것이 앞으로 일어날 일의 으스스한 전조임을 깨닫지 못했다. 하지만 혼란에 휩싸인 국가의 모습이, 점점 악화되는 독일의 정치적 상황이 마치 스냅사진처럼 내 머릿속에 찍혔다.

독일을 떠난 아칸소함은 마데이라로 향했고 우리는 마데이라 군도에서 포술 연습을 했다. 나는 이 방문의 의도가 스페인 정부에 미국의 중립을 존중하라고 암시하는 것이었다고 믿는다. 당시 스페인에서는 파시스트와 좌파 세력 사이에 내전이 진행 중이었고, 우리 함선은 양쪽 모두 미국의 국익을 해치는 행동을 하지 않는 편이 현명할 것이라는 점을 점잖게 일깨웠을 것이다.

솔직히 말해 우리 같은 선원들에게 스페인 내전은 100만 마일 떨어진 곳에서 일어나는 일이나 마찬가지였다. 마데이라 순항에서 내가 기억하는 것은 음주와 소란이 거의 전부였다. 하루는 우스운 광경을 목격했다. 함장이 급하게 바지를 입으며 나를 지나쳐 뛰어갔다. 좁은 수로를 통과하는 배를 조타하다가 손상통제반으로부터 전방 탄약고에서 폭발이 발생했다는 보고를 받은 것이다. 승조원 몇 명이 의료용 알코올과 어뢰 추진제로 '핑크레이디' 칵테일을 만들려고 했다. 이들은 불을 댕겨 변성제를 태워 없애려 했는데 온도가 올라가는 바람에 허술하게 보관된 폭발물 일부가 불시에 터져 버렸다. 그 소리가 기억난다. "쾅! 쾅! 쾅! 쾅!" 함장은 배가 폭발하리라고 생각하며 전방 탄약고로 달려 내려갔다. 그렇게 빨리 달려가는 함장을 본 적이 없었다. 결국 해병대원들이 용의자들을 체포했다.

상륙 허가는 또 다른 문제를 불러일으켰다. 상륙 허가를 받은 생도들에게 값싼 마데이라 와인은 지나치기 힘든 유혹이었다. 나조차도 주량을 초과해 과음한 적이 있었다. 하루는 식당에서 와인 한 병을 다 마시고 심하게 취해 배로 돌아왔다. 어떻게 했는지 모르겠지만 나는 우리 배를 잘 찾았고, 처벌받지 않고 내 선실로 간신히 돌아왔다. (우연히도 그때 아칸소함 함장은 우리에게 현지 물을 마시지 말라고 지시했다. 만약 내가 잡혔다면 명령을 따랐을 뿐이라고 항변했을 것이다.) 취하지 않았을 때에는 마데이라섬의 경치를 찬탄하며 바라보았다. 거리는 그림에나 나올 법한 포석으로 포장되었고 마을을 관통하는 도로에는 길을 막는 차라고는 한 대도 없었다. 한 승조원이 와인과 몽상에 너무 취한 나머지 떠나기를 거부했던 게 기억난다. 나는 그에게 배로 돌아오라고 계속 간청했다. 내가 아니었다면 그는 섬에 남았을 것이다. 마데이라를 떠나자마자 나는 머리가 지끈거리는 숙취를 참고 함교에 보고했다. 함장은 닻을 올리고 배를 움직이라고 명령했다.

움직이기 시작한 아칸소가 모래톱으로 떠밀려 가고 있었다. 함장은 신호 표시기로 지시를 내리며 '전속 전진'을 명령했다. 느리지만 확실하게, 거대한 물짐승은 얕은 곳으로 표류해 갔다. 함장은 전성관에 대고 고함을 질렀다. "기관실, 전속 전진이라고!" 기관실에서는 여전히 응답이 없었다. 결국 함장이 준위들과 직별장들에게로 돌아섰다. 맙소사, 함장의 얼굴이 빨갛다 못해 자줏빛으로 변해 있었다. 함장은 전성관이 와인병으로 막혀 기관실에서 자기 명령을 들을 수 없다는 사실을 알아차렸다. 승조원들이 전성관에 빈 병을 던져 넣으며 쓰레기통으로 사용하고 있었던 것이다. 함장이 고래고래 소리쳤다. "전속 전진하고 전성관에서 병 치워! 아니면 뜨거운 맛을 볼 거다!" 부사관들은 부리나케 기관실로 뛰어 내려갔다. 얼마 뒤 연기가 피어오르기 시작했고 우리는 '전속 전진'했다. 딱하게도 속도는 10노트(19km)였지만.

우스운 일도 실수도 있었지만 나는 여름 순항을 통해 꼭 필요한 수상함대 생활을 경험했다. 그래도 내 꿈은 비행이었다. 캔자스주 방위군에서 복무하던 시절부터 육군 비행기가 우리 연대 머리 위를 붕 하고 지나가 모의 전투에서 나를 '죽였을' 때도, 나는 배가 아닌 비행기가 해군의 미래 전투에서 승리의 주역이 될 것이라고 믿었다. 그래서 나는 비행을 혼자 힘으로 배웠다. 나는 해군사관학교 소속 마틴Martin PM-1 비행정을 타고 몇 시간 동안 비행했다. PM-1 비행정은 거대한 쌍발 비행정으로 기수 바로 위에 있는 개방식 조종석을 자랑했다. 이것이 조종사가 되기를 희망하는 생도에게 해군사관학교가 제공할 수 있는 유일한 기회였다. 결국 사관학교 밖에 있는 장소를 찾아야 했던 나는 커피빌에 갔다가 돌아올 때마다 워싱턴 D.C.를 거쳐 오게 손써 놨다. 육군항공대에 있는 친구의 도움을 받아 볼링 비행장Boling field과 애너폴리스 사이의 항로를 비행하기 위해서였다. 언젠가 일리노이주 스콧 비행장Scott Field에 있는 육군항공대 시설을 방문한 적이 있었다. 그곳에서 나는 비행기에 관심을 쏟는 내게 주목해 기꺼이 도움을 준 중위를 만났다. 그의 집에서 몇 번 저녁을 보낸 후 ─중위의 매력적인 딸과 잘 놀아줘서 환심을 샀다.─ 그는 내 희망을 이해하고 스콧 비행장에 있는 비행기 몇 대를 조종해 보게 해주었다. 개인적 안면 덕이긴 했지만, 처음으로 비행기 조종간을 잡아 볼 기회를 얻은 것이다.

4년간의 장난, 학업, 훈련, 포술, 비행이 빠르게 지나갔고 눈 깜짝할 새에 졸업이 다가왔다. 내 기수의 규정 정원은 607명으로, 575명은 1934년에 입교 허가를 받았고 32명은 그 뒤에 보결로 들어왔다. 4년간 우리는 174명의 생도를 잃었다. 1명 사망, 3명 퇴학, 128명 자퇴, 34명 유급, 8명 명예제대였다. 내 졸업 성적은 남은 438명* 중 245등이었다. 열심히 공부했지만 몇몇 과목은 마스터하지 못했다. 나는 2학년 때 받은 '3등 생도' 성적표를 지금도 가지고 있다. 공학 과목에서는 전부 우수한 성적을 받아 해양공학, 전기공학, 수학은 3.0 이상이었다. 영어, 역사, 어학은 그만큼 성적이 좋지 않아 간신히 3.0을 넘기거나 그 이하였다. 이디스 스타이닝어 선생님의 미적분학 수업은 내게 큰 도움이 되었지만, 캔자스 남동부의 프레리에서 받은 교육은 사관학교에서 가르친 인문학을 배울 소양을 쌓기에는 빈약했다.

프랭클린 루스벨트Franklin Roosevelt 대통령이 졸업 임관식 축사를 했다. 우리의 최고사령관은 우리에게 다양한 재능을 가져야 한다고 권하며 이렇게 말했다. "여러분의 특기 분야가 해양과학이든, 의학이든, 법학이든, 교육이든 혹은 종교든, 아니면 공직이거나 사업 혹은 공공서비스든 각자의 전문분야 외에 현대 문명의 요소들을 두루두루 잘 알지 못하면 최고의 자리에 오를 수도, 그 위치를 유지할 수도 없을 것입니다. 이것은 세계의 생각과 문제에 모두 적용됩니다만, 특히 우리나라의 생각과 문제에 주안점을 두고 적용해야겠지요." 계속해서 대통령은 우리 앞에 배울 것들이 놓여 있으며, 적절한 시기에 올바른 결정을 내리는 과정이 최고의 교육이 될 것이라고 말했다. "여러분은 이런 지식이 매일 필요한 직책을 맡아 어떤 결정을 내려야만 하는 상황에 직면할 것

---

* 나는 1938년 졸업 동기생들이 그 어떤 연도의 졸업생들보다 제2차 세계대전의 혹독한 시련을 겪었다는 점을 강조해야겠다. 졸업생 438명 가운데 421명이 참전했고 42명이 전사했다. 24명은 해군십자장Navy Cross을 받았고 70명은 은성훈장Silver Star을, 146명은 동성훈장Bronze Star을, 44명은 비행수훈십자장Distinguished Flying Cross을 받았다.

입니다. 이러한 지식은 여러분이 자발적으로 결정하고 맡은 임무를 수행할 때에 도움이 될 것입니다. 여러분은 이런 종류의 기본 지식을 가져야 합니다. 하지만 최고의 지식, 가장 중요한 지식은 시간이 지남에 따라 자연히 배우게 됩니다."

루스벨트 대통령은 캐나다 뉴브런즈윅주New Brunswick 세인트존St. John시 시장을 소개하기 위해 잠시 연설을 멈췄다. 그는 존 폴 존스 John Paul Jones(1747~1792, 미국 군인. 독립전쟁기에 활약했다. 미 해군의 창설자로 여겨지는 인물이다. — 옮긴이)가 사용한 진귀한 공예품인 사분의 quadrant를 기증했다. 대통령은 다시 연설하며 첫 임무를 우리에게 부여했다. "연설은 여기서 마치겠습니다. 마지막으로 중요한 점을 말씀드리고자 합니다. 여러분이 과학사Bechalor of Science 학위를 받기 전에 앞으로 '학사'라는 칭호를 지나치게 강조하지 않기를 바란다는 점을 힘주어 말씀드립니다('Bechelor(학사)'는 '총각'이라는 뜻도 있다. 루스벨트가 이런 의미로 말했다면 저자 생각대로 루스벨트 대통령은 은연중에 빨리 결혼할 것을 강조했던 셈이다. — 옮긴이). 졸업을 축하드립니다. 여러분의 최고사령관은 여러분이 자랑스럽습니다. 행운을 빕니다. 즐거운 항해가 되기를." 이 말로 대통령은 연설을 끝냈다. 연설의 이 부분을 더 귀 기울여 들었어야 했다. 대통령은 삶을 사랑하는 법을 찾고, 될 수 있는 대로 빨리 결혼하라고 했다. 대통령의 현명한 조언을 받아들였더라면 진정한 사랑을 찾을 기회를 망칠 뻔한 짓은 하지 않았을 것이다. 하지만 이것은 나중에 할 이야기다.

이 행복한 날, 나는 모자를 하늘로 날렸다. 400개가 넘는 흰 모자가 동시에 하늘로 날아올랐다. 이제 바다로 간다.

4

사랑을 찾아

1938 ~ 1939년

1938년 여름, 나는 캘리포니아주 롱비치Long Beach에 도착해 USS 빈센스Vincennes(CA-44)의 승조원으로 합류했다. 빈센스함은 9,400톤의 애스토리아Astoria급 순양함으로 제7순양함전대Cruiser Division 7에 배속되었다. 빈센스함은 사관생도 때 순항훈련 시 탑승한 아칸소함보다 더 늘씬하고 건현이 낮은 배로서, 1936년 5월 21일에 진수되었을 때부터 완벽함의 모범 그 자체였다. 장교와 부사관, 수병 952명을 태웠고 최고 수준의 무장을 갖춘 빈센스함은 3개의 포탑에 탑재된 8인치(203mm) 포와 갑판의 5인치(127mm) 포, .50구경 기관총을 자랑했다. 1938년 봄, 빈센스함은 함대문제19Fleet Problem XIX〔Fleet Problem은 전간기에 미 해군이 실시한 일련의 해군 훈련을 가리킨다. Fleet Problem XIX는 1938년 4월과 5월에 열렸다. ― 옮긴이〕훈련(진주만에 대한 모의 공격)에 참가한 다음 롱비치항에 기항했다. 내가 승함한 곳이다.

빈센스함의 함장 L. M. 스티븐스L. M. Stevens 대령은 포탑에 나를 배치했다. 아칸소함의 여름 순항에서 내가 '특등 사수' 성적을 거둔 데 영향을 받은 결정임이 분명했다. 나는 빈센스함의 2번 주포탑 포반 40명에 합류했다. 포탑은 마크Mark-12 함포 3문을 탑재한 250톤짜리 포곽이었다. 나는 '특등' 평가를 받기 위해 이번에도 열심히 일했고 스티븐스 함장은 내 헌신에 감탄한 것 같았다. 경쟁은 그다지 치열하지 않았다. 포탑 배치를 강하게 요구한 소위가 또 하나 있었는데, 포탑을 너무 크게 돌리는 바람에 함포가 그만 함교와 충돌해 버렸고 함교와 포를 분리하는 데만 꼬박 이틀이 걸렸다. 그 뒤로 스티븐스 함장은 나에게 지휘를 맡겼다. 나는 시험을 대비해 승조원들을 며칠간 준비시켰다. 공평한 입장의 시험 승조원들이 도착해 내 승조원들이 포탑을 잘 다룰 수 있는지를 지켜보았다. 시작하라는 명령이 떨어졌고, 나는 거리 3해리(5.6km), 침로 미상인 이동하는 표적의 위치를 파악하고 3해리 길이의 로프에 매여 소형 선박에 예인되던 나무 뗏목 위에 설치된 흰색 캔버스 천 표적에 포탄을 명중시켜야 했다. 내 부하들은 전혀 실수하지 않았다. 바닥에 흘린 화약도 없었고 장전 과정에서 부상자도 생기지 않았다. 우리는 시험을 통과했고, 우리 포탑은 '특등' 성적을 받을 기회를 잡았다.

스티븐스 함장은 나를 좋게 보았고, 나는 특정 임무를 배정해 달라고 요청할 수 있을 정도로 함장과 친해졌다. 나는 지체하지 않고 빈센스함의 비행기 회수 작업을 담당하게 해 달라고 요청했다. 이 임무를 수행하면서 나는 순양함의 정찰관측용 복좌 정찰기인 SOC(Scout Observation Curtiss) 시걸Seagull 수상기의 회수 작업을 감독했다. 이 작업을 할 때 승조원들은 까다로운 기동을 여러 번 연달아서 해야 했다. 먼저 조타수가 크게 원을 그리며 선회해 잔잔한 수면을 만든다. 그러면 조종사가 비행기를 물 위에 내린 다음 함에 부착된 붐대에 매달려 끌려가는 화물용 그물까지 수상 활주를 한다. 그다음 조종사는 플로트에 달린 고리가 그물에 걸리도록 비행기를 기동해야 한다. SOC가 완전히 정지하면 조종사는 일어서서 함의 크레인 후크를 비행기에 달린 줄에 걸어야 한다. 마지막으로 크레인 조종수가 물에서 SOC를 들어 올려 갑판에 설치된 60피트(18m) 길이의 캐터펄트에 올려놓는다. 회수 작업의 모든 구성 요소들이 언제나 조화롭게 기능하도록 감독하는 것이 나의 임무였다. 사소한 실수로도 수상기 조종사가 목숨을 잃거나 비싼 항공 장비가 파손될 위험이 있었다. 배가 앞뒤로 흔들리고 비행기가 흔들흔들 떠다니는 상황에서 달성하기 쉬운 일은 아니었다.

늘 조마조마했지만 나는 수상기 회수 작업이 즐거웠다. 귀중한 경험이었고, 언젠가 반드시 갈 비행학교에 입교하기 전에 눈앞에서 해군 비행기가 실제 어떻게 움직이는지를 볼 기회였다. 그런데 SOC의 발함과 회수 요령을 배우면서, 그리고 SOC 조종사들을 알게 되면서 나는 수상함부대 장교들과 조종사들 사이에 편견이 존재한다는 것을 알게 되다. 1914년에 미 해군 비행부대U.S. Naval Air Service라는 형태로 해군에 항공직별이 도입된 이래 장교들은 두 부류로 나뉘었다. '검은 구두black shoes'와 '갈색 구두brown shoes'다. 장교들이 신는 신발 색에서 따온 이름이다. 장교들이 광낸 검은색 구두를 신어야 한다는 해군 복장 규정은 오랫동안 변함이 없었다. 그런데 1922년에 해군은 항공 장교들의 신발 색을 검은색에서 적갈색으로 바꾸었다. 물론 신발 색 때문에 분열이 생긴 것은 아니며, 그보다는 색에 따른 태도의 차이가 원인일 것이다. '검은 구두' 수상함부대 장교들은 항공은 일시적인 유행일 뿐이며 전함과 순양함이 언제나 미 해군의 핵심적 역할을 맡을 것이라고 믿었다.

비행을 사랑했으므로 나는 '갈색 구두' 비행사들과 운명을 같이했다. 나는 빈센스함에 흐르는 조종사들에 대한 질시를 목격했는데, 질시의 이유는 조종사들이 '검은 구두'가 받는 125달러 기본급 외에 50퍼센트의 위험수당을 받기 때문이었다. 나는 '검은 구두'와 '갈색 구두' 사이의 전쟁을 보며 빈센스함에서 복무하는 내내 마음이 편치 않았고, 조종사들을 불신하는 기미가 있음을 눈치챘다. 결국 비행사들이 전투에서 성공을 거두어 인정받는 수밖에 없었다.

불만도 있었으나, 나는 내가 있는 곳을 몹시 사랑했다. 캘리포니아는 천국과도 같았다. 내가 꿈꾸던 모든 것, 해변, 태양, 바다 그리고 여자가 그곳에 있었다. 그때 나는 캘리포니아에서 영원히 살고 싶었다. 꿈의 요소 네 가지 중 여성이라는 요소를 이해하는 데 대부분의 에너지를 썼다. 캘리포니아에서 보낸 첫 달이 끝나갈 무렵 커피빌 출신 지인들이 만남을 주선했다. 커피빌의 링컨가Lincoln Street에 사는 이웃 가족의 아들인 로런스 커버데일Lawrence Coverdale이 롱비치시 전문대학 교수였다. 내 연애 문제를 돕고 싶어 한 커버데일 부부는 내가 여자를 만날 방법을 마련해 주라고 아들에게 부탁했다. 로런스는 나를 학교로 초대해 수업이 끝난 다음 주차장으로 가는 여학생들을 지켜보라고 말했다. 내 시선을 끄는 학생이 있다면 즉시 말해 달라고 했다. 오늘날의 기준으로 보면 이렇게 여자를 사귄다는 것이 이상해 보이겠지만 ―그 시절에도 이상했을 것 같다.― 나는 그렇게 해서 성공했다. 언제나 여성 앞에서 쑥스러워했던 나는 혼자서 연애 상대를 찾는다면 마음 가는 대로 행동하는 게 좋을지, 아니면 여성에게 좋은 인상을 주는 게 좋을지 확신하지 못했다.

대학 건물을 걸어 나오는 여성들을 지켜보는 동안 푸른 눈의 미인이 눈에 띄었다. 나는 로런스에게 서둘러 달려가 그녀가 누구냐고 묻고 혹시 주소를 줄 수 있는지를 알아봐 달라고 말했다. 로런스는 알겠다고 답했지만, 자기가 그녀의 부모님에게 먼저 전화하는 데 동의해야 한다는 조건을 걸었다. 부모님이 이런 식의 만남 주선을 용납할 수 있는지를 확인하기 위해서였다. 로런스는 그 여성이 로스엔젤레스Los

Angeles의 농업협동조합 칼라보 Calavo에서 일하는 스물일곱 살의 유니스 마리 모숑Eunice Marie Mochon이라고 말해 주었다.* 로런스가 그녀의 부모님에게 뭐라고 말했는지는 모르지만 아마 신뢰감을 주었을 것이다. 로런스는 내게 유니스와 데이트할 날짜와 그녀를 데리러 갈 집 주소를 알려 주었다. 불행히도 그날이 며칠이었는지는 기억나지 않지만 내가 몹시 초조해했다는 것만은 떠오른다. 모숑 씨 저택 앞에 갔을 때 나는 말도

아름다운 여자친구이자 미래의 배우자 유니스 마리 '진' 모숑. 1939년 우리가 처음 만났을 때의 모습이다. (NJK)

못 하게 긴장했다. 저택은 높은 철 주물 담장에 둘러싸인 인상적인 건물이었고 도어벨을 울리기 위해 앞마당으로 들어가자 90센티미터 키의 거대한 차우차우가 앞발을 들고 서서 위협적으로 으르렁댔다. 이 집에서 키우는 개의 이름은 밍Ming이었다. 불독도 밍 옆에서는 강아지처럼 보였을 것이다. 나는 보라색 혀를 내미는 문지기를 용감하게 지나쳐 도어벨을 울렸다. 밍은 나를 침입자로 여겼지, 유니스의 마음을 얻으려는 사람으로 보지 않은 것 같았다. 개는 마치 "바보야, 몇 시간 후면 넌 끝이야!"라고 말하는 듯한 눈으로 나를 바라보았다.

프랑스계 캐나다인 커플인 유니스의 부모님은 나를 집안으로 안내

---

* 유니스는 1911년 1월 5일생으로 나보다 다섯 살 위였다.

했다. 그들은 나를 앉혀 놓고 내 가족, 삶의 경험, 직업, 목표, 종교 등에 대해 즐거운 심문을 이어 갔다. 나는 유니스의 부모님을 만족시키기 위해 노력했고, 프랑스어를 몇 마디 하자 부모님은 기뻐하는 눈치였다. 유니스의 부모님은 모숑 가의 역사와 캐나다에서 미국으로 이주해 시민권을 받게 된 과정에 대해 이야기했다. '마마' 위니프리드 모숑Winifred Mochon이 주로 질문했고, 프랑스계 캐나다인 손님이 많은 자기 집에서 프랑스어로 말해도 괜찮겠냐고 내게 물었다. 나는 망설이지 않고 "비엥 쉬흐Bien sûr(물론입니다)."라고 대답했다. 내가 왜 동의했는지 확실하지 않지만, 아마 얼른 심문을 끝내고 데이트하고 싶어서 안달이 났던 것 같다. 용기가 차올랐다는 느낌이 들자 나는 유니스를 볼 수 있겠냐고 물어보았다. 부모님은 동의했지만, 우리가 처음 만나는 자리에 같이 있겠다는 뜻을 굽히지 않았다. 유니스가 내려왔다. 맙소사, 너무나 아름다웠다! 우리는 부모님이 지켜보는 가운데 대화하며 그날 저녁을 보냈다. 밤이 찾아왔고, 너무 오래 머무른 것 같아 나는 모숑 부인에게 다시 방문해 따님과 진짜 데이트를 해도 좋겠냐고 물어보았다. "그래요." 모숑 부인은 모두가 들을 수 있도록 크게 대답하며 먼저 전화해서 약속을 잡으라고 주의를 주었다. 유니스에게 구애자가 많았으므로 그들이 문 앞 계단에서 서로 부딪히거나 싸우는 상황을 원치 않았기 때문이다.

그렇게 솔직한 답변은 예상 밖이었지만 나는 기꺼이 아름다운 유니스와 사귀기 위해 노력을 아끼지 않겠다고 마음을 다졌다. 그리하여 나는 모숑 씨네 집을 몇 달간 정기적으로 방문했다. 보통 유니스, 부모님과 함께 브리지 게임을 하거나 유니스의 피아노 연주를 들었다. 나는 유니스의 아버지 앨버트Albert와도 잘 어울렸다. 그는 와인을 좋아했는데, 우리는 함께 와인을 마시며 즐거운 저녁 시간을 보냈다. 모숑 가의 친척들도 많이 만났는데, 저택의 손님 방에는 항상 친척들이 와 있었다. 그들은 보통 프랑스어로 말했고 나는 그들이 내 프랑스어 지식에 좋은 인상을 받았다고 믿었다.

유니스의 부모님은 나를 좋아했지만 나는 과연 유니스와 가까워지고 있는지를 확신할 수 없었다. 우리끼리 데이트하러 나가 본 적이 없고 언제나 집에서 만나다 보니 남자친구라기보다 하숙하는 사촌같이 느껴졌다. 유니스를 집 밖에서 볼 기회가 별로 없었다. 가끔 학교에서 열린 연극 행사에 그녀와 동행했는데 오히려 상황을 나쁘게 만들 뿐이었다. 유니스는 모든 방면에 능숙했는데, 특히 연기력이 뛰어나기로 유명했다. 그녀는 연애극에서 남자 배우와 끌어안고 키스하며 서로에게 영원한 사랑을 고백하는 배역을 좋아했다. 그녀가 무대에서 남자 배우와 열정적으로 키스하는 모습을 처음 본 날 나는 충격을 받았고, 갑자기 의심에 휩싸였다. 몰래 흠모하는 사이가 아니라면 어떻게 저렇게 몸을 던지며 키스할 수 있을까? 그녀가 내게 느끼는 진짜 감정은 무엇일까?

우리가 사귀는 과정은 길고 어려웠다. 유니스는 모든 관계에 조심스럽게 접근했다. 무대에서는 거리낌 없이 로맨틱하게 행동했지만 그녀는 교제 초반에 끌어안거나 키스하고 싶어 하지 않았다. 가끔은 우리 관계가 어디쯤에 있는지를 알기가 어려웠다. 유니스 어머니의 말씀대로, 그녀에게 이성 친구가 많은 것이 상황을 더욱 복잡하게 만들었다. 유니스의 애정을 쟁취하려면 많은 경쟁자를 물리쳐야 했다. 유니스같이 아름답고 이룬 바가 많은 여성은 뭇 남성들이 선망하는 대상이었다. 유니스는 비서로서의 기술, 음악적 능력, 운동능력, 언어능력을 가졌을 뿐만 아니라 분당 50개 단어를 타자할 수 있는 능숙한 속기사였다. 총을 사랑하는 캔자스 사람일 뿐인 나를 과연 그녀가 남자친구 감으로 여기기나 할지, 머리를 싸맬 수밖에 없었다.

사실 유니스를 쫓아다니는 구애자가 하도 많아 어머니가 경쟁자들이 서로 마주치지 않도록 일정을 조정하느라 애먹을 정도였다. 하루는 유니스의 집에 브리지 게임을 하러 들렀다. 게임을 하고 있는데 전화벨이 울렸다. 모숑 부인이 전화를 받았는데, 대화를 들어 보니 전화를 건 사람은 유니스의 구애자 중 하나였다. 다행히 모숑 부인은 유니스가 외출해서 전화를 받을 수 없다고 거짓말했다. 몇 주 뒤 여름에 유니스가 실수로 두 사람을 같은 시간에 초대하는 더 난처한 사건이 벌어졌다. 내가 둘 중 뒤늦게 도착한 사람이었다. 나를 보자마자 공포에 질린 표정의 모숑 부인을 보고 뭔가 잘못되었음을 알았다. 구애자들끼리 대면하는 위험천만한 상황을 피하려고 모숑 부인은 나를 다른 장소에 숨겼다. 그녀는 나를 가족 방에 집어넣고 또 다른 구애자는 부엌으로 데려갔다. 그렇게 우리는 저녁 내내 분리되어 있었고 한 번도 만나지 않았다. 다행히 유니스는 그날 밤 나와 시간을 더 많이 보냈다. 우리는 저녁 내내 이야기했다. 분명 다른 남자가 부엌에서 자기를 애타게 기다린다는 사실을 알았을 텐데 말이다. 가장 귀찮은 경쟁자는 바로 길 건너에 살고 있었다. 그 친구의 어머니는 돈을 잘 버는 자동차 딜러인 아들이 유니스와 결혼하기를 간절히 바랐다. 그녀는 예술가였는데, 모숑 부부의 환심을 사기 위해 자주 그림을 선물했다.

유니스의 구애자 가운데 내 조건이 가장 불리했는데, 나는 해군이 언제든지 롱비치에서 불러내 다른 곳으로 보낼 수 있는 사람이었기 때문이다. 그리고 실제로 그러했다. 그때까지 빈센스함은 단 두 번 바다로 나갔고 우리 승조원들은 시험 항해 중에 발견된 수많은 문제를 해결할 필요가 있었다. 롱비치에서 6개월간의 훈련을 끝내고 빈센스함은 해안을 따라 내려가 샌프란시스코만San Francisco bay에 있는 메어섬Mare Island 으로 가서 수리를 받았다. 나는 롱비치를 떠나기가 싫었다. 특히 유니스와 연락이 끊어지거나 그녀를 다른 구애자들에게 뺏길까 봐 걱정스러웠다. 더욱이 빈센스함의 목적지인, 벌레이오Vallejo에 있는 메어섬 조선소는 천상의 세계 같은 롱비치에 비하면 악의 소굴이나 다름없었다. 아마 세계에서 가장 길게 술집이 늘어선 곳일 것이다. 나는 도착하자마자 한 곳을 들여다보았다. 흘낏 보는 것만으로도 족했다. 술집은 취한 수병들, 창녀들과 상스러워 보이는 조선소 노동자들로 넘쳐났다.

어느 날 벌레이오에 있는 술집 중 작고 덜 칙칙한 곳에 들어갔다. 나는 바에 있는 자리로 가 부유해 보이는 두 '신사' 옆에 앉았다. 한 사람이 다른 사람에게 말했다. "작은 요트가 들어갈 자리를 만들려고 방금 낡은 차를 10달러에 팔았네." 나는 고개를 돌려 불쑥 말했다. "제가 10달러에 그 차를 샀으면 정말 좋았겠네요!" 그 신사는 나를 머리부터 발끝까지 훑어보더니 이렇게 말했다. "아, 팔 차가 한 대 더 있는데." 그들은 맥주잔을 비웠고 나는 생판 모르는 사람의 차에 탔다. 교외로 나가자 널찍한 헛간 밖에 오클랜드 모터 카Oakland Motor Car 1927년 모델이 있었다. 그 남자가 반복해서 말했다. "10달러만 내면 자네 거야." 차는 움직이지 않았지만 어쨌든 그에게 돈을 지불했다. 나는 빈센스함으로 돌아와 스티븐스 함장에게 대장에 서명하고 필요한 공구를 열흘간 빌릴 수 없느냐고 물어보았다. 함장은 동의했다. 빌려온 공구로 오클랜드를 고친 후 '윈디Windy'라는 이름을 붙여 주었다. 나는 함장에게 5개월 뒤에 빈센스함이 롱비치로 돌아가면 휴가를 달라고 요청했다. 함장은 허락했고, 나는 새 차를 몰고 남부 캘리포니아로 돌아왔다. 최소한 부모님 감독 없이 유니스와 데이트할 수단을 가지게 되었다.

나는 즉시 모숑 씨 저택으로 가서 유니스와 드라이브를 해도 되겠느냐고 물었다. 평소라면 모숑 씨 부부는 "안 돼요."라고 답했겠지만, 내 생각에 그때쯤에는 나를 아주 좋아하게 된 부부가 내가 딸의 애정을 얻을 기회라면 뭐든지 줄 것 같았다. 유니스의 부모님이 정한 통금시간 때문에 우리는 일몰 전에 집으로 돌아와야 했다. 데이트가 성공할 가능성은 상당 부분 차의 외관과 뛰어난 운전 실력에 달려 있었다. 나는 차를 직접 청소하고 수리하며 차의 상태를 꼼꼼히 확인했다. 하지만 슬프게도 불운이 끼어들었다. 차를 사서 수리까지 하면서도 새 타이어를 사지 않았는데, 드라이브하는 동안 로스앤젤레스 시내의 번잡한 거리에서 왼쪽 뒤 타이어에 펑크가 나 버렸다. 나는 당황하지 않고 길가에 차를 세운 다음 잭을 꺼내 스페어타이어로 갈아 끼웠지만, 이 불운한 사건 탓에 유니스와 잘될 기회를 날려 버린 것 같았다. 타이어를 갈아 끼우는 내내 생각했다. '첫 데이트를 시작하기에 환상적인 방법이군! 이렇게 일을 망쳐 버렸으니 두 번째 데이트는 없겠지!' 저녁 시간 대부분을 낭비한 끝에 겨우 차를 다시 출발시켜 유니스를 집에 데려다주었다. 우리가 없던 몇 시간 동안 밍은 포치에서 움직이지 않았던 것 같았다. 정문에 유니스를 내려 주자 충직한 차우차우견은 내가 말썽을 일으키지 않나 확인하겠다는 듯이 뒷다리로 일어서서 의심스러운 눈초리로 나를 바라보았다. 내가 조심조심 나가자 포치에 앉아 있던 밍이 마치 나를 놀리기라도 하듯이 웃었다.

나는 끝났다고 생각했지만, 데이트가 완전히 엉망진창은 아니었던 모양이다. 사실 유니스는 타이어 펑크 사건을 큰 실수라고 보지 않았다. 오히려 내가 보여 준 재치와 자동차 구조에 대한 지식을 아주 좋아했다. 타이어 펑크 때문에 당황하는 모습을 보였다면 유니스가 나의 이런 점을 알아차리지 못했을 것이다. 새 타이어를 장만한 후 그녀에게 두 번째 데이트를 신청했고 허락을 받았다. 나는 윈디를 몰고 모숑 씨 저택을 자주 방문했다. 도구를 챙겨 와 망사문을 옮기는 작업을 도왔고, 초인종이나 말썽을 부리는 보일러 등 집 주변의 이런저런 물건들을 고쳤다.

유니스를 빈센스함에 초대했을 때 나는 승자가 되었다. 스티븐스 함장은 우리가 함을 돌아보는 모습을 보았다. 함장은 자기소개를 한 후 내가 해낸 일을 '띄워 주는' 것을 잊지 않았다. 그의 말을 들은 유니스는 내가 남자친구 후보들 중 최고라고 확신하게 되었을 것이다.

그 후 일이 빨리 진척되었다. 어느 날 모숑 부인에게 유니스의 반지 사이즈를 물어보았다. 부인은 망설이지 않고 "8 사이즈예요. 딸아이는 내 결혼반지 같은 스타일의 반지를 좋아하죠."라고 말했다. 나는 시내로 나가 박봉을 쪼개 약혼반지를 샀다. 무릎 꿇고 청혼하는 일만 남아 있었는데, 그 순간은 오지 않았다. 나는 아버지와의 이견 때문에 기회가 왔을 때 망설였다. 아버지는 가톨릭 여성과의 결혼을 반대한다는 내용의 편지를 여러 번 보냈다. 아버지 세대에 그랬듯이, 아버지는 다른 종교를 믿는 집안끼리는 결혼으로 연결될 수 없으며 가톨릭 가정에 장가가는 것은 클리스가의 전통을 무시하는 행동이라고 말했다. 나는 평소에 유니스와 대화를 나누며 그녀가 결혼 후에도 가톨릭 신앙을 유지하고 아이들을 가톨릭 계열 학교로 보내리라는 것을 알고 있었다. 아버지가 보낸 편지들을 읽으면 머릿속이 의심으로 가득 차 당혹스러웠다. 아버지와의 사이가 틀어지는 상황을 감내할 수 없었던 나는 유니스가 나를 위해 가톨릭 신앙을 포기하겠다고 확약할 때까지 청혼을 미루기로 했다. 돌이켜보면 지금까지도 후회하는 어리석은 결정이었다. 내 마음을 따르지 않고, 고루한 가족 자존심의 완고함에 굴복한 것이다.

유니스와 이 어려운 문제를 이야기할 시간이 별로 없었다. 반지를 산지 얼마 안 되어 나는 해군이 제7순양함 전대를 대서양함대로 옮기기로 했다는 것을 알게 되었다. 빈센스함과 자매함 4척은 대륙 반대편의 버지니아주Virginia 노퍽Norfolk 군항으로 가라는 명령을 받았다. 즉 내게 딱 일주일 남은 시간 내에 청혼하거나 아니면 영원히 입을 닫아야 한다는 뜻이었다. 나는 모숑 씨 댁에 매일 들렀으나 유니스를 만나지 못했다. 마침내 빈센스함이 출항하던 날 유니스가 전화했다. 그녀는 나를 사랑한다고 말했다―엄청난 발전이었다―. 그리고 내가 돌아올 때까지 기다리겠다고 약속했다. 나는 뛸 듯이 기뻤지만 직접 만나 대화할 기회가 없었으므로 종교와 관련된 거북한 질문을 할 기회를 놓쳤다.

빈센스함은 햇살 가득한 캘리포니아 해변을 뒤로하고 출항했다. 내게는 끔찍한 날이었다. 나는 사랑을 찾았으나, 그 사랑을 따라가기에는 너무 어리석었다.

5

해군의 수상함대

1939~1940년

순양함 빈센스는 1939년 5월 26일에 출항했다. 조선소 직공 몇 명이 파나마 운하를 향하는 우리 배에 동승했다. 이들은 계약된 보수 작업을 기한 내에 끝내기 위해 필사적으로 일했다. 조선소를 떠날 때 두세 명이 갑판 작업을 마무리하던 중이어서 이들을 태워 돌아갈 보트가 배를 댈 수 있게 우리 배의 속도를 늦춰야 했다. 항해 첫날에 나는 이례적인 일을 했다. 여자친구의 이름을 바꾼 것이다. 나는 유니스라는 이름을 좋아해 본 적이 없었고 그녀도 마찬가지였다. 나는 편지에 이렇게 썼다. "지난밤 12시 16분 46초에 갑자기 생각난 건데 … 자기 별명(혹은 별명 중 하나)을 '진Jean'이라고 붙이면 어떨까 싶어. 내가 좋아하는 이름이거든. 자기는 더 좋은 이름으로 불릴 자격이 있지만." 누군가의 이름을 바꾼다는 게 이상해 보이겠지만 나도 다섯 살에 내 이름을 바꿨고 부모님도 개의치 않았다. 그녀도 유니스라는 이름으로 28년간 살았지만 이상하게도 내가 이름을 바꿔 부르는 데 전혀 반대하지 않았다. 그녀는 편지에 "나도 내 새 이름이 정말 좋아."라고 썼다. 6월 12일부터 유니스는 '진'이 되었고 그 뒤로 쭉 그 이름으로 살았다.

6월 2일, 빈센스함은 파나마 연안에 도착해 섭씨 32도가 넘는 찌는 듯한 기온의 수역에 들어섰다. 우리는 해안을 따라 3일간 더 항해한 다음 6월 6일에 파나마 운하에 진입했다. 고통스러울 정도로 느릿느릿 진행되는 운하 통항 덕에 뭍에 올라갈 기회가 생겼다. 벌레이오에 들러 진탕 마셔댄 이후 내려진 첫 상륙 허가였다. 통항 첫날 밤 나는 갑판사관으로 근무했고 질서 유지를 돕기 위해 덩치 큰 고참 부사관이 동행했다. 처음에는 수병들이 분별없는 행동을 최대한 자제하려는 듯이 보였다. 밤이 깊어지면서 작은 소란이 내 주의를 끌었다. 배에서 20미터 정도 떨어진 곳에서 취한 수병 한 명이 옷을 벗는 모습이 보였다. 보아하니 갑문으로 뛰어들려는 것 같았다. 나는 그를 붙잡기 위해 부하 2명을 보냈다. 다행히 벌거벗은 수병이 위험하기 짝이 없는 스완 다이브 swan dive〔등을 젖히고 두 팔을 뻗은 자세로 하는 다이빙—옮긴이〕를 하기 몇 초 전에 체포할 수 있었다. 그는 현문舷門, gangway〔선박의 뱃전 옆에 설치한 출입구—옮긴이〕까지 질질 끌려와서 나와 대면했다. "이게 다 무슨 일인가?"

나체의 수병이 대답했다. "해 보라고 하더군요!"

"잠깐, 뭐라고?"

취한 수병이 자세히 설명했다. 동료 수병 한 명이 면전에서 "너 같은 놈은 수영으로 갑문을 횡단하지 못할 거다."라고 도발했던 모양이다. 그 말을 듣고 겁쟁이가 되기 싫어서 다이빙하려고 했다는 것이다. 나는 수병의 기가 막힌 대답에 황당해하며 그렇게 다이빙하고 살아남을 수 있으리라고 생각했느냐고 물었다. 갑문으로 다이빙했으면 콘크리트에 부딪혀 목이 부러졌을 것임에 틀림없었다. 나는 한 걸음 더 나아가 물었다. 여기 동물들은 어쩔 건데? 악어가 갑문을 돌아다닌다는 것을 모르나? 그러자 수병은 외설스러운 말로 투덜거렸고, 나는 그를 선실로 데려가라고 명령했다.

　몇 시간 뒤 스티븐스 함장이 현문에 도착했다. 함장은 말썽을 부린 승조원이 있느냐고 물었다. 나는 아까 돌려보낸 술에 취해 벌거벗은 수병 이야기를 신나게 하고 "그 외에는 이상 없었습니다."라고 말했다. 이 말을 끝내자마자 헌병대 차량이 빈센스함의 현문에 차를 댔다. 헌병이 뒷문을 열자 잔뜩 화가 난 수병이 뛰쳐나가 현문을 뛰어올라 배로 도망쳤다. 헌병대 구금에서 벗어나고 싶어 안달이 난 모양이었다. 덩치 큰 고참 부사관이 그 친구의 손을 잡았다. "어이, 천천히 좀 가, 이놈아." 수병은 굴하지 않고 부사관을 세게 한 대 때려 넘어뜨렸다. 내 보고가 말도 안 되게 부정확했음을 보여 주는 상황에 당황한 나는 넘어진 부사관 대신에 한 걸음 앞으로 나섰다. 갑자기 함장이 질책했다. "안 돼, 개입하지 말도록! 어떤 상황에서든 장교가 사병을 구타할 수는 없어!" 결국 폭력적인 수병은 기절한 부사관을 뒤로하고 갑판 아래로 사라졌다. 함장이 나를 지켜보고 있다는 것을 알았기에 나는 차분하게 행동하며 수병 8명을 소집해 말썽을 일으킨 수병을 선실까지 추적한 다음 포박하라고 명령했고, 마침내 심하게 몸부림치는 수병을 붙잡았다. 작은 체구의 어디에서 힘이 나오는지 무려 8명이 달라붙어 겨우 그를 제압했다. 나는 헌병대에 화난 수병이 무슨 일을 저질렀기에 체포되었느냐고 물었다. 헌병대는 그가 현지 클럽에서 술을 마시다가 난폭해져 기물을 약간 파손했다고 설명했다. 나는 "아, 피해 액수가 어떻게 됩니까?"라고 물었다.

　한 헌병이 눈 한 번 깜박하지 않고 진지하게 답했다. "어, 피해 규모가 상당히 큽니다. 부서진 유리창을 고치는 데 저희가 2달러를 내야 했습니다."

　입이 딱 벌어졌다. 고작 2달러짜리 문제로 체포된 것이다! 스티븐스 함장이 주머니를 뒤지더니 "여기 2달러 있네."라고 말했다.

6월 13일, 빈센스함은 마침내 목적지인 버지니아주 노퍽항에 도착했다. 이곳을 모항으로 삼은 군함은 48척이었다. 며칠간 휴식을 취한 다음 스티븐스 함장은 승조원들에게 다음 일정을 통지했다. 함장에 따르면 빈센스함은 여러 번의 단기 항해를 연속하며 여러 항구에 기항해 보급품을 싣고 추가 수리를 받을 예정이었다(18일간 항해한 결과 벌레이오에서 받은 수리가 충분치 않았음이 밝혀졌다). 우리는 3개월간 대서양 연안을 따라 여러 번 항해했는데 기항지에 오래 머무를 정도로 긴 항해는 없었다. 그래도 나는 여러 도시를 방문하며 즐겁게 지냈다. 여름 내내 여러 조선소를 들락거리던 빈센스함은 7월 마지막 주간에 마침내 모항인 노퍽항 7번 부두로 돌아왔다. 모든 뱃사람의 삶을 바꾼 전 지구적 사건이 일어나기까지 훈련할 시간은 불과 한 달 정도 남아 있었다. 1939년 9월 1일, 독일 육군이 폴란드를 침공하는 제2차 세계대전의 첫 군사행동이 발생했다. 여기에 더해 아돌프 히틀러는 대서양 항로를 이용하는 연합군 선박을 공격하기 위해 잠수함들을 풀어놓았다. 9월 5일, 히틀러의 잠수함대가 미국의 중립을 위협할 것이라고 우려한 루스벨트 대통령이 모든 교전국 선박들로부터 미국 영해를 보호하겠다고 선언했다. 이에 따라 해럴드 스타크Harold Stark 해군참모총장Chief of Naval Operations은 대서양함대에 적선의 움직임을 보고하는 목적으로 수립된 장거리 작전계획인 '중립 순찰Neutrality Patrol'을 위한 동원령을 내렸다. 스타크 참모총장은 우리 함선들이 캐나다와 남아메리카 사이의 3,000해리(5,556km) 이상 길이의 수역을 허리케인이 최고조에 달한 계절에 순찰하기를 원했다.

루스벨트 대통령의 '중립 순찰' 선언은 내게 즉각 영향을 미쳤다. 1939년 9월 6일 자정, 한 장교가 내 숙소에 전화를 걸었다. 그는 내게 사관학교 동기 제이미 어데어Jamie Adair 소위가 현문에서 떨어지는 바람에 발목이 부러졌다고 말했다. 누군가가 어데어의 빈자리를 채워야 했는데 그게 나였다. 나는 한밤중에 개인 장구를 꾸려 서둘러 새로 발령받은 함선인 USS 고프Goff(DD-247)로 갔다. 고프함은 이틀 내에 출항할 예정이었다. 사전통지 없는 갑작스런 보직 변경에 짜증난 나는 화가 난 상태로 빈센스함에서 내 장구를 챙겼다. 마침 빈센스함도 이틀 내에 출항할 예정이었다. 그때 나는 이렇게 썼다. "이틀간 잠을 못 잤지만 눈을 부릅뜨고 있으면 여기에서도 좋은 장교들을 찾을 수 있겠지."

고프함으로 가면서 복잡한 감정이 들었다. 이 배는 크기가 작아서 거친 가을 대서양을 순찰하기에 적합하지 않았다. 배수량 1,200톤인 클렘슨급Clemson class 구축함인 고프함은 1920년에 진수되어 지금은 제21구축함전대 소속이었고 길이는 고작 314피트(95m)로 빈센스함의 거의 절반 크기였다. 배를 운용하는 승조원의 수도 눈에 띄게 적어서 수병이 106명이었는데, 이것은 빈센스 승조원 수의 10퍼센트에 해당했다. 다른 한편으로 고프함의 사관들은 단결력이 강했다. 함에는 수병 외에 장교 6명과 직별장 6명이 있었다. 나는 함의 매점과 식당을 관리하는 장교가 되었다. 함장인 노블 웨인 에이브러햄스Noble Wayne Abrahams 소령은 나를 보자마자 좋아하게 되었는지 부항해장, 포대 통제관, 탄착관측관(포술), 부기관장(보일러와 터빈), 암호실장, 체육부장, 어뢰장 등 여러 부차적 임무를 맡겼다.

고프함에서 나는 해군사관학교에서 어울렸던 오랜 친구인 엘턴 크냅 소위와 재회했다. 엘턴은 고프의 통신장교로 근무하고 있었다. 빈센스함에서와 달리 고프함에서는 장교들이 한식구처럼 보였다. 진에게 쓴 편지에서 나는 "이 배가 좋냐고? 음, 19년간 어떻게 물에 떠 있었는지를 알 도리가 없다는 사실을 제외하고는 (지난주에 함의 생일파티가 열렸고 케이크도 잘랐지.) 아주 좋아. 함장 에이브러햄스 중령은 정력과 활기가 넘치고 바다 경험이 아주 많은 분이야. 부장, 군의관, 엘리Eli, 팩Pack과 크냅시Knappsie는 최고지." 중순양함에서의 생활에 비하면 해군의 엄격한 요구가 느슨해지는 경향이 있는 고프 같은 구축함의 분위기가 좀 더 편안했다. 예를 들어 나는 매점과 식당 담당이었으므로 청구서와 지불 금액을 결정할 기회가 많았다. 내 임무는 식당 메뉴를 결정하는 것이었고 나는 당연히 우리가 왕처럼 먹어야 한다고 생각했다. 더나아가 장교는 식대로 한 달에 10달러만 내도록 조정했다. 정부는 장교 식대로 한 달에 18.75달러를 지급했는데 내 조치 덕에 장교들은 차액을 챙길 수 있었다. 빈센스함에 비하면 장족의 개선이었는데, 거기서는 흔히 규정 식대에 매달 7~12달러를 더 부담했다.

또 다른 눈에 띄는 차이는 민간인 방문과 관련된 것이었다. 빈센스함의 스티븐스 함장은 오후 4~10시에만 여성의 방문을 허락했으며 청동제 단추 하나만 어긋나 있어도 이맛살을 찌푸렸다. 고프함의 에이브러햄스 함장은 밤늦게까지 여성 방문자를 허용했다. 로드아일랜드주Rhode Island 뉴포트Newport에 기항했을 때 에이브러햄스 함장은 장교들과 그들의 여성 친구들을 밤늦은 시간에 열린 칵테일파티에 초대했다. 두 번째 날, 고프의 사관실은 새벽 3시까지 배에 머무르며 우리가 저장해 놓은 코카콜라를 다 마셔 버린 "여성들로 또 한 번 북적였다." 이렇게 많은 뉴잉글랜드의 미인들 중에는 로맨스를 찾아 방문한 사람들이 있었겠지만, 고프함의 장교들이 모두 기혼자였으므로 이들은 운이 없었다. 결혼반지가 없는 장교는 나뿐이어서 그날 저녁 내내 나는 코카콜라의 카페인으로 기운까지 왕성해져 내게 추파를 던지는 여성들을 피해 다녀야 했다. 모든 손님이 함을 떠나고 5분 뒤 고프함은 예인선과 페리선을 피하며 15노트(28km)의 속력으로 항해했다. 장교들은 제복이 아니라 고프함의 평상 근무복인 가죽제 항공 점퍼와 흰 셔츠를 입고 당직을 섰다.

고프함은 9월 중순에 노퍽에서 출항해 먼저 로드아일랜드주 뉴포트에 있는 해군 어뢰기지Naval Torpedo Station로 갔다가 브루클린Brooklyn에 있는 뉴욕 해군공창New York Naval Shipyard으로 향했다. 고프함은 공창에 11월 중순까지 머물렀고 작업자들은 노후한 고프함이 푸에르토리코Puerto Rico로 중립 순찰 임무를 떠날 수 있도록 대대적으로 수리했다. 수리가 끝나기를 기다리는 동안 나는 우리의 중립 순찰 임무의 중요성에 대해 생각했다. 10월에 의회는 또 다른 중립법Neutrality Act을 통과시킬 태세를 갖췄다. 이 법이 통과되면 미국은 '현금 지불 후 인수cash and carry' 방법으로 연합국에 무기를 팔 수 있게 될 것이었다. 그때 내 느낌이 어땠는지를 기억하기는 어렵지만 진에게 보낸 편지에서 실마리를 찾을 수 있다. 10월 8일에 나는 이렇게 썼다. "소위 '중립' 입법이 통과되지 않기를 바라. 나쁜 사업일 뿐 아니라 그 때문에 동부 연안에 많은 배들이 계속 붙들려 있어야 하거든. 그러면 내가 출항하고 돌아갈 때까지 자기가 얼마나 많은 잘생긴 '캘리포니아의 아들들(그런 사람들이 있다면)'과 마주칠지 알 수 없지(우리 데이트, 기억나?)." 나는 진에게 더 가까운 곳인 서부 해안에 있는 편을 선호했다. 그래도 대서양에 있게 된다면 고프함이 북쪽이 아닌 남쪽으로 갈 것이라고 확신했다. 나는 "더 오래된 배들은 '남쪽의 좋은 날씨에 일광욕이나 하고 있겠지만' 빈센스함 같은 신형함은 악천후에 시달리면서 고드름에 부딪혀 가며 북극으로 달려가겠지."라고 썼다.

사실 고프함은 푸에르토리코로 순찰 항해를 떠나지 못했다. 설명할수 없는 지연 때문에 함은 항구에 머물렀다. 한번은 항만노조가 계약된 작업이 완전히 끝나기 전까지 함의 닻사슬을 풀어 줄 수 없다고 저항했다. 결국 에이브러햄스 소령이 해병대 1개 분대를 보내 완력으로 사슬을 풀었다. 해병대원들은 임무를 완수했지만 슬프게도 자신들이 다루는 물건에 대해 아무것도 몰랐기 때문에 사슬고리를 연결하는 부품인 새클shackle 회수를 잊어버렸다. 나중에 승조원들이 출항 준비를 위해 스크루를 회전시키기 시작했을 때 우연히 나무로 된 카멜camel—도크와 배 사이에 설치되는 일종의 부표—을 치는 바람에 보일러 2개가 망가지는 불행한 사고가 일어났다. 24시간 동안 작업해 망가진 부분을 임시변통으로 고친 다음 고프함은 예정대로 11월 13일에 출항했다. 하지만 뉴욕항에서 멀어지고 있을 때 이상한 소음이 터빈에서 들리기 시작했고, 에이브러햄스 함장은 배를 항구로 돌려야 한다고 강경하게 주장했다. 고프함은 맥빠진 모습으로 비틀거리며 해군공창으로 돌아갔다. 나는 진이 이 곤란한 상황을 이해할 수 있도록 "목욕하자고 불렀을 때 밍이 걸어오는 속력"이었다고 썼다. 그렇게 고프함이 돌아가고 있을 때 지나가던 민간 유조선이 갑자기 폭발했다. 우리는 의무에 따라 진화와 인명구조 인원을 보내 유조선 승무원의 퇴선을 도왔지만 불길에 고프함의 갓 칠한 페인트 도색 일부가 녹았다. 우리의 낡은 구축함이 공창으로 돌아왔을 때의 상황을 나는 편지에 이렇게 적었다. "뉴욕은 디프테리아 환자 같은 우리를 환영해 주었어." 공창 관계자들은 망가진 터빈을 수리하기보다 교체하자는 의견을 고수했다. 몇 시간 동안 논쟁을 벌인 끝에 에이브러햄스 함장은 다른 공창을 찾아가기로 결정했다.

　결국 고프함은 망가지고 혹사당한 터빈으로 비틀거리며 노퍽으로 돌아왔다. 근처 공창에서 점검을 마친 에이브러햄스 함장은 12월 15일까지는 푸에르토리코로 항해할 수 없다고 결정했다. 낙담한 나는 편지에 이렇게 썼다. "아니, 햇살 좋은 날씨에서 일광욕하는 대신 우리는 해군공창에 꼼짝없이 주저앉게 되었어. 터빈 하나가 문자 그대로 박살이 났거든." 순진하게도 나는 이렇게 덧붙였다. "정말, 진, 우리는 선원이 알 만한 사고란 사고는 전부 다 당했어."

고프함은 우여곡절 끝에 중립 순찰 항해에 나섰지만 그 시점은 예정 보다 7개월 늦은 1940년 6월이었다. 하지만 나는 이 항해에 참여하지 못했다. 노퍽에서 조용한 크리스마스를 보낸 뒤에 다른 함선으로 전보 된 것이다. 내게 전화를 건 장교는 24시간 내에 개인 장구를 챙겨서 배 를 옮기라고 지시했다. 1940년 1월 3일, 나는 1,150톤의 윅스급Wickes class 구축함인 USS 야날Yarnall(DD-143)의 승조원으로 합류했다.

고프함이나 빈센스함과 비교하면 야날함은 여러모로 한 급 아래였 다. 이 배는 제1차 세계대전 중인 1918년 6월에 진수되었다. 실전을 전 혀 치르지 않았던 야날함은 전후에도 4년간 현역으로 있다가 퇴역 처 분된 다음, 1930년에 재취역되어 현역으로 활동했으나 1936년 해군 은 오래되었다는 이유로 이 배를 퇴역시켰다. 1939년 9월, 독일이 폴 란드를 침공한 지 얼마 뒤 해군은 야날함을 두 번째로 취역해 대서양 함대의 제61구축함전대Destroyer Division 61에 배속했다. 나는 고프함에 더 있고 싶었다. 새 임명은 느낌이 좋지 않았다. 나는 야날함의 불운을 직접 본 적이 있었다. 승조원들이 함을 모스볼mothball〔비상시 재사용할 수 있도록 퇴역한 장비를 잘 밀봉해 보관하는 조치―옮긴이〕 상태에서 꺼낼 때 보트의 정장이 사망하는 현장을 목격한 것이다. 그 옆에 정박한 고 프함에 있던 나는 야날함 승조원들이 구명보트를 내리는 모습을 지켜 보고 있었다. 갑자기 녹슨 대빗davit〔구명보트를 달아 둔 기둥―옮긴이〕이 부러졌고 승조원들이 바다로 추락했다. 큰 소리를 내며 떨어진 보트는 정장을 덮쳐 그의 목을 부러뜨렸다. 대서양함대 승조원들은 야날함을 원양항해가 불가능한 고대 유물로 여겼다. 그때 나는 전보 발령에 대해 이렇게 썼다. "이 바다에 뜬 낡은 양동이는 정말 끝내주는 배야. … 고프함이라는 좋은 배가 정말 그리울 거야. 그 배는 최고 중에 최고니까."

심지어 내가 배에 오르기 전에 야날함이 닻을 잃어버리는 있을 수 없는 부끄러운 사건이 터졌다. 사건이 일어난 때는 11월 25일, 3년 만에 처음으로 항해에 나선 지 여섯 시간 뒤였다. 어찌 된 일인지 야날함은 린헤이븐 수로Lynnhaven Roads에서 좌초했다. 나는 그때 야날함에서 근무하지 않아 사건의 자초지종을 직접 경험하지는 못했지만 소문을 많이 들었다. 험담꾼들은 야날의 함장 존 그릴리 윈John Greeley Winn 소령을 비난했다. 무슨 이유 때문인지 윈 함장은 강풍이 몰아치는 상황에서 닻을 내린 채 끌고 다녀 배의 속력을 늦추라고 지시했다. 그러고 투묘 사실을 잊어버린 채 '전속 전진' 명령을 내렸다. 닻사슬이 끊어졌고 배는 모래를 밀고 들어가 좌초해 버렸다. 손상은 없었지만 윈 함장은 SOS 조난신호를 보냈다. 그 후 이 지역 사람들은 경멸하는 투로 이 해변을 '야날 모래톱Yarnall Shoals'이라고 불렀다. 나는 좌초 사고가 난 다음 야날함을 자세히 볼 기회가 있었다.*

당연히 좌초 사고 이후 야날함 승조원들의 사기는 바닥으로 떨어졌다. 나를 야날함 포술장으로 임명한다는 인사명령서를 들고 도착했을 때, 나는 승조원들이 함장에게 품은 깊은 적대감을 눈치챘다. 진에게 쓴 편지에서 나는 이렇게 단언했다. "이 함에 있는 사람들은 다른 배

---

* 야날함의 항해일지 내용은 내가 들은 이야기와 들어맞는다. 좌초 사고는 11월 25일 오전 3시 30분경에 일어났다. 전날 저녁 야날함은 5패텀fathom(9m) 깊이의 수역에 닻을 내렸다. 배가 움직이기 시작하자 당직 장교가 한쪽 닻이 끌리고 있다고 의심했다. 3시 20분, 당직 장교는 부장에게 이를 보고했고, 이 소식을 들은 함장 윈 소령은 "우현 투묘"라고 명령했다. 3시 40분쯤 야날함은 좌초했고 모래가 끼는 바람에 좌현 기관이 스크루를 돌릴 수 없게 되었다. 11월 26일, 로버트 그리핀Robert Griffin 대령이 승함해 사문위원회査問委員會를 열었다. 사문위원회는 12월 1일까지 계속되었고, 마침내 윈 함장의 군사재판 회부를 결정했다.

로 전출될 수만 있다면 기꺼이 50달러를 낼 거야." 나는 원 함장의 특이함을 이해하고 그를 있는 그대로 받아들이려고 최선을 다했지만 나 역시 전보된 지 몇 시간 만에 함장에게 부정적으로 보게 되었다. 이 구절은 1월 8일자 편지에 나온다. "이 늙은 함장은 정확히 말해 못된 사람은 아니지만, 부하들에게 자율성을 주는 것을 '잊어버려' 반드시 제때 식사가 나와야 하고 등등 만사가 그래. 오늘도 그랬어. 함장은 물보라가 꽁꽁 얼어 갑판에 흩뿌려질 것 같은 날씨에 병기사에게 사격 준비를 하라고 명령하더라고. 모두 제자리로 가서 탄약을 가져온 다음 갑판 밖으로 던져진 표적에 접근했을 때 갑자기 사격은 내일 하겠다고 하더군." 원이 판단 착오를 저질렀을 때 겸허하게 잘못을 인정하는 모습을 보였다면 무능함을 용서받을 수 있었을지도 모르지만, 그는 오히려 실수를 저지를 때마다 더욱더 오만해졌다. 예를 들어 원은 크림이 든 커피를 좋아했다. 어느 날 커피가 너무 마시고 싶었던 원 함장은 배의 침로를 바꿔 조타수에게 좁은 강으로 진입하라고 명령했다. 지나가는 군함에 충격을 받은 버지니아주 주민들을 뒤로하고 함장은 수병들에게 돈을 주며 보트를 내려 상륙해 크림을 사 오라고 시켰다. 내 생각에 이 드라마가 전하는 총체적 메시지는, 원이 자기가 이 배의 함장이며 자기가 무언가를 원하면 배도 따라온다는 것을 증명했다는 것이다.

　나사 빠진 몇몇 소수가 저지른 군기 위반 때문에 모두가 처벌받은 사건이 없었더라면 나는 그의 행동에 그렇게 신경 쓰지 않았을 것이다. 원 함장의 부하로 있던 13일간 중 어느 날, 제독을 태운 바지선이 지나가는데도 야날함이 적절하게 경례하지 못하는 일이 벌어졌다. 무신경한 견시원이 저지른 실수였다. 규정상 제독이 탑승한 바지선이 지나가면 모든 함선은 대소를 막론하고 나팔을 불어 승조원을 소집해 경례해야 했다. 야날함이 자기를 무시하는 모습을 본 제독은 원 함장에게 메시지를 보냈다. 제독의 명령하에 우리 승조원 전원이 집합해 다른 항구에서 우편물을 배포해야 했고, 당연히 예정된 상륙 휴가를 박탈당했다. 이 일이 있고 나서 수상함대를 떠나고 싶은 마음이 더욱 간절해졌다. 나는 앞으로 이런 사건으로 괴로울 일은 자주 없을 것이라고 믿었다. 조종사가 되면 조종석의 주인은 나이고 다른 사람의 실수로 연대책임을 질 일은 절대 없을 테니까.

1월의 첫 주 끝 무렵, 윈 함장은 11월 25일의 좌초 사고에 대해 군사재판을 받을 것이라는 통지를 받아 함의 지휘권을 반납해야 했다. 이 소식이 퍼지자 야날함 승조원들은 대놓고 환호성을 질렀다. 조타수가 함의 호각과 사이렌을 울리지 못하도록 당직 장교가 그의 팔을 붙잡아야 했을 정도였다. 지휘권을 포기해야 한다는 것을 알게 되자 윈은 군사재판 과정에서 함이 작전에 나갔던 달 동안 4인치(10.2cm) 포를 단 한 발도 발사하지 않았다는 게 적발될까 봐 전전긍긍했다. 귀항하기 전에 함장은 포술장인 내게 전방 포탑의 포를 사격하라고 명령했다. 병기사들이 장전하려고 했지만 포탄을 밀어 넣을 수가 없었다. 포강이 경화된 코스몰린Cosmoline(악취가 나는 왁스형 방청제)으로 꽉 차서 포탄 아래 끝이 포신으로 들어가지 않고 밖으로 튀어나와 있었던 것이다. 포강을 청소하지 않으면 포탄을 발사할 수 없었다. 병기사는 청소하는 데 하루가 걸릴 수도 있다고 말했다. 야날함이 재취역한 후 3개월 동안 아무도 포의 상태를 점검하지 않았던 것이다. 해야 할 일을 미루면 어떤 결과를 가져올 수 있는지를 알려준 끔찍한 교훈이었다.

윈 함장은 이 소식에 개의치 않고 어떻게 해서든 포를 발사하고 싶어 했다. 그는 병기사에게 가서 이렇게 말했다. "어떡하든 저 포탄을 쏴 버리라고. 헛짓 그만두고!" 명령받은 대로 승조원들은 포탄을 세게 밀어넣었으나 포탄은 여전히 포미 밖으로 몇 센티미터 정도 튀어나와 있었다. 윈은 굴하지 않고 명령했다. "그냥 포미 닫아!" 그때 내가 무슨 소리를 들었나 싶었다. 함장이 우리 모두를 죽일 거라는 생각이 들었다! 내가 끼어들었다. "함미로 가게 허락해 주십시오." 나는 대답을 기다리지 않고 돌아섰다. 나는 언제나 싸우기를 두려워하지 않는 사람이었지만 명령을 어긴 적은 거의 없었다. 이날은 예외였다. 내 지휘관이 평판을 유지하려다 일으킨 폭발 사고로 목숨을 잃고 싶지는 않았다. 포탑 승조원 나머지가 나를 따라오지 않는다면 나는 명령 위반으로 처벌받을 수도 있었다. 함장은 내 뜻을 알아듣고 소리쳤다. "일단 중지!" 사격 명령이 취소되었다. 함장은 포를 청소하고 수리하라고 명령했으나 승조원들은 윈 함장의 명령에 따라 포를 발사할 기회를 얻지 못했다. 결국 1월 16일, 야날함은 노퍽으로 귀환했다. 윈은 군사재판을 받았지만 나는 결과를 전해 듣지 못했다. 소문에 따르면 윈은 강등되어 포함砲艦, gunboat〔함포를 장비하고 해안이나 강에서 활동하며 경비, 수색을 맡는 소형함 — 옮긴이〕 기관장이 되었다고 한다. 어찌 되었건 내가 그를 다시 볼 일은 없었다.

1924년에 해군사관학교를 졸업한 토머스 에드워드 프레이저Thomas Edward Fraser 중령이 윈을 대체해 부임했고 야날함은 다시 항해에 나섰다. 프레이저 함장이 부임하자마자 모든 것이 바뀌었다. 함장은 야날함을 모스볼 상태에서 현역 상태로 바꾸려면 승조원들이 밤낮으로 일해야 한다고 강조했다. 대상자를 다른 곳으로 전보시키는 데는 창의성이 필요했지만 함장은 무능한 승조원들을 솎아내는 작업을 시작했다. 예를 들어 프레이저는 자기가 싫어하는 수병장을 함장실로 불러 고과를 평가했다. 왜 주어진 일을 완수하지 못한 경우가 많으냐고 묻자 수병장은 "발이 아파서 그랬습니다."라고 대답했다. 그를 제거할 기회가 왔음을 느낀 함장은 군의관을 불러 그의 발에 큰 깁스를 해주라고 명령했고, 이제 그는 구축함 혹은 다른 어떤 배에서도 근무하지 못하게 되었다. 프레이저는 야날함의 부장도 같은 방법으로 제거했다. 그는 부장에게 한 달간 뭍에서 휴가를 보내라고 제안했다. 부장이 할 일을 찾으며 한가롭게 지내는 동안 프레이저는 은근슬쩍 후임자를 찾아 두었다. 프레이저는 규율을 바로잡는 데에도 힘썼다. 함장은 승조원들이 자주 술에 취해 있고 야날함이 전대의 다른 구축함들보다 알코올을 더 자주 보급받는다는 점에 주목했다. 그는 문제의 원인을 찾아냈다. 수병들이 배의 알코올 탱크 바닥에 구멍을 뚫어 알코올을 수시로 빼냈고, 그 위에 페인트를 칠해 범죄를 감췄던 것이다. 이를 파악한 프레이저 함장은 알코올을 탱크에서 모두 빼내 1갤런짜리 통에 담아 내 선실에 보관하라고 명령했다. 내가 사실상 구축함의 알코올 관리자가 된 것이다.

그 무엇보다 프레이저 함장은 대담함을 보여 주었는데, 특히 인상적인 일화가 있다. 우리 배가 브루클린 해군공창에서 수리를 방금 마쳤을 때였다. 인근 소형선박 선주들은 공창을 나서는 군함을 일부러 들이받는 짓을 상습적으로 저지르곤 했다. 이들은 작은 배를 몰아 근처에서 얼쩡거리다 마지막 순간에 키를 바짝 꺾어서 서투른 해군 조타수가 사고를 일으킨 것처럼 보이게 만들었다. 그렇게 해서 이들은 몇 달에 걸쳐 법정 소송을 벌여 민간 법정에서 손해 배상 판결을 받아 내기도 했다. 구축함 함장들은 공창에서 배를 몰고 나갈 때 조심해야 했다. 흘수선 깊이 때문에 구축함은 선박 통항로를 관통하는 직선 경로를 따라 항해하며 거버너스섬Governors Island을 지나쳐야 했다. 따라서 일부러 사고를 일으키려는 선주들이 들이받으려 하면 구축함은 회피기동을 할 여유 공간이 없었다. 언젠가 야날함이 공창을 나섰을 때였다. 당직은 나였다. 아나 다를까, 민간 소형선박이 우리 쪽으로 다가오며 항로를 가로질렀다. 나는 이를 즉시 함장에게 알리고 그 배를 가리키며 의도에 대해 경고했다.

나는 "어떻게 할까요?"라고 물었다.

프레이저 함장은 미소를 짓더니 "내가 맡지."라고 답했다.

함장은 인터콤을 잡고 기관실을 호출했다. "긴급 속력! 전속 전진, 긴급이라고 했다!" 몇 초 만에 야날함의 기관은 최고출력을 냈고 속력이 빨라지기 시작하더니 배는 40노트(74km)의 속력으로 질주했다. 우리 배는 함미에서 30피트(10m) 크기의 엄청난 물보라를 일으키며 달렸다. 민간 선박 선주와 치킨게임을 벌이는 게 틀림없었다. 선주가 우리 배를 들이받으려면 죽음을 무릅써야 했을 것이다. 전속 전진하는 윅스급 구축함은 민간 선박을 두 쪽 내버리기에 충분했다. 우리가 다가오는 모습을 본 선주는 충돌을 피하려고 속력을 늦춰서 현명하게 대처했다. 민간 선박을 지나치자 프레이저 함장은 조용히 인터콤을 잡고 약간 능글맞게 웃으며 명령했다. "정상 속력으로."

프레이저의 창의성이 즉각 효과를 발휘했다고 말하지 않을 수 없다. 배가 더 좋아졌고 승무원들은 능력이 향상되었다. 나는 프레이저 함장을 대단히 존경했다. 진에게 쓴 편지에서 나는 함장을 "거칠고 경험 많은 바다 사나이, 정말 좋은 사람"이라고 묘사했다. 내가 유일하게 싫어한 것은 배의 골칫덩어리가 된 함장의 샴 고양이였다. 함장은 고양이를 너무 버릇없게 키웠고 이 고양이는 해군의 예의범절을 어겨도 괜찮은 유일한 승조원이었다. 진에게 보낸 편지에서 나는 이렇게 불평했다. "검고 노란 이 늙은 괴물은 퓨마처럼 울부짖고, 어디에 들어가든 조용히 있는 법이 없고, 뜨거운 강철 갑판에 발을 데기라도 하면 몇 시간 동안 구시렁거려. 나는 최고의 고양이 전부를 준다고 해도 가장 게으른 사냥개 한 마리하고도 안 바꿀 거야."

1940년 1월 중순경에 야날함은 항해 준비를 마쳤다. 우리는 항해에 나서 베네수엘라Venezuela 해안에 도착했다. 그곳에서 다시 북으로 뱃머리를 돌려 쿠바Cuba의 관타나모만Guantanamo Bay에 정박했다. 노퍽에 돌아온 날은 3월 1일이었다. 나는 진에게 "몹시 바빴다"고 강조하며 매일 평균 수면시간이 네 시간 반 정도라고 말했다. "전임자가 했던 일을 얼마 전 〔내가〕 바로잡았고, 포탄을 많이 발사했고, 다른 배를 머리부터 발끝까지 샅샅이 검사했고 우리 배도 그렇게 검사받았어." 야날함이 항구에 돌아왔을 때 나의 수상함대 의무 근무 기간은 2개월이 남아 있었다. 미래를 생각해야 했다. 빈센스함, 고프함, 야날함에서 2년간 근무해 보니 서로 모순되는 선택지 2개가 남았다. 구축함 승조원들에게는 안된 일이지만 이들은 최고의 무기를 갖추지 못한 채 위험한 임무에 투입되는 경우가 잦았다. 하지만 나는 수상함대에 찬사를 보내지 않을 수 없었다. 구축함 전대에는 무능한 장교들도 있었지만 유능한 사람도 많았다. 그 가운데 에이브러햄스 함장과 프레이저 함장은 최고였다. 수상함대에 계속 있으면 진에게 돌아갈 수 있을지 모른다는 점이 가장 중요했던 것 같다. 나는 서부 해안으로 돌아가고 싶었다. 그리고 다시 순양함 승조원이 된다면 롱비치로 돌아갈 방법을 찾을 수 있을지도 몰랐다.

그래도 나는 하늘을 날고 싶었다. 비행기 안에서는 내가 나의 지휘관이고 스스로 결정을 내릴 수 있었다. 어느 쪽을 선택할지 결정하지 못해 온몸이 마비될 지경이었다. 야날함이 귀항하기 겨우 며칠 전에 나는 진에게 이렇게 썼다. "오래 지연되었던 신체검사를 펜서콜라에서 곧 받아야 해. 이 기회를 그냥 넘겨 버릴지 말지 결정하지 못하겠어. 비행도 좋지만 봉급 외에 50퍼센트 추가 수당을 받아(수상함대의 125달러보다 많은 월 187달러를 받아). 하지만 해군에는 내가 가 보고 싶은 병과가 아주 많아. 내 인생에서 가장 힘든 결정을 내려야 할 것 같아."

이런저런 망설임의 순간에 프레이저 함장이 내 등을 떠밀었다. 평소처럼 선실에서 진의 사진을 바라보고 있는 모습을 함장이 목격했다. 프레이저는 진이 떠나버리기 전에 서둘러 결혼하라고 말했다. 1943년에 내가 당시를 회상한 기록에는 이렇게 씌어 있다. "언젠가 밤에 프레이저 함장이 해준 조언이 생생하게 기억난다. … 그는 〔진의〕 사진을 바라보던 나를 보고 크게 호통을 쳤다. '아이고, 한심한 놈. 왜 그 아가씨하고 결혼하지 않는데?!!'" 실제로 결혼을 독려하기 위해 함장은 결혼 선물로 골동품 기병도 한 쌍을 선물로 주겠다고 했다.* 소상한 경위는 모르지만, 프레이저를 친구로 여긴 한 제독이 이 역사적 가치가 있는 무기를 입수했는데, 원래 USS 필라델피아Philadelphia에서 근무하던 장교의 소유물이었다. 필라델피아함은 1803년에 트리폴리의 해적들에게 나포당했던 대포 44문을 갖춘 프리깃함frigate이다.

힘을 얻은 나는 내 생일인 3월 7일에 진에게 전화를 걸었다. 임무가 있었다. 청혼하는 것이었다. 3개월만 지나면 금혼기간이 끝나며, 비행사 과정을 시작한다면 플로리다의 펜서콜라 기지에 있는 비행학교로 가기 전에 3주간의 휴가가 있었다. 슬프게도 이 통화의 결말이 썩 좋지는 않았다. 내 청혼에 진은 "좋아."라고 대답하지 않았다. 최소한 무조건은 아니었다. 진은 내가 자기의 제안 몇 가지를 수용한다면 청혼을 받아들이겠다고 말했다. 진은 두 가지 이유로 내 청혼에 대한 답을 보류했다. 첫째, 자기가 나보다 나이가 많다는 것, 둘째, 자녀를 가톨릭으로 키우고 싶다는 것이었다. 그녀는 통화를 마치고 몇 시간 뒤, 3

---

* 프레이저 함장은 약속을 지켰다. 내가 1942년에 진과 결혼할 때 그 기병도를 선물로 준 것이다. 나는 이것을 장남 잭 클리스 주니어가 결혼할 때 선물로 주었고 잭은 지금도 그 칼을 간직하고 있다.

월 7일에 쓴 편지에서 우리의 주요 논점을 되짚었다. "만약 우리가 서로의 반려자가 된다면 나는 당신의 행복을 최우선에 두고 노력할 거야. 그래서 당신이 우리에게 나이 차이가 있다는 것을 기억했으면 해. 지금은 그다지 큰 문제가 아니지만 나중에 후회하지 않을 자신 있어? 그리고 자기야, 나는 가톨릭 신자야. 무슨 뜻이냐면, 신부님의 집전으로 결혼식을 치르고 싶고 새 가족이 생긴다면('아이' 없이 완벽한 가정은 없으니까) 나와 같은 신앙을 가지기를 바라. 내가 자란 가정이 너무 행복했으니까 나는 같은 기초 위에 내 가정을 꾸리고 싶어."

나는 솔직히 말해 나이 차는 상관없었다. 우리 관계에서 나이 차는 아주 사소한 문제였다. 나는 "시간이 지남에 따라 풍화되어 더 작아질 작은 자갈 조각"이라고 썼다. 나이는 문제가 아니었다. "당신은 언제나 젊고 건강할 거야. 지금 모습 그대로." 하지만 다른 장애물들은 더 크게 다가왔다. 아버지의 경고가 계속 귓전에서 울렸다. 가톨릭 가정에 장가가는 것을 허락하실 리 없었고 진이 감리교로 개종하는 것도 기대할 수 없었다. 나는 내 실수를 책임지기로 했다. 진에게 종교는 매우 큰 의미가 있었는데 나는 그것을 깨닫지 못했다. 나는 편지에 이렇게 썼다. "이 모든 건 '정보'를 찾아내는 데 더 신중하지 못했던 내 잘못이야. 내가 당신에게 안긴 번민과 갈등을 어떻게 보상할 수 있을까."

나는 완강히 내 뜻을 고집했다. 전화로 무슨 이야기를 나누었는지 기억나지는 않지만, 내가 진에게 보낸 편지를 보면 가톨릭으로 개종하는 것에 대한 의구심이 드러나 있다. 나는 "내가 가진 깊은 —그리고 지난 2년간 물어보려 했지만 성공하지 못한— 믿음 중 하나는 모든 가족(엄마, 아빠와 아이들)이 같은 종교를 가져야 한다는 거야. 그렇지 않으면 결혼이라는 고속도로에 수많은 '돌아가시오'와 '보수 작업으로 인해 도로 폐쇄'라는 표지판이 들어서겠지. … 내가 가톨릭이 되는 것에 대해 더 알아볼 필요가 있어. … 교리를 받아들일 수 있는지, 규율을 지킬 수 있는지를 보기 위해서야. 하지만 그러고 나서도 아버지와 할머니가 독실한 감리교 신도인 이상 (사실 클리스 가의 사람들이 다 그렇지만) 굉장한 어려움이 있을 거야. 그리고 내가 개종한다면 할머니와 아버지가 나나 자기를 용서하실지 의문이고."

　우리의 논쟁은 8월까지 계속되었다. 한 주 한 주 지날 때마다 상황이 점점 더 나빠졌다. 처음에는 내가 진의 말을 잘못 해석했을 뿐인 것 같았다. 진은 내가 개종하기를 원치 않았으나 나는 가톨릭 결혼식과 가톨릭 자녀를 받아들여야 했다. 그녀는 편지에 이렇게 썼다. "어찌 되었건 간에 모든 사람은 자기 의견을 가질 권리가 있어. 자기가 성당에서 결혼식을 올리는 데 이의가 없다는 것만은 분명히 해두고 싶어. 그 점에 대해서 어떻게 생각해?" 이것이 문제를 해결해 주지는 않았다. 나는 우리가 결혼한다면 둘 중 하나는 개종해야 한다고 믿었고, 나는 가톨릭 신앙을 받아들일 수 없었다. 나는 이렇게 설명했다. "가톨릭 종교에 대해서 내가 아는 미미한 지식에 따르면 가톨릭은 나 같은 사람들에게 너무 많은 약속을 받아내. 그리고 고해성사나 성인들이 했다는 기적을 내가 믿을 수 있을지도 의심스러워. … 진, 나는 누군가의 믿음을 바꾸겠다는 약속은 할 수 없어. 네가 내 쪽으로 올 수 없다면 우리 사이에 있었던 일은 잊어버리는 게 좋을 것 같아. 차갑고 잔인하고 불가능해 보이는 일이지만." 지금까지도 내가 왜 그때 그렇게 고집을 부렸는지 모르겠다. 아버지의 말에 영향을 받아 내가 가톨릭과 결혼하는 것이 커피빌에서 스캔들이 될까 봐 두려웠던 것 같다. 아, 부모님을 달래려 한 어리석은 결정이라니! 나는 가톨릭을 비하하는 불쾌한 말을 많이 했다. 그 끔찍했던 날들로부터 수십 년이 흘렀지만 나는 여전히 그때 내가 한 말들을 후회한다.

진은 고집부리는 나를 설득하기 위해 노력했다. 그녀는 이렇게 응답했다. "모든 담장에 양쪽이 있다는 사실을 잊어버렸어? 네가 내 사고방식으로 넘어오기가 어려운 것처럼 나도 내 믿음을 바꾸기가 어려워. 그래서 … 우리가 옛날 방식을 고집한다면 우리 중 하나가 넘을 수 없는 장애물이 생길까 봐 걱정돼." 결국 이 논쟁 탓에 결혼할 기회가 막혀 버렸다. 마음이 몹시 심란하던 5월, 나는 단호한 편지를 썼다. "난 그럴 수 없어. 그리고 자기도 그럴 수 없다는 걸 알아. 이런 식으로 계속 가는 것 말이야. 공정해지려고 노력했지만 나는 가톨릭이 되거나 성당에서 결혼할 수 없어." 우리는 하마터면 헤어질 뻔했다. 이게 내가 저지른 가장 큰 실수 가운데 하나다. 사랑하는 두 사람이 종교를 극복할 수 없다면 거기에 무슨 희망이 있을까? 때로는 스물네 살의 나를 돌아보기가 싫다. 그 남자는 자존심 때문에 사랑을 희생하는 바보가 아니고 무엇이었을까.

이 논쟁은 한 가지를 달성했다. 나를 항공 쪽으로 밀어붙인 것이다. 이제 결혼할 가능성이 흐려지고 있었으므로 비행사가 되는 꿈을 희생하고 싶지 않았다. 4월에 신체검사를 받았다. 정신적·신체적으로 응시자를 엄격히 테스트하는 만만찮은 과정이었다. 나는 그 과정을 진에게 보낸 편지에 묘사했다. "먼저 응시자를 막사에 들여보낸 다음 가족사, 고민거리, 무엇무엇에 대해 어떻게 생각하는지 등등 온갖 바보 같은 질문을 해." 다음으로 해군항공대 군의관이 내 뒤로 쓱 들어와서 맥박과 혈압을 재고 간단한 지시를 내린 다음 나를 일으켜 세우고 뭔가를 더 쟀다. 그러고 나서 군의관들이 열두어 번 정도 제자리뛰기를 하라고 명령했고, 비행 적합 여부를 판정하는 혈압 측정 결과를 정량화한 수치 체계인 '스나이더 테스트Snyder Test'를 실시했다. 마지막으로 군의관들은 나를 '회전의자'로 데려갔다. 약간 솟은 곳에 있는 이 의자는 글자 그대로 고속으로 회전하며 모의 중력가속도를 생성해 실제 비행기가 고속으로 선회할 때 발생하는 중력 상태를 시뮬레이션하는 기구다. 나를 여러 번 돌린 다음 군의관들은 내게 일어나 보라고 해 내가 쓰러진 방향을 적었다. 다음으로 내게 6피트(1.8m) 떨어진 곳에 있는 차트를 집중해서 보게 해 차트에 붙은 숫자를 읽으라고 한 후 내가 차트 숫자에 초점을 맞추는 데 걸린 시간을 적었다. 그리고 색이 있는 숫자로 바꾸어 같은 실험을 한 후 내 눈에 안약을 몇 방울 넣었다. "결과만 말하자면," 나는 검사에 대해 이렇게 썼다. "그들은 내게 왜 그렇게 바보처럼 비행사가 되고 싶어 하는지를 묻고 체크리스트 아래쪽에 '임시 적합 판정'이라고 적었어." 4월 초에 나는 모든 시험을 통과했고 7월에 펜서콜라로 가게 되었다.

나는 진이 내 계획을 어떻게 생각하는지를 알고 싶었다. 나는 이렇게 썼다. "이 비행사 훈련과정에서야말로 자기가 날 도와줘야 해. 왜냐하면 난 뭐가 위험한지를 판단할 능력이 없거든. 다른 사람(특히 자기)이 '위험하다'고 하면 난 그 말을 따를 거야. 오래전에 루이스 형이 니트로글리세린과 가스 파이프로 대포를 만들 때 도와준 적이 있어. 나는 지금 탄약고 사이를 걸으며 자기가 식료품 바구니를 다루듯 화약 탱크를 다뤄." 진은 비행사가 되기로 한 내 결정에 걱정 반 기대 반인 심정이었다. 한편으로 그녀는 용감무쌍한 사나이와 데이트한다는 데 매력을 느꼈다. 진은 "난 언제나 비행사가 되고 싶다는 꿈을 남몰래 꾸었어." "비행기와 날씬한 유선형의 기차를 사랑했지."라고 썼지만 비행에 따라올 수밖에 없는 위험을 걱정했다. 더 안전한 과정을 선호한다는 것이 진의 최종 판단이었다. 즉 수상함대에 남기를 바란다는 의미였다. "항공에 대한 네 뜻을 꺾는 것 같아 싫지만, 그리고 우리가 하는 일을 즐기지 않는다면 아무 재미도 없겠지만, 그게 위험을 감수한다는 뜻이라면 나로서는 일단 그 일을 안 하는 쪽으로 갈 수는 없는지 시험해 봤으면 해."

나는 진의 충고를 무시했다. 야날함의 마지막 세 번의 항해가 결정적 계기가 되었다. 4월 하순과 5월 초순 사이에 이 구축함은 아군 잠수함을 엄호하거나 무기 실험을 위해서 바다로 세 번 더 나가 여러 방면으로 순찰 항해를 했다. 세 번째 항해에서 야날함은 폭격 연습을 하는 초계기를 위해 예인용 밧줄에 연결된 표적을 끌고 다녔다. 줄의 길이는 반 마일(800m)이었지만 낙하하는 1,000파운드(454kg) 폭탄을 본 승조원들은 머리를 감싸고 숨었다. 그들과 대조적으로 나는 그 광경을 넋이 나간 듯 쳐다보았다. 주 방위군이었을 때처럼 또다시 모의 공습을 받는 상황이었다. 나는 비행기를 조종하고 싶지 비행기의 분노를 사고 싶지는 않았다. 이때 느낀 흥분이 비행사가 되겠다는 내 결정에 힘을 더했다.

나는 진을 만나기 위해 캘리포니아로 가는 계획을 취소했다. 8월 초 펜서콜라로 가기 얼마 전, 나는 우리의 연애를 끝내기 위해 편지를 썼다. "이게 작별 인사야. … 문제가 너무 복잡하게 꼬여서 내가 캘리포니아로 간들 별 도움이 안 될 것 같아. … 일주일 동안 우리는 어떤 문제에 대해서도 의견이 일치하지 않았지. … 오래전에 나는 자기와 내가 스타 배우로 나오는 영화의 실사판을 찍게 되리라고 꿈꾸었어. 하지만 지난 몇 주 동안 계획대로 되지 않았지. 그래서 지금, 사랑을 담아 말해야 할 때가 되었고, 자기가 진심으로 행복하기를 빌어. 당신은 지금까지의 내 인생에서 최고의 여자야. 안녕히, 잭." 진은 내게 우리 관계를 계속 유지하자는 마지막 호소가 담긴 눈물 어린 답장을 보냈다.

네 편지를 읽었을 때 울고 싶었어. 하지만 눈물은 문제를 해결하지 않아. 그래서 나는 입술을 꽉 깨물고 버텨 보려 해. 진심으로 네가 캘리포니아에 단 며칠만이라도 오기를 바랐어. 그런다고 문제가 다 해결되지는 않겠지만, 잠깐이라도 다시 같이 있을 수 있잖아. 난 언제나 그랬고 앞으로도 강한 운명론자야. 이루어질 일은 반드시 이루어지게 되어 있어. 우리 둘 다 같은 하나님과 그분의 가르침을 믿기 때문에 종교는 우리를 갈라놓는 데 있어 아주 사소한 문제 같아. … 나는 가톨릭이라는 데 자부심을 느끼고 따라서 내 뜻을 유지하고 싶어. 네가 이 문제를 더 분명히 이해할 날이 올 거라고 생각해. 네가 가톨릭으로서 행복하지 않을 것임을 아니까 나는 네가 개종하는 것을 원치 않아. 하지만 가톨릭의 원칙을 조금만 더 포용해 주었으면 해. … 잭, 너는 정말 좋은 사람이야. 그리고 나는 우리가 함께 있건 떨어져 있건 너를 사랑해. 모든 일이 다 잘 되기를 바라. 행운과 건강과 행복이 너와 함께하기를. 사랑해, 진.

결국 아무 결론도 나지 않았다. 누구도 나를 단념시킬 수는 없었다. 나는 비행사 배지를 받고야 말겠다는 생각으로 플로리다로 떠났다. 마침내, 또는 당시 내 표현에 따르면 나는 "금빛 찬란한 하늘과 루비같이 붉은 태양, 또는 은빛 배경에 다이아몬드 모양 구름"을 향해 비상할 기회를 잡았다.

탁 트인 창공이 나를 부르고 있었다.

6

비행 훈련
1940~1941년

1940년 8월, 나는 비행 훈련을 시작하기 위해 펜서콜라 해군기지에 있는 지상학교Ground School에 도착을 보고했다. 나는 동기생 92명으로 구성된 비행훈련반에 합류했는데, 그중에는 해군사관학교 출신도 몇 명 있었다. 훈련생 대부분은 해군 학군사관 출신이었다. 교관들은 학군사관의 외출에 대해 엄격한 규칙을 적용했다. 해군사관학교 출신인 나는 우대를 받았고, 공부하지 않을 때면 재미있는 일을 할 기회가 많았다. 해변에서 놀거나 승마를 하거나 오리 사냥에 나서기도 했다. 훈련은 쉼 없이 빠른 속도로 진행되었다. 나는 훈련 시간의 절반을 교실에서, 나머지 절반을 하늘에서 보냈다. 최소한 일주일에 한 번은 야간 비행도 했다. 나는 도전을 받아들였고 이전의 비행 경험을 유용하게 써먹었다. 사관학교 생도 시절에 스콧 비행장과 볼링 비행장에서 비행해 본 경험이 있었고, 캔자스에서 롤리 인먼과 함께 비행한 적도 있었다. 그때 나는 이렇게 썼다. "나는 항공이 좋아. 그리고 항공도 나를 좋아하는 게 분명해. 지금껏 아무 문제 없이 훈련을 잘 소화했고 다른 비행기를 시야에서 놓친다거나 이착륙할 때 비행기가 통제 불능 상태에 빠져 선회하는 일이 없었을 정도로 아주 운이 좋았으니까 말이야. 이제 이런 곡예비행까지 해. 〔이 부분에서 나는 루프loop와 롤roll 기동을 하는 비행기 그림을 그렸다.〕 아주 재미있어!"

나를 가르친 교관은 여러 명이었지만 주얼 얼 러니어Jewel Earl Lanier 대위가 나의 담당 멘토였다. 교육 비행 시간에 러니어 교관과 나는 NAF(Naval Aircraft Factory, 해군 비행기 공장) N3N-1 비행기를 몰았다. 복좌 복엽기인 이 비행기는 밝은 노란색 도색과 미숙한 학생 조종사가 조종한다는 점 때문에 '노란색 공포Yellow Peril'라는 별명으로 불렸다. 러니어는 학생 조종사들에게 빨리 생각하는 방법을 가르쳤고, 자주 모의 긴급상황을 만들어 우리의 본능을 시험했다. 비행 훈련을 할 때마다 거의 매번 러니어는 예기치 못한 때에 스로틀을 잠가 모의 엔진 고장 상황을 만들었다. 비행기가 엔진이 멎은 채 활강하는 상황에서 훈련생은 단 몇 초 내에 최적의 착륙지점을 찾아 무동력 상태로 비상착륙을 준비해 착륙지점 접근로에 N3N-1을 정렬해야 했다. 그러면 마지막 순간에 러니어는 스로틀을 다시 열고 상승했다. 우리가 지상에 착륙한 후에는 러니어가 나의 비상착륙 장소 선택에 등급을 매겼다.

나는 9월 10일에 러니어 교관과 함께 교육비행을 시작했고, 정확히 한 달 만인 10월 10일에 첫 단독 비행을 했다. 나는 후방 좌석에 모래주머니를 실어 무게를 맞춘 N3N-1에 올라갔다. 사진사가 사진을 찍었고 나는 쾌활하게 엄지손가락을 세워 보였다. 두려움은 없었다. 비행기가 이륙했다. 1941년 1월, 더 복잡한 비행기로 기종을 전환했다. 정찰관측용 복엽기인 보트Vought사(SU-2, SU-3, O2U, O3U-1 모델) 커세어Corsair〔태평양전쟁에서 유명해진 같은 회사의 역갈매기형 날개가 있는 F4U 커세어 전투기와는 다른 비행기 — 옮긴이〕를 타기도 했고 복좌 단엽

1940년 펜서콜라에서 첫 단독비행 준비 중에 이상 없음을 알리는 엄지척을 하는 나. (NJK)

기인 노스 아메리칸North American사(NJ-1과 SNJ-1 모델) 택산Texan에 탑승하기도 했다. 2월 21일까지 149 비행시간을 기록했고 그동안 추락이나 문제가 될 만한 사고는 단 한 건도 겪지 않았다. 단 한 번, 10월 11일에 세 번째 단독비행을 했을 때 이례적인 일이 발생했다. 가설활주로로 돌아가고 있는데 두꺼운 층을 이룬 구름이 내 경로로 다가왔다. 착륙 예정 지역 근처로 다가가니 구름층 위에서 선회하는 다른 훈련기 십수 대가 보였다. 모두 구름이 흩어지기를 기다리고 있었다. 갑자기 구름에 작은 구멍이 나타났다. 아래쪽을 내려다보니 익숙한 약국 건물이 보였다. 나는 기수를 급격히 내리고 주도로 바로 위를 비행했다. 우회전 신호를 하는 교통신호등이 보일 정도로 낮은 고도였다. 나는 도로망을 따라 비행해 가설활주로에 도착한 다음 활주로 시작점 근처에 착륙했다. 지상활주로 첫 번째 출구로 나간 다음 비행안경을 벗어들고 잘했다고 스스로를 칭찬했다. 갑자기 부웅! 부웅! 다른 학생 조종사들이 내 비행기 옆을 빠르게 지나치며 활주로의 남은 구간을 이용해 착륙하고 있었다. 분명 이들 중 누군가가 내가 구름 아래로 하강하는 것을 보았고, 모두가 공황에 빠져 나를 따라 가설활주로에 내린 것이다.

펜서콜라에서 훈련받는 동안 나는 특별한 우정이라는 상을 받았다. 훈련소에서 가장 친했던 친구인 존 톰 에버솔John Tom Eversole ─ 나는 그냥 톰이라고 불렀다. ─ 은 해군사관학교 1938년 졸업 동기생이었다. 우리는 크리스마스 휴가 기간에 장거리 드라이브를 하며 우정을 다졌다. 12월 18일 펜서콜라에서 출발해 미주리주Missouri 캔자스시티Kansas City까지 내 신형 1940년식 포드 쿠페를 교대로 운전하면서 갔다. 그곳에서 톰은 아이다호주Idaho 포커텔로Pocatello까지 기차를 타고 갔고 나는 커피빌까지 차를 몰고 갔다. 고향에서 가족과 친구들을 방문하며 즐겁게 지내던 중 불행하게도 중병이 나를 엄습했다. 이 때문에 큰 곤경에 처할 수도 있었다. 앞으로 몇 주에 걸쳐 추가 비행훈련을 받지 못하면 유급될지도 몰랐다. 아버지가 수고를 무릅쓰고 내 차를 몰아 나를 캔자스시티까지 데려다준 덕분에 톰을 데려갈 수 있었다. 나는 펜서콜라로 가는 내내 자면서 몸을 추스르려고 애썼지만 차가 위험할 정도로 빠르게 움직이는 게 느껴져 서서히 잠에서 깨어났다. 놀랍게도 아버지는 가속 페달을 있는 힘껏 밟으며 텅 빈 고속도로를 달리고 있었다.

아버지는 빙긋 웃더니 "이 포드는 내 머큐리보다 출력이 강하구나!" 라고 말했다.

도로 풍경이 뭉개져 보일 정도로 휙휙 지나갔다. 나는 몽롱한 상태로 물었다. "속도가 어떻게 돼요?"

아버지가 답했다. "몰라, 아마 시속 70마일(113km/h)?"*

아버지가 운전하는 차를 타고 우리는 기차역에 도착했다. 여기서부터는 톰이 운전을 맡았다—아버지보다 덜 무모하게 운전했다—. 우리는 7주간의 추가 훈련을 받을 펜서콜라 기지에 도착하는 데 성공했다. 아버지의 과속운전이 인상적이었던 크리스마스 여행 덕에 톰과의 우정이 더욱 돈독해졌다. 두말할 필요 없이 톰은 해군에서 가장 친한 친구였다. 그 뒤로 우리는 모든 것을 같이했고 이후로도 그보다 친한 친구는 없었다.

나는 펜서콜라에서 비행교육을 마치지 못했다. 항공모함에서 근무할 생각이었으므로 플로리다주 오파로카Opa-Locka에 신설된 전투기학교에서 6주간 '전투 비행교육'을 받아야 했다. 나는 오파로카에 2월 26일에 도착했다. 교관들은 공중전 기술뿐만 아니라 해군기의 이착함 과정에 주안점을 둔 한층 더 특화된 과정을 교육했다. 오파로카는 완공된 지 얼마 안 된 기지였다. 사실 관제탑도 완공되지 못한 상태였다. 훈련생들을 관찰하기 위해 교관들은 목제 보조작업대sawhorse에 올린 임시 단상에 서서 우리를 지켜보았다.

오파로카 기지에서 우리는 보잉Boeing F4B-4로 훈련받았다. 이 비행기는 소형 단좌 복엽기였다. 나는 이 새 비행기가 좋았다. F4B-4는 비행하기 즐겁고 복잡한 공중기동도 하는 다재다능한 기종이었다. 불행히도 이 비행기에는 몇 가지 문제가 있었다. 가장 눈에 띄는 것은 조종사가 비행기를 거꾸로 한 바퀴 돌리면 엔진이 멎는 현상이었다. 조종사가 기지를 발휘해 즉시 비행기를 원위치로 돌려놓으면 다시 시동이 걸

---

* 내 기억이 정확하다면 그 차의 속도계는 시속 100마일(160km/h)까지 올라갔다. 그런데 그 종류의 차는 80마일(129km/h)까지 속도를 내는 경우가 드물었다.

렸지만 이 결함 탓에 훈련 기간에 여러 대가 추락했다. 추락 사고가 너무 빈번하게 일어나서 교관들이 훈련 공역을 기지 북쪽의 늪지대 상공으로 제한할 정도였다. 해군 당국은 훈련기가 인구 밀집지인 마이애미의 교외 지역에 추락해 쏟아질 비난을 감당할 생각이 전혀 없었다. 그 결과 추락한 학생 조종사는 해군이 늪지대에 있는 자신을 발견할 때까지 몇 시간씩 기다려야 했다. 오파로카 기지에는 물과 수풀 위를 지나다닐 수 있는 늪지대용 차량swamp buggy이 있었다. 불행히도 이 차량의 최대속력은 5마일(8km/h)이었다. 교관들은 학생 조종사들에게 한 가지 규칙을 꼭 지키라고 신신당부했다. 늪지대에 착륙하면 하늘에서 볼 수 있도록 낙하산을 지상에 전개하라는 것이었다. 이렇게 하면 다른 비행기가 추락지점을 포착해 차량에 탑승한 구조팀에게 우리 위치를 무전으로 알릴 수 있었다.

이 시스템이 언제나 제대로 기능했던 것은 아니다. 어떤 조종사는 추락한 후 몇 시간 동안 발견되지 못했다. 수색에 나선 비행기들은 그가 전개한 낙하산을 하늘에서 발견하지 못했다. 결국 늪지대용 차량이 추락 현장을 샅샅이 뒤진 끝에 가슴까지 올라오는 물속에서 호기심 많은 악어떼에 둘러싸여 벌벌 떠는 조종사를 발견했다. 한 교관이 그를 야단치며 왜 낙하산을 전개하지 않았냐고 물었다. 화가 난 훈련생이 대답했다. "교관님, 물이 턱까지 차올랐습니다. 어깨와 머리를 물 밖으로 내밀려면 낙하산을 밟고 서야 했단 말입니다." 다행히 나는 이런 추락 사고를 겪지 않았다. 나는 언제나 조심하며 이런 재난을 피하기 위해 최선을 다했다.

끔찍한 재난을 직접 목격한 적이 딱 한 번 있다. 나는 보조 작업대 2개 사이에 걸친 판자에 교관과 같이 앉아 훈련생의 공중곡예 결과 기록을 돕고 있었다. 한 신참 조종사가 훈련 규칙에 따라 비행기를 스핀 상태로 두었다가 회복을 시도했다. 그는 세 번이나 스핀을 끝내려고 시도했지만 실패했다. 회복 불능임을 깨달은 조종사는 비행기에서 뛰어내려 낙하산 립코드를 잡아당겼다. 낙하산이 나오기는 했으나 펼쳐지지 못한 채 기둥처럼 뻗어 있기만 했고 조종사는 그 끝에 매달려 추락했다. 교관과 나는 공포에 질려 꼼짝 못 한 채 땅바닥에 곤두박질치는 불운한 조종사를 지켜보았다. 그는 수평으로 지상에 부딪혔다가 6m 높이까지 튀어 올랐다. 조종사가 땅에 떨어지면서 낸 소리는 끔찍하기 그지없었다. 교관과 나는 현장으로 급히 달려갔다. 불운한 조종사는 뼈가 다 부러졌지만 놀랍게도 아직 살아 있었다. 비록 짧은 순간이었지만. 나는 그가 낙하산을 제대로 포장하지 않은 사람을 저주하거나 통증을 치료해 달라고 호소하리라고 생각했다. 그런데 아니었다. 그는 나와 교관을 보더니 이렇게 말했다. "나를 위해 기도해 주시고, 우리 가족에게도 나를 위해 기도해 달라고 전해 주세요." 이것이 유언이었다. 그는 눈을 감더니 사망했다.

곡예훈련 뒤 우리는 공중전을 배웠다. 이제 우리는 단발 복엽기인 그러먼Grumman F2F-1로 비행했다. 교관들은 공격을 피하는 능력으로 우리의 등급을 매겼다. F4B-4와 비슷한 F2F-1은 말썽 많은 비행기였다. 이 비행기는 착륙장치에 부착된 어마어마한 크기의 바퀴 2개를 자랑했는데 우리는 이것을 수동식 크랭크로 돌려서 기체 내부로 수납해야 했다. 나는 또 다른 단좌 복엽기인 F3F-1로도 비행해 보았고 복좌 정찰-폭격기인 커티스Curtiss SBC-4로도 비행해 보았다. 4월 17일에 오파로카 기지에서 훈련이 끝나자 나는 공식적으로 90 비행시간을 기록했다.

더 중요했던 사실은 진과 다시 연락하게 되었다는 것이다. 나는 1940년 11월에 다시 진에게 편지를 쓰기 시작했다. 우리 관계는 3개월간 중

단된 상태였다. 진은 내가 다시 연락하기를 원한다는 사실에 기뻤다고 했지만 나는 조심스럽게 편지를 썼다. 나는 내가 사랑에 빠졌다고 여기지 않는다고 말하려 애썼다. 1941년 2월에 "난 사랑에 빠진 것 같지 않아. 아직도 모든 게 다 좋아 보이거든."이라고 썼다. 진에 대한 뜨뜻미지근한 느낌은 봄이 오자 뜨거워졌다. 낙하산이 펴지지 않아 죽은 젊은 조종사가 계속 떠오른 것이 가장 큰 이유였던 것 같다.

그 기간에 나는 그 젊은 조종사의 지혜에 대해, 그리고 그가 인간이 지상에 잠시 머무르다 가는 존재라는 것을 어떻게 알았을까에 대해 생각했다. 어떤 종교사상가도 저 추락한 조종사의 유언을 능가할 수 없을 것이다. 요즘 들어서 내 젊은 시절의 부족함을 돌이켜 보면 혐오감이 들 정도다. 그의 죽음을 보고서야 정신이 든 것일까? 설명할 수 없는 이유로 신은 내게 육체적 능력과 인내심을 주었지만 진정한 사랑이 바로 내 눈앞에 있는데도 그것을 알아볼 통찰은 주지 않았다. 진이 연기한다고 생각했다니, 거짓으로 애정을 꾸며낸다고 생각했다니, 얼마나 어리석었던가. 고맙게도 진은 참을성 있는 천사였고 내가 정신을 차릴 수 있게 도와주었다. 마침내 나는 나를 향한 그녀의 마음이 진심임을 믿게 되었다. 나는 그녀를 믿었다. 나는 행복과 나 사이를 가로막는 장애물이 다름 아닌 나 자신의 단점임을 깨달았다. 가톨릭이 되면 서약을 해야 한다는 이유로 나는 절대 가톨릭이 되고 싶지 않았다. 스무 살 때 나는 담배를 피우거나 술을 마시지 않겠다고 감리교회에 서약한 적이 있었다. 물론 둘 다 지키지 못했고 나는 지킬 수 없는 서약을 다시는 하지 않겠노라고 결심했다. 하지만 1940년 봄에는 이 믿음이 사소하게 보였다. 죽어가는 젊은 조종사를 만나는 끔찍한 경험을 한 후에야 내 머릿속은 말끔하게 정리되었다.

그러자 운명은 내 사랑에 두 번째 기회를 주었다. 4월 하순에 조종사 배지를 받은 직후 나는 발령을 받기 위해 샌디에이고San Diego로 가게 되었다.* "배지를 받았어!" 나는 신이 나서 진에게 썼다. "훌륭하지!" 마침내 진과 다시 이어질 기회가 왔다. 새로 발령받은 부대는 제6정찰폭격비행대Scouting Squadron Six 혹은 간단히 줄여 VS-6이었다. 이 비행대는 정찰과 폭격을 겸한 폭격기 18기로 편성된 비행대인데 장거리 정찰과 집단 급강하 폭격 임무를 맡았다. VS-6이라는 이름은 이 비행대의 특별한 임무를 나타냈다. 'V'는 '기구나 비행선이 아닌 공기보다 비중이 큰 일반 항공기heavier-than-air aircraft'를 뜻하며 'S'는 '정찰-폭격Scout-Bombing'을, '6'은 미 해군에서 여섯 번째로 실전 배치된 정찰폭격비행대로서, 막강한 USS 엔터프라이즈Enterprise(CV-6)에 배치된 제6항모비행단Carrier Air Group Six 소속임을 가리켰다. 솔직히 말해 왜 해군이 나를 하필 이 부대에 배치했는지, 내가 왜 전투기 조종사나 뇌격기 조종사가 아닌 급강하폭격기 조종사가 되었는지 모르겠다. 다른 급강하폭격기 조종사들과도 이야기해 보았는데 모두가 나와 똑같이 말했다. 해군은 우리를 무작위로 배치했거나 아니면 이름의 알파벳 순처럼 단순한 방법을 썼을지도 모른다. 어떻게 이런 결정이 내려졌는지 정말로 궁금한데, 그로 인해 친구 톰 에버솔과 나의 길이 갈렸기 때문이다. 우리는 같은 해에 해군사관학교를 졸업했고 비행학교도 같이 수료했다. 그런데 톰은 뇌격비행대—제6뇌격비행대Torpedo Six—로, 나는 급강하폭격비행대로 가게 되었다.

나는 새 부대에 배치되어 무척 기뻤다. 진에게 쓴 편지에서 나는 항공모함 조종사로서 직면할 도전에 대해 농담했다. "엔터프라이즈함으로 (가서) 착함할 수 있는지 봐야지. 아니면 승조원들이 나를 물에서 건

* 나는 1941년 4월 27일에 조종사 배지를 받았다.

져내야 할지도 몰라. 구명조끼를 받은 게 다행이야!" 희망과 에너지로 충만한 나날이었다. 나는 포드 쿠페를 몰고 오파로카 기지를 떠나 먼저 커피빌의 가족을 방문했다. 캔자스에서 며칠을 보낸 다음 서둘러 롱비치로 떠나 5월 2일에 도착했다. 기념비적인 재회였다. 진과 내가 서로를 본 순간 우리의 사랑은 다시 불타올랐다. 우리는 차이점을 서로 인정하고 양보했으며 나이와 종교에 대한 다툼은 모두 잊어버렸다. 나는 앞으로 고집불통처럼 행동하지 않겠다고 약속했다.

샌디에이고의 새 숙소에 자리 잡은 후 나는 진과 결혼하기로 약속했다. 롱비치에 들르고 나서 며칠 뒤에 쓴 편지에 나는 이렇게 썼다. "사랑하는 진, 당신은 내 인생에서 가장 큰 문제야. 1년 전에는 당신 생각만 했고, 올해에는 당신을 마음에서 밀어냈다고 생각했지. 그리고 난 그대에게 가서 다시 키스해야만 했고, 지금은 당신 때문에 너무나 혼란스러워. 당신은 어떻게 그렇게 다정해서 나를 자석처럼 끌어당길까?" 진도 나와 똑같이 우리 사랑이 모든 것을 극복하리라고 느꼈다. 만난지 며칠 뒤에 진도 이렇게 썼다. "자기야, 알겠지만 나는 꿈꾸는 사람이야. 그리고 내 꿈에는 당신도 포함되어 있어. 어쨌거나 처음에는 모든 걸 심하게 망쳐 놓았지만 나는 모든 게 제자리를 찾아갈 거고 우리가 떠났던 자리에서 다시 시작할 수 있다고 믿어."

적어도 며칠간 나는 세상 꼭대기에 있는 것 같은 기분이 들었다. 해군사관학교를 졸업한 지 2년이 지났다. 수상함대 의무복무 기간이 마침내 끝났다. 조종사 배지도 받았다. 사랑하는 여자친구와 재결합했고 최근 졸업생에게 부과된 금혼도 걱정할 필요가 없었다. 모든 게 다 멋져 보였다.

불행히도 이틀 만에 미 해군은 내 인생을 영원히 바꿔 놓았다.

7

VS-6 제1부
1941년 5월~6월

　1941년 5월 6일 샌디에이고에 도착했을 때 나는 시간을 두고 새 부대에 적응할 생각으로 6개월 육상근무를 기대했다. 기지에 도착하자 육상근무 대신 나를 깜짝 놀라게 할 소식이 기다리고 있었다. 48시간 내에 항공모함에 탑승해 하와이Hawaii 진주만Peral Harbor으로 가라는 명령이었다.

　샌디에이고에서 더없이 행복하게 보낸 몇 시간은 상쾌한 출발이었다. 나는 친구를 사귀고, 내 비행대와 내 비행기의 미묘한 특징을 배울 긴 여름을 예상했다. 도착하자마자 나는 '제대로 해내겠다'고 다짐하고 즉시 일을 시작해 독신장교숙소Bechalor Officor's Quarter; BOQ 구역에서 이상적인 아파트를 확보했다. 아파트는 큰 방 2개와 멋진 가구를 갖춘 훌륭한 숙소였고, 돌을 던지면 닿을 거리에 야외 수영장도 있었다. 나는 짐을 풀고, 제복을 드라이클리닝하기 위해 세탁소에 맡기고, 개인용품을 세탁실로 보내고, 장교클럽에 등록했다. 이날 하루가 끝나기까지 몇 시간 남지 않은 상황에서 나는 새로 배속된 부대의 지휘관인 랠프 D. '스미티' 스미스Ralph D. 'Smitty' Smith 소령의 숙소를 방문했다. 그저 자기

소개를 할 생각이었다.

숙소에 온 나를 훑어본 소령은 무뚝뚝하게 우리 모함은 5월 8일에 샌디에이고에서 출항하라는 명령을 받았다고 말했다. 엔터프라이즈함 승조원들은 함에서 목제 가구, 캔버스, 여분의 로프, 가연성 페인트 등의 가연물을 제거하는 작업을 방금 끝냈다. 이 작업은 몇 주 전에 시작되어 예상보다 빨리 진행되었고 함은 이틀 내에 출항할 예정이었다. 나는 이 사실을 이미 알고 있었다. 따라서 VS-6이 샌디에이고로 돌아올 때까지 VS-3(제3정찰폭격비행대)과 임시로 훈련할 것이라고 기대했다. 스미스 소령은 인사장교가 이 문제를 이미 VS-3과 협의해 두었다고 설명했다. 나는 엔터프라이즈함이 6개월 후 샌디에이고로 돌아왔을 때 VS-6으로 복귀하기를 고대한다고 말하고 싶었을 뿐이다. 하지만 엔터프라이즈함이 진주만에 배치된 상황을 잘 아는 스미스 소령은 VS-6이 돌아올 것이라는 기대 따위는 전혀 하지 않았다. 일본과의 관계가 악화되면 엔터프라이즈함이 언제까지 하와이에 있을지 알 수 없었다.

당시 미합중국과 일본제국 사이의 외교관계는 거의 단절 직전까지가 있었다. 수년간 일련의 사건을 거치면서 미국은 일본을 침략 국가로 보게 되었다. 일본은 중국에서 자국 병사들이 저지른 만행으로 인해 미국의 신의를 잃었다. 1937년 12월에는 일본군 폭격기들이 양쯔강에서 우리 해군 포함 USS 파나이Panay를 폭격한 끝에 격침한 사건으로 아군 3명이 사망하고 40명 이상이 다쳤다. 일본이 공식적으로 사과하며 의도치 않은 공격이었다고 주장했으나 양국의 관계는 갈수록 나빠졌다. 1939년 7월, 미국은 일본과의 통상조약을 종료했고 이후 휘발유 금수조치를 시행했다. 이러한 행보를 접한 일본은 동남아시아 정복 결의를 한 단계 높여 1940년에 프랑스령 인도차이나French Indochina를 점령하고 삼국 동맹에 서명해 추축국에 가입했다. 내가 샌디에이고에 도착한 1941년 5월에 일본이 앞으로 무슨 행동을 할지 확실하게 아는 사람은 아무도 없었다. 필리핀을 공격할까? 아니면 하와이? 전쟁의 그림자가 그 어느 때보다 깊게 드리워져 있었다.

스미스 소령은 잡담으로 빠지지 않았다. 그는 나의 수상함과 항공 경험에 대해 연달아 질문을 던졌고, 얼마 후 전화를 걸어야겠다며 양해를 구하면서 내게 자리에 앉아 있으라고 지시했다. 몇 분 뒤 소령이 돌아와 "명령이 변경되었네."라고 말했다. "모든 개인 장구를 챙겨서 내일 08시 엔터프라이즈함에 탑승해 출항하도록. 귀항 시점은 미정이다." 충격적인 소식이었다. 무슨 이유에서인지 —스미스 소령 본인만 알겠지만— 소령은 나를 데려가기로 결정했다. 따질 수는 없었다. 전화 한 통 때문에 나는 이틀 안에 건선거를 떠나는 엔터프라이즈함에 가 있어야 했다. 숙소로 달려가 진에게 전화했다. 창고에 내 소지품을 맡길 시간이 없어서 진에게 롱비치에서 차를 몰고 와 내 짐을 가져가 달라고 부탁했다. 5월 7일, 나는 개인 짐을 다시 쌌고 신체검사에서 열대기후에 대비한 예방주사를 몇 대 맞았다. 그달 하순쯤 쓴 편지에 내 마음 상태가 정확하게 나타나 있다. "11시, 난장판, 혼란???!!! 6〔정찰폭격비행대〕으로 재전출. 승함 보고. 즉시 출항. 짐 꾸리기. 청구서 납부. 명령서에 이서. 빨래 가져오기. 자동차 보관. 두통. 우왕좌왕. 두 시간 뒤, 08시, 출항 준비 완료." 5월 8일 아침 8시, 진과 작별 인사를 나눈 후 모든 개인 장구를 어깨에 메고 엔터프라이즈의 현문에 올랐다. 이틀간 머무른 샌디에이고에도 작별을 고했다.

엔터프라이즈함의 갑작스러운 출항으로 인해 나는 망망대해에서 새로운 배의 복잡한 특징들을 배워야 했다. 엔터프라이즈함은 요크타운급 항공모함으로 전장 827피트(252m)에 전폭 114피트(35m), 만재배수량은 2만 5,500톤이었다. 이 배는 해군에서 가장 큰 항공모함 중 하나로, 해치와 희미한 불빛의 통로가 얽히고설킨 미로에 사는 수병들의 거대한 도시였다. 나는 편지에 이 배에서 보낸 첫 나날 중 하루를 묘사하면서 이렇게 썼다. "이 배는 어마어마하게 커서 심지어 —바다 경험이 그럭저럭 많은— 나도 때때로 길을 잃었고, 몇 번은 통로를 잘못 들어가 막다른 길을 마주쳤을 때 수병들의 주의를 끌지 않으려고 아무 이상 없는 증기 밸브를 점검하는 척해야 했어."

  처음에는 혼란스러웠지만 곧 엔터프라이즈함의 뛰어난 선실 설비는 내게 감탄의 대상이 되었다. 구축함대에서 직면했던 거칠고 좁아터진 곳에서 살아야 하는 삶과는 크게 동떨어진 세계였다. 나는 세상에서 가장 좋은 곳에 들어갔다. 이 배는 당시 기술로 가능한 최상의 기능과 장비를 모두 구비하고 있었음에도 새 승조원이 탄 새 배가 언제나 맞닥뜨리는 문제를 고치기 위한 시험 항해를 거쳤다. 엔터프라이즈함의 거대한 사관용 선실(그리고 사관용 식당)은 빈센스함의 사관용 선실보다 여섯 배 이상 컸고 언제나 사람들로 가득했으며, 인상적인 크기에도 불구하고 장교 전원이 모여 앉는다면 빈자리 없이 꽉 찰 것 같았다. 함장은 식당이 지나치게 붐비지 않도록 장교들에게 교대로 식사하라고 지시했다. 식당은 생기 있고 의기와 신선함과 유머가 넘치는 장소였다. 식사 시간 10분 전에 함의 스피커에서는 스코틀랜드 민요 〈캠벨이 오고 있어The Campbells are coming〉, 영국 동요 〈펑, 족제비가 간다Pop goes the Weasel〉의 스윙 버전 연주곡 혹은 가벼운 발라드 같은 음악이 흘러나왔다.

  엔터프라이즈함의 각 갑판에는 여가 시설이 풍부했다. 승조원들이 비행기를 격납하는 동굴 같은 격납 갑판hangar deck에서는 밤마다 장교들을 대상으로 영화를 상영했다. 나는 되도록 영화와 거리를 두었는데, 상영 담당 장교가 셜리 템플이 나오는 영화를 너무 자주 틀어 주었기 때문이다. 하지만 야간시력을 테스트해야 한다는 우리 비행대 군의 관 J. M. 조던 박사의 고집 탓에 어떨 때는 싫든 좋든 영화 감상에 참여해야 했다. 그는 조종사들에게 당근 주스를 마시게 한 후 최대한 빨리 빈 좌석을 찾으라고 시켰다. 밝은 바깥에 있다가 어두운 영화 상영 장소로 들어와 많은 사람들 틈에서 넘어지지 않고 ―좌석이 남았다면 ― 빈 좌석을 찾아 몇 분 안에 착석하라는 것이었다. 만약 이렇게 하지 못하면 당근 주스를 그전보다 몇 배나 더 마신 후 다시 시도해야 했다.

엔터프라이즈함의 이모저모와 승무원에 대해 배우는 동안 나는 VS-6에 배속된 장교들의 특색을 알게 되었다. 1941년 5월에 우리 비행대의 장교는 비행대장, 대위 2명, 중위 2명, 소위 15명으로 총 20명이었다. 위계질서의 가장 꼭대기에는 해군사관학교를 1923년에 졸업한 랠프 뎀프시 스미스Ralph Dempsey Smith 소령이 있었다. 그는 최고이자 가장 신중한 비행사로 왕자 같은 품위를 갖춘 사람이었다. 서른아홉 살의 할스테드 루벡 호핑Halstead Lubeck Hopping 대위는 '할Hal'이라고도 불렸는데, 1924년 졸업생으로 VS-6의 부장을 맡았다. 뉴욕 토박이고 키가 185센티미터에 건장한 체격인 호핑 대위는 활동적이고 솔직한 성품을 지녔지만 안 좋은 점이 한 가지 있었다. 비행 실력이 너무 형편없었다. 다른 사람의 비행 재능을 비판하고 싶지는 않지만, 호핑 대위의 결함은 눈에 띌 정도였다. 비행대의 한 동료가 이것을 매우 잘 표현했다. "테니스 실력이 다 같지 않듯이 똑같은 실력으로 비행하지는 않는다. 우리는 그가 비행할 때면 언제나 의심의 눈초리를 거두지 않았다." 비행대에서 세 번째로 지위가 높은 지휘관 혹은 비행장교flight officer; FO는 델라웨어주Delaware 윌밍턴Wilmington에서 온 서른네 살의 윌머 얼 갤러허Wilmer Earl Gallaher 대위였다. 갤러허 대위도 해군사관학교 출신이었고 체조선수로 이름이 높아 1928년 올림픽 미국 국가대표팀에 합류할 뻔했다. 사관학교를 졸업하고 임관한 갤러허 대위는 나중에 진주만에서 격침될 운명에 처할 USS 애리조나Arizona(BB-39)에서 근무했다. VS-6에 합류할 무렵 그의 급강하폭격기 비행 경력은 1년에 달했다. 나는 갤러허를 단박에 좋아하게 되었다. 대위는 주변 사람들에게 친절했을 뿐 아니라 비행 실력도 뛰어났다. 의심할 여지 없이 갤러허 대위는 전 해군에서 조준 실력이 가장 뛰어난 급강하폭격기 조종사였다. 단언컨대 그는 우리 비행대의 진짜 천재였다.

나는 항해 기간에 동료 하급 장교들을 알아가는 데 대부분의 시간을 보냈다. 승함한 첫날 룸메이트 페리 티프Perry Teaff 소위를 만났다. 스물다섯 살의 티프 소위는 오클라호마주Oklahoma 출신으로 엔터프라이즈에서 근무한 지 이미 20개월째였다. 나는 우정의 표시로 그에게 내가 가장 아끼는 휴대용 무기인 레밍턴Remington 총을 보여 주었다. 다행스럽게도 그는 총에 대한 내 열정을 비웃지 않았는데, 사실 나는 소총과 권총을 6정이나 가지고 있었다. 아마 엔터프라이즈함의 전 승조원 중 내가 가장 중무장한 사람이었을 것이다(물론 트렁크에 담은 총들을 선창에 보관해야 했다. 선실에 있는 것은 레밍턴 총뿐이었다). 수다스러운 티프 소위는 비행대 내 사회적 교류의 중심 역할을 했다. 그는 좀 모자라 보이기까지 하는 유머 감각의 소유자였다. 예를 들어 소위와 그의 부인 매기는 욕조에서 애완 악어를 키우고 있었다. 캘리포니아에 있는 소위의 집에서 화장실을 쓰려던 손님들은 당연히 소스라치게 놀라곤 했다. 욕조에서 뭔가가 물을 휘젓는 이상한 소리를 듣고 샤워커튼을 연 손님들은 비명을 질러댔다. 그러면 티프 부부는 손님의 놀란 가슴은 아랑곳하지 않고 웃음을 터뜨렸다. 페리는 언제나 악어를 키우는 게 좋다고 말했다. 이런 말을 어떻게 생각해야 할까? 악어가 손님들이 "변을 빨리 보도록" 도왔다니.

페리와 나는 대화를 많이 했고 같이 어울려 다니기를 좋아했다. 그는 나를 다른 조종사들에게 소개해 주었고 그 덕에 엔터프라이즈함 깊숙한 곳에서 친구들을 사귈 수 있었다. 이렇게 친해진 친구들은 저마다 성격이 굉장히 달랐으며 서로를 별명으로 불렀다. 그중 미네소타주Minnesota에서 온 예비역 출신인 수다쟁이 존 R. 매카시John R. MaCarthy 소위는 '맥Mac'이라고 불렀다. 오클라호마에서 온 키 크고 건강한 클리오 존 돕슨Cleo John Dobson 소위와도 친해졌다. 1935년에 돕슨은 오클라호마 A&M 농구팀의 주장으로 유명해졌다. 돕슨의 특이한 이름은 그의 어머니가 지었는데, 딸을 낳아 '클리오파트라Cleopatra'라고 부르고 싶었던 어머니가 결국 아들을 낳자 '클리오파트라'를 줄여 아들의 이름을 '클리오'라고 붙였다. 우리는 돕슨을 위로했지만 그가 쓸데없이 허세를 부려댄 탓에 결국 '도비Dobby'라고 부르게 되었다. 친구가 된 이들 중에는 학군사관 조종사로 엔터프라이즈함에서 근무한 지 5개월째인 윌리엄 프라이스 웨스트William Price West 소위도 있었다. 우리는 키가 커서 '큰 웨스티Big Westie'라고 불리는 놈 웨스트Norm West와 구분하기 위해서 윌리엄을 '작은 웨스티Little Westie'라고 불렀다.

빌 웨스트 소위는 이상한 사고를 피했던 덕분에 비행대에서 운이 좋은 사나이로 유명했다. 나도 그런 순간을 직접 목격한 적이 있다. 하와이 근해를 항해하던 어느 아름다운 날, 우리는 엔터프라이즈함의 비행 갑판을 따라 산책하고 있었는데 비행 갑판 역할도 하는 중앙 엘리베이터가 갑자기 격납 갑판으로 내려갔다. 그때 무슨 이유에서인지 경고음을 내는 클랙슨이 울리지 않았고, 바로 우리 앞에서 엘리베이터가 하강하면서 비행 갑판에 구멍이 뻥 뚫렸다. 나는 간신히 발걸음을 멈춰 목숨이 위태로울 수 있던 추락사고를 피했지만 빌은 그러지 못했다. 그는 가장자리에서 굴러떨어져 시야에서 사라졌다. 30피트(9.1m) 아래로 떨어졌으니 온몸이 부서졌을 것 같았다. 아래쪽을 내려다본 나는 사다리를 타고 내려가 격납 갑판으로 달려가면서 빌이 여러 군데 골절상을 입었을 것이라고 확신했다. 하지만 내가 본 광경은 툭툭 털고 일어나는 빌이었다. 어떻게 된 거냐고 물어보니, 빌은 자기가 엘리베이터가 하강함과 동시에 추락했다고 설명했다. 둘 다 거의 같은 속도로 떨어져 깃털 침대에 떨어지는 것 같았다고 했다. 빌은 터무니없는 사고에 동요하지 않고 바보같이 실실 웃었다. 나는 입을 딱 벌리고 빌을 바라보면서도 친구가 무사해서 기뻤다.

VS-6의 또 다른 구성원으로 정비반과 병·부사관 후방사수가 있었다. 정비반원은 마이어스Myers 반장과 도지Dodge 반장이 지휘했다. 도지 반장은 비행기 엔진과 관련된 모든 문제를 관장했고 마이어스 반장은 나머지 문제를 다루었다. 그들은 전 해군을 통틀어 가장 똑똑하고 헌신적이며 체력적으로 강한 사람들이었다. 나는 해군이 우리 부대에 최고의 정비반장들을 배치했다고 생각한다. 정찰폭격비행대 소속인 우리 비행기들은 165피트(50m)라는 짧은 공간을 달려 이함해야 했으므로 최고 상태를 유지해야 했다. 마이어스와 도지 반장의 지휘를 받으며 일한 정비반원들은 축복과 저주를 동시에 받았다. 축복은 빠른 승진과 봉급이었고, 저주는 쉴 새 없이 밤낮으로 일하는 것이었다. 커티스 마이어스 반장의 머릿속에는 오로지 하나만 있는 것 같았는데, 바로 VS-6의 비행기들이 반드시 최상의 성능을 발휘하게 해야 한다는 것이었다. 그는 휘하의 정비반원 탓에 전사자가 나오는 상황을 원치 않았다. 마이어스 반장은 언제 잠을 자는지 모를 정도로 쉬지 않고 일만 하는 사람이었다. 우리 조종사들이 반장의 판단을 신뢰할 만큼 그의 노고는 성공적이었다. 반장이 비행기를 떠나면서 비행해도 좋다고 말해야 비행할 준비가 끝난 것이었다.

마이어스 반장과 도지 반장이 우리 비행대에 제공해 준 것이 하나 더 있다. 그들은 최고의 수병을 골라 우리 후방사수로 근무하게 했다. '비행 경험'과 그에 따라오는 항공 수당을 원하는 수병은 엄격한 요구 조건을 충족해야 했다. 지원자는 비행 갑판에 있는 비행기에 시동을 걸고 후방기관총을 조작하며 무전기를 다루고 조종사에게 무슨 일이 일어나면 조종을 맡을 수 있을 정도로 머리가 좋아야 했다(VS-6의 모든 비행기는 후방 좌석에 비상 조종장치가 있었다). 마이어스와 도지 반장에게는 부하 24명이 있었다. 마이어스는 무전병radiomen; RM과 항공 무장사aviation ordnancemen; AOM 12명을, 도지는 항공 정비병aviation machinist's mates; AMM 12명을 지휘했다.

엔터프라이즈 비행단Enterprise Air Group; EAG은 4개 비행대로 구성되었다. 모두 합치면 약 90기로, 제6정찰폭격비행대VS-6, 제6폭격비행대VB-6, 제6뇌격비행대VT-6, 제6전투비행대VF-6였다. VS-6과 VB-6은 더글러스Douglas SBD-2와 SBD-3 던틀리스Dauntless 급강하폭격기를 혼용했다. 각 비행대는 비행기 18기와 '예비기' 2, 3기를 보유했다. 예비기란 비행 갑판에서 엔진에 문제가 있는 비행기가 생기면 공격대에 추가할 수 있는 SBD다. 유진 E. 린지Eugene E. Lindsey 대위가 지휘한 VT-6은 TBD-1 데버스테이터Devastator 뇌격기 18기(여기에 예비기 추가)를 운용했다. 마지막으로 클래런스 웨이드 매클러스키Clarence Wade McClusky 소령이 이끄는 VF-6이 비행단을 완성했다. 매클러스키 소령의 부하들은 그러면 F4F-3 와일드캣Wildcat 전투기를 몰았다. 와일드캣 전투기는 날개에 .50구경 브라우닝Browning 기관총 4정을* 탑재한 단발 전투기로 호위나 전투초계combat air patrol; CAP 임무를 수행할 수

---

* 나중 모델인 F4F-4는 기관총 6정을 탑재했다.

있었다. 비행 장교 중 최상급자인 '엔터프라이즈 비행단장Commander, Enterprise Air Group; CEAG'은 특별한 SBD-3에 탑승해 모든 비행대의 작전을 지휘했다. 해군사관학교 1923년 졸업생인 하워드 레일런드 영Howard Leyland Young 소령이 이 역할을 맡았다. 대개 VS-6이나 VB-6에서 차출된 초급 장교가 조종하는 SBD 2기가 전투 장면의 사진을 촬영하기 위해 영의 비행기와 동행했다.

나는 VT-6에 특히 관심을 기울였는데, 친한 친구 톰 에버솔이 근무하는 부대였기 때문이다. 1937년에 일선에 배치된 3인승 뇌격기인 TBD의 성능은 톰과 나의 걱정거리였다. 실전에서 TBD는 수면 위 100피트(30m) 고도를 느릿느릿 비행하며 적 선박을 향해 1,800파운드(816kg)짜리 어뢰를 투하할 수 있어야 했다. 이 굼뜬 9,200파운드(4.17t)짜리 비행기의 속력은 고작 108노트(200km)에 불과했고 저공비행할 때의 기동성은 형편없었다. 더욱이 우리는 TBD의 주무장인 마크Mark-13 항공어뢰의 성능이 걱정스러웠다. 지난해 시행한 연례 뇌격 훈련에서 우리 뇌격기들은 10발의 어뢰를 투하했다. 그중 5발은 엉뚱한 곳으로 항주하며 의도한 목표에서 벗어났고, 4발은 수면과 충돌하자마자 가라앉았다. 핵심만 말하자면, 표본의 90퍼센트가 제대로 작동하지 않았다. 내가 보기에 VT-6의 조종사들은 어뢰를 어떤 식으로든 개량하지 않으면 이런 상황이 계속될 것이라고 걱정하고 있었다.

5월 11일, 엔터프라이즈함이 오아후Oahu에 도착했다. 우리는 새 모항을 보고 싶어 안달이 나 있었다. 10-10번 부두의 현문에 북적대며 모여든 우리는 열대의 낙원을 바라보았다. 하지만 호놀룰루Honolulu에서 맘껏 먹고 마시기도 전에 진주만의 태평양함대 사령관 허즈번드 키멀Husband Kimmel 제독으로부터 우리 비행사들을 환영하는 공식 행사를 열고 싶다는 전언이 도착했다. 스미스 소령이 나타나 하정복을 착용하고 활주로에 도열하라고 명령했다. 환영식은 굉장했다! 몇 시간으로 느껴질 만큼 뜨거운 햇볕 아래 서서 불편한 옷이 땀으로 푹 젖을 무렵, 관용차를 탄 키멀이 나타났다. 큰 소리로 외치는 비꼬는 투의 연설을 들으니 그가 조종사들과는 아무것도 하고 싶지 않다는 게 분명했다. 키멀은 연설을 이렇게 끝맺었다. "제군들은 내게 통신, 교통, 혹은 기타 어떤 것도 요구하지 않는다는 조건으로 여기 진주만에 머물 자격이 주어졌다." 그러고 나서 리무진을 향해 쿵쿵거리며 걸어갔다. 지금도 나는 키멀 제독에 관한 질문을 받으면 말썽 말고는 아무것도 준 게 없는 사람이라고 말한다.

키멀의 성가신 환영식 뒤, 우리는 카키색 근무복으로 갈아입고 포드섬Ford Island에 있는 해군 항공기지로 모든 장비를 옮기기 시작했다. 포드섬은 진주만 가운데 있는 1제곱마일(2.58km²) 넓이의 평평한 사각형 땅이다. 도착하자마자 우리 비행대의 각 대원은 월급 일부를 '기부해' 50달러가 못 되는 평판 트럭flatbed truck 1대를 구입해 중요한 비행기 부속을 실을 수 있는 일종의 '버스'로 개조했다. 이 차량은 겁 없는 소위 네다섯 명이 옆에 매달려서 가면 비행대 장교 전원을 실어나를 수도 있었다. 물론 우리가 이런 위험에 움츠러들 사람들은 아니었지만 내게는 큰 부담이었다. 운전에 능숙한 나에게 사람들이 '버스'에 매달린 이들을 활주로에 내동댕이치지 않고 운전하기를 기대했기 때문이다.

도착한 다음 날 우리는 전쟁 훈련 작업에 들어갔다. 조종사들에게 '작업'이란 우리 비행기인 SBD 던틀리스를 비행할 자격을 얻는 것이었다. 이 비행기는 한 해 전에 해군에 도입되었고 첫 생산 모델인 SBD-1은 캘리포니아주 엘세군도El Segundo에 있는 더글러스 공장의 생산 라인에서 출하되자마자 이곳에 들어왔다. 정찰-폭격기-더글러스Scout-Bomber-Douglas; SBD는 2인승 급강하폭격기로 전비중량 9,300파운드

(4,218kg)에 길이 33피트(10m), 폭 41피트(12.5m)였다. 자체 무장으로 기수에 실린 .50구경 브라우닝 기관총 2정과 후방 좌석에 탑승한 승무원이 작동하는 선회식 .30구경 브라우닝 기관총 1정을 탑재했다.* 거기에 더해 SBD-2는 2개의 폭장爆裝 중 하나를 선택할 수 있었다. 하나는 동체에 매단 500파운드(227kg) 통상탄과 날개 양쪽에 매단 100파운드(45kg) 폭탄 2개 혹은 1,000파운드(454kg) 폭탄 1개다. 우리 기지가 9기를 보유한 개량형 모델 SBD-3은 이전 모델과 같은 설계를 따랐지만 자동방루 탱크self-sealing tank와 YE-ZB로 알려진 무선 항법 유도 시스템을 탑재했다.**

나는 내 SBD-2를 사랑했다. 당시의 SBD는 남북전쟁기 철갑선인 CSS 버지니아Virginia함만큼 독특한 존재였다. 1862년에 철과 증기가 갑자기 나무와 돛을 대체했듯 1942년에는 SBD가 전함을 대체했다. 나는 우리가 에드워드 H. 하이네먼Edward H. Heinemann의 비행기에 큰 빚을 졌다고 생각한다. 나는 지치지 않고 SBD를 철저히 공부했다. 펜서콜라와 오파로카에서 9개월간의 훈련을 거치면서 몰아 본 비행기는 아홉 종류였다. 이 비행기들은 모두 같은 기본 구조 패턴을 따랐으므로 간단한 오리엔테이션만으로도 조종사가 새 비행기에 금방 적응할 수 있었다. 교관이 몇 분만 '지적pointing하면' 훈련 조종사는 아무리 익숙하지 않은 비행기라도 탑승해서 비행할 준비를 마쳤다. SBD는 그렇

---

* 원래 후방 기관총은 총열이 하나뿐이었지만 시간이 지나면서 우리는 이것을 점진적으로 쌍열 기관총으로 대체했다.
** 1941년 5월까지 엘세군도의 더글러스 공장은 SBD-2 87기를 완성했다. SBD-2는 SBD-3으로 개량하기 전에 유일하게 생산한 버전이다. VS-6은 SBD-2 생산분 일부와 SBD-3 첫 생산분을 인수해 하와이로 가는 항해 도중에 이들을 수납했다. 우리 비행대의 SBD 기체번호(Bureau No.)는 4521, 4522, 4523, 4524, 4525, 4527, 4570, 4571, 4572였다.

우리 비행대인 VS-6 소속
SBD 9기가 나온 사진 두 장.
위쪽은 1941년 10월 17일
에, 아래쪽은 1941년 10월
27일에 촬영한 사진이다. 위
쪽 사진의 '스텝 업step up' 대
형을 취한 비행기들 중 두 번
째 비행기인 6-S-18호가 내
가 조종한 비행기로 보인다.
(NJK)

지 않았다. 조종장치가 복잡했고, 값비싼 유압 시스템 때문에 조종사는 눈을 감고서도 비행할 정도까지 훈련을 받아야 했다. 우리는 모든 장비를 해설한 1센티미터가 넘는 두께의 책자를 읽어야 했고, 눈을 가린 채 70종의 조종장치와 계기를 식별할 수 있어야 했다. 나는 엔터프라이즈함이 태평양을 가로지르는 동안 SBD의 작동 매뉴얼을 열심히 읽었다. 진에게는 익살스러운 편지를 썼다. "더 복잡했을 수도 있지만, 내가 지켜봐야 할 조종장치와 계기는 (항법과 무전 장비 빼고) 70개뿐이야. 이 비행기들은 자기 혼자서도 날 것 같아." 나는 5월 14일에 눈을 가리고 계기를 식별하는 검정시험을 통과했다. 뜻밖에 하와이로 전출된 지 8일 만이었다.

다음으로 우리는 항법비행을 할 수 있다는 것을 증명해야 했다. 이를 달성하기 위해 조종사 개개인은 하와이 주변의 여러 비행장을 보여 주는 지도를 받고 위도, 경도와 자침로磁針路를 따라 비행하며 이 비행장 하나하나에 착륙하라는 지시를 받았다. 해군은 우리가 쉽게 임무를 수행할 수 있도록 항법 필수 숙지사항을 외우는 데 도움이 되는 문구를 만들었다. 자기 컴퍼스로 지향성 자이로스코프를 세팅하면 "Can Dead Men Vote Twice(죽은 사람이 두 번 투표를 할 수 있는가)?"라는 구절이 머리에 떠올랐다. 이 문장의 앞 글자는 다음과 같이 번역된다. "Compass plus Deviation equals Magnetic plus Declination (or Variation) equals True course(컴퍼스 눈금 더하기 자차磁差는 자침 더하기 편차(혹은 변동) 이것은 진침로眞針路와 일치)." 이것과 짝을 이루는 문장도 있다. "When correcting, Easterly errors are additive(수정할 때 동쪽으로 향하면서 발생하는 오류는 누진적이다)." 이런 이해하기 어려운 문장들은 조종사가 향하는(기수가 가리키는) 방향과 실제 비행기가 바다 위를 비행하는 경로(의 차이 — 옮긴이)라고 번역된다.

나는 던틀리스로 비행하는 게 좋았다. 첫 두 달 동안 조종장치에 익숙해지는 과정에서 SBD-2 7기와 SBD-3 1기를 몰아 보았다. 엄청나게 시끄럽고 조종석으로 외풍이 세게 들어왔지만 SBD는 꿈결에서처럼 힘차게 솟아올랐다. 이 비행기는 전투기와 달리 놀라울 만큼 안정적이었다. 트림 탭trim tab〔비행기의 안정적 직진이나 수평비행을 보조하기 위해 승강타·보조날개·방향타의 뒤끝에 붙인 작은 날개─옮긴이〕을 작동하면 가끔 무릎으로 조종간을 '치는' 것을 빼고는 러더페달rudder pedal〔비행기 수직꼬리날개 뒤편의 러더(방향타)를 조종하는 페달─옮긴이〕만으로 비행할 수 있었다. 곧 나는 조종법을 완벽히 익혀 두 손을 놓고도 조종할 수 있게 되었고 아무런 문제 없이 비상시에 작은 활주로나 공터 같은 좁은 공간에 착륙할 수도 있게 되었다. 이 비행기에서 가장 인상적인 부분은 급강하 제어장치였다. 나는 SBD의 ─스플릿 플랩split flap이라고도 알려진─ 다이브 브레이크dive brake를 급강하속도 혹은 중력가속도에 상관없이 어느 각도로도 변환할 수 있었고 각도를 바꾼 뒤에도 다이브 브레이크는 제자리에 있었다. 내가 주목했던 유일한 큰 문제는 SBD-2의 취약한 유압장치였다. 조종석을 관통하는 일부 유압튜브가 새기라도 하면 튜브에서 뿜어져 나온 액체가 불쾌하게 사방으로 비산했다. 끈끈한 기름이 묻어 바지를 몇 번이나 갈아입은 적도 있었다.

그래도 설계자의 의도를 넘어 비행기의 능력을 한계치까지 시험해 보는 것은 현명하지 못한 행동이다. 나는 사서 고생한 끝에 이 점을 깨달았다. 하루는 항법 시험을 보던 중에 한 작은 섬 위로 비행기를 몰았다. 캔자스에서 본 복엽기용 활주로와 비슷하게 생긴 작은 원형 아스팔트 활주로가 눈에 들어왔다. 즉흥적으로 착륙할 기회라는 느낌이 들어 활주로에 접근하기 위해 진입 각도를 맞췄다. 활주로 근처까지 다가가자 기온이 델 듯이 뜨겁게 올라갔고 비행기가 돌멩이처럼 뚝 떨어졌다. 내가 실수했음을 깨달았다. 고인 용암 위로 착륙을 시도한 것이다! 나는 엔진 출력을 높여 간신히 꼴사나운 죽음을 피할 수 있었다. 머리를 흔들며 공포감을 떨쳐 버렸다. 다행히 내 실수를 목격한 사람은 아무도 없었다.

모든 조종사가 나처럼 운이 좋지는 않았다. 내가 자격검정을 통과한 지 며칠 지나지 않아 우리는 대장을 잃었다. 5월 21일, 스미스 소령은 자격을 취득한 조종사 일군을 이끌고 오아후섬에 있는 해병대 비행장인 이와 비행장Ewa field에서 몇 마일 떨어진 외진 곳을 비행하고 있었다. 표적에 연막탄을 투하하는 훈련 중이었다. 스미스 소령은 완벽한 급강하를 선보였으나 알 수 없는 이유로 빠져나오지 못하고 표적에 부딪혀 산산조각이 났다. 비행대장의 죽음에 우리는 망연자실했다. 사고 당일 정오, 나는 11명의 인원과 함께 추락 현장으로 가 90센티미터 깊이의 늪에 반쯤 잠겨 있는 잔해에서 '중요 물품'들을 회수했다.* 5월 25일에 스미스 소령의 장례식이 열렸다. 소령의 갑작스러운 죽음으로 인해 훈련에 더욱 집중해야 한다는 생각이 강해졌다. 우리는 무엇보다 전쟁을 준비하고 있었다.

진에게 쓴 편지에서 나는 해군 비행사가 된다는 것이 어떨 때는 소스라치게 위험한 일임을 곱씹었다. "우리 비행대장은 … 마지막 호출에 방금 응답했어. 비행은 내 확신만큼 안전하진 않나 봐. 하지만 자기는

---

* '중요 물품'은 SBD-2의 항법용 책자, 조종 핸들, 선박식별용 책자 등이었다. 나는 스미스 소령이 추락한 이유가 항상 궁금했다. 그는 급강하 경험이 많은 훌륭한 조종사였지만 내가 VS-6에서 근무하는 동안에도 사고 원인은 밝혀지지 않았다. 나중에 우리는 SBD의 고도계가 언제나 실제 고도보다 1,000피트 높은 수치를 보여 줬던 게 이유일 것이라고 추측했다. 스미스 소령은 계기에 의지하다가 급강하에서 너무 늦게 빠져나온 게 아닌가 싶다.

내 기분을 알 거야. 난 해야 할 일이 있어. 난 비행을 좋아하고, 정부가 나를 훈련하는 데 수천 달러를 썼으니까 말이야. 나는 기꺼이 위험을 감수할 거야."

스미스 소령이 순직하자 그 밑의 부하들이 연달아 승진했다. 할 호핑 대위가 소령으로 진급해 비행대 지휘를 맡았고, 갤러허 대위가 새 부장이 되었으며, 클래런스 디킨슨Clarence Dickinson 대위가 새 비행장교가 되었다. 나도 진급했다. 1941년 6월 2일 호핑 소령은 나를 중위로 진급시켰다.* 그와 더불어 나는 여러 부차적 임무를 맡아 인사장교 보조, 교육장교, 복지장교 역할을 했다.

스미스 소령의 비극적인 죽음은 충격적이었지만 VS-6의 맹연습 일정은 멈추지 않았다. 첫 두 달 동안 나는 48시간의 비행시간을 기록했고 가끔은 하루에 세 번 이륙하기도 했다. 호핑 소령은 밤낮없이 훈련하도록 우리를 독려했다. 한여름이 되자 나는 진에게 "요즘 너무 많이 비행하다 보니 조종석에는 커피포트를, '조종사 대기실'에는 침상을 가져다 놓을까 생각 중이야."라고 썼다. 엄청난 속도로 훈련이 진행되었고 매일 다른 섬으로 비행하는 일정을 따라가는 과정에서 우리의 능력이 시험대에 올랐다. 하루 세 끼를 각각 다른 곳에서 먹은 적도 있었다. 호핑 소령의 주목표는 의심하는 '전함 제독들'에게 해군항공대의 존재를 증명하는 것이었다.

하지만 나는 지도력에 관해서는 갤러허 대위에게 조언을 청했다. 갤러허는 상대방을 감화하는 능력을 가지고 있었다. 잡담으로 떠들썩하다가도 그가 나타나면 순식간에 모두가 그를 주목했다. 우리는 수다

---

* 공식적으로 호핑 소령은 1941년 10월 3일에 내 임명장에 서명했으나 진급 날짜는 6월 2일로 소급해서 기록되었다.

떨기를 아주 좋아했고 누구도 우리에게 이래라저래라 하지 못했다. 그런데 갤러허가 "조용! 조용! 조용!"이라고 소리치며 들어오면 모두 그의 말을 듣기 위해 공손히 입을 다물었다. 날카로운 지성의 소유자인 갤러허는 필요 불가결한 정보를 빠르고 설득력 있게, 거만 떨지 않고 전달했다. 그는 뛰어난 전달자였고 언제나 자신이 말하는 바를 잘 알았다. 또한 갤러허는 부하들의 재능을 알아보고 비행대에 자신의 특기를 보여 주라고 격려했다. 그는 엔진, 기총 사격, 항법, 선박 식별, 항공기 식별, 폭격의 전문가를 발굴하고 우리가 발견한 것을 발표해 보라고 시켰다. 마치 대학교 수업 같았지만 우스개나 유머를 부릴 여유가 있었다. 갤러허 대위만큼 재미있게 비행기에 대해 가르친 사람은 없었다. 그는 VB-6에 있는 친한 친구 리처드 홀시 베스트Richard Halsey Best 대위와 지식을 공유하기를 좋아했다. 둘 중 한 사람이 무엇인가를 배우면 다른 한 명도 그것을 곧 알게 되었다. 두 장교 덕택에 VS-6과 VB-6의 조종사들은 서로를 존중했고 우리는 서로의 능력 향상을 도왔다.

5월 22일, 나는 가장 벅찬 과제인 항공모함 착함을 할 준비를 마쳤다. 전통적으로 우리 해군 조종사들에게 항공모함 비행 갑판에 처음 착함하는 것만큼 걱정스러운 일은 없었다. 나는 이 중요한 사건에 대해 몇 시간 동안 고민했다. 브리핑을 받은 다음 나는 내 능력을 과시할 기회를 고대하며 SBD-2(기체번호 2170)로 뛰어갔다. 내 비행기에 도착하자 후방 좌석에 앉은 VS-6의 수병 한 명이 보였다. 브루노 피터 가이도Bruno Peter Gaido 항공 정비 상병이었다. 대개 조종사가 첫 착함을 할 때는 뒷좌석에 아무도 태우지 않았다. 혹시라도 조종사가 실수를 저질렀을 때 아무 잘못도 없는 후방사수의 목숨까지 위험에 빠뜨리고 싶지는 않았기 때문이다. 후방사수가 탔을 때의 체중 효과를 내기 위해 무장사들은 뒷좌석에 모래주머니를 실었다. 가이도는 내가 오기 전에 후방 좌석에서 모래주머니를 치우고 그 자리에 앉았다. 그는 손을 흔들며 말했다. "중위님과 같이 가도 되겠습니까?"

내가 대답했다. "이게 내 첫 착함이라 모래주머니만 실어야 할 텐데."

가이도는 코웃음을 치며 지적했다. "중위님은 날개를 가지고 계십니다. 그렇지 않습니까?"

"그렇지."

가이도는 말을 이었다. "그러면 비행하실 수 있으십니다. 그렇지 않습니까?" 그는 후방사수석에 앉아 안전벨트를 맸다.

나는 그를 몰아낼 수 없었다. 그는 나를 믿는 듯했고 그 때문에 나도 스스로를 믿게 되었다. 우리는 이륙했고, 착함할 때가 되었는데도 전혀 두렵지 않았다. 저속으로 순항하는 엔터프라이즈함이 보였고, 비행 갑판에는 아무것도 없었다. 함교 구조물을 지나쳐 비행하며 나는 착함하겠다는 의사를 표시했다. 엔터프라이즈함은 바람이 불어오는 쪽으로 함수를 돌렸고 녹색 '착함 신호등'에 불이 들어왔다. 비행기의 속력을 실속 속력stalling speed〔비행기가 양력을 상실하고 급격하게 하강하기 시작하는 한계속력. 즉 비행기가 비행을 유지할 수 있는 최소속력—옮긴이〕보다 5노트(9.3km) 더 빠르게 설정하고 비행 갑판의 높이와 같은 고도—약 65피트(19.8m)—로 비행기를 수평에 맞춘 다음 2개의 큰 착색 패들을 흔드는 착함신호장교landing signal officer; LSO를 보며 반원을 그렸다. 이상적이라면 조종사 용어로 '홈에 맞춰서in the groove' 진입하고 싶었다. 이 말은 비행기를 적절한 속력, 방향, 강하 각도에 맞춘다는 뜻이다. '홈'을 놓치면 LSO는 이탈wave-off 신호를 주었고 나는 착함 과정을 처음부터 다시 밟아야 했다. 그게 아니라면 LSO는 패들을 흔들어 엔진을 정지하고 착함하라는 의미의 '정지cut' 신호를 내렸다. 바로 그날, 가이도 상병의 자신감에 힘입어 나는 완벽하게 착함했다. 테일훅 tailhook과 바퀴를 내리고 스로틀을 끈 다음 비행기의 기수가 아래로 떨어지자 조종간을 힘껏 당겼다.

엔터프라이즈함 함교 구조물 후방에 있는 개방 갑판인 '벌처스 로 Vulture's Row'[시체를 파먹으려고 줄지어 앉아 있는 독수리떼라는 뜻으로, 사람이 비행 갑판에서 작업을 볼 수 있는 항공모함 타워의 특정 장소를 가리키는 관용어. ─옮긴이]에서 아무 움직임이 없는 것을 보고 내가 훌륭하게 착함했음을 알았다. 함의 전속 사진사는 벌처스 로에서 아슬아슬한 착함이나 사고를 모두 촬영하라는 명령을 수행한다. 벌처스 로는 조종사가 추락할 위험에 처했을 때만 그곳에서 움직임이 보여서 붙은 이름이다. 보통 사진사가 따분해 보이면 우리에게 문제가 없다는 뜻이다. 만약 그가 일어서면 우리는 빨리 다른 조치를 취해야 했다. 오늘은 그런 걱정이 없었다. 내 비행기는 엔터프라이즈함의 2, 3번 엘리베이터 사이의 비행 갑판을 가로질러 설치된 어레스팅 와이어arresting wire[항공모함의 비행 갑판을 가로질러 설치된 와이어. 착함하는 비행기는 꼬리 부분의 테일훅을 내려 이 와이어에 걸어 착함 거리를 단축한다. ─옮긴이]를 붙잡아 날카로운 소리를 내며 정지했다. 비행기가 어레스팅 와이어에 걸릴 때 우리에게 약 2G에 달하는 충격이 가해졌고, 그 후 와이어에 걸린 비행기가 천천히 뒤로 당겨지며 멈춰 섰다. 활주 감독관taxing director이 '브레이크brake' 신호를 내자 테일훅을 와이어에서 풀기 위해 승조원 2명이 달려왔다. 그와 함께 활주 감독관은 앞으로 비행기를 옮겨 착함하는 다른 비행기에 자리를 비켜 주라는 수신호를 보냈다. 나는 활짝 웃으며 조종석에서 나왔다.

다음 주 내내 나는 실수가 전혀 없는 완벽한 착함을 다섯 번 했다. 나는 진에게 이렇게 썼다. "이런 착함에 갈수록 익숙해져서 이제는 '홈에 맞춰서' 착함하기가 공항에 착륙하는 것만큼이나 편안해졌어." 여섯 번째 착함 뒤 나는 비행대의 중요한 전통 하나를 맡았다. 조종사들과 후방사수들의 사격 훈련 시 표적으로 쓰일 긴 흰색 천 슬리브sleeve를 SBD에 매달고 비행하는 것이었다. 다른 비행기들은 내 비행기에 매달린 슬리브에 페인트탄을 발사해 공격했다. 이 방법을 통해 호핑 소령은 우리의 사격 실력을 평가했다.

나는 5월 27일에 처음으로 표적용 예인 슬리브를 끌고 비행했다. 이날 내 인생에서 중요한 사건, 즉 내 별명을 얻게 된 사건이 일어났다. 표적 연습이 끝나고 기지로 돌아가기 전에 나는 예인 슬리브를 후방사수 밀턴 웨인 클라크Milton Wayne Clark가 회수해 포장하도록 가장 가까운 이와 비행장에 착륙하기로 했다. 내 비행기는 비행장을 둘러싼 나무보다 약 30피트(9m) 높은 110피트(33m) 고도에서 천천히 접근했다.* 관제탑에 무전을 보냈지만 응답이 없었다. 하지만 녹색 착륙신호등에 불이 들어오는 게 보였다. 착륙 허가를 받았다고 생각한 나는 활주로에 접근하며 엔터프라이즈함에 접근할 때처럼 서서히 선회했다. 하강하는 동안 위를 올려다보니 2개 해병 전투비행대가 나와 같은 활주로를 사용할 생각인지 접근하기 위해 정렬하고 있었다. 나는 "제기랄, 나한테 똑바로 오잖아!"라고 혼잣말했다. 빨리 결정해야 했다. 스로틀을 열고 고도를 높여 여기서 빠져나갈까? 아니면 빨리 활주로에 내린 다음 옆으로 지상 활주해서 해병대 전투기들이 착륙할 수 있게 길을 터 주어야 하나? 나는 해병대 조종사들이 언제나 활주로 전체를 쓴다는 것을 알았으므로 내가 빨리 활주로에 내리는 것이 최선으로 보였다. 그렇게 하면 우리 모두 비행장 착륙이라는 목적을 달성할 수 있을 것 같았다.

---

* 나는 SBD-3에 탑승했다(기체번호 4524).

활주로에 착륙한 나는 내 SBD를 황톳빛 공터로 몰아 다가오는 해병대 전투기에 길을 비켜 주었다. 문제는 내가 공터 표면이 단단하게 굳은 흙이 아니라 15센티미터 두께로 쌓인 흙먼지였다는 사실을 인식하지 못했다는 것이다! 비행기 프로펠러의 후류가 흙먼지를 때리자마자 1마일(1.6km) 높이의 먼지 버섯구름이 하늘로 솟구치며 해병대 조종사들의 안전한 착륙을 방해했다. 나는 클라크에게 소리쳤다. "큰 문제가 생겼네! 예인 슬리브를 최대한 빨리 걷어! 여기서 나가야 해!" 슬랩스틱 코미디언처럼 클라크는 후방 좌석에서 껑충 뛰쳐나가 예인줄의 끝을 찾아 먼지폭풍 속으로 사라졌다.

그동안 나는 격분한 관제사로부터 메시지를 받았다. "정체불명의 먼지구름dust cloud, 도대체 당신 누구야?" 나는 답하지 않았다. 1분도 되지 않아 클라크가 후방 좌석으로 돌아왔다. 나는 미친 듯이 소리쳤다. "서둘러! 서둘러!" 기총수가 후방 좌석에 뛰어들어 엄지손가락을 쳐들었고, 나는 휘몰아치는 먼지폭풍 속에서 앞이 거의 보이지 않는 가운데 활주로로 비행기를 몰았다. 나는 컴퍼스에만 의지해 방향을 찾아 활주로에 다시 진입했다. 조종석 밖으로 몸을 빼 비행기 아래쪽을 유심히 살펴본 다음 "그래, 아스팔트야."라고 혼잣말했다. 활주로 가운데로 가기 위해 50피트(15.2m)를 더 나아갔다. 그다음 비행기를 90도 각도로 돌려 최대 속력을 내 이륙하면서 고도를 낮게 유지해 내 SBD의 정체가 드러날 해군 표식을 계류탑에서 절대 알아볼 수 없도록 했다.

내 뒤에서 잔뜩 화가 난 해병대 조종사들이 무전으로 욕설을 퍼부어 대고 있었다. "누가 저 **** 먼지구름을 일으킨 거야?" 나는 진주만으로 직행하는 대신 급격히 왼쪽으로 선회해 바다로 나가 포드 비행장까지 먼 길을 돌아서 갔다. 비행장에 안전하게 착륙해 비행기를 제위치에 세운 다음 엔터프라이즈함 쪽으로 걸어갔다. 현문에 다다르자 히

죽거리며 서 있는 클리오 돕슨이 보였다. "잘 왔어, 더스티Dusty〔먼지 투성이라는 뜻―옮긴이〕." 그가 농담을 걸었다. 돕슨은 1만 5,000피트 (4,572m) 상공에서 먼지폭풍 위를 선회하면서 사건 전체를 지켜보며 무전기를 가득 채운 해병대 조종사들의 화려한 대화를 들었던 것이다. 내가 귀환하기도 전에 돕슨은 이 우스꽝스러운 사건의 전모를 함 전체에 자세하게 이야기했다. '더스티' 클리스의 이야기는 들불처럼 퍼져 갔다. 한 시간도 못 되어 엔터프라이즈함에 있는 모든 사람이 내 이야기를 알게 되었다. 일주일 후에는 함대의 수병들 중 내 이야기를 모르는 사람이 없었다. 그때부터 누구도 나를 잭이라고 부르지 않았다. 나는 언제나 더스티였다.

이렇게 나는 내 별명을 얻게 되었다.

8

VS-6 제2부
1941년 6월~11월

VS-6의 조종사 18명 전원이 여러 종류의 자격검정을 통과하자 우리는 한 부대로서 훈련을 시작했다. 우리 비행대는 통상적 편대 대형에서 SBD-2와 SBD-3 18기로 편성되었고 다시 6기로 편성된 3개 중대division로 나뉘었다. 호핑 소령이 전체 비행대의 지휘를 맡는 동시에 제1중대를 지휘했다. 갤러허 대위가 제2중대를, 클래런스 디킨슨 대위가 제3중대를 지휘했다. 각 중대 밑에 2개 소대section가 있었고 소대당 비행기 수는 3기였다. 각 소대장은 역V자 대열의 선두에서 좌현과 우현에 1대씩 요기 2기를 데리고 비행했다. 훈련을 시작했을 때 나는 제2중대에 소속된 어떤 소대장의 요기를 몰았다. 6월 2일에는 공식적으로 중위로 승진했다. 중위가 되었으므로 소대장이 될 자격이 생겼다. 상급자들에게 좋은 인상을 준다면 중요한 보직 중 하나를 받을지도 몰랐다.

비행대 연습을 6월 중순에 시작한 덕에 나는 완전 가동 상태의 우리 모함을 볼 수 있었다. 엔터프라이즈함에는 명성이 자자한 제독 한 명이 있었다. 엔터프라이즈함에 온 우리 같은 젊은 비행사들은 제독들 주변에 가기를 두려워했다. 제독들은 자신들이 신처럼 대접받아야 한다고 생각하는 것 같았다. 우리는 과연 우리가 제독보다 오래 살 수 있을지 궁금했다. 하지만 엔터프라이즈함이 소속된 기동함대task force 지휘관(따라서 함의 최고위 지휘관)인 윌리엄 홀시William Halsey 중장의 리더십 스타일은 내가 예상했던 것과 전혀 달랐다. 승조원들은 엔터프라이즈에 탑승할 때 두 현문 중 하나에 올랐는데 하나는 수병용, 다른 하나는 사관용이었다. 홀시는 언제나 두 현문 가운데에 설치된 단에 서서 몸을 좌우로 돌려가며 새 승조원들과 인사했다. 나는 제독이 수병들과 수다를 떠는 모습을 보고 깜짝 놀랐다.

홀시는 활짝 웃으며 "엘시는 어때? 이제 애 낳았나?"라고 물었다.

"아닙니다. 다음 주 출산 예정입니다."

"아버님은 어떠신가?"

"무탈하십니다."

나는 홀시가 승조원 2,200명의 개인사를 기억한다는 데 경탄했다. 그는 절대 잊어버리는 법이 없거나 적어도 그렇게 보였다. 장교에게는 다른 방식으로 다가갔다. 카키복을 입은 장교를 보면 홀시는 다가가서 거수경례하고 "잘 왔네."라고 말했다. 하지만 백색 하정복을 입은 장교를 보면 "하정복을 입었군. 그래, 이유가 뭔가?"라고 물었다. 장교가 합당하게 해명하면 홀시는 끙 하는 소리를 내며 보내 주었다. 하지만 "이게 맞는 복장이라고 생각했습니다."라는 식으로 답하면 홀시는 "여기서는 일해야 한다고! 당장 가서 옷 갈아입어!"라고 으르렁댔다. 나는 홀시의 지휘 스타일이 처음부터 마음에 들었다. 그는 바로 핵심을 파악하고 모든 것을 주시했다. 홀시는 호락호락한 인물이 아니었다. 무능한 승조원들은 당연히 제독의 질책을 피할 수 없었다. 나는 제독들은 끔찍한 사람들이며 미친개와 동급으로 피해야 할 대상이라고 생각했다. 그러나 홀시 제독은 아무 데나 불쑥 나타났고, 우리 조종사들을 지켜보았다. 언젠가 그는 격납 갑판에서 유압식 캐터펄트로 SBD 1기를 사출하는 모습을 지켜보았다. 사출 과정에서 캐터펄트가 오작동을 일으켰다. '훅' 하고 치고 나가는 느낌을 받지 않은 조종사는 함 가장자리에 이르기 전에 비행기를 세웠다. 다음 날 홀시의 명령에 따라 캐터펄트가 제거되어 수리에 들어갔다.

홀시의 지도력하에 엔터프라이즈함의 4개 비행대는 밤낮으로 연습했다. 7월과 8월에 나는 각각 비행시간 50시간을 기록했다. 홀시는 빠른 이함과 착함에 주안점을 두었다. 최고 기량의 비행대는 소속기 18기를 9분 안에 혹은 각 비행기마다 30초 간격으로 이함하거나 착함할 수 있었다. 홀시는 1개 비행대 전부를 4분 30초 내에 또는 비행기마다 15초 내에 착함할 것을 엔터프라이즈 비행단에 요구했다. 우리는 각 비행기마다 30초 내에 이함하는 데 간신히 성공했다. 결의에 찬 호핑 소령의 지휘를 받으며 우리 비행대는 다른 비행대에 앞서 홀시 제독의 요구를 충족했다.

우리는 야간 활강폭격glide bombing도 연습했다. 위험한 훈련이었다. 달이 뜨지 않은 저녁, 우리 비행대는 이함해 대형을 짜는 연습을 했다. 우리는 조명을 끈 채 비행 갑판을 박차고 날아올랐다. 위험하지만 적 잠수함이 순찰하는 밤바다에서 이함하려면 이렇게 해야 했다. 비행기가 어느 정도 상승하면 날개등을 켰다. 모든 비행기에는 양 날개에 1개씩, 후미에 1개로 총 3개의 등이 있었다. 각 등에는 색이 있어서 날개등은 이 비행기의 소대번호를, 후미등은 소대에서 이 비행기의 위치(1번, 2번, 3번)를 표시했다. 자연히 비행대의 각 기체별 등 배열 순서를 기억하고 야간에 이를 식별해야 공중충돌 없이 대형을 짤 수 있었다. 훈련 대형을 짜면 호핑 소령은 우리를 지휘해 모의 공격을 시행했다. 한 대가 낮게 날며 조명탄을 투하하면 다른 비행기들이 45도로 얕게

강하하며 목표에 폭탄을 던졌다. 그러면 각 소대는 날개등을 다시 켜서 대형을 짜고 어둠 속에서 불길한 모습을 서서히 드러내는 위험스러운 산악지대를 넘어 길을 찾아 포드섬으로 돌아왔다. 놀랍게도 우리는 이렇게 훈련하면서 단 한 대의 비행기도 잃지 않았다.

실전 연습에서 우리 비행대는 2개의 중요한 임무에 초점을 맞췄다. 급강하 폭격dive bombing과 정찰 폭격scout bombing이다. 급강하 폭격 연습을 할 때면 우리는 대형을 유지하며 2만 피트(6,096m) 고도로 순항하다 한 대씩 대형을 이탈해 선택된 목표물을 향해 강하했다. 연습 대상은 지상에 설치되거나 수상에서 선박에 예인되는 표적이었다. 급강하 폭격은 시작부터 끝날 때까지 아슬아슬한 조종술과 정확성을 과시하는 과정이었다. 급강하폭격술을 배우는 것에 비하면 롤러코스터는 따분해서 하품이 나올 정도였다. 우리는 4마일(6,437m) 고도로 상승해 급강하를 시작했다. 이 고도에서는 표적이 신발 끝에 붙은 무당벌레 크기 정도로 보였다. 급강하할 준비를 마치면 대장기가 날개를 좌우로 흔들고 각 비행기는 한 대씩 한 대씩 이탈해 표적을 향해 아래로 곤두박질쳤다. 비행기 조종석에서 우리 조종사들은 폭탄의 신관을 작동하고, 계기를 조정하며, 각 날개 뒤편에 있는 구멍이 숭숭 난 플랩인 다이브 브레이크를 설정했다. 그런 후 우리 차례가 오면 '밀어 넘기기push over', 즉 조종간을 앞으로 세게 밀어 강하했다.

SBD의 최대 급강하 속력은 시속 240노트 혹은 275마일(443km/h)이었다. 전형적인, '완벽한' 급강하라고 해도 이 속도를 견뎌내기란 힘들었다. 공기 저항으로 비행기가 사정없이 흔들렸고 우리는 아무것도 들을 수 없었다. 급강하 중에는 조종석을 계속 개방해야 했으므로 바람 소리가 다른 소리를 모두 집어삼켰다. 우리는 한눈을 폭격 조준경에 댄 채 표적이 조준경 한가운데에 들어오도록 급강하 자세를 조절하고 비행기가 강하함에 따라 표적이 위아래 혹은 왼쪽이나 오른쪽으로 흘러가 버리지 않도록 주의했다. 다른 눈은 다이브 브레이크가 제대로 작동하는지를 확실히 알려 주는 항공 속도계와 다른 계기들에 고정했다. 주로 우리는 팽이 돌듯 핑핑 돌지만 1,000피트(304m) 정도의 오차가 있는 고도계를 주시했다. 핑핑 돌던 고도계 눈금이 5,000피트(1,524m)를 지나치면 우리는 비행기가 방금 4,000피트(1,219m)를 지나갔다고 인식했다. 안전하게 급강하에서 빠져나오려면 1,500피트(457m)의 고도가 필요했고 파편 비산 범위 밖에 있으려면 여기에서 1,000피트가 더 필요했다. 수동 투하 핸들을 잽싸게 잡아당기면 폭탄 투하장치undercarriage가 프로펠러와의 충돌을 피해 '아래로'(실제로는 급강하하는 비행기의 뒤쪽) 돌며 폭탄—500파운드(227kg) 혹은 1,000파운드(454kg)—을 떨어뜨렸는데, 이때 조종사들에게 충격이 가해졌다. 급강하에서 빠져나오기 위해 조종간을 부드럽게 잡아당길 때 조종사가 받는 압력은 6~8G였다(6G라는 뜻은 만약 조종사와 낙하산, 비행 장구를 합친 설계 무게가 200파운드(90kg)라면 급강하할 때 좌석에 앉은 조종사가 1,200파운드(544kg)의 압력을 받는다는 뜻이다). 급강하에서 빠져나와 수평비행으로 돌아가면 우리는 구멍이 숭숭 뚫린 커다란 플랩인 다이브 브레이크를 날개 뒷전trailing edge과 꼭 맞닿게 닫은 다음 스로틀을 최대로 열고 엔진 RPM(분당최대회전수)을 높게 설정하고 모함으로 향했다.

교범의 규칙을 그대로 따르면 투하한 폭탄이 명중했는지를 알 길이 없었다. 우리는 우리 다음에 급강하한 조종사의 보고나 후방사수의 말에 의지해야 했다. 그리고 대기실로 돌아간 다음에야 우리 폭탄이 어디에 명중했고 조준을 향상하려면 무엇을 고쳐야 하는지를 배울 수 있었다. 나를 포함해 좀 더 대담한 조종사들은 이탈할 때 높게 비스듬히 나는 편을 택했다. 이렇게 하면 폭발 장면을 볼 수도 있었다. 즉, 거의 하지 않았지만, 실탄으로 훈련했다면 그랬을 것이라는 뜻이다. 고참 장교들, 특히 갤러허 대위는 그렇게 행동하지 말라고 우리에게 경고했다. 그러다가 적 전투기에 덜미를 잡힌다는 것이다. 이탈할 때 높이 비스듬히 나는 것은 모든 규정과 상식에 반했으나 우리는 거의 다 그렇게 했다. 폭탄이 명중했는지 빗나갔는지를 보아야 했으므로.

정찰 폭격 훈련은 1,000~1,500피트(304~457m) 고도의 저공에서 이루어졌으며 2기가 한 조가 되어 훈련해야 했다. 2기로 구성된 팀들은 모함에서 바깥쪽으로 뻗어 나가는 파이 모양의 쐐기꼴 구역을 비행했다. 이 팀들은 비행하며 목표물을 식별하고 접촉 정보—즉 숫자, 선박의 종류, 위도와 경도—를 모스 부호로 보고하는 방법을 배웠다. 우리 무전수 겸 후방사수가 이 정보를 모함으로 보내고 수신 확인을 받으면 각 팀들이 재빨리 공격에 나서 표적이 된 적에게 피해를 주는 동안 항공모함은 폭격비행대와 뇌격비행대를 우리가 보고한 위치로 급파했다. 대개 우리는 정찰폭격 임무에 500파운드 폭탄을 사용했는데, 기체 하중이 가벼워져 연료를 더 많이 탑재해 정찰 범위를 늘릴 수 있었기 때문이다. 자연히 정찰폭격 훈련을 할 때면 항법에 면밀하게 주의해야 했다. 하와이 군도에서 길을 찾기 위해 모든 VS-6 조종사들이 상세한 지형지도를 휴대했지만 실제 사용해 보니 지도가 쉽게 파손되었고 조종석 안에서 펴기에 너무 컸다(설상가상으로 이 지도에는 하와이의 여러 비행장에서 사용되는 무선통신 관련 정보가 없어 비행에 거의 쓸모가 없었다). 나는 이 지도를 가져와서 지상에 있을 때 지형 숙지용으로 사용하며 여러 산의 형태를 기억해 두었다. 이런 방법으로 나는 시각에만 의지해 길을 찾는 법을 배웠다. 하지만 비행기가 원양으로 나가면 자기 컴퍼스로 침로를 파악하고 해상 항법 훈련에서 배운 것을 사용하는 방법 외에는 선택의 여지가 없었다. 즉 차트 보드chart board에 내 비행기의 경로를 그리며 정기적으로 위치를 기록해야 한다는 뜻이었다. 2기로 구성된 정찰폭격 팀에 속한 조종사가 이 업무를 해내는 데 실패한다면 길을 잃기 십상이었다.

이 훈련을 통해 우리 급강하폭격기의 문제가 드러났다. 그중 날개에 탑재된 에어백의 오작동이 가장 골치 아팠다. 에어백은 비행기가 수면에 불시착할 때 부풀어 비행기를 물 위에 떠 있게 하는 기구다. 설명할 수 없는 이유로 에어백이 비행 중에 갑자기 팽창하는 바람에 SBD 여러 대가 추락했다. 대개 에어백 1개만 부풀었지만 이것만으로도 비행 성능을 망치기에 충분한 참사였다. 에어백이 전개되면 그 크기가 상당했으므로 비행기는 조종 불능 상태에 빠졌다. 에어백이 펴진 비행기는 옆으로 기울며 수직으로 강하해 지상에 추락했다. 처음에는 누구도 에어백이 왜 일찍 팽창하는지를 설명하지 못했다. 이론적으로는 1피트(30cm) 정도 들어온 바닷물로 인한 저항으로 1/4인치(0.6cm) 크기의 개구부에 충분한 압력이 가해지면 에어백 팽창기가 작동하게 되어 있었다. 정비반이 이 기구를 정밀하게 살펴본 다음에야 문제의 원인이 발견되었다. 하와이 말벌이 개구부로 들어와 압력에 민감한 에어백 팽창기 옆에 벌집을 지었고, 조종사가 비행기를 옆으로 기울일 때마다 충격으로 벌집이 느슨해지며 팽창기를 작동시킨 것이다. 우리는 목소리를 높여 불만을 표시했고, 정비반을 설득해 에어백을 완전히 제거했다. 우리는 이 요청에 위험이 잠재해 있음을 이해했다. 만약 우리가 수상에 불시착하면 비행기가 잠수함이 되기 전에 빠져나올 시간은 단 몇 초뿐이었다.

훈련을 하며 엔터프라이즈함에 있는 다른 비행기들의 결함도 노출되었다. 가장 눈에 띄었던 것은 우리 뇌격기들이 좋은 인상을 주지 못했다는 점이었다. 7월 25일, VS-6과 VT-6은 연합 공격 연습에 참여했다. 이 작전에서는 SBD 1기 또는 2기가 고공에서 강하해 수면 가까이 비행하면서 연막 탱크를 열어 대기를 짙은 연막으로 채웠다. 뇌격기인 더글러스 TBD-1 데버스테이터는 연막 뒤에서 전개하다가 연막을 뚫고 들어와 목표를 향해 어뢰를 투하했다. 이론상으로 전투 조건하에서 TBD는 몇 초만 적 대공포화에 노출되었다가 다시 연막 뒤로 돌아가게 되어 있었다. 이 훈련이 특히 잘 기억나는 이유는 바로 내가 어뢰 회수기 가운데 하나를 조종했기 때문이다. 나는 여러 TBD의 뒤를 쫓아가서 어뢰를 회수해 재사용할 수 있도록 연막 마커smoke marker를 투하했다(이 훈련 임무에는 물을 채운 어뢰 탄두를 사용했다. 어뢰가 항주를 멈추면 압축공기로 인해 탄두의 물이 배출되어 탄두 속이 텅 비게 되어서 어뢰가 수면에 둥둥 떠다녔다).

연합 공격 연습 동안에는 어뢰를 추적하기가 힘들었는데, 어뢰가 표적 근처에도 못 갔기 때문이다. 대부분은 가라앉거나 엉뚱한 곳으로 가버렸다. 나는 어뢰 두세 개가 자기 꼬리를 물려고 제자리를 빙빙 도는 개처럼 선회하는 광경을 보았다. 어뢰 기술 전문가가 아닌 내 눈에도 문제가 분명해 보였다. 어뢰가 물속에 진입할 때 받은 충격으로 인해 유도장치나 프로펠러가 오작동하는 것 같았다. 나는 최소한 어뢰 1발은 표적에 도달했을 것이라고 짐작했다. 돌아온 소식은 끔찍하게 실망스러웠다. 모함으로 귀환하고 얼마 뒤, (이름이 기억나지 않는) 한 장교가 다가와 어뢰 시험 사격이 실패했다는 사실에 대해 한마디도 하지 말라고 위협적으로 말했다. 우리는 하와이에 일본 스파이가 있다고 우려했고 어뢰 문제를 비밀에 부치고 싶었다.

나는 늘 빠른 속도로 진행되는 훈련 덕에 비행대 동료들의 효율성을 판단할 수 있게 되었다. 특히 사수의 능력을 잘 판단하게 되었고 그 지식을 내 정식 후방사수를 선택하는 데 활용했다. 나는 후방사수에 지원한 사람들에게 꽤 가혹하게 굴었다. 지금도 가지고 있는 내 노트에는 "거의 모든 질문에 제대로 답하지 못함", "배, 정박 용구, 항해, 용어에 대해 아무것도 모름", "공부하기를 싫어하는 것이 분명함. 육군 상병에게나 어울릴 법한 항해 지식을 가지고 있음" 같은 비판적인 평가가 잔뜩 적혀 있다. 어쨌거나 인상적인 지원자 한 명을 찾았다. 7월 말로 접어들 무렵, 나는 갓 훈련을 마친 스무 살짜리 통신병 존 워런 스노든John Warren Snowden을 내 기총수로 선택했다. 그는 머리 회전이 빠르고 영민하며 진취적이었다. ─우리가 처음 같이 비행한 날인─ 7월 26일에 갤러허는 착함 연습을 위해 우리를 외딴 섬으로 인도했다. 그날 비행기 엔진 이상을 겪은 갤러허는 표준 관행대로 운행 가능한 기체 중 가장 가까이에 있던 비행기에 탑승했는데 그게 마침 내 비행기였다. 갤러허의 비행기를 고쳐서 기지로 가져갈 수 있을지가 내게 달려 있었다. 여느 후방사수라면 손상된 비행기에 탑승하게 된 상황을 불평했겠지만 존 스노든은 달랐다. 내가 어느 실린더에 문제가 생겼는지를 파악하기도 전에 존은 벌써 예비 점화 플러그를 모아 올바른 위치에 삽입하기 시작했다. 몇 분 안에 우리는 고장 난 비행기를 고쳐 포드섬 비행장으로 당당하게 돌아갔다.

　존은 뛰어난 사수였다. 사격 시험에서 최고점수를 받으면 봉급이 올라갔는데, 나는 비행대 교육장교였으므로 사격 시험에서 경쟁하는 수병들의 성적을 가장 먼저 알았다. 존은 다른 항공병들보다 나이가 어렸으나 다른 수병들보다 성적이 월등히 뛰어났다. 나는 다른 조종사들이 존의 능력을 알아차리기 전에 그를 낚아챘다. 모든 분야에서 존은 진급 1순위 점수를 받았으며, 그것은 내 작고 검은 노트에 기록된 최고 성적이었다. 나는 진에게 자랑스럽게 편지를 썼다. "내 후방사수는 … 해군 최고의 명사수야(많은 것을 뜻하지)." 존은 나와 가까운 벗이 되었다. 대개 장교와 수병은 서로 거리를 지키려고 노력했지만 존과 나는 그 틀을 깼다. 진이 소포로 초콜릿 바 한 짐을 보내왔을 때 나는 당연히 존과 나누어야 한다고 믿었고 처음 한 입을 존이 먹게 했다(존은 초콜릿 바를 아주 좋아했다!).* 나는 후방사수들이 직면한 위험을 제대로 인정했기 때문에 우리 우정은 활짝 꽃피었다. 전쟁이 끝나고 몇 년 뒤, 나는 우리 비행대 후방사수의 친척인 한 여성에게 이런 내용의 편지를 썼다.

전투 중 SBD의 후방 좌석에 앉아 있는 모습을 상상해 보십시오. 뒤를 보고 앉아 .30구경 기관총을 잡고 제로 전투기를 찾아 하늘을 샅샅이 훑으며 저들이 우리를 쏘기 전에 그들을 쏘아 떨어뜨릴 준비를 합니다. 그러다가 갑자기 시속 250마일(402km/h)로 수직 강하하는 거지요. 조종사가 폭탄을 투하한 다음 8'G'의 힘으로 좌석에 앉은 자신을 짓누르는 힘을 견디면서 말이죠. … 우리 조종사들은 비행기와 정비반이 뭔가 중요한 일을 해내면 언제나 훈장을 받습니다. 뒷좌석에 앉은 수병이나 부사관은 거의 언급되지 않지요. 존 스노든 통신 상병이 아니었더라면 저는 오래전에 전사했을 것입니다.

그 뒤로 몇 달 동안 존과 나는 우리 비행대에 배치된 다양한 비행기를 알게 되었다. 우리는 대개 6-S-5라는 번호가 표시된 SBD-2에 배

---

* 우리 비행대에는 존과 나만큼 서로 가까웠던 팀이 하나 더 있었다. 제임스 덱스터 James Dexter 소위와 도널드 호프Donald Hoff 통신 상병이었다. 돈 호프는 무전수 겸 후방사수로서 능력이 뛰어났을 뿐 아니라 날카로운 시력과 환상적인 기억력의 소유자였다. 전투가 끝난 다음 호프는 수많은 비행기가 각자 무엇을 했는지를 정확하게 말할 수 있었다. 제임스 덱스터도 출중한 조종사였다.

치되었다(VS-6의 모든 비행기에는 해군 표식과 비행단, 기종, 비행대에서의 위치 표시가 그려져 있었다. 우리가 탑승한 SBD-2인 6-S-5는 대개 '세일-파이브Sail-Five'라고 불렸다). 훈련이 빠르게 진행되었으므로 우리는 정비반원이 S-5를 잘 수리 정비하고 조율하리라고 신뢰해야 했다. 이함할 때마다 자신이 탈 비행기가 비행에 적합하지 않다고 생각되면 조종사는 탑승을 거부할 권리가 있었다. 그런데 조종사가 비행기를 너무 자주 거부하면 정비반에서 평판이 나빠졌다. 나는 지나치게 완벽주의자가 되지 않으려고 노력했다. 딱 한 번을 제외하고는 비행기를 거부해 본 적이 없었다. 어느 날 훈련임무 수행 중에 S-5가 아닌 다른 비행기에 탑승했다. 스로틀을 열어 엔진 회전수를 높여 보니 뭔가 이상한 게 느껴졌다. 나는 엄지손가락을 높게 쳐든 이함장교를 쳐다보았다. 그에게 엄지를 아래로 내려 응답했다. 비행기가 뭔가 잘못되었다는 신호였다. 즉시 도지 반장이 문제를 파악하러 왔다. 반장은 조종석을 살펴보고 엔진과 계기를 살핀 다음 엄지손가락을 들었다. 나는 다시 머리를 흔들고 엄지손가락을 내렸다. 반장은 무척 당혹스러워하며 재차 비행기를 살폈지만 아무 문제도 발견하지 못했다.

이제 이함 담당들이 초조해졌다. 다른 비행기들이 기다리고 있었다. 나는 내 권리에 따라 그 비행기를 거부했다. 승조원들이 내 SBD-2를 옆으로 끌어냈고 비행대의 나머지 비행기들은 이함했다. 비행기에서 내리는 내게 한 대위가 씩씩대며 다가와 위협적으로 말했다. "비행이 무서워서 그런다면 다른 사람을 찾겠네." VS-6 소속인 월터 윌리스Walter Willis 소위가 비행 갑판으로 올라와 내가 거부한 비행기를 맡았다. 윌리스는 하늘로 떠올랐지만 100야드(91m)도 가기 전에 엔진이 멈췄다. SBD-2는 바다에 추락했고 구축함이 윌리스 소위와 후방사수를 구조했다. 지금도 무엇이 문제였는지 정확히 모르겠지만 엔진이 정상이 아

142

니었음은 알았다. 나는 그 일을 불평한 적도 없고, "거 봐, 내가 그렇게 말했잖아."라고 말할 필요도 없었다. 추락 사건은 내 판단이 옳았음을 증명했다. 물론 만약 비행기가 무사히 돌아왔다면 사람들이 나를 어떻게 여겼을지 궁금하다. 그 비행기에서 무엇이 잘못되었느냐고 내게 묻지 말아 달라. 그냥 느낌이 이상했을 뿐이다.

VS-6의 조종사들과는 대부분 동료로서 사이가 좋았지만 그중 몇 명과는 경쟁의식이 생겼다. 내 가장 큰 경쟁자는 비행대의 새 비행 장교 클래런스 디킨슨 주니어 대위 혹은 '디키Dickie'였다. 당시 스물아홉 살의 디킨슨은 노스캐롤라이나주North Carolina 롤리Raleigh 교외의 작은 마을 출신이었다. 나처럼 디킨슨 대위도 해군사관학교를 나왔다. 우리는 펜서콜라에서부터 안면이 있었지만 잘 아는 사이는 아니었다. 사실 작은 사건 하나가 이미 우리 사이에 쐐기를 박은 상태였다. 비행학교 수료와 동시에 나는 친구들이 있는 뉴욕시에 임시로 배치되었다. 내 배치에 대해 들은 디킨슨은 자기가 선배이니 그 자리로 가야겠다고 고집을 피웠다. 디킨슨은 뉴욕으로 가는 비행기에 나 대신 앉게 되었고 나는 손에 가방을 든 채 지상에 남았다.

1941년에 우리는 다시 만났다. 디킨슨이 나보다 몇 주 앞서 엔터프라이즈함에 부임했던 것이다. 디킨슨은 머리 회전이 빠르고 영민했으며 해전사를 굉장히 좋아했고, 자신의 솔직한 의견을 높은 피치의 쨱쨱거리는 목소리로 모두에게 설명했다. 그는 갑자기 감정이 폭발하는 경향이 있었다. 예를 들면 하와이에서 훈련하는 동안 공황에 빠져 하마터면 추락할 뻔한 다음부터 정비반의 신망을 잃었다. 우리는 어느 날 한 외곽 비행장에서 신속 이착륙 훈련을 하고 있었다. 그날은 디킨슨이 비행대를 이끌었다. 호핑 소령은 디킨슨에게 다른 조종사들의 '비상 출력 emergency power' 사용을 독려하는 임무를 맡겼다. 고속으로 이륙해 엔진으로 최대 추력推力, thrust을 내며 상승하는 법에 대한 훈련이었다. 디킨슨이 먼저 이륙했고 나는 디킨슨 뒤의 두 비행기를 따랐다. 디킨슨의 지시에 따라 우리는 최대 추력을 내며 재빨리 고도를 높였지만 몇 분 뒤 '비상 출력'을 멈추지 않으면 엔진이나 프로펠러가 망가질 위험이 있었다. 디킨슨의 급강하폭격기는 부웅 하고 날아올라 아름답게 상승했고, 곧 SBD 3기도 디킨슨과 합류해 서서히 고도를 높였다.

비행대 전부가 하늘로 날아오르기도 전에 갑자기 디킨슨이 무전기에 대고 고함쳤다. "활주로 치워! 활주로 치워! 비상!" 나는 수평비행으로 들어가 비행장에 있던 다른 비행기들이 디킨슨이 비상착륙을 할 수 있도록 길을 비켜 주는 모습을 지켜보았다. 그의 비행기는 전력으로 요란한 소리를 내며 진입했고 활주로를 벗어나기 직전에 간신히 멈췄다. 나는 참을성 있게 얼마간 상공을 선회했다. 디킨슨은 다시 이륙해 훈련 비행에 나선 비행대를 이끌었다. 나중에 착륙한 다음 나는 도지 반장에게 뭐가 잘못되었는지를 물어보았다.

"도대체 무슨 일입니까?" 나는 디킨슨의 SBD-3인 S-4를 가리키며 물었다. 도지 반장은 디킨슨의 비행기가 활주로 끝까지 달리다가 굉음을 내며 긴급착륙했다고 설명했다. "예, 그건 저도 봤습니다. 엔진에 무슨 문제라도 있었습니까?"라고 말했다.

도지 반장은 얼굴을 찡그렸다. "아닙니다. 엔진은 완벽했어요. 엔진에는 전혀 문제가 없었습니다. 디킨슨 대위님이 비상 출력을 사용했지만 엔진과 프로펠러가 감당했단 말입니다."

나는 그때까지도 혼란스러웠다. "아, 그러면 왜 비상착륙을 한 겁니까?"

도지 반장은 "타코미터tachometer와 상관있는 게 틀림없습니다."라고 대답했다. 타코미터란 프로펠러의 분당 회전수를 보여 주는 측정기로,

비상 출력으로 상승하는 조종사라면 반드시 주의 깊게 보아야 하는 계기다. 반장은 말을 이어 나갔다. "대위님 비행기의 타코미터 눈금이 0에 고정되어 있었습니다. 망가진 게 틀림없습니다. 그런데 대위님은 엔진에 이상이 생겼다고 생각했던 거죠. 동력을 잃었다고 생각한 겁니다."

나는 당황해서 물었다. "잠깐만요, 그래서 속도가 올라가고 있는데도 엔진이 느려진다고 생각했다고요?"

도지는 고개를 흔들며 투덜거렸다. "멍청한 거지요!" 이 사건에 엔진반은 제대로 분개했다. 디킨슨이 비상착륙을 하겠다고 미친 듯이 비명을 질러대는 바람에 엔진반이 엔진 정비 작업을 제대로 하지 않은 것처럼 비쳤기 때문이다.

몇 주 뒤에 더 심각한 일이 벌어지지 않았더라면 이 사건은 잊혔을지도 모른다. 1941년 9월 21일, 디킨슨은 하마터면 나를 죽일 뻔했다. 그달에 할리우드 영화 촬영팀이 함재기의 실전 영상을 찍으러 엔터프라이즈함에 도착했다. 대본에 따르면 우리는 5,000피트(1,524m) 고도에서 카메라를 향해 비행한 다음 급강하폭격기 1대가 추락하는 연기를 해야 했다. 이날 디킨슨은 밀집비행─각 비행기는 앞서가는 비행기 우현 뒤쪽으로 몇 야드만 살짝 떨어져 있었다.─하는 집단 선두에서 비행했다. 나는 늘 하던 대로 S-5를 조종했다. 내 위치는 편대의 선도기인 디킨슨의 SBD에서 가장 가까웠다. 안전을 위해 모든 촬영은 엔터프라이즈함이 보내는 신호의 통제에 따라 이루어졌다. 모함이 신호를 보내면 디킨슨은 급강하한 다음, 편대에서 어느 정도 거리가 멀어졌을 때 날개에 탑재한 연막탄 캐니스터canister를 열어 플루오린화수소산hydrofluoric acid을 방출해야 했다. 이렇게 하면 영화에서는 디킨슨의 비행기가 격추당해 화재가 발생한 것처럼 보일 수 있었다. 그런 다음에 내가 비행대의 지휘를 맡아 가상의 적과 교전을 벌이기로 되어 있었다.

그다음 펼쳐진 장면은 이렇다. 엔터프라이즈함이 조명탄을 발사해 신호를 내자 디킨슨은 명령받은 대로 급강하한 다음 플루오린화수소 산을 방출하는 대신 정반대로 행동했다. 탱크를 먼저 열고 급강하한 것이다. 코앞에서 디킨슨은 자기 비행기의 날개를 좌우로 흔들며 진한 부식성 산을 내 비행기에 뿌려댔다. 순식간에 내 비행기의 페인트가 벗 겨져 나가고 유리창이 뿌옇게 흐려졌다〔불산弗酸이라고도 불리는 플루오 린화수소산은 유리도 녹이는 맹독성 물질이다. ─옮긴이〕. 독기를 품은 구 름 알갱이가 빗줄기처럼 조종석 안으로 쏟아지며 얼굴에 확 밀려왔다. 맙소사! 아프다! 뭐라고 묘사하기조차 힘든 통증이었다. 얼굴 전체에 서 수천 개의 바늘이 춤추는 것 같았다. 고글이 뿌옇게 변하며 금이 갔 다. 고글을 쓰지 않았더라면 아마 시력을 잃었을 것이다. 시력을 잃지 는 않았으나 부식성 안개가 고글을 뿌옇게 만드는 바람에 아무것도 볼 수 없었다. 눈에서 눈물이 왈칵 쏟아졌고 불붙은 성냥에 덴 것 같은 작 열감이 엄습했다. 내 비행 헬멧, 의류, 장갑이 녹았고 손가락은 하얗게 얼고 주름이 생기다가 갈라졌다. 얼음에 닿은 것 같은 통증이 느껴졌 던 손은 생명력이 빠져나간 고기 조각처럼 조종간을 붙들고 있었다.

나는 앞을 볼 수 없었으나 급강하해서 독성가스가 만든 구름 밑으 로 내려갔다. 최선을 다해 지상으로 돌아가는 길을 느낌으로 찾으려 했 다. 실속에 빠지거나 통제 불능이 되어 빙빙 돌며 추락하고 싶지는 않 았으므로 엔진을 순항속력에 맞추고 눈을 감은 채 조종했다. 그때 나 는 모든 SBD 조종사가 눈을 가린 채로 조종하는 시험을 통과해야 했 다는 데 신께 감사드렸다. 눈을 감은 채로 제어장치를 조작하는 법을 배우지 않았다면 내가 살아남았을지 의심스럽다. 감각이 없는 손으로 가스 같은 부식성 구름 밑으로 내려간 다음 내가 어디 있는지를 보기 위해 고글을 벗었지만 조종석 창은 흠집투성이에 불투명했다. 정면의 방풍창을 통해 보려고 노력했지만 모두 뿌옇기만 했다. 나는 급하게 눈을 깜박이면서 조종석 밖으로 목을 빼고 아래를 내려다보았다. 천우신조로 비행기는 수면에서 고작 50피트(15m) 떨어진 위치에서 수평을 유지하며 비행하고 있었다. 나는 계속 머리를 밖에 내놓은 채로 찡그리고 또 찡그리며 눈의 통증을 완화하려고 애썼다. 전방에 섬이 보이자 나는 기수를 내려 비상착륙을 준비했다. 내가 어떻게 그 일을 해냈는지 설명할 수 없지만, 앞이 보이지 않고 화상을 입은 상황에서 S-5를 몰고 간신히 착륙했다. 비행기와 나 자신을 구한 것이다.

이 드라마가 펼쳐지는 동안 비행장에 있던 지상요원들은 연기를 뿜는 비행기가 활강하며 다가오는 모습을 지켜보았고, 비행기가 멈추자마자 곧바로 내 비행기에 물을 뿌리기 시작했다. 나는 화상을 입어 온몸에 따가움을 느끼며 누더기가 된 비행복을 입은 채로 조종석에서 빠져나와 호스로 뿌리는 물을 흠뻑 맞았다. 무척 꼴사나운 모습이었을 것이다. 얼굴, 가슴, 손에서 껍질이 벗겨졌다. 나는 진에게 쓴 편지에서 이렇게 말했다. "전투가 끝나고 1급 굴뚝 청소부의 모습으로 돌아왔어." 실제로 부상 정도가 심각했다. 양손은 갈라진 살덩이였고 온몸에서 피부가 떨어져 나가고 있었다. 지상요원들은 나를 안전하게 보호해 구급차에 실었고 기지 장교들은 진주만 항공기지와 접촉해 S-5를 회수하게 사람을 보내라고 말했다. 비행기의 유리창과 플라스틱 부품을 모두 새로 갈지 않으면 더 이상 비행할 수 없다는 말도 덧붙였다.

나는 병원에 9일간 입원했다. 입원한 후 화상이 더 악화되었지만 어쨌든 나는 견뎌냈다. 이것은 내가 비행사로서 겪은 최악의 경험이었다. 나를 끝장낼 수도 있는 사건이었다. 물론 진에게는 아무 말도 하지 않았다. 9월 22일에 쓴 편지에서 나는 가볍게 지나가듯 이 사건에 대해 설명했다. 디킨슨이나 아슬아슬한 착륙 과정은 언급조차 하지 않았다. 나는 "아, 그렇지. 해당 장면을 다시 촬영해야 한다는 게 이 사건에서 제일 힘들었고, 이 장면을 먼저 촬영한 장면에 부드럽게 이어 붙이기 위해 나는 정확히 같은 위치에 있어야 〔했〕어. 나는 … 〔아마도〕 연기가 내게 들이닥치〔기〕 전에 콜록거리고 쌕쌕거리기 〔시작할 거야〕, 이겨내겠지."

디킨슨은 이 사고에 대해 절대 사과하지 않았다. 그는 나를 보러 병원에 들렀지만 미안하다고 말하기를 거부했다. "이런 일이 일어나 유감이네."라고 할 뿐, 내가 듣기를 바란 "이런 일을 저질러서 미안하네."라고는 말하지 않았다. 당황스러웠다. 내가 사과하라고 압박하자 디킨슨은 그저 어깨를 으쓱하며 자신은 대본에 따랐을 뿐이라 자기에게 잘못을 물을 수는 없다고 말했다. 나는 몹시 화가 나서 사과 없이 적당히 얼버무리려 한다고 디킨슨을 힐난했다. 그는 자신은 명령을 따랐을 뿐이라며 반박했다. 말싸움이 험악해져서 결국 나는 디킨슨을 병실에서 쫓아냈다. 이 일로 우리 사이는 단단히 틀어졌다. 우리는 다른 조종사들과 부인들을 위한 칵테일파티를 열어 화해하려고 노력했으나 우리 우정은 —우정이라는 게 존재했다면— 완전히 깨졌다. VS-6의 다른 조종사들도 이 사건을 놓고 편이 갈렸다. 나는 이로 인해 디킨슨이 친구들을 잃었다고 생각한다. 비행대가 바버스 포인트Barbers Point〔하와이 오아후섬에 있던 해군 비행장. 1999년 폐쇄되었다.—옮긴이〕에서 연 야유회에서 나는 얼굴과 손에 아직도 보기 흉하게 남은 화상 자국을 비행사들과 기총수들에게 보여 주었다. 일부 후배 비행사들과 기총수들은 디킨슨 뒤로 가서 맥주를 그의 머리에 붓는 시늉을 하며 사진을 찍었다. 디킨슨은 등 뒤에서 사람들이 자기에게 큰 불운을 가져올 수도 있는 장난을 치는 것을 전혀 모르는 채 카메라를 바라보았다.

나는 화가 났지만 내 기분을 풀려고 남들까지 디킨슨을 조롱할 필요

1941년 10월, 폭풍 전야의 고요. 하와이섬 바버스 포인트로 피크닉을 간 VS-6 소속 후방사수 5명. 맨 오른쪽에 서 있는 사람이 내 후방사수 존 스노든이다. (NJK)

바버스 포인트에서 열린 야유회에서 촬영한 또 다른 사진. 이들 중 대부분이 전사했다. 해럴드 토머스 항공 통신 하사(왼쪽에서 세 번째)는 마셜 제도 전투에서 전사했다. 미첼 콘 항공 통신 상병(오른쪽에서 세 번째)은 진주만에서, 에드거 P. 징크스 항공 통신 상병(오른쪽에서 두 번째)은 웨이크섬 전투에서 사고로 사망했다. 나와 가장 친한 친구 중 하나인 빌 웨스트 소위(오른쪽에서 첫 번째)는 1942년 5월 20일에 이함하던 중 SBD가 추락해 사망했다. 나는 불행히도 그가 익사하는 장면을 지켜보았다. (NJK)

는 없었다. 무엇보다 살아 있어서 기뻤다. 하지만 이런 사고가 일어나자 나는 우리가 전쟁을 치를 준비가 되어 있는지 진정 의심스러워졌다. 그리고 두 달 뒤, 나는 그 답을 얻을 수 있었다.

9

태평양전쟁의 시작
1941년 11월 ~ 1942년 1월

1941년 11월 28일, 엔터프라이즈함이 소속된 기동함대—제2기동함대Task Force 2—는 진주만을 떠나 450명 규모의 해병대 수비대가 지키는 웨이크섬Wake Island을 향했다. 우리 함대는 항공모함 1척, 순양함 3척과 구축함 9척으로 편성되었다. 홀시 제독은 키멀 제독으로부터 2개 해병 비행대를 웨이크섬으로 수송하라는 명령을 받았다. 그달 내내 미국과 일본 사이에 긴장이 높아지고 있었고 우리는 언제라도 전쟁이 일어날 수 있다고 예측했다. 홀시 제독은 엔터프라이즈함 함장에게 세 번째로 높은 전투준비 등급인 '3급 전투태세Battle Condition Three'를 엔터프라이즈에 내릴 계획이며, 웨이크섬으로 가는 내내 일본 함선을 경계하라고 고지했다. 우리는 잠수함을 목격하면 즉시 폭탄으로 공격하고, 수상 함정을 목격하면 위치를 보고하라는 명령을 받았다.

나는 일본군만큼 해병대를 조심해야 했다. 알고 보니 엔터프라이즈함에 착함하기로 한 해병 비행대 중에 VMF-211(제211해병전투비행대)이 있었기 때문이다. 이 비행대는 6개월 전에 이와 비행장에서 악명 높은 '먼지구름' 사건이 일어났을 때 내게 분통을 터뜨린 두 비행대 중 하나였다. 홀시 제독은 함교 인원들에게 3급 전투태세에 대해 언급하면서 VMF-211이 곧 착함할 것이라고 말했다. 이 말을 듣자마자 나를 걱정한 장교가 함교에서 VS-6의 탑승원 대기실로 달려와 곧 화난 해병대 조종사를 떼거리로 만나게 될 것이라고 경고했다. 싸움이 벌어질 거라고 생각한 비행대 동료들이 내 선실로 몰려왔다. 몇 시간 뒤 해병대 전투기들이 비행 갑판에 바퀴를 내려 통통 튀며 모두 완벽하게 착함했고, 이 모습에 우리 해군 조종사들은 감명과 분함을 동시에 느꼈다. 지휘관 폴 퍼트넘Paul Putnam 소령의 F4F-3이 완전히 정지하자 엔터프라이즈함의 한 장교가 그를 환영하기 위해 뛰어갔다. 비행 장구를 제대로 벗지도 않은 채 퍼트넘 소령이 큰소리로 외쳤다. "더스트 클라우드Dust Cloud(먼지구름)는 어디 있소?" 긴장한 장교는 시치미를 뚝 떼고 어깨를 으쓱하며 물었다. "무슨 말씀이십니까?" 얼마 후 해병대 조종사들이 우리 비행대 대기실로 몰려왔다. 그들이 발견한 것은 의자에 조용히 앉아 있는 나였다.

그중 한 명이 큰소리로 외쳤다. "거기 중위님, 그 더스트 클라우든가 뭔가 하는 친구에게 우리 좀 소개해 줄 수 있습니까?" 나는 진지한 얼굴로 고개를 흔들며 대답했다.

"더스트 클라우드가 뭡니까?"

그는 알아들을 수 없는 말을 중얼거리며 투덜대더니 만나는 엔터프라이즈함 조종사마다 심문했다. 그날 내내 여러 명의 해병대 조종사들이 내게 같은 질문을 했다. 나는 그런 이름이나 사건을 전혀 들어 본 적 없는 양 행동했다. 해병대원들은 대기실에서 대기실로 옮겨 가며 조종사들을 심문했지만 우리 중 그 누구도 내 정체를 밝히지 않았다.

승조원들의 보호를 받아 해병대원들의 추적을 따돌린 사건은 한바탕 소극으로 지나갔지만 웨이크섬으로 항해하는 엔터프라이즈함은 무거운 기운에 압도당하고 있었다. 홀시 제독은 전투명령 제1호를 내리며 승조원에게 전시 상황처럼 엔터프라이즈함을 운용하라고 지시했다. 제독은 이렇게 설명했다. "엔터프라이즈함은 이제 전투상황에서 작전 중이다. 밤이든 낮이든 언제든 우리는 즉시 전투에 나설 준비를 갖추어야 한다. … 시험에 들면 모두 냉정을 유지하며 이성을 잃지 않고 싸우는 것이 우리 해군의 전통이다. 지금 우리에게 필요한 것은 한결같은 정신력과 굳건한 마음이다." 12월 5일부터 우리 모함은 급강하폭격기와 뇌격기에 초계 임무를 부여해 발진시키기 시작했다. 이들은 거의 60만 제곱마일(1,553,993km²)의 면적을 정찰하며 일본 선박의 흔적을 좇았다. 나는 12월 5일과 6일에 정찰비행에 나서 150해리(278km) 이상을 정찰했다. 마침 이틀 연속으로 비행했던 탓에 일요일인 12월 7일은 비번인 날이었다. 순항 중에 주목할 만한 일은 일어나지 않았다. 우리는 목적지까지 해병대 전투기를 전달하고 진주만을 향해 뱃머리를 돌렸다. 제2기동함대는 12월 6일에 진주만에 도착할 예정이었지만 나쁜 날씨 탓에 도착이 지연되었다. 행운이 끼어든 것이다. 기막힌 우연으로 동료 승조원들과 나는 일본군이 공습했을 때 진주만에 없었다.

12월 7일, 나는 오전 04시에 일어나 이날의 임무를 배정받았다. 그날 아침 6시에 엔터프라이즈에서 발진한 SBD 18기가 니하우섬Niihau Island과 카우아이섬Kauai Island이 포함된 오아후섬 서쪽 수역을 정찰할 예정이었다. 18기로 이루어진 편대는 2기로 짜인 9개 소대로 나뉘었다. 비행단장 영 소령과 VS-6 대장 호핑 소령이 각각 1개 소대를 지휘했다. 나머지는 VS-6 조종사 12명과 VB-6 조종사 4명으로 구성되었다. 나는 이날 아침 엔진 이상을 겪은 조종사 2명을 포함한 VS-6 조종사 7명과 함께 모함에 머무를 예정이었다. 18기로 이루어진 편대가 적과 접촉하면 우리는 예비대로 남아 있으면서 활동할 예정이었다. 접촉이 없다면 우리는 '내부 초계비행inner air patrols', 즉 기동함대 주변을 도는 정찰비행을 교대로 수행할 계획이었다. 일정에 맞춰 던틀리스 18기가 우렁찬 소리를 내며 비행 갑판을 박차고 솟아올라 각자 맡은 정찰구역으로 흩어졌다. 이함하던 전우들을 지켜보던 나는 그들 중 영영 보지 못할 사람이 있으리라고는 꿈에도 생각하지 않았다.

오전 08시 10분, 전우들이 발진하고 두 시간 뒤, 이상한 송신음이 무전기가 터져 버릴 만큼 크게 울려 퍼졌다. "쏘지 마! 우리는 식스-베이커-스리Six-Baker-Three(VB-6 소속 3번기 — 옮긴이), 아군기라고!" 나는 대기실의 요먼yeoman(사무담당 부사관 — 옮긴이)에게 달려가 무전기에서 나오는 소리를 들으려 애쓰며 물었다. "무슨 일이죠? 누굽니까?" VB-6 소속 2기로 구성된 가장 북쪽으로 간 정찰 팀이 공격해 오는 일본기의 대군과 항로가 엇갈렸다. 이들은 진주만으로 향하는 공격대였다. VB-6의 3번기 매니 곤잘레즈Manny Gonzalez 소위가 격추당해 그와 후방 기총수 레너드 J. 커젤렉Leonard J. Kozelek 통신 상병이 전사했다. 잡음 때문에 듣기 어려웠으나 엄청난 양의 메시지가 수신기를 통해 흘러나왔다. 나는 클래런스 디킨슨의 목소리를 알아들었다. "제발 저 개새끼를 우리 꼬리에서 떼어 내라고! 우리한테 실탄사격을 하고 있어!"

처음에는 일본군이 진주만을 공격했다는 사실을 믿을 수 없었다. 무전기에서 들려오는 통신 내용을 믿기가 어려웠다. 이른바 '공격'은 훈련이고 무전기로 들어오는 상황은 우리 준비태세를 시험해 보기 위해 고안된 정교한 워게임임이 아닐까 하는 생각까지 들었다. 나는 만약 이 공격이 진짜라면 우리 비행기 중 1대가 분명히 위치를 보고했거나, 호출부호나 이름을 댔거나, 아니면 뭔가 말이 되는 메시지 하나쯤은 보냈을 것이라고 짐작했다.

물론 일본군의 공습은 사실이었고, VS-6은 큰 피해를 입었다. 일본군이 격추한 아군 비행기는 총 5기였다. 곤잘레스의 비행기에 더해 벌떼같이 몰려온 일본 전투기—A6M2 '제로Zero'—들이 S-3, S-4, S-9, S-15를 격추했다. 디킨슨 대위의 후방사수 윌리엄 J. 밀러William J. Miller 통신 하사가 일본군 전투기가 쏜 총탄에 맞아 전사했다. 이 일본기는 기총사격으로 디킨슨의 S-4를 난타했고 디킨슨은 위험한 낙하산 탈출을 할 수밖에 없었다. 그는 바버스 포인트 근처의 도로에 착륙해 민간인 부부가 모는 자동차를 얻어 타고 포드섬에 무사히 돌아왔다.* 디킨슨의 요기 조종사 맥 매카시Mac Macarthy 소위도 격추되었다. 그의 비행기는 화염에 휩싸인 채 해변에 추락했다. 매카시는 낙하산으로 탈출했으나 후방사수 미첼 콘Mitchell Cohn 통신 상병은 그러지 못했다. 낙하산이 나무에 걸린 매카시 소위는 내려오면서 다리가 부러져 3개월간 복귀하지 못했다.** S-15의 조종사 월터 윌리스Walter Willis 소위는 후방사수 프레더릭 J. 듀콜론Frederick J. Ducolon 조타병coxwain과 함께 행방불명되었다. 무슨 일이 일어났는지 밝혀지지는 않았지만 일본 전투기에 당했음은 분명하다.*** 마지막으로 우리는 존 H. L. 보그트John H. L. Vogt 소위를 잃었다. 그가 조종한 S-3은 이와 비행장 남쪽에서 일본군 급강하폭격기와 공중전을 벌였다. 어느 시점에 일본군 전투기

---

* 디킨슨의 비행기는 아침 8시 23분에 격추되어 이와 비행장 동쪽이자 북쪽 해변에서 가까운 삼림지대에 떨어졌다. 디킨슨과 매카시 소위를 덮친 것은 일본 전투기 5기였다. 디킨슨을 태워 준 민간인 부부는 포트위버Fort Weaver로 소풍을 가던 오토 F. 헤이네Otto F. Heine 씨 부부였다.
** 매카시의 SBD-2는 이와 비행장 남단 활주로에서 1.6킬로미터 정도 떨어진 이와 해변에 추락했다.
*** 윌리스의 SBD-3은 오전 08시 25분경 제로기들의 공격을 받았다. 윌리스의 요기 조종사 파트리아르카 중위는 전투가 시작된 후 윌리스의 비행기를 놓쳤다.

1대가 이 공중전에 끼어들어 보그트의 비행기와 충돌했고, 보그트와 기총수 시드니 피어스Sydney Pierce 통신 상병이 전사했다.* 이 손실에 더해 VB-6 소속기 1기와 VS-6 소속기 1기가 일본 전투기의 사격으로 파손되어 VS-6 소속기의 조종사와 후방사수가 부상을 입었다.** 마지막으로 남은 비행기인 S-16은 프랭크 파트리아르카Frank Patriarca 중위가 조종했는데, 카우아이섬의 목초지에 비상착륙을 해야 했지만 본인과 후방사수는 살아남았다.*** 나머지 10기는 포드섬 비행장에 도착했다. 주변에서 격렬한 전투가 벌어졌지만 어쨌거나 간신히 착륙에 성공했다.

물론 오전 09시 30분에 발진 명령을 받았을 때 나는 이런 상황을 전혀 몰랐다. 내가 간신히 파악한 상황은 내 비행대 대부분이 사라졌다는 것뿐이었다. 공식적으로 우리 비행대 명부에는 조종사 22명이 있었으나 지금은 15명이 전투 중 행방불명 상태였다. 만약 이들이 모두 전사했다면 내가 VS-6의 지휘관이 될 터였다. 이렇게 나는 이번 전쟁에서 첫 명령을 받았다. 나는 SBD 6기를 이끌고 내부 초계비행을 하며 모든 위험을 무릅쓰고 제2기동함대를 지켜야 했다. 비행 갑판으로 달려 나갔을 때 엔터프라이즈함 승조원들이 마스트에 전투기를 게양하고 있었고 확성기에서는 우리나라가 일본제국과 전쟁에 돌입했다는 발표

---

* 보그트 소위의 비행기는 일본 항공모함 가가加賀 소속 제로기와 충돌한 것 같다. 보그트의 SBD-2는 이와 해변로와 순환도로의 교차점에서 한 블록 떨어진 관목 들판에 떨어졌다.
** 이 비행기는 SBD-3(기체번호 4572), 6-S-14로, 조종사는 에드워드 T. 디컨 Edward T. Deacon 소위였다. 후방사수 오드리 코슬릿Audrey Coslett은 팔에 총탄을 맞고 척골 5센티미터를 잃었다.
*** 파트리아르카는 카우아이섬의 육군 보조 비행장으로 SBD-3을 몰고 가서 오전 11시 45분에 착륙했다. 육군 군의관은 파트리아르카가 전투피로를 겪을 것이 걱정되어 비행을 막았다.

가 나오고 있었다.

나는 VS-6의 소위 2명과 VB-6의 3기를 이끌고 모함을 떠나 엔터프라이즈함과 호위함들을 지키기 위한 초계비행에 나섰다. 우리는 기동함대 주변을 몇 번 선회한 후 바버스 포인트 남서쪽의 한 수역으로 향했다. 적기나 적함은 발견되지 않았지만 무전기에서 잡음 섞인 메시지가 많이 들렸다. 그때까지도 나는 이 공격이 진짜인지 상상인지 확실히 알지 못했다. 나는 호놀룰루의 라디오 방송을 확인했다. 빙 크로스비Bing Crosby의 〈스위트 레일라니Sweet Leilani〉가 나오고 있었고 적의 공격에 대한 언급은 없었다. 마침내 엔터프라이즈함이 6기로 구성된 내 작은 중대에 무전으로 연락해 엔터프라이즈함 근처에 있을 것으로 추정되는 적 유조선을 찾으라는 명령을 내렸다. 우리는 침로를 바꿨지만 아무것도 발견하지 못했다. 모든 게 터무니없어 보였다. 적 항공모함이 근처 수역에 있다고 추정한다면 왜 폭탄을 실은 급강하폭격기를 유조선 공격에 보내는 걸까? 명령을 내리는 장교들도 뉴스에 망연자실해 이상하게 행동하고 있었다. 오전 11시에 동료들과 모함으로 돌아왔을 때까지도 나는 실제 공격이 일어났는지 의심스러웠지만, 홀시 제독이 훈련 시 한 번도 하지 않던 전투기 게양 명령을 내린 것에 주목했다.

나는 오후가 저물어서야 현실을 파악했다. 진주만이 공격받았고 전함부대에서 사상자가 많이 나왔다. 우리 VS-6에서는 26명의 조종사와 후방사수의 생사가 확인되지 않았다. 모두 전사했다면 내가 진짜 지휘를 맡게 될 터였다. 무겁게 머리를 짓누르는 이 가능성을 곱씹어 볼 시간이 내게는 없었다.

해 질 무렵 홀시가 두 번째 폭격 임무 수행을 명령했다. 작전 가능한 SBD 6기가 VT-6의 TBD를 엄호해 일본 항공모함 격침에 나서는 것이었다. 그때는 몰랐지만, 아침에 공격대를 발진시킨 일본군 항공모함 6

척이 모두 뱃머리를 돌려 일본으로 돌아가고 있었다. 모든 게 불확실한 상황임에도 홀시는 TBD를 공격의 주축으로 삼고자 했다. 따라서 SBD 6기에는 폭탄 대신 1,000파운드(454kg)짜리 연막 탱크가 장착되었다. 적 항공모함을 발견하면 TBD가 안전하게 어뢰를 투하하도록 SBD가 엄호해야 했다. 이번 비행은 거의 재앙에 가까웠다. 내가 탑승한 S-18 은 이날 아침에 엔진 이상을 보인 기체 중 하나였다. 조종석 등과 항법 계기도 작동하지 않았다. 어둠 속에서 우리 SBD 6기는 고작 300피트 (91m) 고도에서 시속 70노트(130km/h)—실속 속력보다 조금 더 빠른 정 도—로 비행하며 우리보다 느린 TBD를 지나치거나 실속에 빠지지 않 기 위해 급하게 S자를 그리며 앞뒤로 왔다 갔다 했다. 결국 우리는 아 무것도 찾지 못한 채 귀환했다. VB-6 소속인 우리 공격대 항법선도기 의 나침반에 문제가 있었던 탓에 공격대 전체가 잘못된 항로로 가 버렸 기 때문이었다.

다음 날인 12월 8일, 나는 정찰 임무를 맡아 다시 SBD에 탑승해 발 진했다. 발진하자마자 일이 꼬였다. 알고 보니 비행기 번호가 잘못 적 혀 있었다. 밤새 정비반이 예비 SBD-3 1기를 '머리 위overhead'—반장 들이 테스트를 거치지 않은 비행기를 두는 구역—에서 가져와 채비를 갖추 고 여기에 페인트로 '6-S-18' 혹은 'Sail-Eighteen'이라고 적었다. 그런 데 불행히도 'S-18'을 받은 기체가 이미 존재했고—전날 내가 조종했던 비행기—, 지금은 얼 R. 도널Earl R. Donnell 소위가 그 기체를 조종했다. 새 S-18의 상태는 좋지 않았다. 정비반은 서둘러 이 비행기를 전투 가 능한 상태로 정비했고 나는 정비반원들이 계기를 다 점검하지 않은 것 같아 걱정스러웠다. 불평은 하지 않았다. 긴급상황이라 내게 배정된 비 행기를 모는 것이 가장 좋은 선택인 것 같았다.

내 비행기는 비행 갑판을 박차고 날아올라 가장 왼쪽에 있는 정찰구역을 정찰하는 항로를 따라 비행했다. 나는 쐐기꼴 항로를 비행하며 적함을 찾아 바다를 샅샅이 살피라는 지시를 받았다. 그때 엔터프라이즈함은 진주만 남서쪽을 순항 중이었고, 적함 발견을 기대해 볼 만한 위치는 아마 우리 기함 서쪽일 터였다. 적을 찾아 비행하며 점점 모함에서 멀어지던 중에 지나치게 근접해 오는 도널 소위의 SBD가 내 주의를 끌었다. 우리 두 사람 중 누군가가 잘못된 구역에 있음이 분명했다. 우리는 수신호를 사용해 각자 나침반을 읽은 내용을 비교해 3도 차이가 있음을 발견했다. 헤드폰으로 뭔가를 들은 도널 소위가 갑자기 우현으로 방향을 틀어 시야에서 사라졌다. 나는 도널이 분명 엔터프라이즈함에서 발신한 신호를 들었다고 생각했다. 알 수 없는 이유로 나는 그 신호를 듣지 못했다. 내 무전기가 제대로 작동하지 않는 것인지 걱정되었다. 나는 정찰을 끝내고 엔터프라이즈함의 합류 지점으로 기수를 돌렸다. 고도 300피트 상공에서 짙은 구름을 통과하며 비행했다. 유난히 안개가 자욱했다. 나는 내 비행기의 고도계를 전혀 믿지 않았기 때문에 최대한 고도를 낮췄다. 파도가 보일 정도로 비행기가 수면과 가까워지자 나는 모함을 잃어버렸음을 깨달았다.

모함에서 발진할 때마다 우리는 사전에 '포인트 옵션Point Option'이라고 부른 현 위치에서 모함과 만나기로 정했다. 조종사들은 모함이 그곳에 있을 수도 있고 없을 수도 있기 때문에 엔터프라이즈함 함장이 옵션이라는 단어를 강조했다고 빈정거렸다. 바로 그런 상황이 12월 8일에 내게 일어났다. 엔터프라이즈함의 누군가가 '포인트 옵션'을 다른 지점으로 옮기기로 결정한 것이다. 모함은 정찰을 나간 조종사들에게 이를 무전으로 알렸고 도널은 메시지를 들었다. 그런데 내 비행기의 무전기가 오작동하는 바람에 나는 이 메시지를 수신하지 못한 것이다. 연료가 떨어져 가는 것을 깨닫고 나는 후방 좌석을 호출해 존 스노든에게 모함에 무전을 치라고 말했다. 스노든이 나의 우려를 확인시켜 주었다. 무전기가 작동하지 않는다고 했다. 불안이 엄습했다. 배를 찾을 수도, 배와 접촉할 수단도 없어졌다. 설상가상으로 엔터프라이즈함에서 S-18 2기가 발진했다. 도널의 비행기가 귀환했다면 비행단장은 과연 또 다른 S-18이 아직 비행 중임을 깨달을까? 위험을 무릅쓰고 싶지 않아서 나는 고도를 높여 구름 위로 올라가기로 했다. 고도를 1만 2,000피트(3,658m)로 높였지만 짙게 낀 구름뿐이었다. 다시 고도를 2만 2,000피트(6,706m)로 높였지만 여전히 아무것도 보이지 않았다. 나는 공포에 질리지 않고 논리적으로 다음 단계를 밟아 '상자형 정찰box search'을 수행했다. 원칙적으로 길을 잃은 조종사는 고도를 높여 사각형을 그리며 비행하되, 한 방향으로 갈 때마다 전에 비행한 거리에 5해리(9.3km)를 더해야 했다. 나는 현 위치에서 바깥쪽으로 날기 시작해 사각형을 그리며 돌다가 사각형의 한 변의 길이가 40해리(74km)에 이를 때까지 비행을 계속했다. 조종사에게 최악의 악몽 같은 순간이었다. 망망대해에서 길을 잃고 연료는 줄어드는데 구조를 요청할 수단도 없는 상황에 처한 것이다.

몇 시간을 빙빙 돌았을까, 구름 사이로 직경 몇 미터에 불과한 틈이 보였다. 틈 중앙으로 항적이 보였다. 엔터프라이즈였다! 연료가 별로 없는 상황이라 나는 가파른 각도로 급강하하며 최대한 빠른 속도로 급히 내려가 틈이 닫히기 전에 빠져나가기로 했다. 비행기가 한쪽으로 기울며 시속 440노트(815km/h)로 수직 강하했다. 5,000피트(1,524m) 고도에 이르자 나는 급강하에서 빠져나오기 위해 조종간을 꽉 잡은 채 끌어당겨 1,000피트(305m)에서 수평을 회복했다. 다이브 플랩을 펴지 않은 상태로 존과 나는 11G 정도의 엄청난 압력을 견뎠다. 조종간을 잡아당기는 데 어찌나 힘을 주었던지 거의 부러뜨릴 뻔했다. 거의 블랙

아웃 직전까지 갔다. 잠깐 터널 시야를 겪었지만 비행기는 나보다 급강하를 더 잘 견뎌냈다. 급강하에서 빠져나온 후에도 날개가 손상되지 않았다. SBD를 이렇게 잘 만든 더글러스의 훌륭한 직원들에게 영광이 있기를. 나는 잘 만든 SBD는 전혀 손상 없이 13G를 견딜 수 있다고 생각한다.

나는 속도를 늦추고 모함 쪽으로 서서히 다가갔다. 갑자기 호위 구축함 9척 모두가 사격하기 시작했다. "무슨 일이지?" 나는 혼자 소리쳤다. "지금 전투 중이야?" 일본기는 보이지 않았다. 고개를 돌려 반 마일(800m) 뒤에서 솟구치는 물기둥을 보고 나서야 깨달았다. 나를 사격하고 있었던 것이다! 구축함들은 내가 자기들을 공격하는 일본군 급강하폭격기라고 생각했다. 고맙게도 구축함 함장들이 내 비행기 꼬리 부분의 표식을 보고 미군기임을 알아차려 사격을 멈추고 내 갈 길을 가게 놓아 주었다. 내가 엔터프라이즈함에 도달했을 때 남은 연료는 겨우 25갤런(95ℓ)뿐이었다.

조종석에서 내려오자마자 갑판 장교가 내게 다가와 위협적으로 말했다. 그는 기분 나쁜 시선으로 나를 보며 또박또박 말했다. "혹시 제독님이 자네를 개인 선실에서 보자고 하시네." 나는 침을 삼켰다. 구축함 함장들은 분명 내 급강하에 놀랐을 테고 그들은 이 사건을 제독에게 보고했을 것이다. 몸이 떨렸다. 내게 어떤 극단적 조치가 내려질까? 나는 끔찍한 말썽을 일으켰고 구축함들은 상당한 탄약을 낭비했다. 해군 항공대에서 쫓겨날 게 틀림없었다.

나는 비행 장구를 벗지 않은 채 홀시 제독의 개인 선실로 갔다. 엄한 얼굴의 제독이 나를 맞았다. 하지만 이상하게도, 입을 뗀 홀시의 목소리에는 노기가 없었다. 그는 "앉아서 커피 한 잔 들게."라고 말했다. 수다를 떨기에는 너무나 지쳐 버린 나는 곧바로 정찰비행에 대해 길게 설명하고 고장 난 비행기에 대해, 어떻게 모함을 잃어버렸고 또다시 찾게 되었는지에 대해, 어떻게 구름을 뚫고 급강하했는지, 그리고 어떻게 구축함의 사격을 피했는지를 설명했다. 내 행동을 전부 다 말했다. 그리고 의자에 기대어 앉은 후 다음에 일어날 일을 기다렸다. 홀시는 조용히 대답했다. "그렇군." 나는 지치고 불안정하고 조마조마한 마음으로 선실을 떠났다. 홀시 제독은 말로 표현할 수 없을 정도로 몹시 화가 난 것 같았다! 매우 나쁜 상황이었다.

다음 날 내 걱정은 사그라들었다. 내가 홀시의 태도를 잘못 읽었다. 제독은 화가 난 게 아니었다. 오히려 내게 깊은 인상을 받았다. 홀시는 내게 비행대장의 자질이 있는지를 알고 싶어 했다. 그는 비행단장기로 나를 테스트해 보고 싶다고 말했다(12월 21일에 실제로 테스트를 했다). 더 나아가 홀시는 호핑 소령에게 빈자리가 나면 나를 VS-6의 제1중대로 옮기라고 말했다. 제1중대—급강하 폭격을 개시할 때 가장 먼저 공격에 나서도록 지정된 부대—는 최고의 조종사가 필요한 부대였다. 핵심을 말하자면, 홀시는 내가 비행대장 뒤에서 제2소대장으로 비행하기를 원했다. 홀시의 추천은 5개월 뒤 실현되었는데, 이 일로 인해 훗날 내가 목숨을 구할 수 있었는지도 모르겠다.

내가 엔터프라이즈함에 귀환한 다음 진주만으로 날아간 VS-6의 조종사들도 돌아왔다. 이들은 6명—조종사 2명과 후방사수 4명—이 전사했다는 비보를 가져왔다. 게다가 우리는 일본군이 나머지 함대에 저지른 짓을 알게 되었다. 그날 저녁, 엔터프라이즈함이 좁은 수로를 거슬러 올라가 도크에 다가가는 동안 우리는 포드섬 동쪽에 주저앉은 전함 8척의 잔해를 보았다. 일본군 조종사들이 격침하거나 손상한 우리 전함들이었다. 용골을 하늘로 돌출시킨 채 기괴한 모습으로 뒤집힌 USS 오클라호마Oklahoma(BB-37)가 보였다. 이 전함은 어뢰 3발을 맞고 전복되었다. 더 내려가자 전방 탄약고 폭발로 인한 유폭으로 상부 구조물이 심하게 훼손된 USS 애리조나(BB-39)가 반쯤 잠겨 있었다. 애리조나함은 1,177명의 용감한 승조원들이 잠든 강철 무덤이 되었다. 또한 일본군의 공습으로 중소형 함선 9척이 격침되거나 손상되었고 180기 이상의 비행기가 파괴되었으며 활주로에 구멍이 나고 2,400명의 미국인이 사망했다. 일본군이 VS-6의 내 친구들을 어떻게 죽였는지를 알게 된 나는 충격을 받았다. 그에 비하면 함대가 산산조각이 나고 연기가 피어오르는 모습이 오히려 비현실적으로 보였다.

많은 이들이 진주만 전사자의 복수를 원했다. 12월 말, 한 수병이 〈질주하는 유령The Galloping Ghost〉(엔터프라이즈함의 별명인 '오아후섬 해안을 질주하는 유령'에서 따옴)이라는 제목의 15연짜리 시를 썼다. 시인은 제4연에서 이렇게 선언했다.

그들은 우리 함대의 자존심을 걸고 첫 번째 선택을 했다.
그러나 다시는 이런 일이 반복되지 않으리.
우리는 복수에 나설 것이다. 그대로 되갚아 주기 위해.
천 배, 아니 그 이상으로.

복수할 기회는 빠르게 찾아왔다. 12월 9일, 우리 부대가 첫 번째 타격을 가했다. 그날 페리 티프가 일본군 잠수함 이伊-70을 포착해 폭격했다. 페리의 폭탄은 잠수함을 격침하지 못했지만 이-70은 손상을 입어 움직이지도 잠수하지도 못하게 되었다. 다음 날 클래런스 디킨슨이 SBD(그가 새로 배정받은 비행기)를 몰고 날아가 잠수함을 끝장냈다. 이 용감한 행동으로 인해 페리 티프는 VS-6 부대원 중 처음으로 해군십자장Navy Cross을 받았다. 디킨슨은 움직이지도, 잠수하지도, 반격하지도 못하는 잠수함을 격침한 공로로 역시 해군십자장을 받았다. 분명 내가 디킨슨에 대해 편견이 있음을 인정하지만, 나는 디킨슨에게도 해군십자장을 수여한 것은 페리의 전공을 격하한 처사라고 믿는다.

이때 나는 진과 연락해 내가 진주만 공습에서 살아남았음을 알렸다. 진은 나를 걱정하고 있었다. 신문에 진주만 기습에 대한 소식이 실렸고, 진은 내가 진주만에 배치되었다는 것을 알고 있었다. 12월 13일까지도 내 소식을 듣지 못한 진은 편지에 이렇게 썼다. "당신, 괜찮겠지? 의심하진 않지만, 이때쯤이면 소식을 들었을 텐데. 그런데 자기야, 난 아직도 자기 소식을 몰라. 사람들이 이런저런 말들을 하지만 내 귀에는 아무것도 들리지 않아. 내 머릿속에는 오로지 태평양 어딘가에 있는 한 사람뿐이야."

마침내 12월 15일에 진에게 짧은 편지를 썼다. 편지는 12월 21일에야 도착했다. 진은 일본군의 비열한 공격이 있은 후 2주가 지날 때까지 내 운명을 알지 못했다. 진은 싸움이 벌어지는 시간에 자신이 무엇을 해야 할지 갈피를 잡지 못해 괴로워하고 있었다. 나는 이렇게 말하겠다. 진은 내 곁에 있기 위해 용감하게 입대를 고려하고 있었지만 내가 허용하지 않았을 것이다. 나는 또 다른 걱정거리를 안고 싶지 않았다. 전쟁이 일어났음이 분명해지자 미래가 갑자기 대단히 불확실해졌다.

전쟁은 미 함대가 진주만에서 받은 충격에서 회복될 때까지 기다려 주지 않았다. 진주만 공격이 일어난 주에 일본군은 제국을 확장하고 태평양의 연합국을 약화하기 위해 공세를 연달아 개시했다. 12월 8일 태국, 말레이시아, 홍콩이 침공당했다. 일본군은 미국 속령도 공격했다. 12월 10일에는 괌을 정복했고, 12월 23일에는 전쟁 직전에 우리가 전투비행대 1개 분량의 전투기를 수송한 웨이크섬의 수비대를 제압했다. 마침내 일본군은 필리핀을 침공해 12월 22일에 링가옌만Lingayen

Gulf에 상륙했다. 1942년 5월에 2만 명 이상의 미군이 일본군에게 항복했다. 하루하루가 지날수록 패배가 가까이 다가오는 것 같았다.

좋은 소식도 있었다. 일본군의 여러 공격에도 불구하고 우리 항공모함은 전혀 피해를 입지 않았다. 12월 7일의 맹습 당시 태평양에 있던 우리 항공모함—렉싱턴함과 엔터프라이즈함—은 진주만으로 돌아오는 중이었다. 엔터프라이즈 비행단 일부만 전투에 휘말렸을 뿐 렉싱턴함은 털끝 하나 다치지 않았다. 진주만에서 손상된 전함 가운데 1년 안에 수리를 마칠 배가 없다는 점이 분명해지자 해군은 우리를 돕기 위해 항공모함 새러토가, 요크타운, 호닛을 주축으로 하는 항공모함 전투집단을 추가로 보냈다. 새러토가함은 오래 머무르지 못했다. 1942년 1월 11일, 일본군 잠수함의 어뢰공격을 받아 보일러실이 침수되는 큰 피해를 입은 것이다. 전투를 거의 치러 보지도 못한 채 새러토가함은 수리를 받기 위해 워싱턴주Washington 브레머턴Bremerton 항으로 향했다. 그동안 요크타운함과 호닛함은 대서양 해안에서 태평양으로 회항해야 했고 전자는 1월에, 후자는 3월에 태평양에 도착했다. 그때까지 엔터프라이즈함과 렉싱턴함은 외로운 전쟁을 치러야 했다.

일본군의 12월과 1월의 공세로 인해 태평양에서 우리 전력이 약해졌다. 일본군은 선전포고 후 우리 지상군과 해군, 공군의 위협을 받기 전에 우리에게 큰 타격을 입혀 전쟁을 종결짓고자 했다. 12월 7일 이전에 우리는 필리핀에 많은 정박지를 가진 상당한 규모의 함대를 비롯해 대규모 지상군을 보유했다. 12월 말경, 우리 함대는 박살이 났고, 방어가 가능한 귀중한 항구 몇 개와 바탄Bataan에서 포위되어 굶주림에 시달리는 군대만 남았다. 해가 바뀔 무렵, 일본군은 국제날짜변경선 서쪽에 있는 거의 모든 섬을 장악했으며 우리 동맹국인 오스트레일리아를 위협하고 있었다. 우리는 남태평양에 몇 개 되지 않는 섬과 중부태평양의 속령 2개만을 유지했다. 미드웨이 환초Midway Atoll와 하와이다. 감사하게도 우리 태평양함대는 아직 싸울 전력이 남아 있었다. 항공모함에 더해 우리는 50여 척의 잠수함과 경·중순양함, 구축함, 수상기모함, 기뢰부설함 등 약 110척의 수상함을 보유했다. 하지만 일본 해군은 200척 이상의 군함을 가지고 있었고 이 가운데에는 아카기赤城, 가가加賀, 소류蒼龍, 히류飛龍, 쇼카쿠翔鶴, 즈이카쿠瑞鶴라는 거대한 항공모함 6척이 있었다. 우리는 일본 함선들의 형태를 알았으며 그 성능을 과소평가하지 않았다. 해군정보국Office of Naval Intelligence; ONI은 파악한 모든 일본 함선의 축소모형을 우리에게 제공했으며 우리는 각 함선의 길이, 배수량, 무장, 방어력, 추진기관이 등재된 하프시트half-sheet 〔풀 시트full sheet의 절반 폭, 2×8피트(61×243cm) — 옮긴이〕크기의 종이 도표를 가지고 있었다. 환상은 없었다. 일본 해군은 이기기 어려운 강적이었다.

엔터프라이즈함은 진주만 기습 이후 12월 9일과 19일, 1월 3일과 11일에 초계항해를 떠났다. 처음 세 번의 전투초계에서는 아무 일도 없었지만 네 번째 항해는 결과적으로 중요한 작전이 되었다. 엔터프라이즈함은 중순양함 3척과 급유함 1척, 구축함 7척과 함께 항해에 나섰다.* 함대는 우선 사모아Samoa로 가서 해병대를 하선시켜 그곳의 미군 기지를 강화할 예정이었다. 그다음 목적지는 마셜 제도Marshall Islands였는데, 홀시 제독은 이곳에 함선과 비행기를 보유한 일본군 기지가 있을

---

* 제8기동함대는 항공모함 1척(USS 엔터프라이즈), 순양함 3척(USS 노샘프턴 Northampton, USS 체스터Chester, USS 솔트레이크시티Salt Lake City)과 구축함 7척(USS 던랩Dunlap, USS 볼치Balch, USS 모리Maury, USS 랠프 탤벗Ralph Talbot, USS 블루Blue, USS 크레이븐Craven와 USS 매콜McCall), 급유함 1척(USS 플랫 Platte)으로 구성되었다.

것으로 예측했다. 하와이에 가장 인접한 일본군 기지를 약화시키는 것이 해군의 첫 과제였다. 계획에 따르면 엔터프라이즈함을 주축으로 편성된 새 기동함대—제8기동함대Task Force 8—는 다른 기동함대와 대규모 연합부대를 꾸려 중부 태평양에서 일본군이 점령한 제도 중 가장 동쪽에 있는 길버트 제도와 마셜 제도를 공격할 예정이었다. 프랭크 잭 플레처Frank Jack Fletcher 제독이 이끄는 또 다른 항공모함 기동함대는 마셜 제도의 잴루잇섬Jaluit Island, 밀리섬Mili Island과 길버트 제도의 마킨섬Makin Island을 공격할 계획이었다. 그와 동시에 우리 기동함대는 마셜 제도의 워트제섬Wotje Island, 말로엘라프섬Maloelap Island, 콰절린섬Kwajalein Island과 로이−나무르섬Roi-Namur Island을 공격할 계획이었다. 플레처와 홀시 모두 이번 공습을 시작으로 계속 전투를 벌여 태평양에서 일본의 세력 확장을 저지할 수 있기를 기대했다. 그때 조종사 중에 기동함대의 최종 목적지를 아는 사람은 아무도 없었다. 정보를 아는 사람은 홀시 제독과 참모진뿐이었다. 하지만 우리는 홀시가 우리 부대를 전투에 투입할 것이라고 짐작했다.

1942년 1월 24일, 사모아를 떠나기 이틀 전 우리 비행대는 단체 사진을 찍기 위해 비행 갑판에 모였다. 모두가 이것이 8개월간의 훈련을 기념하는 마지막 기회일 수도 있다고 생각했다. 조종사 18명 전원이 S−10 앞에 도열했다. 나는 맨 앞줄에 앉았다. 일주일 안에 비행대 전우 4명이 전사하리라는 것을 당시에는 알 수 없었다.

단체 사진을 찍은 날에야 우리는 목적지를 알게 되었다. 마셜 제도 공격 계획을 내린 사람은 새 태평양함대 사령관 체스터 W. 니미츠Chester W. Nimitz 제독이었다. 초기 정찰보고에 따르면 마셜 제도에 적 잠수함이 대량으로 배치되었으며 일본군 잠수함대 사령관이 잴루잇섬에 사령부〔일본군 제6함대이며 당시 사령장관은 시미즈 미쓰미清水光美 중장이다. ─옮긴이)를 설치했다. 니미츠는 마셜 제도의 일본군이 ─그리고 인근의 길버트 제도의 일본군도─ 우리가 남태평양에 가진 몇 개 안 되는 발판 중 하나인 사모아를 공격할까 우려했다. 우리 기동함대가 목적지에 접근하는 동안 홀시 제독과 참모장 마일스 브라우닝Miles Browning 중령은 엔터프라이즈 비행단의 공격목표를 선정했다. 처음에 선정된 것은 워트제섬과 말로엘라프섬이었지만 잠수함 타전 정찰보고를 들은 제독과 참모진은 콰절린 환초를 목표물 목록에 추가했다. 콰절린 환초는 군데군데 야자수가 자라는 97개의 작은 섬들이 군집한 곳이다.

홀시와 브라우닝은 비행단을 3개 공격대로 나눠서 아침에 공격하는 방안을 구상했다. 기동함대가 우리 비행기의 왕복 항속거리─약 175해리(324km)─ 안으로 섬에 접근하면 엔터프라이즈함은 콰절린에 공격대를 보낸다. VS-6과 VB-6의 SBD 36기와 VT-6의 TBD 9기〔모두 500파운드(227kg) 폭탄으로 무장〕로 구성된 이 공격대가 주공을 수행한다. 나도 이 공격대의 일원으로 출격할 예정이었다.

우리 비행단의 목표는 여러 개였다. 로이섬을 정찰하고 그곳에 있는 모든 선박을 폭격해야 했다. 만약 선박을 발견하지 못하면 콰절린섬으로 속행해 그곳의 정박지를 폭격해야 했다. 우리는 로이섬과 콰절린섬의 격납고, 연료 탱크와 기타 시설을 파괴하라는 명령을 받았다. 다른 두 공격대는 워트제섬과 말로엘라프섬을 폭격하기 위해 보내진 VF-6 소속 전투기 그룹과, 기회가 생기면 대형선박을 공격하기 위한 VT-6의 TBD 9기(어뢰로 무장)였다. 우리 고위 참모진들은 격전을 예상했다. 엔터프라이즈함의 부장 T. P. 지터T. P. Jeter 중령은 콰절린섬의 여러 정박지에 적 주력함capital ship* 5척, 잠수함 3척, 보조함선 7척이 있을

---

* 전함, 순양함, 순양전함 등의 중요 전투함을 포괄해서 부르는 명칭이다.

것으로 예측하는 작전 전망보고를 냈다. 지터는 우리에게 이번 임무의 중요성을 상기시켰다. "우리가 태평양함대의 첫 공세이자 미국 항공모함의 일원으로서 첫 해상전투에 참가하는 특권을 누린다는 사실에 자부심을 느껴도 좋다. '진주만을 기억하라.'"

나는 머릿속으로 내가 가진 모든 정보를 계속 점검하며 첫 전투에서 치르게 될 경험에 대해 생각했다. 어쨌든 내가 기억하는 한, 신경이 날카로워지지는 않았다. 나는 선실에서 페리 티프와 몇 시간 동안 농담으로 시간을 보냈고, 진에게 편지를 써서 내 느낌을 표현하려고 애썼다. 하지만 편지 검열 때문에 엔터프라이즈함이 목표를 향해 순항할수록 점점 더 절실해지는 초조함을 쓸 수는 없었다. 1월 17일자 편지에 나는 이렇게 썼다. "우리가 있었던 장소와 경험을 일부라도 이야기해 줄 수 있다면 좋으련만, 물론 안 돼." 그럼에도 불구하고 나는 편지에 내 진심을 쏟았다. 나는 진에게 내가 얼마나 그녀를 사랑하고, 그녀와 영원히 함께하고 싶은지를 말했다. "진, 사랑하는 당신, 내가 당신을 만난 순간부터 지금까지 간직한 사실을 당신도 알게 되었다고 믿어. … 사랑해. 내게 이 말은 언제나 특별한 의미였지. 우리가 커버데일 씨 집에 방문했던 첫날에 자기가 '영원'을 생각했던 것처럼 말이야. 그 마음을 절대 바꾸지 않기를 바라."

그 어느 때보다도 나는 1년 전 진과 헤어져 그녀의 마음을 아프게 한 것을 후회했다. 나는 해군사관학교에서 부과한 2년의 금혼기간이 끝났을 때 진과 결혼할 기회를 놓쳤다. 전투 전날 밤 침상에 누워 내 어리석음을 저주했다. 어떻게 진 같은 훌륭한 여성을 놓쳤단 말인가? 그녀는 마침내 내게 돌아왔지만, 나는 항공모함을 타고 전쟁터로 나아가고 있었다. 내일 죽을지도 몰랐다.

등골이 오싹해졌다. 사랑할 기회를 영원히 잃은 게 아닐까 걱정되었다.

10

마셜 제도 전투
1942년 2월

1942년 2월 1일 일요일 오전 03시. 엔터프라이즈함 승조원들은 "총원 기상"이라는 호령에 일어났다. 나는 침상에서 나와 이른 아침 식사를 하러 식당으로 향했다. 희미하게 간신히 주변을 비추는 푸른 등만이 어두운 통로를 밝히고 있었다. 우리는 야간 시력을 보존하고 불필요하게 모함을 일본군 잠수함에 드러내지 않도록 일부러 조명을 어둡게 했다. 간신히 찾아간 장교식당은 카키색 제복을 입은 사람들로 가득차 있었다. 전에는 한 번도 본 적이 없는 광경이었다. 식당에 도착한 몇몇 젊은 장교들은 불안함과 열정에 들뜬 모습으로 초조하게 이른 식사를 하러 들어왔다. 나는 VS-6의 동료들과 합석해 아침 식사로는 드물게 나오는 스테이크와 달걀로 든든하게 한 끼를 먹었다. 이 메뉴는 곧 전투가 있을 것이라는 분명한 신호였다. 몇몇 조종사들은 몹시 불안해했다. 그때 나는 전투에 나간다는 불안감 없이 아침을 먹었던 것 같다.

그날 아침에 전혀 무섭지 않았다고 하면 허풍같이 들리겠지만 사실이다. 왜 그랬는지 모르겠지만 겁이 나지 않았고, 최소한 다른 사람들 같지는 않았다. 아마 캔자스에서 보낸 어린 시절 때문일 것이다. 탁 트인 프레리에서 우리는 죽음과 함께 살아가는 법을 배웠다. 아니면 언젠가 죽는다는 생각에 익숙해져서 그랬는지도 모른다. 고민도 많았다. 나는 진과 결혼할 기회를 놓친 것을 사무치게 후회하고 있었다. 거기에 더해 내 마음은 온통 그날 임박한 임무로 꽉 차 있었다. 나는 모든 가능한 긴급상황을 점검해 보았다. 비행대가 적 대공포화와 마주친다면? 적 전투기는 어떻게 할까? 적 함선은? 고려할 상황이 아주 많았고 나는 깊은 생각에 빠졌다.

오히려 나는 열망에 사로잡혀 있었다. 일본군과 맞대결할 기회를 잡고 싶었다. 그때 우리는 강한 적에게 압도되어 궁지에 몰렸다고 느꼈다. 믿거나 말거나, 어릴 적에 커피빌의 카네기 도서관에서 읽은 『잭과 콩나무』나 『뽀빠이』에서처럼 꼬마 주인공이 악당 거한을 상대하는 이야기가 생각났다. 이제 20년이 지나 고향에서 수천 마일 떨어진 곳에 있는 지금, 이 이야기들이 내 마음속에서 메아리쳤다. 마치 거대한 일본 제국 해군과 싸우는 우리 작은 기동함대의 처지 같았기 때문이다. 깊이를 헤아릴 수 없을 정도로 두려웠으나 뒤로 물러서서 아무것도 하지 않는 것은 비논리적인 행동으로 보였다. 이제 싸울 시간이었고 나는 준비되었다. 지금처럼 '하느냐 죽느냐'는 상황에서 걱정과 두려움은 치명적이었다. 이런 감정은 숙면을 막아 신체적 질병을 초래한다. 두려움은 마음을 무감각하게 만들고 알코올이나 마약을 하는 것만큼 나쁘다. 두려움을 제어하지 못하는 전사는 자기 구실을 할 수 없다. 나는 비행대의 동료들도 이를 이해했으리라 생각한다. 한두 가지 예외를 제외하고는 그들의 행동거지에서 두려움의 증거는 보이지 않았다. 간단히 말하면 나는 배가 고파 허겁지겁 달걀을 삼켰다. 전혀 목 메임 없이.

아침 식사를 한 후 엔터프라이즈함의 함교 구조물 내부에 있는 작은 방인 VS-6의 대기실로 가는 사다리를 올라갔다. 3개씩 7열로 배열

된 21개의 의자가 우리 비행대 조종사 18명으로 가득 찼다. 약간 옆쪽에서 요먼이 큰 소리로 보고문을 읽었고 피를 말리는 시간이 흘러가는 동안 우리는 차트를 열심히 살폈다. 우리는 오른쪽 아래 모서리에 원형 슬라이드 자가 있는 1피트(30cm) 넓이의 플렉시글라스Plexiglas(유리처럼 투명한 특수 아크릴 수지 ─ 옮긴이)판을 소지했다. 요먼이 말하는 동안 나는 풍속, 풍향, 자기편차를 기록하면서 목표까지 가는 항로를 그린 후 데이터를 확인하고 또 확인했다. 무선침묵 상태에서 이 차트 보드는 나를 모함으로 데려다줄 유일한 차표였다. 5해리(9.3km)만 오차(차트 보드에서 1/8인치(0.3cm)에 해당한다.)가 나도 조종사는 곤경에 처할 수 있었다.

일본군 기지에 대한 최신 정보는 콰절린의 여러 정박지에 주력함 5척, 잠수함 3척, 보조함선 7척이 있다는 데서 변함이 없었다. 섬의 비행장들에 숫자 미상의 폭격기와 전투기가 있다는 것도 파악되었다. 출격 브리핑에서 우리는 목표가 된 섬에 수상함, 지상기지 발진 항공기, 수상기, 대공 포대, 격납고, 도크, 연료 집적소가 있다고 "예측하는 것이 합리적"이라는 말을 들었다. 하지만 정찰보고로는 콰절린 환초의 방어태세를 정확히 알 수 없었다. 더 알게 된 바가 없어서 조금 당황스러웠지만 크게 신경이 쓰이지는 않았다. 공격 준비를 마친 나는 약간 조바심이 났다. 그때쯤 진에게 보낸 편지를 보면 당시 나는 미군들 사이에 널리 퍼진 일본인에 대한 적개심으로 가득 찼던 것 같다. 편지에서 나는 "이 쪼끄만 놈들이 이해할 만한 언어로 말할" 준비가 되었다고 말했다.

브리핑에서 일어난 이상한 일이 지금도 기억난다. 비행대의 화기 담당장교gunnery officer인 칼턴 세이어 포그Carleton Thayer Fogg ─ 우리가 부른 별명으로는 포기Foggy ─ 중위가 기관총 안전장치 해제의 필요성에 대한 강의를 시작했다. "전방 기관총의 안전장치는 사격하기 몇 초 전에, 다시 말하지만 몇 초 전에 해제해야 합니다." 포기는 이런 내용을 전에도 여러 번 설명했다. 조종사가 스위치를 돌려 '안전'에서 '사격'으로 기관총의 상태를 바꿨을 때 "가능성은 백 분의 일이지만" 기관총이 자동으로 발사되는 경우가 있다고 했다. 이것이 출격 전에 내가 마지막으로 들은 말이었다. 오전 04시 30분, 요먼이 외쳤다. "조종사 탑승!" 나는 차트 보드를 움켜쥐고 대기실에서 뛰쳐나가 다른 조종사들과 함께 비행 갑판으로 갔다.

출격 명령을 받았을 때 날은 아직 어두웠다. 나는 비행 갑판에 주기駐機된 비행기의 미로를 요리조리 빠져나가 내 비행기인 S-17을 찾았다. 발진 순서는 열여덟 번째였다. 내 비행기는 갤러허 대위의 제2중대 소속인 2소대의 3기 가운데 하나로, 레지널드 러더퍼드Reginald Rutherford 대위의 요기였다. 러더퍼드 대위는 진주만 전투 이후 VS-6에 합류했다. 늘 그랬듯 존 스노든이 내 급강하폭격기의 후방 좌석에 앉았다. 폭격기에는 폭탄 3발―양 날개 밑에 100파운드(45kg) 폭탄 2개와 동체 밑에 500파운드(227kg) 접촉신관 폭탄contact bomb 1개―이 실렸다. 스노든은 우리 비행기의 쌍열 .30구경 기관총을 두 번 점검하고 내가 날개에 올라와 조종석에 착석하는 것을 도왔다.

조종석에 앉아 벨트를 매자 갑판의 승조원들이 비행기의 관성 시동 장치를 돌려 작동시켰다. 내 눈은 조종석의 각종 계기를 죽 살피며 정상 작동 여부와 모든 잠금장치, 위험방지용 철망, 고정용 각목이 제거되었는지를 확인했다. 신호수 중 한 명을 바라보며 나는 엄지손가락을 추켜세웠다. 비행기 엔진에 시동이 걸리고 처음으로 발진하는 비행기들이 우렁찬 소리를 울리며 비행 갑판을 박차고 날아오르기 시작했다. 04시 45분, 이함 신호 통제관의 몸짓에 VF-6의 F4F 6기가 하늘로 날아올라 상공에서 위치를 잡으며 전투초계비행combat air patrol; CAP을 시작했다. 전투초계비행이란 함대의 상공방어를 맡은 전투기의 집단비행을 뜻한다. 다음으로 영 중령이 함교에서 신호를 받았다. "공격대 발진 개시." 이함 통제관이 비행기를 가리키자 영 중령이 스로틀을 열었고, 비행단장기가 비행 갑판을 달려나갔다. 비행기들이 하나씩 하나씩 영을 뒤따라 스로틀을 열어 엔진 출력을 높여 하늘로 떠올랐다.

나는 신호장교가 조명등 달린 신호봉으로 급하게 보내는 신호를 따라 이함 위치로 갔다. 신호장교는 나를 가리키더니 머리 위로 원을 그리며 손을 돌려 최대 출력을 내라고 지시했다. 나는 내 비행기의 모든 계기를 살펴보고 고개를 끄덕였다. S-17은 날아오를 준비를 끝냈고 나도 준비되었다. 신호봉이 밑으로 내려오더니 앞을 가리켰다. 내 비행기는 시속 30노트(56km/h)로 불어오는 바람을 안고 천천히 움직였다. 내가 이함하려면 미식축구 경기장 길이만 한 공간에서 시속 105노트(195km/h)까지 가속해야 했다. 덮개를 씌운 조명등 몇 개가 내 '활주로'를 표시했고 나는 그것을 따라갔다. 정면에서는 앞서 날아오른 비행기의 배기관에서 깜박거리는 불꽃이 반딧불이처럼 하늘로 날아올랐다. 그 외에는 모든 것이 칠흑처럼 새카맸다. 나는 조명에 의지해 기수를 올린 후 바퀴를 수납했고, 비행기가 갑판에서 떠오른 순간 '바닥에 가라앉는' 듯한 느낌이 들었다.

항공모함 야간 발진은 매우 까다로운 작업이었다. 빨리 가속하지 않으면 앞의 비행기를 시야에서 놓쳤다. 하늘에서 동료들과 만나는 유일한 방법은 앞선 비행기의 배기관에서 나오는 푸른 불꽃을 눈여겨보면서 순항고도까지 따라가는 것이었다. 만약 너무 꾸물대면 비행대 전체가 길게 늘어서게 되어 해가 뜰 때까지 대형을 편성하기가 불가능해졌다. 반대로 너무 빨리 가속하면 공중충돌의 위험을 무릅쓰거나 비행 갑판에서의 충돌이라는 최악의 사고가 일어날 수도 있었다. 나는 이함 시간인 04시 50분을 급히 적고 눈앞의 배기관이 내는 불빛, 특히 비행단장기와 비행대장기의 불빛을 뚫어지게 지켜보았다. 영 중령과 호핑 소령은 이함 후 부드럽게 선회해 뒤따르는 비행기들이 따라붙도록 했다. 호핑은 내가 정확한 위치에 들어왔다는 뜻으로 날개에 설치된 엷은 푸른색 식별등을 깜박거렸다. 나는 나대로 노란색 식별등을 깜박여 요기가 내 옆으로 오도록 했다. 나는 소대장과 요기가 올 때까지 비행기의 꼬리를 좌우로 흔들었고 우리는 10피트(3m) 간격으로 3기로 구성된 V 모양의 편대를 형성했다. 공격대 전부가 모함을 한 바퀴 천천히 돈 다음 1대를 제외하고 VS-6의 SBD 전부가 대형을 짰다. 그러자 호핑 비행대장이 '소등' 신호를 했다.

발진 과정은 순탄치 않았다. 상승 도중에 VB-6이 VS-6의 3소대를 통과하는 바람에 공중충돌이 벌어질 뻔했다. 설상가상으로 대니얼 시드Daniel Seid 소위의 SBD가 엔진 문제 때문에 이함할 기회를 놓쳤다. 이 비행기는 나중에 발진해 공격대의 뒤를 쫓아와야 했다. 급강하폭격기로 구성된 2개 비행대—모두 36기—가 발진하는 데 총 15분이 걸렸다. 오전 05시, —500파운드 접촉신관 폭탄으로 무장한— TBD 데버스테이터 9기가 하늘로 날아올라 우리 뒤를 따라왔다. 해뜨기 전에 출격한 공격대는 모두 합쳐 46기였다. 우리는 깜깜하기 그지없는 어둠 속에서 우리 비행기들의 엔진 소리만이 들리는 가운데 1만 4,000피트(4,267m) 고도로 비행했다. 나는 콰절린의 일본군 수비대를 잠에서 거칠게 깨울 거대하고 강력한 공격대의 일원이었다.

이함 후에도 실수가 그치지 않았다. 환초에서 15해리(28km) 떨어진 곳에 다다라 아침 첫 햇살이 수평선을 주황색으로 서서히 물들이기 시작할 때 포그 중위의 비행기에서 커다란 폭음이 울렸다. 포그가 기관총을 너무 일찍 장전한 상태에서 방아쇠를 살짝 건드리고 만 것이다. 전기 결함이 원인이었음이 분명했다. 그 때문에 대기실에서 포그가 그렇게 잔소리하던 주제인 전방 기관총이 자동사격을 시작했다. 장전 손잡이를 잡아당기면 사격을 중단할 수 있었지만 경황이 없어서인지 포그 중위는 그러지 않았다. 나는 포그의 비행기가 기관총 탄환을 모두 써 버릴 때까지 속절없이 바라보기만 했다. 근처에서 비행하던 조종사들은 기관총 소리를 들으며 총탄에 맞을까 봐 오싹해했다. 다행히 다친 사람은 없었다.

포그의 실수는 일본군 수비대를 깨우지 않았을 수도 있지만 호핑 소령의 실수는 그렇지 않았다. 원래 호핑은 정확히 오전 07시에 VS-6을 이끌고 마셜 제도 최북단에 있으면서 서로 연결된 로이섬과 나무르섬에 강하해 공격을 개시할 예정이었다. 그런데 풍속 데이터에 오류가 있었던 탓에 호핑은 로이섬 상공에 15분 일찍 도착했다. 두 시간 전에 공격대가 발진했을 때 기상관측용 풍선이 강한 뒷바람을 측정하지 못했던 것이 원인이었다. 따라서 우리는 급강하공격을 개시할 일출이 시작되기 한참 전에 목표물에 도착했다. 어둠 속에서 옛날 지도를 이용해 비행하던 호핑은 공중에서 로이-나무르섬을 식별하지 못했고, 우리 엔진 소리에 잠에서 깨어난 일본군 수비대가 경계태세에 들어갔다. 마침내 실수를 깨달은 호핑은 급히 항로를 수정해 우리를 로이-나무르섬의 북측으로 데려갔다. 하지만 공격할 수 있을 정도로 날이 밝아지기까지 15분 정도를 선회해야 했다. 오전 07시 05분, 호핑은 공격 개시 신호를 보냈다. 불행히도 이때 단발 전투기에 탑승한 일본군 조종사들이 이미 비상출격을 시작했다. 마셜 제도의 일본군 전투기는 동체에 기관총 2정이 탑재된 미쓰비시三菱 A5M 96식 함상전투기였다. 더 유명한 사촌인 A6M '제로'만큼 빠르지는 않지만 기동성이 뛰어난 A5M은 벅찬 공중전 상대였다. 적 전투기는 우리가 공격을 시작하자마자 다가왔다. 기습 요소는 완전히 물 건너갔다! 이 계산 실수가 가져온 단 하나의 긍정적 결과는 시드 소위의 SBD가 따라잡을 시간을 주었다는 것뿐이었다.

마침내 호핑이 무선침묵을 깨고 로이섬 공격을 명령하며 신중하게 목표물을 선정하라고 알렸다. 호핑은 제1중대 비행기들에 자신을 따라 강하하라고 무전을 보냈다. 대장기는 늘 하던 75도 대신 약 45도라는 얕은 각도로 강하를 시작했다.* 로이–나무르섬의 일본군 대공포 포수들은 대장기에 조준을 맞췄다. 붉은 불꽃이 분수처럼 쏟아지는 불꽃놀이를 보는 것 같았다. 공중에 대공포화가 가득했다. 실제로는 거의 숨이 막힐 지경이었고, 아래에서 무수한 불빛이 깜박이고 있었다. 나는 기가 막혀 코웃음을 쳤다. 우리 상관들이 "작고 무방비 상태인 섬"이라고 부른 이곳에서 엄청난 수량의 대공포탄을 쏘아대고 있었다.

저속에 저공으로 다가오던 대장기의 그림자는 밝아지는 하늘에 뚜렷이 대비되었으므로 손쉬운 표적이었다. 적의 모든 대공포가 대장기에 조준을 맞췄다. 호핑이 살아남을 가능성은 희박했다. 우리가 있는 곳까지 올라온 일본군 전투기들 가운데 1대가 호핑의 SBD 바로 뒤에 자리를 잡았다. 적기는 여러 번 기관총을 점사했고 몇 초 뒤, 우리 용감한 비행대장의 비행기는 벌집이 되어 바다로 추락했다. 호핑 소령과 그의 후방 기총수 해럴드 토머스Harold Thomas 통신 하사는 전사했다. 다행스럽게도 제1중대의 다른 5기는 대공포화와 방어에 나선 적 전투기들을 뚫고 급강하해서 100파운드 폭탄 투하를 시작했고 로이섬 비행장 곳곳에 구멍을 냈다. 어슴푸레하게 보이는 전장은 폭탄이 폭발하며

---

* 여러 이유로 인해 급강하폭격 교범의 권장 각도는 65도였다. 우리 비행대는 10도 더 가파른 각도로 급강하하는 쪽을 선호했다.

치솟은 화염으로 밝게 빛났다.

갤러허 대위는 우리 중대의 비행기들을 호출해 공격을 연기하고 다시 돌아가서 더 급격한 각도로 강하하라고 명령했다. 선회하는 동안 우리는 호핑 소령을 격추한 일본군 전투기와 정면으로 마주쳤다. 갤러허는 옆으로 벗어나 선회했고 후방사수인 토머스 메릿Thomas Merritt 통신 하사가 지나가는 적기를 정확히 맞혔다. 메릿의 .30구경 기관총 점사에 맞은 일본 전투기는 바다로 추락했다. 낙하산을 본 사람은 없었다. 이 날의 첫 격추 전과였다.

로이섬 상공 높은 곳에서 갤러허는 제2파 공격 신호를 보냈다. 갤러허의 비행기가 기수를 내렸고 포그와 빌 웨스트가 조종하는 요기가 그 뒤를 따랐다. 포그는 비행장 상공으로 완벽한 급강하를 선보이며 500피트(152m) 고도에서 병사兵舍 여러 동 위로 폭탄 3발을 떨어뜨렸다. 포기가 투하한 폭탄은 일본군 기지에 큰 타격을 입혔고 아마도 지휘관을 폭사시킨 것 같았지만, 급강하에서 회복한 그의 비행기가 비틀거리기 시작했다. 포그는 기수를 모함 방향인 북동쪽으로 돌렸는데, 아니 그렇게 보였는데, 그의 비행기는 1.5해리(2.8km)를 나아간 후 바다에 추락해 가라앉았다. 대공포화에 맞았거나 자신이 투하한 폭탄 파편에 손상을 입었던 것 같다. 포그와 후방사수 오티스 L. 데니스Otis L. Dennis 통신 상병은 다시는 목격되지 않았다.

갤러허와 포그, 웨스트가 폭탄을 투하한 다음 러더퍼드 대위가 얼 R. 도널 소위와 내가 조종하는 요기를 이끌고 강하를 시작했다. 로이섬의 시설에 대해서 아는 바가 거의 없었으므로 우리는 눈에 보이는 대로 목표물을 골랐다. 나는 앞에 보이는 활주로를 겨냥했다. 우리는 '교범에 따른' 급강하를 시도했다. SBD가 급강하 준비를 마치기까지는 여러 단계가 필요했다. 우선 인터폰으로 후방사수 존 스노든을 호출해 급강하할 예정임을 알리고 에페드린ephedrine 스프레이를 비강에 적당량 뿌리라고 말했다. 그렇게 하면 급격한 고도 변화로 인해 비행사의 고막이 터지는 사태를 막을 수 있었다. 두 번째로, 좌석 밑으로 팔을 뻗어 폭탄 신관 작동 핀을 뽑았다. 그래야 투하된 폭탄이 폭발했다. 세 번째로, 엔진 블로어와 프로펠러의 피치를 '낮음' 상태로 설정했다.* 그리고 스플릿 플랩을 완전히 전개했다. 이 플랩을 펴야 목표물을 안정적으로 조준하면서 강하할 수 있었다. 그다음 조종석 해치를 열어 기온 변화로 인해 유리창이 흐려지지 않도록 했다. 마지막으로 적당량의 에페드린을 코에 뿌렸다. 준비가 끝나자 나는 "간다."라고 말하며 조종간을 앞으로 밀어 기수를 아래로 떨어뜨렸다.

비행기는 대기를 뚫고 밴시banshee(스코틀랜드 민담에 나오는 귀신. 애정을 가지고 특정인을 지켜보다가 그 사람이 죽을 때가 되면 비명을 지른다고 한다.—옮긴이)처럼 날카로운 비명을 지르며 1만 4,000피트(4,267m)에서 2,000피트(610m)까지 30초 만에 하강했다. 차가운 공기가 조종석에 휘몰아쳤다. 나는 마크-3 망원경형 폭격조준기를 들여다보며 활주로를 살폈다. 비행장에는 이미 군데군데 화재가 발생해 있었다. 주기된 비행기 1대가 눈에 띄었다. 다른 눈으로는 정신없이 빠르게 도는 고도계 바늘을 보며 투하고도까지 남은 시간을 세었다. 그동안 일본군 대공포 사수들은 사방으로 흩어지는 포탄 파편들로 하늘을 가득 채우며 죽음

---

* SBD의 조종석에는 공기밀도를 높이는 일종의 압축기인 '블로어' 혹은 '슈퍼차저super charger'(과급기)라고 불리는 장치가 설치되었다. 이 장치를 사용하면 엔진이 연료를 더 많이 끌어와 성능이 높아진다. 고고도에서는 기압과 공기밀도가 낮아지기 때문에 엔진의 성능이 하락한다. 블로어는 '높음high' 혹은 '낮음low'의 두 가지 상태로 설정할 수 있었다. 우리는 대개 이함과 착함할 때 블로어를 '낮음' 상태로 두었다. 그러나 이 경우에 나는 급강하에서 회복할 시점이 왔을 때 엔진이 제 성능을 발휘하도록 블로어를 '낮음' 상태로 설정했다. 그렇게 하면 해면고도에서 엔진 성능이 더 좋아졌다.

의 작업을 능숙하게 수행했다. 나는 2,000피트 상공에서 잡고 있던 조종석 왼쪽의 폭탄투하 레버를 확 비틀어 날개에 장착된 100파운드 폭탄 2개를 투하했다. 폭탄이 기체에서 충분히 멀리 떨어졌다는 확신이 들자 빠르게 조종간을 잡아당겼고, 잠시 8G 혹은 9G의 압력이 온몸을 쥐어짰다. 나는 길고 힘들게 호흡하며 피가 머리에서 빠져나가면서 눈앞의 세상이 터널처럼 좁게 보이는 상황을 버티다가 90도로 선회하며 빙글 돌아 급강하에서 빠져나왔다. 내 아래쪽과 뒤쪽에서 주기되었던 적기들이 화염에 휩싸이며 사라졌다. 나는 수평 자세를 회복한 후 .50구경 전방 기관총으로 비행장을 소사했다.

조종간을 세게 당겨 다시 고도를 높였다. 살아남으려면 요기와 함께 대형을 짜야 했다. SBD가 제일 취약한 시점은 대개 급강하에서 막 빠져나왔을 때, 즉 감속 직후였다. 나는 몇 초 만에 러더퍼드 대위와 도널 소위의 위치를 파악했다. 하지만 일본군도 마찬가지였다. 일본군 전투기 1대가 내 밑으로 슬그머니 미끄러져 들어와 도널을 목표로 잡았다. 빨리 상승하지 못했던 도널은 솜씨 좋은 일본군 조종사에게 탐나는 먹잇감이었다. 빠른 기관총 점사 사격을 받은 도널의 SBD-2 하면에 구멍이 숭숭 났고 날개뿌리의 연료 탱크가 부서지며 오렌지색으로 불타는 항공유를 거세게 뿜었다. 도널의 비행기가 화염에 휩싸인 채 뒤집혀 추락해 수면과 격돌했고, 젊은 조종사와 후방사수 올턴 J. 트래비스Alton J. Travis 항공 정비 병장이 전사했다. 도널이 전사했으니 그의 부모님께 아들의 전사 소식을 전해야 할 사람은 나라는 생각이 들었다. 살아남는다면 말이다.

도널 소위를 격추한 일본군 조종사는 경로를 바꾸어 내 위쪽으로 상승했다가 뒤쪽으로 급강하했다. 몇 초간 나도 격추되어 바다로 떨어지는가 싶었지만 존 스노든이 기관총을 휙 돌려 일본기를 조준해 사격을 퍼부었다. 잘 조준된 포화가 일본군 전투기를 난타했고, 이 비행기는 반격 없이 수직으로 낙하하다 우리 비행기와 겨우 20피트(6m) 떨어진 곳을 스쳐 지나가는 바람에 서로 공중에서 충돌할 뻔했다. 나는 기수를 약간 밑으로 내리고 .50구경 기관총으로 사격했다. 사격을 멈추자 통제 불능 상태에 빠진 적기가 빙글빙글 돌며 아래로 떨어졌다. 적기는 잠시 시야에서 사라졌지만 곧 어두운 수면 위로 밝게 타오르는 불빛이 보였다. 타격을 입은 적기는 로이-나무르섬 상공에서 북쪽으로 아치를 그리며 비행하다 1,000피트(305m)를 하강해 도널의 비행기가 추락한 지점 근처 바다에 충돌했다. 조종사는 탈출하지 못했다. 나는 안도의 한숨을 쉬었다. 존의 사격 실력이 우리를 구한 것이다.

나는 조종간을 당겨 고도를 회복했다. 내게는 아직 500파운드 폭탄이 남아 있었고 나는 그 폭탄을 사용하고 싶었다. 우리는 로이섬 정박지에서 적 수상함을 발견하기를 기대했지만 막상 현장에 가보니 정보가 틀렸음이 입증되었다. 논리적 선택에 따라 나는 다음 목적지인 콰절린 정박지로 향했다. 이 환초에서 가장 큰 섬인 콰절린섬은 남서쪽으로 40해리(74km) 떨어져 있었다. 콰절린까지 비행하기에는 연료 사정이 아슬아슬했지만 위험을 감수하기로 결정했다. 급강하에 필요한 고도를 회복하고 나니 같은 방향으로 가는 SBD 2기가 보였다. 디킨슨 대위와 돕슨 소위가 조종하는 S-4와 S-8이었다. 나는 이들과 합류했다. 얼마 뒤, 영 비행단장의 목소리가 무전기에 울려 퍼졌다. "대형 폭탄에 적합한 목표. 콰절린 정박지에 대형 폭탄에 적합한 목표 있음." 격려의 말은 더 필요 없었다.

내 비행기는 오른쪽에, 돕슨의 비행기는 가운데에, 디킨슨의 비행기는 왼쪽에 있었다. 우리는 서둘러 정박지로 향했고 오전 07시 45분에 도착했다. 이제 환초는 아침햇살을 받아 환하게 빛나고 있었다. 적 함선이 똑똑히 보였으나 물론 일본군의 대공포수들도 우리를 눈여겨보고 있을 터였다. 나는 석호의 잔잔한 수면 위로 여러 종류의 목표를 살폈다. 유조선, 수상기모함, 잠수함, 급유함 등 10척이 넘는 보조 선박이 있었는데 가장 눈에 띄는 목표는 부두 끝에 정박해 있던 배수량 5,800톤의 경순양함 가토리香取였다. 정박한 순양함의 대공포수들이 우리를 포착하고 사격을 개시했다.

가토리를 감시하면서 나는 주변에 전투기가 있는지를 살폈다. 전투기는 한 대도 안 보였다. 나는 "와, 굉장하다!"라고 혼잣말했다. 한 시간도 안 되어 나는 두 번째 실전 급강하를 하게 되었다. 목표물로 선정한 가토리가 조준경 안에서 점점 커지는 모습을 보다가 1,500피트(457m) 고도에서 500파운드 폭탄을 투하했다. 폭탄은 정확히 함 정중앙에 명중했다. 나는 폭발을 보지 못했지만 그 장면을 목격한 존은 우리가 일본군에게 진짜 본때를 보여 주었다고 말했다. 폭발로 인해 가토리의 옆구리에 구멍이 뚫렸고 내부로 해수가 쏟아져 들어가기 시작했다. 나는 가토리를 격침했다고 생각했지만, 나중에 일본군이 간신히 가토리를 석호에서 빼내 요코스카橫須賀로 돌려보내 수리했다는 사실을 알게 되었다. 그동안 디킨슨과 돕슨은 외해로 이어지는 수로를 따라 나가던 유조선 2척을 목표로 급강하했다.

급강하에서 빠져나온 내 눈에 환초 남단에 있는 육괴陸塊인 에누부즈섬Enubuj Island의 무전국이 보였다. 기체를 한쪽으로 기울인 채 섬으로 방향을 돌리다가 내가 심각한 위험에 빠졌음을 깨달았다. 곡예사처럼 2개의 무전 송신탑 사이를 바로 통과하는 항로를 택한 것이다. 두 탑을 이은 두꺼운 케이블 때문에 안테나 사이를 지나갈 수 없다는 사실을 깨달았을 때는 이미 너무 늦었다. 심장이 요동쳤다. 케이블을 건드리거나 송신탑을 친다면 끝장이었다. 본능적으로 나는 전방 기관총의 방아쇠를 당겨 송신탑 하나를 날려 버렸다. 송신탑이 쓰러지면서 나무 꼭대기 위로 통로를 열어 주었다. 길이 뚫렸고, 내 비행기는 섬 상공을 천천히 날아가 바다를 향했다. 그 어떤 것과도 충돌하지 않았다. 이렇게 말하면 이상하게 들리겠지만, 나는 몇 분 전에 겪은 순양함의 대공사격보다 송신탑이 내 위로 떨어지는 상황이 더 걱정되었다. 햇살이 비치는 동쪽으로 기수를 돌리니 디킨슨과 돕슨의 비행기가 보였다. 둘 다 10해리(19km) 전방에서 시속 155노트(287km/h)로 순항하고 있었다. 우리가 엔터프라이즈함으로 귀환하는 데에 두 시간이 걸렸다.

동료들과 착함한 시간은 오전 10시였다. 존 스노든과 나는 촌각을 아껴 갤러허 대위에게 전황을 보고하고 공격의 결과를 들었다. 그 짧은 몇 분 동안 VS-6의 비행기 4기가 귀환하지 않았음을 알게 되었다. 호핑, 포그, 도널이 조종한 비행기가 격추되어 탑승원 6명이 전사했을 뿐만 아니라, 대니얼 시드가 조종하는 S-6이 로이섬 근처에 추락했다. 아무도 추락 이유를 몰랐고, 시드와 후방 총수 데이비드 F. 그로그 David F. Grogg 항공 정비 상병이 전사했다.

나는 돕슨과 디킨슨을 따라 사관실로 들어가 샌드위치, 파인애플주스, 커피를 게걸스럽게 먹어 치웠다. 서로의 경험을 공유하고 나서 우리가 임무를 잘 해냈음을 알게 되었다. 우리는 로이섬에서 적기 6기를 지상에서 격파했을 뿐만 아니라 격납고 두 동, 건물 2채, 창고 여섯 동을 파괴했다. 콰절린 정박지에서는 유조선 2척과 보급선 1척 그리고 내가 일차로 공격하고 얼 갤러허가 두 번째 폭탄을 맞힌 순양함 1척에 손상을 입혔다. 공습의 가장 중요한 성과 중 하나는 돕슨이 거두었는데, 그는 외양으로 나가려던 유조선 선수에 500파운드 폭탄을 맞혔다. 유조선은 석호에서 달아나는 선박들이 이용할 수 있는 몇 안 되는 깊은 수로인 카를로스 수도Carlos Pass에서 꼼짝 못 하고 멈춰 섰다. 돕슨의 전과를 들은 홀시 제독은 엔터프라이즈함에서 공격대를 다시 발진시켜야겠다고 결심했다. 우리는 돌아가서 석호에 갇힌 일본 함선들을 끝장내야 했다. TBD 탑승원들에게는 기량을 시험할 훌륭한 기회이기도 했다. 만약 어뢰가 잔잔한 물에서 움직이지 않는 수송선을 격침할 수 없다면 마크-13 어뢰가 전투상황에서 절대 작동하지 않는다는 확실한 증거가 될 것이다. 오래전부터 이런 현상을 겪어 온 우리 뇌격기 조종사들이 두려워하는 일이었다.

적에게 입힌 인상적인 규모의 손해에도 불구하고 VS-6이 엔터프라이즈함에서 발진한 비행대 중 유일하게 손실을 입었다는 점은 지적해야겠다. 전투손실 4기에 더해 6기는 파손 정도가 심해 격납 갑판으로 보내져 부품용으로 보관되었다. 설상가상으로 빌 웨스트가 적 전투기와 공중전을 벌이다가 날아든 총탄에 오른쪽 어깨 관통상을 입었다. 이로 인해 빌은 한 달 동안 비행할 수 없게 되었다. 그에 비해 TBD-1 데버스테이터 뇌격기 9기는 모두 무사히 돌아왔으며 VB-6에 소속된 SBD-2 6기도 마찬가지였다. VF-6의 그러면 F4F-3 와일드캣 6기 역시 동트기 전 이함 과정에서 추락한 1기를 제외하고 모두 돌아왔다.

식사하는 동안 이차 공격이 있을 것이라는 소식이 사관실로 전해졌다. 30분의 짧은 휴식 후 나는 정비반이 비행기의 연료를 채우고 무장을 다시 달았다는 말을 들었다. 갤러허 대위가 내게 이번 임무에서는 VB-6과 비행하라고 말했다. 이차 쾌절린 공습을 명령한 지 얼마 지나지 않아 홀시는 추가 명령 2개를 내렸다. 이제 엔터프라이즈의 급강하폭격기는 말로엘라프 환초와 워트제섬의 일본군 기지를 타격해야 했다. 나는 다시 폭탄을 장착한 VB-6의 SBD 8기와 동행했다. 우리 목표는 말로엘라프 환초의 동쪽 가장자리에 있는 작은 섬인 타로아섬Taroa Island이었다. 딕 베스트 대위가 우리 부대를 이끌었다. 오전 10시 40분, 새 임무를 전달받은 지 10분 만에 비행 갑판에서 존 스노든과 다시 만났다. 우리는 오늘 S-17에 두 번째로 올라탔고, S-17은 몇 분 만에 우렁찬 소음을 울리며 엔터프라이즈의 비행 갑판을 활주해 다시 한번 적의 영토를 향해 날아올랐다.

베스트 대위는 1만 3,000피트(3,962m) 고도에서 우리를 이끌며 남쪽으로 향했다. 우리는 —갤러허가 이끄는 공격대의 목표인— 워트제섬을 지나 북쪽에서 타로아섬에 도착했다. 오전 11시 30분에 우리 공격대가 섬에서 10분 거리에 도착했을 무렵 섬 동부 수역을 순찰하는 일본군 전투기들이 눈에 띄었다. 나쁜 소식이었다. 놈들이 우리를 보았을까? 베스트 대위는 일본군 전투기 아래로 비행해 그들의 주의를 끌지 않는 편이 현명한 처사라고 여겼다. 우리는 명령받은 대로 일본군 아래로 순항해 타로아섬 바로 동쪽의 한 지점에 도달해 급강하폭격을 위해 정렬했다. 그런데 기동을 막 끝냈을 때 일본군 전투기 3대가 우리를 포착했다. 베스트 대위는 빨리 결단해야 했다. 급강하공격을 속행할 것인가, 아니면 임무를 포기할 것인가? 베스트 대위는 절대 동요하지 않는 용감하고 대범한 사람이었다. 그의 반응은 예상한 대로였다. 우리는 일렬종대를 유지하며 즉시 급강하공격을 개시하라는 명령을 받았다. 베스트는 SBD가 일렬로 공격하면 우리 후방사수들이 상호 방어할 기회를 잃을 수도 있음을 인식했다. 하지만 우리 조종사들은 지상 목표물을 선정할 시간을 더 얻게 될 것이다. 나는 3기로 편성된 제1소대에서 비행하며 베스트의 옆에 있었기에 남들보다 먼저 타격 목표를 선택할 수 있었다.

'밀어 넘기기' 지점을 향해 속도를 높이는 동안 나는 고개를 돌려 내 오른쪽 앞 상공에서 빠른 속력으로 돌진해 오며 고도를 낮추는 일본군 전투기 3기를 지켜보았다. 스플릿 플랩을 작동시키자 내 비행기가 급격히 느려졌고 일본기 3기가 모두 나를 지나쳐 급강하했다. 그중 1대가 가까이 다가왔다. 아직도 부웅! 하고 그 비행기가 낸 소리가 기억난다. 가끔 눈을 감으면 고글 너머로 나를 바라보던 적 조종사의 얼굴이 떠오른다. 그 순간만큼은 안전하다는 생각이 들어서 나는 쏟아지는 대공포화를 주의하며 베스트 대위를 따라 급강하했다. 고사포탄이 후방 좌석 근처에서 폭발했고, 파편이 날아와 존 스노든의 엉덩이에 맞았다. 책임감이 강한 존은 엔터프라이즈함으로 귀환할 때까지 자신의 경미한 부상을 보고하지 않는 편이 낫겠다고 생각했다. 나는 1,500피트 고도에서 폭탄 2발—500파운드 1발과 100파운드 2발 중 1발—을 투하해 격납고에 명중시켰다. 급강하에서 급히 빠져나와 환초 서쪽으로 기수를 돌리니 일본군 전투기 3대가 다시 공격하기 위해 가까이 다가와 있었다. 기체를 돌려 존 스노든에게 유리한 사각을 주려 했지만 기관총은 침묵했다. 나는 눈이 동그래져서 혼잣말했다. "존이 사격을 시작하는 데 5초도 안 걸렸는데!" 나는 존이 적탄에 맞았는지 확인하려고 옆으로 기댔다. 바로 그때 쑹 하는 소리를 내며 적탄이 내 머리 위로 지나가 기체 골조를 강타했다. 몇 초간 적 기관총탄이 내 비행기를 마구 때려댔다. 오른쪽 날개 연료 탱크에 연달아 구멍이 났고 총탄 1발이 튀면서 조종석으로 들어와 머리받이 위의 안테나 지주에 맞고 튀었다. 내가 키가 더 컸더라면 그 총탄에 맞아 죽었을 것이다. 존은 내 쪽으로 고개를 돌려 탄약을 거의 다 썼다고 신호했다. 섬을 기총소사했을 때 적 고사포 포수를 겨냥했기 때문이었다. 내가 전방 기관총을 써서 적 전투기들을 쫓아내야 했다.

나는 날카롭게 급상승 반전을 해 가장 가까운 적기를 향해 똑바로 날아갔다. 내가 한 것은 일종의 급선회였다. 그게 무엇인지는 몰랐지만 전에 해본 적이 없는 기동이었다. 하지만 그 덕에 짧게나마 사격할 수 있는 위치를 잡아 결국 적기를 격추했다. 내가 잡은 적기는 하강했고 분명히 추락할 것 같았다. 나중에 이런 경우는 확실한 격추 전과로 인정받을 수 없다는 사실을 알게 되었다. 적기가 지면이나 수면과 격돌하는 모습을 목격하지 못했기 때문이다. 적기가 비틀거리며 동료들과 돌아갔을 수도 있고 말로엘라프섬 주변의 수면에 격돌했을 수도 있다. 내 비행기의 상태도 좋지 않았다. 오른쪽 날개의 연료 탱크 2개가 모두 구멍투성이였고, 구멍에서 구름처럼 뿜어져 나오는 항공유가 보였다. 놀랍게도 날개 연료 탱크에 불이 붙지 않아 운 좋게 무사히 탈출할 수 있을 것 같았다. 하지만 총탄에 맞아 구멍이 난 6번 실린더가 앞 유리에 기름을 뿜어대고 있었다. 나는 SBD-3이 아닌 SBD-2를 조종하고 있었다. 이 둘 사이에는 큰 차이가 있었다. SBD-3에는 자동방루 탱크가 있는 반면 SBD-2에는 없었다. 우리가 경험했듯이, SBD-2의 연료 탱크는 피탄 시 화재가 자주 발생했다. 이날 아침에 도널 소위에게 일어난 일이다. 하지만 무슨 이유에서인지 방루장치가 없는 내 평범한 연료 탱크에는 불이 붙지 않았다. 나는 그런 일이 일어나지 않았다는 데 매일 신께 감사드린다. 어찌 되었건 산 채로 불타 죽는 참사는 면하지 않았는가. 더군다나 일본군 전투기 2대가 나를 추격하지 않았다. 만약 그들이 공격을 계속했더라면 나는 그날 끝장났을 것이다.

　나는 북으로 기수를 돌려 왔던 길을 되돌아갔다. 물론 엔터프라이즈함은 그때쯤 다른 곳에 가 있었기 때문에 —전에도 그랬지만— 아무것도 없는 텅 빈 바다에 도달해 이 항로로 나를 따라오는 적기가 없음이 확실해지자 서쪽으로 방향을 돌렸다. 오후 1시 15분, 모함을 발견한 나는 3번 어레스팅 와이어를 낚아채며 비행 갑판에 안전하게 착함했다. 베스트 대위가 지휘한 9기 가운데 8기가 귀환했고 이 중 내 기체를 포함한 4기가 손상을 입었다. 격추된 B-15에 탑승한 존 J. 도허티John J. Doherty 소위와 후방사수 윌리엄 헌트William Hunt 항공 무장 상병은 전사했다.

　나는 비행기에서 내려 손상 정도를 살폈다. 정비반장은 연료가 5갤런(19ℓ) 남았고 다시 비행하기에는 총탄을 너무 많이 맞았다고 보고했다. 일본군 총탄 1발이 엔진 실린더를 관통했다. 존의 등에 난 핏자국을 보고 그의 부상을 알게 된 나는 더 놀랐다. 그는 타로아섬의 일본군 대공포 사수들에게 총탄을 다 써 버렸다며 몹시 미안해했다. 전투기에 대비해 아껴 놨어야 했다는 것이다. 나 참, 사람이 이렇게 겸손하다니! 나는 사과할 필요가 없다고 대답했다. 존이 무사한 상황이 기쁠 뿐이었다. 그리고 이렇게 혼잣말했다. "매일 비행시간 사이에 의무실에 들러 엉덩이에 박힌 파편을 제거하는 것으로 대가를 치르면 되겠군."

　나는 비행 갑판을 느긋하게 걸어 VS-6의 대기실에 들어갔다. 그곳에서 오늘 두 번째로 전우들과 경험담을 나누었다. 그중 6명이 워트제섬을 목표로 한 별도의 이차 공습에서 돌아왔음을 알게 되었다. 그들은 워트제섬의 정박지에서 화물선 2척에 손상을 입혔다. 총원 전투배치를 알리는 클랙슨이 귀가 먹먹할 정도로 울리면서 우리의 대화는 10분 만에 끝났다. 갤러허 대위가 대기실로 들어와서 이렇게 알렸다. "적기가 포착되었으며 지금 접근 중이다." 우리는 흥분해서 웅성거렸다. 일본군이 우리 기동함대를 발견했다! 일본군 쌍발폭격기 5기가 함수 우현으로 약 3,500야드(3,200m) 떨어진 구름 속에서 나타나 엔터프라이즈함을 향해 돌진했다. 디킨슨 대위가 무심코 현창 덮개를 열었다. 현창 프레임을 통해 적기 편대가 접근하는 모습이 보였다.

　"맙소사, 놈들이 온다!" 디킨슨이 소리치더니 바닥에 몸을 던져 의자들 뒤로 몸을 숨겼다. 우리 비행대에서 대피 행동을 한 사람은 디킨슨이 유일했다. 비행대의 다른 동료가 디킨슨에게 왜 그랬느냐고 물었다. 그는 자기가 엎드린 바닥이 배가 폭탄을 맞았을 때 가장 안전한 곳이라고 대답했다. 우리는 그를 비웃어 주고 교대로 현창 밖을 내다보며 디킨슨을 더 불안하게 만들려고 상황을 실시간으로 전했다. 내게는 정신적 치유의 순간이었다. 나를 죽일 뻔했던 9월의 영화 촬영 소동 사건에 대해 디킨슨은 아직도 사과하지 않았으므로 나는 여전히 그에게 화가 나 있었다. 디킨슨의 나약하고 우스꽝스러운 모습이 내게는 위로가 되었다. 몇 달 뒤에 나는 디킨슨이 매체에 기고한 연재 기사를 모아 낸 회고록을 보고 충격을 받았다. 『나는 복수를 위해 비행한다!I Fly for Vengeance!』라는 뻔뻔한 제목이 달렸던 것이다! 복수를 위해 비행한다고? 믿어지는가, 그게 그 책의 제목이었다! 디킨슨이 일본군 쌍발폭격기의 공격에 대해 말하는 대목에 이르렀을 때, 나는 그가 대기실 바닥에 엎드려 몸을 숨겼던 일을 언급하지 않았음을 알아챘다. 그렇게까지 복수심에 불타오를 필요는 없을지 모른다. 전쟁 이야기를 하면 우리 같은 참전 군인들은 부끄러운 세부 사항은 무의식적으로 언급하지 않는다. 내 이야기에는 과연 무엇이 빠져 있을까.

디킨슨을 놀려먹는 데 시간을 낭비하는 대신 나는 실전을 직접 보고 싶었다. 다른 VS-6 조종사들과 함께 비행 갑판으로 달려 나가 엔터프라이즈함의 좌현 대공포 사수들이 일본기 5대에 분노를 쏟아내는 장면을 경외심에 차서 지켜보았다. 사수들이 선도기를 명중시키자 연료가 길게 뿜어져 나왔다. 적 폭격기 5기가 우리 머리 위로 지나가며 3,000피트(914m) 고도에서 폭탄을 투하했다. 다행히 이 폭탄은 모두 좌현으로 빗나가 전혀 피해를 입히지 못했다. 폭탄을 모두 투하한 일본기들은 기지로 돌아가는 항로를 잡았다. 1대만 빼고. 손상된 선도기가 선회하더니 좌현에서 엔터프라이즈함을 향해 돌진해 왔다. 조종사는

—나중에 그가 나카이 가즈오中井一夫 대위임을 알게 되었다.— 우리 항공모함 갑판에 충돌할 생각이었다. 우리 배는 치명상을 입을 것 같았다.

그때 나는 지금까지 오래 살면서 보았던 가장 놀라운 일 가운데 하나를 목격했다. 한 수병이 주기된 SBD-2의 후방 좌석에 뛰어올랐다. 그는 .30구경 기관총을 들어 올려 사격을 개시했다. 그가 발사한 총탄에 자폭하러 다가오던 일본 폭격기는 벌집이 되었고, 마지막 순간에 연기를 뿜던 일본기는 우현으로 곤두박질치더니 오른쪽 날개로 비행 갑판을 긁었다. 일본기의 날개에 SBD-2의 꼬리 부분이 잘려 나갔고, 수평 꼬리날개가 끊어지면서 비행기는 용감한 탑승원을 태운 채 반 바퀴를 돌았다. 믿을 수 없게도 후방사수는 계속 사격하며 운이 다한 일본 폭격기에 더 많은 총탄을 퍼부었고, 심지어 일본기가 한쪽으로 기울면서 엔터프라이즈함의 비행 갑판에 항공유를 뿌리며 좌현으로 넘어갈 때도 사격을 멈추지 않았다. 다음 순간 일본기가 폭발했고 잔해가 바닷속으로 가라앉았다. 한 수병의 용감한 행동이 엔터프라이즈함을 구했다.

하지만 이게 끝이 아니었다. 비행 갑판에 고인 항공유에 불이 붙었다. 슈퍼히어로 수병은 뒷좌석에 있는 소화기를 붙잡고 갑판으로 뛰어내려 불길을 잡았다. 손상통제반이 현장에 도착했을 때 불길은 사그라들었고 용감한 수병은 어디론가 사라진 후였다. 방금 본 광경에 충격을 받은 나와 비행대 동료들은 조심스럽게 손상된 비행기로 다가가 사라진 수평 미익이 남긴 구멍을 멍청히 바라만 보았다. 마킹을 보니 내가 예전에 탔던 SBD-2인 S-5였다. S-5에게는 슬픈 순간이었지만 이 비행기의 생애는 영광으로 끝났다. 한 가지는 분명했다. 이 후방 좌석에 누가 탔든지 간에 그는 우리 부대 소속임에 틀림없었다.

저 위쪽에서 크게 외치는 소리가 들렸다. "저 친구 나한테 데려와!" 함교 좌현 돌출부 가장자리 너머로 아래쪽을 유심히 보는 홀시 제독의 엄숙한 자태가 보였다. 제독은 기함을 구한 수병의 이름을 요구했다. 처음에는 아무도 대답하지 못했다. 일본기가 자살 공격을 시도했을 때 비행 갑판에는 약 20명이 있었지만 누구도 스스로 나서서 자신이 폭격기를 격추한 전공을 세웠다고 말하지 않았다. 장교 6명이 비행 갑판으로 가서 수소문했으나 쓸 만한 정보 없이 빈손으로 돌아왔다. 홀시가 코웃음을 쳤다. "찾을 수 없다고?" 제독의 눈초리가 날카로워졌다. 표정을 보니 '모르겠습니다' 따위의 보고는 받지 않겠다는 것이 분명했다. 다시 장교 10명이 파견되었다. 이들에게는 당시 갑판에 있었다고 알려진 수병들을 찾으라는 지시가 떨어졌다. 한 시간에 걸친 인터뷰 끝에 이들은 홀시가 말한 수병을 찾아냈다. 브루노 피터 가이도 항공 정비 상병이었다. 1941년 5월, 내가 처음으로 여섯 번 착함할 때 내 비행기에 동승했던 바로 그 사람이었다.

홀시가 말했다. "나한테 보내!"

가이도는 함교로 가서 보고했고, 홀시는 단도직입적으로 왜 그렇게 대담하게 행동했느냐고 물었다.

몇 달 전 내가 목격했던 차분한 태도로 가이도는 대답했다. "누구도 그 일본기에 사격하지 않고 있었습니다. 적기가 모함과 충돌할 것 같아서 제가 나서서 일본기에 사격했고 그게 전부입니다."

홀시는 못 믿겠다는 듯한 표정을 지었다. "화재도 났었네." 그가 말했다. "누가 소화기를 들고 와서 진화했는지 설명할 수 있는 사람이 아무도 없네."

가이도가 대답했다. "제가 소화기를 잡고 진화한 것 같습니다."

"왜 이런 이야기를 다른 사람들에게 하지 않았나?"

가이도는 약간 당황해했다. "음, 저는 당직 중이었습니다. 공격하는 비행기가 더 중요하다고 생각해서 제 자리를 떠났습니다. 화재 진압 후 다시 옷을 챙겨입고 제가 해야 할 일을 하고 있었습니다."

홀시의 눈가에 생긴 주름이 조금 펴졌다. "자네 직별은? 계급은 뭔가?"

가이도가 답했다. "항공 정비 상병입니다."

"자네는 지금부터 항공 정비 하사야!"

가이도는 전장에서 진급했다. 우리는 그를 볼 때마다 환호성을 보내고 등을 두들겼다. 내가 가이도를 제일 많이 칭찬한 사람이었을 것이다. 자신이 S-5의 후방 좌석으로 뛰어든 이유를 설명할 때마다 그는 이렇게 말했다. "어, 달리 무엇을 할 수 있었겠습니까? 누구라도 그렇게 했을 겁니다!" 그에게 이런 행동은 누구라도 당연히 할 법한 일이었으므로 칭찬도 필요 없었다. 나는 동의하지 않았다. 모두가 가이도 같은 배짱을 가지지는 못했다. 그는 인상적인 용기를 보여 주었다. 그는 내가 만난 사람들 중 가장 용감한 사나이였다. 나는 대담함과 겸손함을 갖추고 임무를 수행한 가이도가 존경스러웠다. 기회가 생긴다면 나도 가이도처럼 행동하고 싶었다.

엔터프라이즈함이 마셜 제도에서의 전투 작전을 마무리 짓기 전에 실망스러운 소식을 들었다. 톰 에버솔과 대화하면서 뇌격기 9기 모두 의도한 표적에 어뢰를 맞히는 데 실패했다는 사실을 알게 되었다.

에버솔은 이차 공격대의 일원이었다. 오전 07시 31분, VT-6 부장 랜스 E. 매시Lance E. Massey 대위가 마크-13 어뢰로 무장한 뇌격기 9기의 선두에 섰다. 이들은 콰절린 초호에 갇힌 일본군 수송선을 공격하라는 명령을 받았다. 뇌격기 조종사들은 목표물이 사실상 고정 표적일 것이라고 기대하면서도 이것이 위험한 임무임을 알았다. 이들은 전투기 엄호도 연막도 없이 가야 했다. 더욱이 매시 대위는 조종사들에게 마크-13 어뢰의 민감한 시스템이 작동하는 데 지장을 주지 않으려면

우리 자매부대인 VT-6의 조종사들이다. 1942년 1월 촬영. 앞줄 맨 왼쪽에 있는 사람이 엔터프라이즈함에서 나와 가장 친한 친구였던 톰 에버솔 중위다. (미해군역사유산사령부Naval History and Heritage Command; NHHC)

저속으로 수면 가까이에서 비행해야 한다고 말했다. 오전 09시 05분, 180해리(333km)를 순항한 끝에 공격에 나선 뇌격기 9기가 어뢰 9발을 투하했다. 오전 11시 30분에 모함으로 귀환한 뇌격기 조종사 중 적에게 피해를 주었다고 확신하는 사람은 아무도 없었다. 교전보고에는 어뢰 1발이 수면 위로 노출된 산호와 충돌해 적선에 닿기도 전에 먼저 폭발했다고 적시되었다. 조종사들은 4발이 명중, 2발이 명중 추정이라고 주장했지만 이 보고는 어뢰 폭발이 단 1회 있었다고 밝힌 일본군의 피해조사 결과와 맞지 않는다. 우리의 공식 보고도 톰의 이야기와 차이가 있었다.

'음모론자'라고 불러도 상관없지만, 내 생각에는 누군가가 엔터프라이즈함의 보고서를 사실과 다르게 고쳐서 어뢰가 거의 매번 명중하는데 실패했다는 사실을 감추려고 한 것 같다. 왜 우리 뇌격기가 공격에 성공할 가능성이 극히 희박하다는 사실을 숨기고 싶어 했는지 모르겠지만, 만약 그랬다면 대단히 수치스러운 일이다. 나는 마크-13 항공어뢰가 불발한 사례가 많은 이유도 모르겠다. 기폭장치exploder가 불발했거나 수면 아래에서 오작동했을지도 모른다. 하지만 이것만은 안다. 우리 조종사들이 이상적인 기상 조건에서 잔잔한 수면에 떠 있는 움직이지 못하는 유조선조차 격침할 수 없다면, 적 전투기와 대공포탄을 피하면서 거친 바다에서 군함과 대적할 때는 과연 기회가 있을까? 이상적인 조건에서도 어뢰의 11퍼센트만 기폭했다면 끔찍한 전투 조건에서 어뢰가 기폭할 확률은 제로일 것이다. 만약 누군가가 뇌격기를 실전에 투입하기로 했다면 폭탄을 달아 주는 편이 더 나을 것이다.*

전반적으로 나는 전투 결과에 만족했다. 우리는 일본군을 공격했고 그들이 진주만에서 우리 함대에 저지른 짓의 대가를 치르게 했다. 우

---

* 나중에야 알게 되었는데, 병기국Bureau of Ordnance은 1943년까지 마크-13 어뢰를 충분히 시험하지 않았다. 뉴포트Newport에서 수행한 실험에서 병기국 장교들은 투하한 어뢰 105발 중 겨우 31퍼센트만이 만족스럽게 항주했다고 기록했다. 어쨌든 간에 모든 어뢰에 문제가 있었다. 어떤 어뢰는 신관이 작동하지 않았고, 일부는 가라앉았으며, 너무 깊거나 얕게 항주한 어뢰도 있었다. 일부 어뢰는 프로펠러가 약해서 적선에 도달할 만큼 빨리 항주할 수 없었다. 이러한 문제들은 마크-13 어뢰가 투하된 다음 거칠게 입수하는 과정에서 부품들이 불안정해지면서 발생했다. 뇌격기가 최대한 느리게 비행해도 투하된 어뢰 전부에서 항주뿐만 아니라 이런저런 문제들이 발생했다. 결국 병기국은 투하할 때 공기저항을 높이는 목제 덮개wooden drag ring와 추진부 덮개shroud ring를 개발해 물에 들어갈 때 어뢰를 안정시킴으로써 이 문제를 해결했다. 1944년에 개량된 마크-13 어뢰는 믿을 만한 무기가 되었다. 물론 이 점이 1942년에 전투에 나선 뇌격비행대에는 별 위로가 되지 않을 것이다. 이때 뇌격비행대는 거의 언제나 불발 문제를 겪었다. 예를 들어 1942년 3월 10일에 라에Lae와 살라마우아Salamaua에서 VT-2는 일본군 수송선 14척을 노리고 어뢰 13발을 투하했는데 그중 단 1발만 명중했다. 5월 2일의 툴라기섬Tulagi Island 공격에서 VT-5는 어뢰 17발(두 번의 별개 공격)을 투하해 그중 1발만 명중했다. 유일한 예외는 산호해 해전이었다. 1942년 5월 7일, VT-2와 VT-5는 어뢰 22발을 투하해 그중 19발이 명중했다고 주장했다. 다음 날 두 뇌격비행대는 다시 공격에 나서 20발을 투하하고 8발이 명중했다고 주장했다. 이 '확정' 명중 기록은 과장되었다. 일본군 기록에 따르면 5월 7일에 VT-2와 VT-5는 많아야 7발을 명중시켰고 5월 8일에는 명중 기록이 전혀 없다. 따라서 어뢰가 제 기능을 하는 것 같았을 때조차도 성능은 기대 이하였다.

리 비행대가 보여 준 용기도 만족스러웠다. 디킨슨조차 비행할 때 다른 이들처럼 엄격한 모습을 보여 주었다.

나는 진에게 이렇게 썼다. "내가 있었던 장소와 우리가 해 온 일을 조금이라도 당신에게 말할 수 있으면 좋으련만. 언젠가는 할 수 있겠지. 하지만 지금 우리가 세계 어느 나라 군인보다 강단 있고 우리 사수들이 그 누구보다 실력이 더 좋다는 것은 말할 수 있어." 진에게 하마터면 죽을 뻔했다고 말할 수는 없었지만 전투가 벌어졌다는 것, 싸웠다는 것, 그리고 그녀의 기도가 도움이 되었다는 것은 말할 수 있었다. "난 아직 살아 있어. 당신과 신이 하신 놀라운 일 덕택에 말이야. 하지만 나도 잠깐이나마 걱정했던 걸 인정할게. 내 무전수 스노든이 다리를 조금 다쳤고(찰과상) 내 셔츠가 찢어진 것 말고는 괜찮아. … 내 사랑, 몇 달간 전투비행을 하면서 당한 부상은 이게 다야."

2월 3일에 엔터프라이즈함은 하와이로 귀항했다. 나는 중부태평양에서 기념할 만한 첫 전투를 치렀다. 그러나 이것은 앞으로 닥칠 일에 비하면 맛보기에 불과했다.

11

웨이크섬과 마커스섬
1942년 2월~3월

제8기동함대는 2월 5일에 진주만에 귀환했다. 우리는 3일간 자유를 누리며 로열 하와이언 호텔에 숙박했다. 나는 모든 것을 잠시 내려놓고 재충전하며 내가 걸어온 길을 반추할 기회를 얻었다. 전쟁이 일으켜 깨운 냉혹한 전사의 영혼과 진을 보고 싶다는 갈망이 나의 내면에서 서로 충돌했다. 한편으로는 전투에 마음이 고양되어 국가의 적과 싸우고 싶다고 생각하면서도 다른 한편으로는 집에 돌아가 사랑하는 사람과 평화롭게 살고픈 생각이 간절했다. 로열 하와이언 호텔을 떠날 무렵 나는 진에게 편지를 썼다. "오늘 밤엔 아름다운 것을 이야기해 주고 싶은데 그럴 수가 없어. 얼마 전 이틀 정도 자유시간을 가질 수 있었어. ― 부드러운 잔디밭을 걷고 별과 구름과 산을 바라보았지. ― 하지만 오늘 밤 내 머릿속은 일본군을 물리칠 생각으로 가득해서 다른 게 들어올 여유가 없어. 인생이 너무 뒤죽박죽이고 비현실적이라 오늘 밤에는 당신의 낙관론을 많이 사용해야겠어."

개인 시간은 금방 지나갔다. 우리는 먼저 비행대를 재건해야 했다. 항구에 잠깐 머무르는 동안 VS-6은 '-3(대시-스리dash-three)'라고 부른 신형기, 즉 SBD-3형을 몇 대 받았다. SBD-3은 마셜 제도 전투에서 잃은 '-2(대시-투dash-two)'를 대체할 예정이었다. SBD-3형에서는 중요한 부분이 변경되었다. 우선 날개 장착 에어백이 사라졌다. 우리 조종사들이 이 장치에 대한 불만을 꽤 오랫동안 제기해서인지 여기에 귀 기울인 해군은 결국 새 모델에서 이 장치를 제거했다. 둘째, 앞서 말했듯이 모든 SBD-3은 자동방루 연료 탱크를 장비했다. 마셜 제도 전투 후 갤러허 대위는 실전에서 자동방루 연료 탱크의 중요성을 분명히 밝혔다. 대위의 보고서에는 이런 경고가 있었다. "자동방루 탱크를 장비했다면 비행기 손실이 적었을 것이라고 믿는다." 이제 연료 탱크가 적탄에 구멍이 뚫려도 SBD는 로이섬에서 도널 소위가 그랬던 것처럼 불길에 휩싸이지 않을 것이다. 또 중요한 변화로 SBD-3에는 YE-ZB 유도 시스템이라는 특수 장비가 장착되었다. 이것은 비행기가 모함으로 귀환하도록 유도하는 무선장비. 항공모함의 안테나군에 설치된 고주파 발신기(YE)와 비행기에 장착된 암호화 수신기(ZB)가 시스템의 구성요소다. 각 항공모함의 YE 안테나는 모스 부호로 신호—사전 지정된 12개 글자 중 하나, 함 주변 360도를 30도씩 나눈 호 하나마다 한 글자가 배정된다.—를 발신한다. 귀환하는 조종사가 모함—내 경우에는 엔터프라이즈함—의 부호를 입력하고 모함이 발신한 모스 부호를 들으면 즉각 모함이 있는 방향이 파악된다. 이상적 조건에서 우리는 모함에서 500야드(457m)까지 전파를 추적할 수 있었다. 첫 ZB 수신기는 1941년 2월에야 도착했고 개전 후 몇 달간 VS-6의 SBD-2 3기에만 이 장비가 장착되었다. 이제 우리의 피드백 덕에 YE-ZB는 모든 SBD-3의 표준장비가 되었다. SBD-3을 타고 처음으로 이함하는 동안 존 스노든은 무전기 코일을 바꾸는 연습을 수없이 했다. 후방사수로서 비행 중 ZB 장치를 준비해 두고 전투 후 귀환 항로 탐색을 돕는 것이 그의 임무였다.*

　다른 비행대에서 임시 전출된 새 조종사들이 도착했다. 호핑이 전사했으므로 갤러허가 비행대 지휘를 맡았다. 러더퍼드 대위가 제1중대장을, 디킨슨이 계속 제3중대를 맡았다. 호핑 대장을 잃은 우리는 창자가 끊어지는 것 같은 슬픔을 느꼈다. 그는 부하의 말에 귀 기울이는 훌륭한 지휘관이었다. 하지만 모범을 보이며 지휘하는 갤러허 역시 뛰어난 후임자였다. 그는 완벽을 요구했고, 실현했다. 2월 13일, 갤러허는 우리에게 비행 장구를 챙겨 두라고 경고했다. 홀시가 우리를 위해 또 다른 모험을 준비해 두었기 때문이다. 다음 날, 엔터프라이즈함은 진주만을 출항해 전투 항해에 나섰다. 침로는 서쪽이었다. 여정 절반쯤을 소화했을 때 우리는 웨이크섬을 공습할 계획임을 알게 되었다. 몇 주 전인 12월 23일, 웨이크섬의 해병 분견대는 일본군의 압도적인 공격을 받고 항복했다. 수적 열세에도 불구하고 일본군과 맞서 싸운 해병대의 영웅담이 전 미국에 알려졌다. 이제 우리는 웨이크섬을 점령한 일본군을 공격하라는 명령을 받았다. 본질적으로 홀시와 니미츠가 원한 것은 마셜 제도 공격 시의 활약을 반복하는 것이었다. 중부태평양에서 일본군을 몰아내려면 일본군 외곽 기지의 비행기, 활주로, 격납고부터 제거해야 했다. 우리는 일본군에게 자기들이 점령한 섬이 안전하지 않음을 일깨워 줄 필요가 있었다.

　악천후 탓에 항해에 지장이 컸다. 엔터프라이즈함은 매일 정찰 임무를 맡은 비행기를 발진시켰다. 그리고 2월 18일, 톰 에버솔의 뇌격기가 추락했다. 톰이 돌아오는 길에 폭풍우가 밀려왔고 비행기에는 귀환하

---

* 내 새로운 SBD-3은 'S-11(기체번호 4665)'로 지정되었고 9일간 정비한 후 전투준비를 완료했다.

기에 충분한 연료가 없었다. 비행기가 불시착한 다음 톰과 두 탑승원, L. C. 페더슨Pederson 항공 정비 병장과 J. M. 블런들Blundell 통신 상병은 구명보트를 부풀려서 동쪽으로 노를 젓기 시작했다.

모함의 승조원 모두가 그들을 걱정했다. 특히 나는 더 그랬다. 이 배에서 톰은 나와 가장 친한 친구였다. 포세이돈이 톰과 두 동료를 집어 삼킬 것인가? 홀시 제독이 전 기동함대에 침로를 변경해 실종자를 수색하라고 명령하자 나는 한시름을 놓았다. 다음 날, VS-6의 대체 조종사 중 한 명인 로버트 K. 캠벨Robert K. Campbell 소위가 구명보트를 발견해 위치를 보고했다. 엔터프라이즈함에 착함한 캠벨이 전한 이야기는 흥미로웠다. 구명정 뒤쪽에 조용히 앉은 톰이 동쪽으로 250해리(463km) 떨어진 미드웨이 환초로 길을 잡는 동안 두 수병 탑승원이 신들린 것처럼 노를 젓고 있었다는 것이다. 우리는 캠벨이 묘사하는 장면을 아주 재미있게 들었다. 이제 톰의 안전이 확인되었으니 마음 놓고 웃을 수 있었다. 배에 있던 만화가가 톰을 코트에 손을 찔러넣고 가라앉은 비행기에서 탈출하기 위해 필사적으로 노를 젓는 두 탑승원을 조용히 지켜보는 늙은 선장의 모습으로 그렸다. 만화 제목은 "에버솔이 함선을 지휘하다."였다. 구축함이 톰을 구조했다고 보고하자 나는 뛸 듯이 기뻤다. 함의 사기가 치솟았다. 우리는 홀시가 비행기 탑승원 1명을 찾기 위해 전 함대를 돌리는 사람이라면 내 안전도 지켜 주리라고 생각했다. 불시착한다면 함대가 우리를 찾으러 올 것이라고 확신했다.

2월 23일까지 제8기동함대는 적 함선이나 비행기와 접촉하지 못했다. 이로써 내일 우리 비행단의 출격이 확실해졌다. 계획대로 모든 일이 진행된다면 우리는 웨이크섬 북쪽 100해리(185km) 해상에서 발진할 것이다. 2월 24일의 공습은 2월 1일의 공습을 그대로 따를 것이다. 우리는 웨이크섬의 활주로, 병사兵舍, 수상기용 경사로, 격납고, 비행기,

연료저장소를 폭격함과 동시에 기총소사하고 수상함 4척(순양함 2척과 구축함 2척)이 섬을 포격할 때까지 대기하라는 지시를 받았다. 공격 전 몇 시간 동안 걱정스러웠다. 다른 사람들처럼 나 역시 웨이크섬의 방비가 엄중할 것으로 예상했다. 이른 시간에 일어나 아침을 먹고 대기실에 출두한 다음 진에게 편지 한 통을 급히 썼다. 일이 잘못된다면 이것이 마지막 편지가 될 터였다. 나는 이렇게 편지를 끝맺었다. "사랑하는 진, 내게 행운을 빌어 줘. 요즘은 특히 행운이 필요해. 내가 당신에게 줄 수 있는 건 사랑밖에 없다는 걸 알 거야. 내게 무슨 일이 일어난다면 마지막 순간에 당신을 생각했음을 언제나 알아줬으면 해. 사랑해, 언제나. 잭."

편지를 다 쓴 지 얼마 안 된 05시 30분, 요먼이 "조종사 탑승!"이라고 외쳤다.

비행 갑판을 달리는 동안 안개비가 온몸에 느껴졌다. 아침 발진에 좋지 않은 조건이었다. 엔진에 시동을 걸었을 때도 수평선은 보이지 않았다. 회전하는 프로펠러가 습기 찬 공기를 철썩 때리면서 일종의 헤일로 halo 효과가 발생해 앞을 똑바로 보기가 불가능해졌다. 위험을 무릅쓰고 4기는 전투초계에, 6기는 공격대 엄호에 배정된 F4F 전투기 10기가 일정에 맞춰 날아올랐다. 다음으로 SBD 36기가 발진했고, 그 뒤를 접촉신관 폭탄을 장비한 TBD 9기가 따랐다. 갤러허는 VS-6의 첫 번째 비행기에 탑승했다. 대장기는 무사히 하늘로 떠올랐지만 내 룸메이트 페리 티프가 조종하는 S-2는 함수에서 45도 틀어진 각도에서 이함을 시도하다 좌현으로 휙 틀더니 바다로 나가다가 대공포좌와 충돌했다.

신출내기 신호장교가 낸 부정확한 신호가 사고의 원인이었다. "오른쪽으로 45도 틀어" 신호를 내리는 대신 "즉시 이함" 제스처를 취했는데, 이것은 조종사는 볼 수 없는 엔터프라이즈의 함수가 조종사 바로 정면에 있다는 뜻이었다. 사실 페리의 비행기는 함수와 비스듬한 방향에 서 있었고 안개 속에서 페리는 자기 비행기 앞 40피트(12m) 너머를 볼 수 없었다. 비행기가 바다로 떨어질 때의 충격으로 조준경에 얼굴이 찍히는 바람에 페리는 왼쪽 눈을 심하게 다쳤다. 호위구축함 중 하나인 USS 블루Blue(DD-387)가 현장에 도착해 그를 구조했다. 페리의 후방 사수 에드거 P. 징크스Edgar P. Jinks 통신 상병이 가라앉는 비행기에서 탈출하는 모습이 잠시 목격되었으나 그 후 보이지 않았다. 구축함 승조원들은 징크스가 도와달라고 외치는 소리를 들었으나 안개 속에서 그의 위치를 찾지 못했다. 어느 시점엔가 미친 듯이 도움을 요청하는 소리가 그쳤고 징크스 상병은 익사했다. 페리는 부상에서 빠르게 회복했지만 비행사 경력은 끝났다. 그는 유리 의안을 받자마자 민간 조종사 면허로 윌리 포스트Wiley Post(1898~1935, 미국의 비행사. 한쪽 눈을 잃었지만 세계 최초로 단독 세계일주 비행에 성공했다.—옮긴이)처럼 한 눈으로도 비행할 수 있다는 것을 보여 주었다. 하지만 해군은 페리의 주장을 받아들이지 않고 해군항공대 재입대를 불허했다. 물론 그때 나는 그에 대한 걱정을 잠시 뒤로해야 했다. 나는 할 일이 있었고, SBD 1대의 탑승원을 잃었다고 공습을 중단할 수는 없었다. F4F 전투기들과 갤러허의 SBD가 참을성 있게 상공을 선회하는 동안 우리는 최대한 빨리 비행단의 나머지 비행기들을 엔터프라이즈함의 비행 갑판에서 발진시켜야 했다. 발진은 계속되었고 오전 06시 15분에 모든 비행기가 하늘로 떠올랐다.

영 중령은 공격대를 남쪽으로 이끌고 웨이크섬 남쪽 5해리(9.3km) 해상의 집합점을 선회한 다음 북쪽으로 방향을 바꿔 섬을 공격하고 엔터프라이즈함으로 귀환할 예정이었다. 오전 07시 50분, 각 급강하폭격기 중대가 여러 방향으로 전개하면서 공격이 개시되었다. VS-6의 3개 중대는 "중요지역 A, B, C"라는 이름이 붙은 특정 지역을 공격하라는 명령을 받았다. "중요지역"에는 남쪽과 북쪽에서 섬의 석호와 외양을 잇는 수로, 남동쪽의 육괴, 활주로가 포함되었다. 내가 소속된 VS-6의 2중대는 중요지역 B와 활주로를 공격하라는 지시를 받았다. 2중대의 SBD 5기는 1만 1,000피트(335m)에서 고도를 낮춰 비행장의 동쪽 끝자락을 가로질러 북쪽을 향해 공격했다. 내가 탄약집적소 꼭대기에 투하한 500파운드(227kg) 폭탄이 엄청난 폭발을 일으켰다. 전반적으로 환호할 만한 성과는 없었다. 건물을 많이 파괴했음에도 불구하고 공격 초기에 달아난 쌍발폭격기 1대를 빼고는 적기를 전혀 발견하지 못했고 항구에서는 작은 보조함선 1척만 발견했을 뿐이었다. 간단히 말해 이번에도 정보가 부정확했다. 설상가상으로 S-8이 대공포화에 격추되었다. 이 비행기는 섬 동쪽에 추락했고 탈출한 탑승원 2명―조종사 퍼시 포먼Percy Forman 소위와 항공 정비 병장 존 E. 윈체스터John E. Winchester ―은 일본군에게 포로로 잡혔다. 하지만 이들이 탑승한 사실을 인지하지 못한 미군 잠수함이 포로 수송선을 어뢰로 공격해 안타깝게도 두 사람은 사망했다.

S-8이 추락한 지점 반 해리(926m) 북쪽에 있는 집합점에서 일어난 사건을 빼고는 별다른 일이 거의 없었다. 집합점에 도착하니 150피트(46m) 길이의 400톤짜리 일본군 순찰정이 선회하고 있었다. 나는 즉시 강하해 100파운드(45kg) 세열폭탄fragmentation bomb〔폭발 시 금속 파편을 비산시켜 살상력을 극대화하는 폭탄―옮긴이〕으로 이 배를 격침하려 했다. 비행 일지에 기록했듯이 "과격한 기동과 더불어 내가 너무 서둘렀던 탓에" 폭탄이 빗나갔다. 얕은 각도로 강하하면서 작은 표적을 명중시키기란 쉽지 않을뿐더러 표적은 움직이는 선박이었다. 투하한 폭탄이 수평으로 멀리까지 궤적을 그리며 날아가는 동안 표적은 방향을 바

꿀 수 있었다.

　내게는 아직 사용하지 않은 전방 기관총이 남아 있었고, 나는 순찰정을 덮쳐서 내 총탄을 몽땅 쏟아부었다. 존 스노든에 따르면 내가 일본군 순찰정을 앞뒤로 열아홉 번 지나쳤다고 한다. 공격을 끝냈을 때 배는 미친 듯 빙빙 돌며 가라앉고 있었다. 겁에 질린 일본군 수병들은 속수무책으로 당하는 배에 남느니 물로 뛰어드는 게 낫다고 생각했는지 바다로 뛰어내렸다. 곧 모습을 나타낸 우리 전투기들이 전투에 참여해 만신창이가 된 배에 기총탄을 발사했고, 총탄은 물보라를 일으키며 수영하는 일본 군인들에게 명중했다. 오전 10시 54분, 북쪽에서 웨이크섬을 포격하기로 했던 구축함 중 하나인 USS 볼치Balch(DD-363)가 뱃머리를 돌려 섬의 동측면으로 와서 일본군 순찰정을 끝장냈다. 볼치함이 구조한 생존자 4명 중 3명은 가벼운 절상과 찰과상을, 1명은 기총소사로 부상을 입었다.

　우리는 오전 10시경 엔터프라이즈함으로 귀환했다. 전반적으로 짜릿한 경험이었고 성공적인 기습이었지만 모든 게 쉬웠다고 하기는 어려웠다. 우리는 인상적인 목표물을 맞히지 못했고 이것이 과연 포면, 윈체스터, 징크스의 목숨과 바꿀 가치가 있는지 의심스러웠다. 웨이크섬 폭격은 표적 연습과 비슷했다. 적 함선을 전혀 발견하지 못했고 비행기도 4발 비행정 4기뿐이었다. 우리가 추구하는 대승의 기준에 따르면 웨이크는 승리를 거둔 곳이 아니었다.

　작전은 아직 끝나지 않았다. 홀시는 또 다른 목표를 염두에 두었다. 웨이크섬 공습 다음 날, 우리 기동함대는 일본 본토에서 900해리(1,670km) 떨어진 마커스섬Marcus Islands〔일본명은 미나미토리시마南鳥島. 일본 제국 영토였다가 2차 세계대전 패전 후 샌프란시스코 강화조약에 따라 미국이 관리했고 1968년 일본에 반환되었다. ―옮긴이〕으로 진로를 잡았다.

이 공격은 지금까지 우리가 한 공격 중 적 영토와 가장 가까운 곳에서 이루어진 공격이었다. 그날 엔터프라이즈함은 페리 티프 소위를 맞았다. 한쪽 눈을 잃었음에도 티프는 놀라울 정도로 씩씩했다. 그는 평일용으로 평범한 유리 의안을 사고, 과음한 다음 날에 쓸 용도로 충혈된 모양의 의안을 살 계획이라고 농담했다. "페리는 이 사고를 잘 받아들이고 있다." 나는 비행 일지에 이렇게 적었다. "정말 좋은 친구다."

기동함대가 목적지에 다가갈수록 안개와 악천후가 우리를 괴롭혔다. 엔터프라이즈 비행단은 3일간 정찰비행을 미뤄야 했고, 정찰 임무를 맡은 폭격기들이 비행을 재개했을 때 우리는 S-16을 잃었다. 나쁜 날씨에 착함을 시도하다 추락한 것이다. 순양함이 탑승원인 찰리 웨어Charile Ware 대위와 윌리엄 H. 스탬보William H. Stambaugh 통신 병장을 구조했지만 새로운 정보가 없었으므로 우리는 불길한 모습으로 다가오는 다음 목표물이 궁금했다. 공격 전날인 3월 3일까지도 우리는 마커스섬 자체나 섬의 방어시설에 대해 거의 아는 바가 없었다. 나는 비행 일지에 이렇게 적었다. "내일 마커스섬에서 큰 전투가 벌어질 것이다. 그곳에 적 전투기와 대공포가 얼마나 있는지 알면 좋으련만 … 아니면 비행장이 있는지도. 스파이 시스템이 있다면 좋을 텐데." 초조함에 압도되었는지도 모르겠다. 잠들기 전에 나는 최악의 사태에 대비해 또한 통의 '마지막 러브레터'를 진에게 썼다. "오늘 밤엔 어때? 여전히 내가 기억하는 대로 아름답겠지? 그랬으면 좋겠어. 그게 내가 당신을 언제든지 볼 수 있는 방법이니까. 만약 내게 무슨 일이 일어난다면 당신을 다시 못 보게 되는 게 가장 후회스러울 거야. 먼 훗날 당신이 천국에서 내려오고 ―기다리고 있을게― 나는 ―내가 갈 게 확실한―지옥에서 살금살금 까치발로 올라가면 다시 만날 수 있겠지. … 잘 자고 좋은 꿈 꿔, 진. 내 삶의 마지막에는 항상 당신을 생각할 거야."

그날 나는 5주 동안 세 번째로 해 뜨기 전에 일어났다. 전투 전에 든든한 아침식사를 배부르게 먹고 영양가 없는 출격 전 브리핑을 꾹 참고 들었다. 무기를 잡으라는 전투 나팔 소리—"조종사 탑승!"—가 들리자 아직 달빛에 흠뻑 젖은 비행 갑판으로 도망치듯 달려 나갔다. 하늘이 도왔는지, 나빴던 날씨가 드디어 좋아졌다. 마침내 비와 안개를 상대로 싸우지 않아도 되었다. 우리는 엔진 출력을 높였고 오전 04시 45분, 보름달 달빛이 환하게 비추는 비행 갑판을 박차고 F4F 6기가 굉음을 울리며 날아올랐다. 그다음 영 중령이 비행 갑판을 달려 나갔고, VS-6의 SBD 14기가 뒤따랐다. VB-6 소속 SBD 17대가 마지막이었다. 4,000~6,000피트(1,219~1,829m) 상공에서 짙은 구름의 방해를 받아서 공격대가 목표물로 향하는 방향의 집합점에 모이기까지 다소 시간이 걸렸다. 마침내 오전 05시 25분, 38기로 이루어진 우리 공격대가 집결해 목표물로 속행했다. 무슨 일이 일어날지 전혀 알 수 없었다. 우리가 무언가를 발견하면 스스로 판단해 폭격할 수 있었지만 기본 사항은 확실했다. 비행기, 선박, 무전국을 우선 공격해야 했다.

마커스섬을 찾는 데 한 시간 정도가 걸렸다. 짙게 깔린 구름층 탓에 우리는 차트 보드에 의존해 길을 찾았다. 오전 06시 30분, 구름 사이로 운 좋게 열린 공간이 나타났고, 1만 7,000피트(5,182m) 아래에서 작은 삼각형 모양의 마커스섬이 밝은 달빛을 받으며 나타났다. 영 중령은 공격을 명령했고 우리는 준비를 시작했다. 마커스섬 수비대는 대공포에 인원을 서둘러 배치하고 구름 사이로 난 틈으로 사격을 개시했다. 마커스섬은 가장 넓은 곳의 길이가 6마일(9.7km)이 채 되지 않는 작은 섬이었음에도 불구하고 일본군은 내가 겪어 본 최고의 대공사격을 퍼부었다. 1만 7,000피트 고도에서 놀랄 만한 정확도를 과시하며 고사포탄 8발이 내 비행기 근처에서 폭발했다. 나는 남쪽 해안에서 접근을 개시해 활주로 남쪽에 있는 병사兵舍를 겨냥해 강하했다. 5,000피트(1,524m)에서 급강하하며 안전을 기해 높은 고도에서 폭탄을 투하했다. 100파운드 폭탄 2발이 건물에 명중해 큰 화재를 일으켰으나 500파운드 폭탄이 기체에서 분리되지 않았다. 폭탄이 분리되지 않고 매달려 있음을 깨달은 나는 오른쪽으로 선회해 동쪽 해안을 가로질러 움직이지 않던 폭탄투하기가 느슨해질 때까지 양 날개를 흔들었고, 폭탄은 무사히 바다로 떨어졌다.

다시 귀환 집합점을 향해 비행기를 몰고 갔을 때 우리 비행대가 또 1대를 잃었음을 눈치챘다. S-7의 조종사 하트 데일 힐턴Hart Dale Hilton 중위가 비행기에 화재가 발생했으며 불시착한다고 보고했다. 힐턴의 SBD-2는 마커스섬에서 고작 10해리(19km) 떨어진 바다에 완벽하게 착수했고, 힐턴과 잭 리밍Jack Leaming 통신 병장은 고무보트로 탈출했다. 폭음을 울리며 지나가는 내 비행기에 힐턴은 엄지손가락을 치켜들어 자신과 리밍이 살아남았음을 알렸다. 두 탑승원은 안전한 곳으로 가려고 열심히 노를 저었지만 조수에 밀려 섬에 표착해 일본군에게 생포되었다. 두 사람은 3년 6개월간 전쟁포로로 잡혀 있었다.

오전 08시 45분, 나는 엔터프라이즈함에 귀환했다. 잠시 쉬면서 샌드위치를 먹을 틈도 없이 존 스노든과 나는 정찰비행 명령을 받았다. 오전 10시, 우리는 다시 하늘에 떠 있었다. 200해리(370km)를 수색했으나 아무것도 발견하지 못했다.

웨이크섬과 마커스섬 습격에서 우리가 무엇을 달성했는지 잘 모르겠다. 우리는 섬에 있는 구조물들을 파괴했으나 돌이켜 보니 목표물을 타격할 때의 스릴 외에 다른 느낌은 없었다. 지휘관들은 이번 공습이 일본군에게 심리적 패배감을 안겼다며 우리를 격려했다. 며칠 뒤 나는 우리 부장 T. P. 지터 중령이 쓴 《전쟁 정보 회람War Information Bulletin》

68호를 읽었다. 내용은 다음과 같다.

우리 비행단은 다시 한번 적에게 타격을 입혔으며 물리적 피해의 관점에서는 그 효과를 온전히 판정할 수 없다. 그러나 도쿄에서 겨우 1,015해리(1,879km), 강력한 기지인 지치지마父島와 사이판에서 각각 660해리(1,222km), 705해리(1,306km) 떨어진 기지 중 하나가 공격받았다면 일본군은 하던 일을 멈추고 다시 생각해 보지 않고서는 못 배길 것이다. 이제 적은 미 해군이 공세적 행동이라는 전통적인 행동 원칙을 지키고 있음을 의심할 수 없다. 아마 일본의 '천자天子'는 '욱일旭日'이 완전히 영구적으로 지기 전에 얼마나 많은 '부분일식'을 겪을지 궁금해할 것이다.

우리는 진주만으로 향하는 귀로에 올랐다. 또 한 번의 임무가 끝났다. 우리는 마셜 제도, 웨이크섬, 마커스섬에서 3연승을 거두었다고 믿었지만 결정적 승리는 얻지 못했다. 그때는 몰랐지만, 우리가 고대했던 결전이 바로 눈앞에 다가와 있었다.

12

중부태평양으로 돌아가다
1942년 3월~6월

3월 9일, 엔터프라이즈함은 진주만으로 돌아갔고 우리는 일주일간 쉬었다. 이번 전쟁으로 인해 우리 부대는 끔찍한 인명피해를 보았다. 전쟁이 시작된 이래 VS-6은 총 19명을 잃었다. 조종사가 8명, 후방사수가 11명이었다. 1941년 5월에 샌디에이고에서 온 19명의 조종사 중 나를 포함해 8명만 살아남아 VS-6에서 복무하고 있었다.* 진주만으로 돌아온 다음 조종사 중 3명이 더 떠났다. 클리오 돕슨과 에드워드 디컨은 착함신호장교 보조로 전출되었다. 둘 다 엔터프라이즈함에 남았기 때문에 우리는 서로 계속 볼 수 있었으나 이제는 착함 직전 마지막 접근을 돕는 것이 그들의 역할이었다. 벤 트로멀Ben Troemel 중위는 수수께끼처럼 사라졌는데, '소문'에 따르면 해군이 중위의 독일계 성 때문에 그를 조사했다고 한다.

트로멀은 비행대를 떠났으나 해군에 남아 본토의 해군 항공기지에

---

* 나를 제외한 7명은 얼 갤러허, 클래런스 디킨슨, 놈 웨스트, 클리오 돕슨, 벤저민 트로멀, 에드워드 디컨, 프랭크 파트리아르카다.

VS-6의 조종사들. 1942년 5월 12일 촬영. 뒷줄 왼쪽부터 오른쪽으로 존 Q. 로버츠 소위, 칼 D. 파이퍼 소위, 제임스 A. 셸턴 소위, 윌리엄 R. 피트먼 소위, 존 C. 러프 소위, 버넌 L. 미킬 소위, 엘더 E. 로덴버그 소위, 토머스 F. 더킨 주니어 소위, 리처드 A. 재커드 소위, 프랭크 W. 오플래허티 소위, 클래런스 E. 배먼 소위, 제임스 C. 덱스터 소위, 리드 W. 스톤 소위, 윌리엄 P. 웨스트 소위다. 앞줄 왼쪽부터 오른쪽으로 노먼 웨스트 중위, 프랭크 A. 파트리아르카 대위, 찰스 R. 웨어 대위, 윌머 E. 갤러허 대위, 클래런스 디킨슨 대위, N. 잭 클리스 중위, 존 R. 매카시 소위다. (NJK)

VS-6의
부대 마크.

VS-6에서 필수 불가결한 후방사수들. 뒷줄 왼쪽부터 오른쪽으로 잭 리밍, 조지프 델루카, 조지프 커플스, 서먼 스윈들, 에드거 징크스, 로이 L. 호스, 존 E. 윈체스터, 토머스 E. 메릿이다. 가운뎃줄 왼쪽부터 오른쪽으로 E. G. 베일리, 윌리엄 H. 스탬보, 플로이드 애드킨스, W. H. 버긴, 브루노 P. 가이도, 밀턴 W. 클라크다. 앞줄 왼쪽부터 오른쪽으로 존 W. 스노든, 앨프리드 스티츨버거, 루이스 D. 핸슨이다. (NJK)

서 근무했다. 나는 해군이 트로멀을 조사했다는 이야기를 헛소리로 치부했지만 해군은 내 성이 독일계라는 이유로 내 충성심에 의문을 제기했다. 결국 모르는 장교들이 찾아와 내가 '조국'과 무슨 관계가 있는지를 알아내려고 질문하기 시작했다. 이유야 어찌 되었건 그들은 내가 재산이 많은지 혹은 화려한 파티에 간 적이 있는지를 알아내기 위해 미묘한 질문을 했다. 왜 그들이 부유함을 독일에 대한 지지와 결부했는지는 모르겠지만, 나는 내 충성심을 조금이라도 의심할 만한 여지가 있는지를 캐내려는 각종 유도성 질문을 받았다. 인사국 장교들도 자주 나를 찾아와 내 가족사와 개인적 여행에 대해 세세하게 캐물었다. 그들은 내 대답을 확인하고 또 확인하더니 언젠가부터 오지 않았다. 내가 뭐라고 말했는지는 기억나지 않으나 시험에 통과했음은 틀림없었다. 그 결과 나는 부대에 남았다.*

그 후 우리는 조종사 5명을 잃었다. 모두 진주만 공격 후 대체 조종사로 VS-6에 합류한 이들이었다. 전출, 승진, 전사·부상으로 인해 생긴 빈자리를 채우기 위해 우리는 새 조종사 12명을 받아들였다. 부상에서 회복한 기존 조종사들도 돌아왔다. 빌 웨스트는 마셜 제도 공습에서 어깨에 관통상을 입었는데, 부상에서 회복되어 비행할 준비를 마쳤다. 진주만 기습 당시 낙하산으로 탈출하다가 다리가 부러진 맥 매카시도 돌아왔다. 우리는 이들을 다시 보게 되어 매우 기뻤다. 디킨슨이 새 부장이 되어 제2중대를 지휘했고 해군사관학교 출신인 찰리 웨어 대위가 비행 장교로 제3중대의 지휘를 맡았다.

그동안 나는 소대장이 되었다. 갤러허 대위가 지휘하는 제1중대의 제

---

* 트로멀은 해군에 남았고 1959년에 대령으로 전역했다. VS-6의 마지막 생존 조종사 3명 중 하나인 트로멀은 2008년 9월 29일에 93세를 일기로 타계했다.

2소대를 맡았는데, 즉 내 비행기뿐 아니라 요기 조종사 2명의 비행기도 책임져야 한다는 뜻이었다. '제2'소대장은 중요한 자리였다. 중대의 '넘버 투'로서 비행대의 조종사들이 내 폭탄 투하를 보고 폭탄이 명중한 위치에 기반해 자기들의 조준을 보정했다. 급강하폭격대는 다음 기본원칙을 따랐다. 중대의 지휘관인 '넘버 원'과 '넘버 투'의 급강하가 정확할수록 비행대의 나머지 비행기들의 조준도 정확해진다.

우리 비행대는 포드섬 해군기지에 51일간 머물렀고 유명한 둘리틀 공습Doolittle Raid에 참여한 엔터프라이즈의 다음 항해를 놓쳤다(비행단의 나머지 비행대는 엔터프라이즈함과 동행했고 제3폭격비행대가 우리 대신 참여했다). 하지만 진주만에서 해야 할 일이 많았다. 맨 먼저 우리는 새 조종사들, 우리 비행대뿐만 아니라 USS 요크타운(CV-5)의 제5정찰폭격비행대(VS-5)에 배치된 조종사들을 훈련해야 했다. 그다음으로 비행단의 기강 확립에 나서야 했다. 4월 중순에 나는 VT-6의 후방사수가 연루된 군사재판에 참가하라는 명령을 받았다. 이 사수는 어느 날 밤 해변을 순찰하던 헌병대 장교를 술에 취해 구타했고 연행된 헌병 차량에서 탈출했다. 나는 이 사건 처리에 금방 싫증이 났다. 4월 30일자 일기에서 이렇게 한탄했다. "멍청한 군사재판, 새 조종사 훈련, 경보 때문에 진이 빠졌다. 이게 휴식 기간이 맞는지 모르겠다." 4월의 마지막 며칠 동안 우리는 새로 도착한 SBD-3을 손보느라 몹시 바빴다. 마커스섬 공습이 끝난 다음 원래 받은 SBD-2 중 4기만 실전 투입이 가능한 상태였다. 4월 27일에 우리는 대체기 14기를 수령했고 이들을 바로 실전에 투입해도 좋은 상태로 만드느라 정신없이 일했다. 새로 도착한 급강하폭격기의 정비 작업이 끝나자 해군은 이들을 다른 비행대에 배치해 버렸다. 다음 날 우리는 SBD-3 18기를 새로 받아 밤새 정비했지만 또 다른 비행대에 뺏겼다. 4월 29일에 온 세 번째 도착분은 지켜냈

1942년 4월 하순의 엔터프라이즈함 비행 갑판. 앞쪽의 SBD가 내가 미드웨이 해전에서 조종한 6-S-7이다. 아마도 나는 조종석에 앉아 일상적 대잠초계를 하기 위해 발진할 참이었을 것이다.

다. 이렇게 말도 안 되는 일들이 지나간 다음 나는 6-S-7이라는 번호가 붙은 SBD-3을 받았다.

하와이에서 누린 짧은 휴식 덕에 진과 연락할 기회가 생겼다. 원래는 진과 편지로만 연락했으나 배에서 내리게 되어 전화를 걸 수 있었다. 통화 시간은 길어야 3~4분 정도로 짧았고, 통화할 기회도 들쑥날쑥했다. 하지만 진의 목소리를 듣는 것만으로도 정말 좋았다. 그녀의 목소리는 내게 큰 힘이 되었다. 그때 무슨 이야기를 나누었는지 기억나지 않지만, 내 편지에 따르면 나는 전쟁에 신물이 나기 시작했던 것 같다. 싸우고 이겨야 한다는 것은 알았으나 내게 전쟁 내내 버틸 힘이 있을지 의심스러워졌다. 나는 "지금 하는 일을 6~7년이나 계속할 수는 없어."라고 편지에 썼고, 그것은 사실이었다. 그때 나는 기력이 고갈되었고 감정적으로도 힘들었다. 캘리포니아로 돌아가 진과 결혼하고 싶었다. 그것만큼은 확실했다. 고맙게도 진도 똑같이 느끼고 있었다. 전장에서 멀리 떨어진 캘리포니아에 있는 진은 한때 전쟁에 대해 천진난만한 생각을 품고 내가 한 말, 내 직업이 그렇게 위험하지 않다는 말을 그대로 믿은 적도 있었다. 하지만 이제 현실적인 문제가 개입되기 시작했다. 그녀는 자기 나름대로 내 직업에 따르는 위험을 이해했고 나를 다시 만날 수 있을지를 걱정했다. 성 패트릭의 날에 진은 내게 감상적인 편지를 썼다.

우리 미래가 과연 밝은 쪽으로 나아갈 수 있을까? 가끔은 당신이 아주 아주 가까이 있는 것처럼 느껴져. 오늘 오후가 그렇네. 당신이 정말 가까이 있는 것 같아서, 내가 뭔가 말하려고 몸을 돌리면 대답을 들을 것만 같아. 나는 계속 쾌활한 기분을 유지하려고 '끔찍하게' 노력하고 있지만 당신을 영원히 못 볼지도 모른다는 데까지 생각이 미치면, 눈물이 말라 버릴 때까지 울고 싶어. 미안해, 자기야. 이렇게 '약해 빠진' 소리나 하고. 하지만 어쩔 수가 없어. 내 삶의 중심은 당신이야. 앞으로 5년이든 10년이든 50년이든. … 내 울적한 속마음을 말하면 안 되겠지만 너무 오래 참았어. 이젠 더 이상 못 참겠어.

나는 진에게 로맨틱한 편지를 보냈다. 나는 내 느낌을 남과 공유하는 데에 언제나 신중했지만 무슨 이유에서인지 마커스섬 전투 이후 로맨틱한 정열이 깨어났다. 나는 진이 내가 자기를 진정으로 깊이 사랑하고 있음을 알기를 바랐다.

진정 당신은 자기가 내게 가장 큰 수수께끼(남자라면 하나쯤 있는, 그리고 내가 안 해봤다고는 당신도 말할 수 없는)라는 것을 아는지. 당신은 내게 여러 사람(혹은 이미지?)으로 다가와. 그대는 달 밝은 그날 밤에 도크에서 내가 작별(영원히는 아니고, 절대) 키스를 한 여자야. 때마침 내게 와 크리스마스 저녁 식사를 함께해 준 여자이기도 하고(그녀는 지금 내 책상 위에, 여기 있었으면 만지지 못하게 할 서류 더미 위에 놓여 있어). 집에서 내게 손짓하면서 키스해 달라고 안달이 났을(??!!) 때는 완전히 다른 여자가 되지. 내성적이기도 하고 외향적이기도 한 미인. (더 무슨 말이 필요할까! 깜짝 놀라서 이미 일어났거나 일어나지도 않을 일을 걱정하기 시작하면〔그래서 어쩔 건데?〕미모가 망가진다고) … 그리고 내 아름다운 아가씨 진은 양말(10과 1/2 사이즈로 부탁해)을 떠 주겠지. 하지만 그 양말을 바로 보내지는 말아 줘. 이 종이가 촉촉한 건 땀 때문이거든. 그리고 내가 햇빛 찬란한 캘리포니아로 가서 당신을 만난다면 얼어붙을 거야. 향수, 반짝이는 은, 질서와 계획(지나칠 정도로!), 로키산맥, 사슴, 그리고 1년에 한 번은 맥주, 그림, 클럽(좋아하지 않아도 좋아해야겠지), 우리 가족의 낙관론자(그리고 포커 실력이 최악인), 유명 호텔(난 잘 모르겠지만)을 좋아하고 마대자루같이 너무 큰 승마 장화(장화라는 점만 제외하고는 좋아 보여. 어쨌든 그런 장화를 신고는 말에 못 타)를 신고 수영을 좋아(?)하지만 바다(그럴까?) 근처에도 못 가며 수영복을 입고 포즈를 취하는(나나 카메라를 위해), 그리고 내게는 어림도 없는 소리지만, 인정하지 않으면서도 관심을 그 무엇보다 좋아하는 사람이 당신이니까.

그래, 그녀가 문제야. 그녀의 정체를 알아내는 데 평생이 걸릴지도 모르고 그것도 충분치 않을지 몰라. 그녀는 내가 원할 때쯤 쉽게 바뀌는 종류의 사람이 아니기 때문이지. 난 당신에게 많은 실수를 저질렀어. 펜서콜라로 가는 것을 원치 않았다고 해도 당신을 납치해서 같이 가지 않은 것처럼 말야. 그리고 또 ─이번에는 내 잘못은 아니지만─ 당신이 일어나는 모습(아니면 과연 일어날까?)을 보러 그 일요일 아침 일찍 키스하지 않은 것도 그렇고.

마침내 우리는 의견이 일치했다.

상륙 후 51일이 지나 우리 부대는 다른 임무를 맡아 출격했다. 4월 30일, 엔터프라이즈는 항공모함 USS 호닛Hornet(CV-8)과 합류해 12월 7일의 진주만 공습 이래 일곱 번째 전투 항해를 떠났다. 태평양전쟁의 전황은 그다지 많이 바뀌지 않았다. 우리 함대는 마셜 제도와 길버트 제도, 웨이크섬, 라에섬, 살라마우아섬, 마커스섬, 툴라기섬을 습격했지만 전환점이 될 승리를 거두었다고 주장할 수는 없었다. 우리는 다수의 적 기지에 손해를 입히고 함선과 비행기를 격파했지만 전선에는 거의 변동이 없었다. 국면 전환의 계기를 만들려면 일본군 항공모함 기동부대를 불구로 만들어야 했다. 이번 임무에서 우리가 수행해야 할 일이 그것이었다. 우리 기동함대—제16기동함대Task Force 16라고 불린—는 서둘러 산호해Coral Sea로 향했다. 그곳에서 요크타운함과 렉싱턴함을 주축으로 한 항공모함 집단인 제17기동함대Task Force 17가 일본 함대와 접촉했다. 우리는 적과 교전하기에 너무 늦게 도착했으나 그곳까지 가는 동안 전황 보고를 들으며 분개했다. 요크타운함에서 출격한 조종사들이 일본군 경항공모함 쇼호翔鳳를 격침했지만 렉싱턴함이 일본군의 반격에서 입은 피해 때문에 침몰했다. 일본군 정규 항공모함 쇼카쿠와 즈이카쿠는 약간 손상을 입은 채 탈출했다. 우리 함대는 중요한 목표인 이 항공모함 2척을 격침할 기회를 놓친 데다 항공모함 1척이 부족해졌다.

5월 11일, 엔터프라이즈함은 에파테섬Efate Island 근처의 한 지점에 도착해 해병대 1개 전투비행대를 이 섬으로 보냈다. 그다음 주에 제16기동함대는 산호해를 순찰했고 우리 비행대들은 매일 정찰 작전을 수행했다. 이러한 루틴이 단조롭게 이어졌고 나는 적 함선을 발견하지 못해 실망했다. 5월 19일, 나는 비행 일지에 이렇게 적었다. "늘 지겹게 하는 왕복 200해리(370km) 혹은 240해리(444km) 진출 후 190해리(352km) 복귀. 방공순양함 애틀랜타Atlanta함이 우리와 합류. 더 만족스러움. 애틀랜타함이 우편물도 가져왔지만 나는 많이 못 받음. 아, 1년은 집에서 멀리 떨어져 있기에 너무 긴 시간이다. 앞으로 5년이나 6년을 근무한다고 해도 이 1년만큼 힘들까?"

이 항해 중에 내 비행대는 비행기 여러 대를 잃었다. 5월 14일, 정찰비행에 나선 토머스 더킨Thomas Durkin 소위의 비행기가 실종되었다. 어두워질 무렵에 더킨이 해상에 불시착한다고 무전으로 알려 왔다. 더킨과 후방사수는 가라앉는 SBD를 포기하고 바다에서 끔찍한 14일을 보낸 끝에 구명보트로 에스피리투산토섬Espiritu Santo Island에 도착했다. 그들의 행방을 알게 되었을 때 엔터프라이즈함은 이미 진주만으로 향하고 있어서 그들을 데려올 수 없었다. 더킨의 SBD가 실종된 다음 날 빌 피트먼Bill Pitman 소위의 SBD가 이함하다가 추락했지만 고맙게도 구축함이 피트먼과 후방사수를 구했다.

내 비행대는 인명피해를 낸 추락사고를 딱 한 번 겪었는데, 나는 불행히도 하필 현장에서 사건을 목격했다. 내 친한 친구 빌 웨스트에게 일어난 안타까운 사고였다. 사고가 발생한 날은 5월 20일로, 엔터프라이즈함이 막 날짜변경선을 넘은 다음이었다. 이날 VB-6과 VS-6 소속 SBD 16기가 발진했는데 이함 도중 조종사들이 바람을 잘못 판단했다. 충분한 대기속도가 없었으므로 빌의 비행기는 불안정하게 흔들리다가 실속에 빠졌다. 엔진이 쿨럭거리더니 멎었고, 빌의 SBD가 한쪽으로 기울며 우현 선수를 넘어 바다로 추락했다. '익수자 발생'을 알리는 클랙슨이 울렸고 나는 난간으로 달려갔다. 겨우 60여 미터 앞에서 나는 가슴 찢어지는 장면을 목격했다. 빌의 급강하폭격기가 돌멩이처럼 가라앉았고 빌은 탈출할 가능성이 거의 없었다. 추락하는 동안 빌

216

은 몇 달 전에 페리 티프가 그랬던 것처럼 망원식 조준경에 머리를 세게 부딪혔다. 충격으로 정신이 몽롱한 상태에서 빌은 안전벨트를 느릿느릿 풀었다. 조종석 안으로 물이 쏟아져 들어올 때 드디어 안전벨트를 다 풀었다. 그는 비행기 뒤쪽으로 이동해 버렸지만 기수가 아래로 곤두박질치고 말았다. 그런데 마지막 순간, 빌의 신발이 안테나 지주에서 꼬리날개까지 비행기 동체를 따라 설치된 안테나 선에 걸렸고 SBD가 가라앉으면서 빌도 끌어내렸다. 몇 초도 안 되어 빌은 사라졌다. 수면에는 부글거리는 물거품만이 남았다. 빌의 후방사수 밀턴 웨인 클라크Milton Wayne Clark 통신 병장은 간발의 차이로 사고기에서 탈출했다. 이 함 중 추락한 탑승원을 구조하는 역할을 맡은 '항공기 경호plane guard' 구축함 2척 중 1척이 그를 구조했다.

빌 웨스트의 죽음은 내게 큰 상처를 남겼다. 이 사건은 내가 이번 전쟁에서 겪은 가장 큰 충격 중 하나였고, 나는 이 항해에 큰 불만을 품게 되었다. 빌은 정말 좋은 친구였고, 그를 이렇게 무의미한 사고로 잃어서 더더욱 슬펐다. 친한 친구들 중 여러 명이 태평양전쟁에서 목숨을 잃었다. 전사 소식이라면 그래도 견딜 수 있었다. 빌의 죽음은 그 어떤 죽음보다도 비참했다. 말도 안 되는 사고로 좋은 친구가 죽는 모습을 지켜보는 것은 내 영혼을 죽이는 것과 같았다. 이런 사고는 인간의 목숨을 값싸고 공허해 보이게 만들었다. 나는 빌이 그보다 더 가치 있는 사람이라고 믿었다.

5월 26일, 우리 기동함대는 진주만으로 돌아왔다. 다음 날 갤러허 대위가 내 선실로 내려왔다. 그는 비행 갑판에서 우리 배의 훈장 수여식이 열릴 계획이니 하정복을 단정히 차려입고 나오라고 말했다. 갤러허는 "조금 일찍 나오게. 자네는 수훈자 앞줄 근처에 있어야 해."라고 말했다. 내가 이유를 묻자 그가 대답했다. "루스벨트 대통령이 자네가 마셜 제도에서 세운 공적을 인정해 훈장을 수여하기로 했거든." 그 훈장의 이름은 비행수훈십자장Distinguished Flying Cross이었다. 나는 충격과 약간의 역겨움을 느꼈다. 방금 절친한 친구를 잃었는데 훈장을 받을 예정이라니. 이 훈장은 빌이 받아야 마땅했다. 빌은 마셜 제도 공습에서 비행기를 몰다 어깨에 부상을 입었다. 해군은 내가 아닌 그의 공적을 인정해야 했다. 또한 나는 그날 오아후에 있던 빌의 아내 낸시를 만나 애도를 표하고 싶었다. 이 행사 때문에 나는 내가 있어야 할 곳에서 그녀를 위로할 수 없었다.

나는 비행 갑판으로 걸어가는 내내 비통함을 느꼈다. 하지만 하복을 입은 채 갑판에서 열을 지어 차렷 자세를 취한 수병들과 금빛 견장을 번쩍이며 연단 근처에서 원고를 검토하는 장교들, 이 순간을 후대에 기록으로 남기기 위해 준비하는 촬영반, 그리고 구슬픈 모습으로 배경에 선 애리조나함, 오클라호마함, 웨스트버지니아함의 잔해를 보자 가슴이 뛰기 시작했다. 국가가 내게 수여하려는 영예가 무엇인지를 알 것 같았다. 훈장 수여식은 회오리바람처럼 지나갔다. 오후 01시 45분, 엔터프라이즈함 승조원들은 갑판에 집합해 태평양함대 사령관 체스터 W. 니미츠 제독을 환영했다. 니미츠는 이날 해군십자장 5개와 비행수훈십자장 4개를 수여할 예정이었다. 나는 니미츠를 만난 적이 없었기 때문에 무슨 일이 일어날지 예상할 수 없었다. 니미츠는 몇 달 전에 갑자기 나타났는데, 태평양함대의 전열을 다시 갖추기 위해 루스벨트 대통령이 직접 인선한 인물이라고 했다. 니미츠가 비행 갑판으로 걸어오자 군악대가 팡파르를 연주했다. 나를 포함한 수훈자 9명은 집합한 승조원들의 제일 앞줄에 섰다. 니미츠가 연설을 시작했다.

나는 미합중국 대통령의 이름으로 이 상을 수여하게 되어 매우 자랑스럽습니다. 오늘 우리 함대의 장교와 수병들에게 수여될 상장은 태평양의 하늘에서, 바닷속에서, 수상에서 우리가 수행하고 있는 용감무쌍한 전투의 완벽한 본보기를 보인 사람들에게 주어지는 것입니다. 오늘의 수훈자들은 함대의 다양한 전투부대를 대표합니다. 마셜 제도와 길버트 제도 전투에 참여한 일부 비행사들의 공적도 인정되었습니다. … 이 영예로운 소식이 여러분의 동료들과 미래의 해군을 격려하고 사기를 북돋아 주기를 희망합니다.

니미츠는 줄지어 선 장교들 앞을 걸으며 가슴에 훈장을 달아 주고 악수했다. 첫 줄에 선 4명은 해군십자장을 받았다. 엔터프라이즈함 함장 조지 머리George Murray 대령, 구축함 함장 윌리엄 S. 비더William S. Veeder 소령, 잠수함장 윌리엄 L. 앤더슨William L. Anderson 소령과 찰스 W. 윌킨스Charles W. Wilkins 소령이었다. 다음으로 니미츠는 VF-6의 2명, 클래런스 웨이드 매클러스키 소령과 로저 멜Roger W. Mehle 중위에게 비행수훈십자장을 달아 주었다.

니미츠는 멜에게 훈장을 달아 주려고 몸을 숙이며 속삭였다. "자네는 며칠 내로 훈장을 또 받을 기회를 얻을 거야." 멜이 바로 내 옆에 서 있어서 나는 니미츠가 한 말을 간신히 들을 수 있었다. 나는 곁눈질했다. 니미츠 제독이 한 말이 무슨 뜻이지? 전에 나는 우리 항공모함 3척 전부가 항구에 정박한 모습을 보았다. 대규모 작전을 곧 수행할 것이라는 징후였다. 방금 니미츠가 놀리는 투로 한 말은 내 의심이 사실임을 확인해 주었다. 나는 고개를 돌려 "이제 무슨 일이 벌어집니까?"라고 물어보고 싶었지만 그럴 수 없었다. 자연히 불안감이 하늘로 치솟았다.

그다음 니미츠는 내게로 와 상장을 읽었다. "중위 노먼 잭 클리스. 정찰폭격비행대 소속. 1942년 2월에 콰절린과 말로엘라프 환초, 마셜 제도 공격에 참여. 적 전투기와 대공포화의 심한 저항을 무릅쓰고 임무를 완수. 적에게 큰 손해를 입히고 경순양함에 직격탄을 기록."

니미츠는 나를 보더니 "수고 많았네!"라고 말했다. 나는 그 순간을 똑똑히 기억한다. 그는 고 스미스 소령이나 홀시 중장처럼 나를 찬찬히 살피며 내 표정을 보았다. 니미츠 대장은 내가 긴장했는지를 보고 싶었던 것 같다. 아니면 그는 표정만 보고도 조종사의 성격과 신뢰성을 말할 수 있었는지도 모른다. 니미츠가 얼마나 오랫동안 나를 쳐다보았는지 모르겠지만 그 시간이 마치 영원처럼 느껴졌다. 내 인생을 통틀어 나를 가장 신중하게 바라본 사람이 니미츠였다. 사람을 꿰뚫어 보는 듯한 정직한 눈빛에 나는 위스키 한 잔을 마신 것처럼 가슴이 철렁했다. 그 순간 나는 그에게 깊은 인상을 주고 싶었다. 니미츠가 악수하려고 손을 뻗자 나는 대담해지는 기분이 들었고, 전장으로 돌아가 그를 위해 싸워서 내가 이 공허한 훈장을 받을 자격이 있음을 입증할 수 있다면 무슨 일이든 할 수 있을 것 같았다. 나는 그동안 가능하리라 생각하지 못했던 것을 경험했다. 지도자 한 사람이 내게 다시 투지를 불어넣을 수 있다니.

니미츠는 내 가슴에 훈장을 달아 준 후 도열한 장교들 사이로 걸어가 콰절린에서 일본군 수송선을 격침한 공로로 클리오 돕슨에게 비행수훈십자장을 수여했다. 마지막으로 도리스 밀러Doris Miller 취사병에게 해군십자장을 수여했다. 밀러는 이 훈장을 받은 첫 아프리카계 미국인이었다. 밀러는 진주만에서 한 영웅적 행동으로 훈장을 받았는데 전함 USS 웨스트 버지니아(BB-48)의 갑판 위에서 일본기 4기를 격추했다고 한다. 이날 촬영한 사진들은 태평양전쟁에서 가장 유명한 이미지로 남아 있다.

가끔 용기를 내어 당시에 관한 책을 읽을 때면 하와이의 청명하고 아

1942년 5월 27일, 나는 엔터프라이즈 함상에서 비행수훈십자장을 받았다. 우리 부대 지휘관인 얼 갤러허가 1942년 2월 1일 마셜 제도 전투에서 보인 용맹을 인정해 나를 훈장 수여자로 추천했다. 체스터 니미츠 제독이 도리스 밀러에게 해군십자장을 수여하고 있다. 오른쪽 열에서 두 번째에 서 있는 가장 키가 작은 사람이 나다. 오른쪽 끝에 있는 키 큰 장교는 내 친구 클리오 돕슨이다. (NHHC)

비행수훈십자장을 패용한 나.
니미츠 제독에게 훈장을 받고 몇 분
뒤에 찍은 사진이다. (NJK)

름다운 날로 바로 되돌아간다. 니미츠가 철저한 평가대상으로 점찍어 둔 내가 갑판에 서 있는 모습이 보인다. 지금껏 살아오면서 나는 이날의 기억을 여러 번 음미하고 또 음미했다. 그때를 생각하면 스물여섯 살의 해군 중위로 되돌아간 것 같은 이상한 느낌이 든다. 나는 니미츠가 나의 내면에서 무엇을 보았는지가 언제나 궁금했다. 사람들은 체스터 니미츠가 사람들을 잘 파악해 최상의 결과를 끌어내는 방법을 아는 인물이었다고 말한다. 나는 니미츠 제독이 나의 내면을 헤아려 본 이후로 항상 최선을 다했노라고 떳떳이 말할 수 있다.

훈장 수여식이 종료된 후 우리―수훈자 9명―는 엔터프라이즈의 상부 구조물에 임시로 설치된 스튜디오에 들어가 초상 사진을 찍었다. 나는 의자에 앉아 한쪽 입꼬리가 약간 올라간 특유의 미소를 지었다. 이날 찍은 초상 사진은 아직도 내가 좋아하는 사진 중 하나다. 사진반은 나를 축하해 주고 영웅처럼 대해 주었다. 나는 아무것도 아니라고 말하며 이들을 진정시켰다. 나는 해야 할 일을 했을 뿐이다. 신문에 사진이 나오면 이 소식이 들불처럼 퍼질까 봐 걱정된 나는 최선을 다해 사진 게재를 막았다. 나는 고향에 돌아가 누구에게도 내가 훈장을 받았다고 말하지 않았다. 진에게만 내가 "훈장인지 뭔지"를 받았다고 짤막하게 언급했을 뿐이다.

수여식이 끝난 직후 니미츠 제독이 멜에게 흘린 말에 대한 소문이 퍼졌다. 우리는 다음 원정의 목적지를 추측하기 시작했다. 마침내 일본군 항공모함과 상대할 기회가 찾아온 것일까? 미군 항공모함 3척은 모두 진주만에 있었고, 도크 노동자들은 산호해 해전에서 손상된 요크타운함을 맹렬한 기세로 수리하고 있었다. 2개 기동함대의 집결이 끝나자 우리는 대규모 전투를 예상했다. 소문이 퍼지자 얼 갤러허는 임박한 출항에 대해 입을 다물라고 경고했다. 그는 특히 우리가 어디에 있었는

지, 우리가 앞으로 무슨 일을 할지 일체 함구하라고 명령했다. 비행대
장이 그런 식으로 말하는 것은 이례적이었다. 대규모 작전이 곧 일어날
것이 분명했다.

　5월 28일, 제16기동함대—항공모함 엔터프라이즈와 호닛함 및 호위함
15척—가 진주만을 떠났다. 외해로 들어간 지 얼마 안 되어 갤러허는
VS-6의 조종사만 소집했다. 대기실의 문을 잠근 다음 갤러허는 우리
함대가 중부태평양 외딴곳에 있는 작은 해병대 전진기지인 미드웨이
환초로 항해 중이라고 밝혔다. 자세한 사항은 몰랐지만 갤러허는 일본
군이 이 섬을 침공할 계획이라고 말했다. 더 중요했던 점은, 그가 나구
모 주이치南雲忠一 중장이 이끄는 일본군 기동부대가 미드웨이에 나타
날 것이라고 믿는다는 말이었다. 나구모는 6개월 전에 진주만을 공격
한 공격대가 발진한 항공모함 4척—아카기, 가가, 소류, 히류— 혹은 6
척과 수상함 16척을 지휘했다. 우리는 적함식별용 모형을 통해 열심히
공부했기에 이 항공모함들을 잘 알았다. 따라서 다음 전투에서 우리는
겨우 3척의 항공모함으로 일본군 항공모함 4척과 대적하게 될 터였다.
갤러허는 이번 전투가 중부태평양의 운명을 결정짓는 결전이 될 것이라
고 설명했다. 그때 우리는 지휘부가 어떻게 일본군의 계획에 대한 주요
정보를 알았는지를 몰랐다. 나중에야 진주만의 암호해독반이 일본 해
군의 암호체계를 해독하는 데 성공해 니미츠 제독이 적의 전력과 목표
를 파악했다는 사실을 알게 되었다.

　갤러허는 앞으로 이루어질 작전에 대해 엔터프라이즈함의 조종사들
보다 조금 더 많이 알았다. 몇 년 전 갤러허는 홀시 제독의 딸 마거릿과
사귀었다. 그 결과, 홀시와 개인적 친분이 생긴 덕에 우리 조종사들이
아무것도 모르는 동안 제독들 사이에 오가는 일급 기밀의 냄새를 맡을
수 있었다. 홀시는 이번 항해에 우리와 동행하지 않았다. 이전 항해에

서 나빠진 만성 피부염 때문에 진주만에 입항하자마자 하선해 해군병원에 입원했던 것이다.

내 생각에, 진주만에서 출항하기 전에 홀시가 다가올 전투를 어떻게 치를지를 갤러허와 논의하지 않았을까 싶다. 갤러허는 일본군에게 포로로 잡힌다 해도 우리 작전에 큰 지장을 주지 않을 정도의 몇 가지 사항에 대해서 자세히 말해 주었다. 첫째, 공격 후 확실하게 모함의 위치를 파악할 수 있도록 무전수와 함께 YE-ZB 코일 교체 연습을 할 것. 둘째, 우리 기동함대의 존재를 비밀에 부칠 것. 일본 함선을 공격할 경우, 우리는 일부러 미드웨이를 향해 40해리(74km)를 간 다음 방향을 틀어 모함으로 돌아와야 한다. 이렇게 하면 일본군은 우리 비행대를 미드웨이 수비대 소속으로 보지, 항공모함 기동함대 소속으로 생각하지는 않을 것이다. 셋째, 갤러허는 우리가 미드웨이에 접근하는 동안에는 SBD로 정찰비행을 하지 않을 것이라고 말했다. 지난번 습격과 비슷하게 VS-6과 VB-6은 비행 갑판에서 대기하다가 확실한 적 접촉보고가 들어오면 즉각 출격할 것이다. 미드웨이 환초에서는 거대한 정찰기인 PBY 카탈리나 비행정 22기가 발진할 계획이었고, 이들 중 하나가 적절한 목표물 발견을 보고하면 우리 모함의 비행대들이 목표물을 향해 긴급발진할 것이다. 우리는 우리 항공모함에서 180해리(333km) 반경 안에서 일본 항공모함이 발견되면 발진할 계획이었다. 마지막으로, 갤러허는 홀시 제독이 급강하폭격기만 공격에 나서기를 원했다고 말했다. 갤러허의 추정에 따르면 전투기는 함대 상공 초계용으로 남겨 놓을 것 같고, 뇌격기는 ─실전에 투입한다면─ 단거리 정찰비행용으로나 사용될 것이다.

갤러허가 이런저런 사안들을 상세히 설명했지만 내게는 그다지 중요해 보이지 않았는데, 이 계획의 입안자였을 홀시 중장이 현장에서 작전

할 수 없는 상황이었기 때문이다. 우리 함대의 지휘는 레이먼드 스프루언스Raymond Spruance 소장(우리 기동함대 지휘)과 프랭크 잭 플레처Frank Jack Fletcher 소장(요크타운함을 주축으로 하는 기동함대 지휘)이 맡았다. 우리는 두 사람 모두 홀시의 전술 계획을 알 것이라고 짐작했지만 막상 전투가 전개되자 그렇지 않음이 명백해졌다. 스프루언스보다 선배인 플레처 제독이 이번 전투의 전반적 지휘를 맡았다.

물론 우리는 전술 계획에 지나치게 신경 쓸 처지가 아니었다. 우리는 단지 조종사일 뿐이지 않은가. 명령을 내릴 책임은 지휘관들에게 있었다. 우리는 명령을 수행할 의무만 있을 뿐이다. 그 후 6일 동안 우리 비행대는 흥분에 차 웅성거렸다. 우리는 비행대가 미드웨이 환초 북방 수역에 도착한 6월 4일에 전투가 일어날 것이라고 예상했지만 예기치 못한 돌발 사태에도 대비했다.

해뜨기 전부터 해진 후까지 조종사들은 신호가 떨어지면 몇 초 내에 뛰어나가 비행기에 탑승할 수 있는 상태로 대기실에서 기다렸다. 진주만을 출항한 다음 일주일간 정찰비행을 딱 한 번 했다. 우리 기동함대의 항공모함인 호닛은 5월 29일과 31일에 정찰비행을 두 번 했지만 그외에 우리는 일본군의 도착을 전달받는 데 있어서 미드웨이에서 발진한 정찰기가 보낸 보고에 의지했다. 간절함과 근심이 교차하는 가운데 시간이 흘러갔다.

클래런스 디킨슨은 미드웨이 해전을 앞둔 마지막 며칠간의 우리 기분에 대해 이렇게 말했다. 나도 그의 말에 대체로 동의한다.

새로 들어오는 정보의 단어 하나하나를 들을 때마다 우리의 긴장감도 높아졌다. … 해군 장교이자 비행사인 우리는 일본 함대에 타격, 어쩌면 결정적일 수도 있는 타격을 안길 기회를 접했다. … 앞으로 몇 시간 내에 닥칠 일을 대비해 준비한 모든 게 만족스럽다. 우리는 위험을 무릅쓰고 무익한 일을 하지 않았다. 동료 장교들을 보며 서로 장난스럽게 웃으며 즐거워했다. 우리 기지 근처에서 일본군을 잡는다는 생각에 우리 기분이 얼마나 좋아졌는지를 말보다 더 명확하게 드러내는 미소였다. … 모두가 태평양전쟁의 성격을 완전히 뒤바꿀 기회를 잡았음을 깨달았다.

디킨슨이 옳았다. 우리가 들은 모든 것이 사실이라면, 즉 일본군이 미드웨이 침공을 위해 항공모함 4척을 보낸다는 것이 사실이라면 니미츠는 엄청난 위험을 무릅썼다. 미 해군의 작전 가능한 항공모함 전부와 호위함들—승리를 위한 해군의 마지막 희망—을 일본 해군이 자랑하는 기동부대 앞에 던져 넣기로 한 것이다. 이렇게 말하면 이상하겠지만, 태평양전쟁의 운명이 우리 어깨에 달려 있는 것 같았다. 우리는 이번 전투가 태평양전쟁의 승패를 결정지을 결전이 될 수 있다는 것을 이해했다. 승기를 우리 쪽으로 끌어올 뿐만 아니라 단번에 해군항공력의 능력을 과시할 기회가 될 전투였다. 우리는 6개월 동안 쉬지 않고 훈련하며 해군항공대가 함대의 귀중한 자산임을 증명하기 위해 최선을 다했다. 우리가 원한 것은 우리 자리에서 주어진 몫을 해 내는 것뿐이었다. 이제 운명이 우리를 창끝에 올려놓았다. 급강하 폭격은 니미츠에게 승리를 안겨 주어야 했다. 우리가 실패한다면 다가올 전투는 미 해군이 도박을 걸었다가 가장 비극적으로 패배한 전투로 기억될 것이다. 우리가 성공한다면, 그것도 결정적 성공을 거둔다면 태평양과 동남아시아를 정복하는 일본군의 기세를 꺾어 전황을 뒤바꿀지도 몰랐다. 진부한 표현이지만, '전 세계의 운명이 우리에게 달렸다.'만큼 그때의 내 감정을 잘 묘사하는 말을 찾지 못하겠다. 다가오는 전투의 승패는 우리와 다른 비행단들 그리고 한 줌밖에 안 되는 비행사들의 활약에 달려 있었다. 어떻게 그 일이 가능할까? 우리나라 역사상 유명한 전투는 언제나 수천 명의 군대에 의지했다. 남북전쟁에서 그랜트Grant 장군과 리Lee 장군은 직업군인들로 이루어진 군단을 거느리고 버지니아에서 싸웠다. 하지만 지금은 엔터프라이즈함 깊숙한 곳에 있는 고작 60여 명의 조종사와 후방사수들에게 모든 것이 달린 듯했다. 동료들이 이 상황을 어떻게 이해했는지 모르겠지만, 나는 내 의무를 다하고 내가 받은 훈련을 신뢰한다면 여자친구와 다시 만날 것이라고 스스로에게 말했다.

6월 3일 수요일은 정신을 산란하게 하는 소식만 잔뜩 들어온 유별나게 운수 사나운 날이었다. 우리는 일본군 기동함대가 알래스카주Alaska 더치하버Dutch Harbor항을 공격했다는 전언을 들었다. 그리고 미드웨이에서 발진한 해군 PBY가 적 "주력부대"(사실 그가 발견한 것은 미드웨이 상륙부대를 실은 수송 선단이었다.)를 발견했다. 처음에는 수뇌부 예측보다 우리 비행기들을 하루 일찍 긴급출격시켜 예상하지 못했던 방향으로 보내야 할 것 같았다. 게다가 발견한 적은 우리 비행기의 항속거리 한계점에 있었다. 결국 우리는 발진하지 않았다. 지휘체계의 누군가가 발견된 적 선박들을 항공모함 기동부대가 아닌 수송 선단으로 판단했다. 더 좋은 정보가 없었으므로 우리는 앉아서 침착하게 기다려야 했다. 나는 비행 일지에 이렇게 썼다. "내일 큰일이 벌어질 것 같다."

6월 3일의 해가 저물어 가자 나는 진에게 편지를 쓰며 내 삶과 해군 경력을 반추하며 성찰하는 시간을 가질 수 있었다. 이미 세 번의 전투를 치르고도 살아남았지만, 나는 다가올 전투가 걱정스러웠다. 내일 죽을 수도 있지 않은가? 살아서 집에 돌아가 진과 결혼하지 못할까 봐 조바심이 났다. 진과의 결혼을 망설인 데 대한 죄책감이 내 신경을 갉아먹었다. 그녀에게 보내는 마지막일지도 모르는 편지에서 나는 내가 진을 얼마나 깊이 사랑하는지, 남은 생을 그녀와 함께 보낸다는 생각에 뜨뜻미지근한 것 이상의 감정이 있음을 분명히 보여 주어야 했다. 전쟁으로 찢긴 세상에 진을 혼자 남기기에는 내가 그녀를 너무나 사랑했다. 내가 무슨 일을 할 예정인지를 말할 수는 없었지만, 곧 전투에 뛰어든다는 것을 분명히 밝히고 싶었다. 나는 "사랑하는 진"이라는 말로 편지를 쓰기 시작했다.

> 사랑해, 사랑해, 사랑해, 진. 내가 당신을 얼마나 사랑하는지 알까. 당신은 내게 그 무엇보다도 의미 있는 존재야. … 그리고 당신도 나와 같이 느끼리라 확신해. 그리고 내가 완전히 행복하지 않으면 당신의 행복도 완전하지 않을 거야. 하지만 지금 나는 당신을 사랑하고 당신도 나를 사랑하지. 사람이 할 수 있는 최선을 다해서. 내 편지에서 내가 얼마나 그대를 사랑하는지를 짐작할 수 있는지 모르겠지만. 〔혹시〕 이 편지들이 너무 차갑고 사무적이고 비현실적으로 느껴지지 않을는지 궁금해. … 하지만 그건 내가 일시적으로 다른 세상, 당신이 절대 몰랐으면 하는 세상에 살고 있기 때문이야. 내가 사는 세상은 증오와 계산조차 할 수 없는 냉혹함으로 가득한 차갑고 비정한 세상이야. 하지만 지금 우리 중 누군가는 다른 세상, 내가 당신과 함께하는 세상을 보호하기 위해 그런 세상에서 살 필요가 있지. … 진, 내게 용기와 행운을 줘. 가끔은 내게 간절히 필요한 것들을 당신이 줄 수 있다는 것을 알아. 내가 하는 일이 당신이 시킨 것이라고 생각하면 아무리 위험천만하더라도 안전하게 느껴지고 기분이 좋아지거든.

편지를 봉하자 "소등!" 명령이 들렸다. 나는 기도하고 침대로 기어들어 간 다음 한숨 자려고 애썼다. 내일은 나의 인생에서 가장 중요한 날이 될 것이다.

13

미드웨이 해전 제1부
아침 공격, 1942년 6월 4일

6월 4일 오전 02시, 전령이 와서 내 팔을 툭툭 쳤다.* "일어나실 시간입니다." 결전의 날이 왔다. 나는 옷을 챙겨 입고 장교 식당으로 향했다. 스테이크와 달걀프라이가 풍기는 맛있는 냄새가 복도를 타고 퍼졌다. 조리병들이 전투가 있으리라 생각했음이 분명했다. 아침 식사를 하는 데 한 시간 정도 걸렸고, 오전 03시에 선실로 돌아가 비행복으로 갈

---

* 독자에게는 혼란스럽겠으나 미드웨이 해전은 여러 시간대에 걸쳐 진행되었다. 이 해전의 사건을 기술할 때 역사가들은 시간과 연관된 참조기준을 모두 '미드웨이 시간'으로 변환한다. '미드웨이 시간'이란 미드웨이 환초가 위치한 시간대를 뜻하지만 내 경험에서는 그렇지 않다. 엔터프라이즈함의 승조원들은 '미드웨이 시간'에서 두 시간 빠른 시간대에 따라 사건을 기록했다. 따라서 1942년 6월에 나도 이 시간에 맞춰 비행일지를 적었다. 즉 역사가들은 내가 02시에 일어났다고 하겠지만 나는 04시 혹은 오전 4시에 일어났다고 느꼈고 그렇게 기록했다. 전투 중에 발생한 주요 사건들의 경우에도 마찬가지다. 역사가들은 내 비행대가 일본군 기동부대를 오전 10시 20분에 공격했다고 하겠지만 나를 비롯한 모든 엔터프라이즈함 조종사들은 오후라고 느꼈다. 우리 비행 일지에 따르면 공격 시간은 12시 20분이었다. 이 전투를 연구하는 사람들은 이 점 때문에 혼란스러울 수도 있다. 일관성을 유지할 목적으로 — 독자들이 이해할 만한 시간적 참조기준을 주기 위해 — 나는 모든 시간을 '미드웨이 시간'으로 변환했다. 이는 내 기록의 시간을 두 시간 늦췄다는 뜻이다. 하지만 내가 이 사건들을 경험했을 때 따랐던 시간은 '엔터프라이즈 시간'이었음을 이해해 주기 바란다.

엔터프라이즈함의 무장사들이 SBD의 폭탄 투하장치에 500파운드 폭탄을 장착하고 있다. 내가 부대를 떠난 후인 1942년 8월에 촬영한 사진이다. 사진에 나온 비행기는 미드웨이 해전에서 비행한 후 이 시점에 VB-6으로 배치된 전 VS-6의 정찰폭격용 SBD다. 폭탄이 프로펠러 사이를 관통하는 것을 방지하는 V 모양의 폭탄 거치대를 눈여겨 보라. (NHHC)

아입었다. 이때가 중요한 시간임을 인식한 나는 모든 것을 한 번 더 점검했다. 비행복의 왼쪽 팔에 있는 주머니에는 투명 플라스틱 덮개가 달린 차트 보드에 항로 정보를 적는 용도의 진한 연필이 몇 자루 있었다. 가슴 주머니에는 연필 크기의 손전등과 에페드린, 바셀린을 담은 립스틱 크기의 용기가 있었다. 바지 주머니에는 예비 손전등과 신품 배터리, 차트 보드와 방풍유리를 닦는 용도의 모직 천 두 장이 있었다. 나는 구명동의, 낙하산과 비행모를 착용해 비행 장구를 완전히 갖췄다.

장구를 다 갖추자 나는 전투준비를 마친 하늘의 전사가 되었다. 나는 뒤쪽으로 가 VS-6 행정실에서 임무를 확인했다. 오늘 배정된 기체는 통상적 무장을 한 내가 자주 탑승하던 기체였다. 내 SBD-3에는 동체에 500파운드(227kg) 고폭탄 1개, 양 날개에 100파운드(45kg)짜리 소이탄 2개가 실렸다. 나는 복도를 따라 걸어가 사다리에 도착한 다음 엔터프라이즈의 격납 갑판으로 내려갔다. 주기된 비행기들이 갑판 뒤쪽 절반을 어수선하게 메웠다. 정비병들은 바쁜 손놀림으로 작업하며 최종 점검을 하고 있었다. VS-6과 VB-6 소속 SBD들은 이미 이함을 위해 비행 갑판에 주기되어 있었다. 내가 서 있던 격납고 갑판에서 승조원들이 TBD와 와일드캣을 후부 엘리베이터로 밀어 옮기고 있었다. 우리 SBD들이 비행 갑판을 비우면 이 비행기들이 이함할 예정인 것 같았다.

무엇인가가 내 시선을 붙잡았다. VT-6 소속 TBD 14기의 기체 하부에 장착된 어뢰였다. 나는 경악했다. 왜 마크 13형 어뢰를 달고 있지? 이 어뢰에 관해서라면 거의 1년 동안 자주 일어난 오작동 외에는 들은 바가 없었다. 1941년 7월의 사격훈련에서 내 눈으로 이를 똑똑히 보았다. 마셜 제도 습격이 끝나고 VT-6 조종사들은 어뢰들이 하필 중요한 순간에 오작동을 일으켰다고 저주를 퍼부었다. 몇 달 전에 나는 홀시 제독이 부하들을 야단치면서 어뢰를 장착한 TBD를 절대 격납고 밖으로 내보내지 말라고 하는 소리를 들었다. 그런데 이번에는 분명히 누군가가—아마 제독들— VT-6의 TBD를 VB-6, VS-6과 더불어 전투에 투입할 생각을 한 것 같다. 발진 시간이 가까워지면 비행 갑판은 비행기들로 가득 찰 것이다. 3개 비행대가 모두 발함해야 했기 때문에 VS-6 소속기 중 처음 발함하는 기체들은 이륙 활주거리가 165피트(50m)로 한정되었다. 물론 나는 비행 갑판에서 165피트를 —게다가 완전한 암흑 속에서— 달려 이함해 본 경험이 있었지만, 폭탄을 매단 기체를 몰고 이렇게 짧은 거리를 달려 이함해 본 경험이 없는 우리 비행대의 신참 조종사들이 걱정되었다.

나는 엔터프라이즈함에 있는 친한 친구 톰 에버솔을 만났다. 톰은 격납 갑판 끝에 서서 승조원들이 TBD 1대를 밀어 후부 엘리베이터에 신는 작업을 감독하고 있었다. 나는 톰에게 다가가 비행기를 손으로 가리키며 물었다. "톰, 도대체 왜 TBD에 어뢰가 달려 있어? 제독들이 TBD를 전투에 투입할 생각인 거야?" 톰은 걱정된 표정으로 고개를 끄덕였다. 톰은 나에게 VT-6을 이번 공습에 참여시키라는 명령을 받았다고 말했다. 나는 돌입할 때 저공비행을 해야 하는 뇌격기들을 은폐하기 위한 연막탄이 장착된 SBD가 있느냐고 물었다. 톰은 고개를 가로저으며 먼 곳을 바라보았다.

너무 당혹스러웠다. 나는 마셜 제도, 웨이크섬, 마커스섬에서의 경험을 통해 우리 함대가 전훈을 습득했을 것이라고 생각했다. 그런 일을 겪고서도 연막으로 보호할 적절한 수단도 없고 목표물에 맞고도 폭발하는 비율이 10퍼센트도 되지 않는 어뢰를 장착한 TBD를 실전에 투입할 수는 없다. 나는 TBD 투입이 누구의 책임이었는지, 왜 그랬는지를 알지 못한다. 아마 VT-6의 조종사들이 충분히 제 목소리를 내지 못했던 탓일 수도 있다. 혹은 플레처나 스프루언스 제독에게 마크 13형 어뢰가 얼마나 결함투성이였는지를 아무도 알려 주지 않았을 수도 있다. 어쨌건 이 결정으로 인해 미드웨이 해전에서 발생한 가장 처참한 비극의 무대가 마련되었다.

톰과 전술을 논의할 시간은 거의 없었다. 우리는 악수하고 "행운이 있기를"이라고 서로에게 인사했다. 고통스러운 작별 인사였다. 나는 이것이 마지막 인사가 되리라는 것을 알았다. 우리가 악수하자 이상한 일이 일어났다. 톰의 모습이 흐릿해지기 시작했다. 나는 울음을 터뜨릴 뻔했다! 젊은 나이였지만 나는 언제나 감정을 잘 다스리려고 노력했고 슬픔이나 비통함을 내비치지 않기로 맹세했다. 하지만 전쟁 기간 전체를 통틀어 이 순간만큼은 감정을 추스르지 못했다. 톰과 함께한 멋진 시간들을 떠올리자 수많은 추억들이 걷잡을 수 없이 스쳐 지나갔다. 해군사관학교에서 벌였던 장난, 펜서콜라에서 비행 훈련생으로 같이 보냈던 나날들, 그 무엇보다도 캔자스시티까지 함께 간 횡단 여행이 기억났다. 지금까지도 이 가슴 아픈 이별을 회상하기가 몹시 힘들다. 친구가 곧 죽을 것을 알면서도 아무것도 할 수 없는 상황보다 끔찍하고 무서운 일은 없다. 우리가 할 수 있는 유일한 행동은 겉보기에 씩씩함을 유지하며 생각을 하지 않으려고 노력하는 것뿐이었다. 아, 톰이 얼마나 그리운지!

05시 30분, 나는 대기실로 들어가 1열에 있는 내 의자에 앉았다. 갤러허 대위를 빼면 내가 첫 번째였다. 나는 잠겨 있는 의자 밑 사물함을 열어 내 차트 보드를 꺼냈다. 다른 조종사들이 대기실을 채우는 동안 나는 우리 기동함대의 위치와 방향을 암기했다. 우리는 일본 항공모함들이 북서 방향에서 미드웨이로 접근할 것으로 예측했지만 실제로 어느 방향에서 올지는 알 수 없었다. 진주만의 태평양함대 사령부에 있는 뛰어난 암호해독반 덕택에 우리 지휘관들은 일본군의 정예 항공모함들이 미드웨이를 향해 오고 있다는 것을 알았다. 또한 일본군이 미드웨이의 활주로를 파괴하고 남은 비행기들을 꼼짝 못 하게 묶어 놓기 위해 가장 먼저 미드웨이 공습을 시도하리라는 것을 알고 있었다.*

대기실에서 조종사 대부분은 데이터를 소리 내어 읽는 요면의 목소리에 귀를 기울이며 침묵을 지켰지만 신경이 날카로워진 몇몇 조종사들이 잡담을 늘어놓고 있었다. 신참 조종사 존 퀸시 로버츠John Quincy

---

* 미드웨이 기지에는 해군, 해병대, 육군항공대 소속 비행기들이 섞여 배치되었다. 제2 정찰비행단Patrol Wing Two 소속 PBY 카탈리나 비행정 31기, TBF 어벤저Avenger 6기로 편성된 VT-8 소속 분견대, VMF-221 소속 해병대 전투기 28기, VMSB-221 소속 급강하폭격기 40기, 육군항공대 제69폭격비행대 소속 B-26 4기, 431폭격비행대 소속 B-17 19기다.

Roberts 소위가 자신이 폭탄을 끌고 가서라도 일본 항공모함에 꽂아 버리겠다고 신나게 떠들고 있었다. 나와 사이가 썩 좋지 않은 디킨슨 대위도 늘 그랬듯이 큰 소리로 불평했다. 비행계획을 살펴본 대위는 우리 SBD가 전투기 엄호를 받지 못한다는 것을 깨달았다. F4F-4 전투기들은 목표물에 도달할 때까지 TBD를 엄호하라는 명령을 받았는데, 그러면 VS-6과 VB-6은 와일드캣 엄호 없이 고공에서 홀로 비행할 수밖에 없었다.* 디킨슨은 전에도 비슷한 불만을 제기했었고, 또 뻔한 불평을 하는 것 같아 나는 귀를 닫았다.

그동안 갤러허는 이어폰을 끼고 뒤에 있는 칠판에 조용히 엔터프라이즈의 위치를 판서하고 있었다. 우리 기동함대는 무역풍이 부는 방향으로 선회하기 시작했다—이함에 필요한 조치였다—. 그러나 이 선회로 인해 우리는 의도치 않게 일본 기동부대와 조우할 것으로 예측한 위치에서 멀어져 버렸다. 우리 조종사들은 적과 120해리(222km) 떨어진 곳에서 발진하기를 원했으나 상황이 바뀜에 따라 210해리(389km) 떨어진 곳에서 발진하게 될지도 몰랐다. 나는 재빨리 계산해 보았다. 우리 SBD들이 탑재한 연료량은 310갤런(1,173ℓ)이었다. 적과의 거리를 좁히지 않고 지금 발진한다면 탱크에 남은 마지막 한 방울까지 짜내야만 왕복할 수 있었다. 나는 이맛살을 찌푸렸다. 만약 비행 도중에—예상 요격지점에서 적 항공모함들을 찾지 못하고 상자 모양으로 선회하며 적을 수색해야 하는 것 같은— 예기치 못한 상황이 발생한다면 귀환하기에 연료가 충분하지 못할 수도 있었다. 자살 공격에 투입되는 것은 VT-6만이

---

* 1942년 2월에 VF-6은 F4F-3을 대체해 F4F의 신모델 F4F-4를 수령했다. 이 모델은 전 모델의 기관총 4정 대신 기관총 6정을 탑재했고 날개를 접을 수 있었다. 몇몇 조종사들은 더 무겁다며 신모델을 좋아하지 않았다.

아닌 것 같았다.

　연료 고갈의 위험에 관해 깊이 고민할 시간이 없었다. 오전 06시경, 갑자기 견시원이 우리 머리 위로 일본군 정찰기가 지나가고 있다고 보고했다. 나는 일본군 정찰기를 보러 대기실 밖으로 뛰어나갔다. 바다 위를 쳐다보니 엷게 낀 안개와 해수면으로부터 수천 피트 높이로 두텁게 솟아오른 뭉게구름 벽이 보였다. 날씨의 신이 미군에게 미소 짓고 있었다. 낮게 깔린 구름이 많아서 일본군이 16기동함대를 상공에서 발견하기가 불가능했기 때문이다.* 우리 조종사들은 초조한 심정으로 구름 사이로 난 300피트(91m)짜리 구멍에 시선을 집중하며 과연 일본군 정찰기가 나타날지 기다리고 있었다. 아무 일도 일어나지 않았고, 다들 낮게 깔린 구름 때문에 적기가 엔터프라이즈를 발견할 수 없을 것이라고 짐작했다.

　나는 비행대 대기실로 돌아와 앉았다. 시계를 보니 06시가 조금 지나 있었다. 바로 이때 결정적 소식이 들어왔다. 미드웨이에서 발진한 우리 정찰기가 적과 접촉했다는 것이었다. 우리는 대기실 앞쪽에 설치된, 적과의 접촉보고가 띄워지는 중계화면을 응시했다. 그동안 대기실의 요먼이 헤드폰에서 들리는 정보를 칠판에 판서하기 시작했다. 이제 적 기동부대는 175해리(324km) 떨어져 있었다. 나는 곧바로 깨달았다. 제독들(그리고 정보를 준 암호 해독자)이 옳았다. 적은 미드웨이로 향하고 있었다. 적에게 결정적 타격을 가할 기회가 온 것이다. 갤러허는 우리에게 스프루언스와 마일스 브라우닝 참모장이 우리 4개 비행대를 하나씩 하나씩 발진시킬 계획이라고 말했다. VS-6과 VB-6이 먼저 출

---

* 이 정찰기는 중순양함 지쿠마筑摩의 5번 정찰기였을 것이다. 기록에 따르면 이 비행기는 미군함대 상공을 지나갔으나 접촉보고를 하지 않았다.

격해 일단 상공에 올라가면 우리는 다른 비행대들이 합류할 때까지 순항속도로 함대를 선회한다. 그다음에는 VT-6과 VF-6이 이함해 약간 낮은 고도에서 같이 적을 향해 순항한다. 그동안 다른 두 항공모함—호넷과 요크타운— 비행단도 모든 전력을 다 띄워 올리고 우리 모두는 적을 향해 전진한다. 야심찬 계획이었다.

우리는 즉각 탑승 명령을 받을 것이라고 기대했지만 이상하게도 명령이 내려오지 않았다. 대기실로 소문이 흘러들어왔다. 기함 요크타운이 정찰에 나섰던 VS-5를 수용하느라 즉각 발진을 멈추었다는 것이다. 엔터프라이즈함은 20해리(37km) 떨어져 있는 요크타운함이 거리를 좁혀 올 때까지 기다려야 했다. 그때까지 우리는 꼼짝 못 하고 대기해야 했다. 오늘날까지도 나는 출격이 지연된 이유를 완전히 이해하지 못한다. 우리는 —아주 상세하지는 않았으나— 확실한 적과의 접촉보고를 가지고 있었고, 이 보고에 따르면 적은 우리 급강하폭격기 항속거리 내에 있었다. 원한다면 우리 지휘관들은 바로 VB-6과 VS-6을 출격시킬 수 있었지만 그러지 않았다. 후대의 역사가들은 오전 06시 07분에 플레처가 스프루언스에게 "적 항공모함 위치 확인 후 즉각 공격"이라는 메시지를 보내 요크타운함을 기다리지 않고 공격대 발진을 개시할 자유를 주었다고 말한다. 물론 나는 전투가 끝난 후에야 이 사실을 알았다. 대기실에서 초조하게 기다리면서 요크타운함이 우리를 언제쯤 따라잡을 수 있을까 궁금해하고 있었다. 나는 스프루언스가 적과의 거리를 155해리(287km)까지 줄이기를 기대하면서 거리를 좁힐 의도로 우리 기동함대를 남서쪽으로 선회시켰다는 사실을 나중에 알게 되었다. 그러나 그때 우리는 발함한 다음 요크타운 비행단과 협동 공격해야 한다는 상정에만 시종 목을 매고 있었다.

발진명령을 기다리는 동안 일본군이 먼저 움직였다. 오전 04시 30

분, 아직 우리의 존재를 모르는 채 일본 항공모함 4척이 전투기와 폭격기 108기를 띄워 보내 미드웨이 환초의 가장 큰 두 섬인 이스턴섬Eastern Island과 샌드섬Sand Island을 타격했다. 오전 06시가 막 지났을 무렵 일본 비행기들은 목표물이 보이는 곳까지 접근했다. 그들은 상공 초계를 담당한 미 해병항공대 전투기 26기를 압도했고, 용감한 우리 조종사 17명이 전사했다. 그 후 일본기들은 지상 방어시설을 공격했다. 기지의 발전기, 식수 파이프, 저유 탱크, 차량 3대와 건물 5채가 파괴되었다. 8명이 지상에서 전사했다. 그러나 일본군은 활주로 두 곳에 가벼운 손상을 입히는 데 그쳐 활주로를 작전 불능 상태로 만든다는 목표를 달성하는 데에는 실패했다. 오전 07시경, 격추된 11기를 제외한 나머지 일본기는 자기 함대로 돌아갔다.

다음은 우리 함대가 처음으로 크게 움직일 차례였다. 06시 56분, 한 시간의 피 말리는 기다림 끝에 엔터프라이즈는 바람이 불어오는 방향으로 함수를 돌렸다. 함교에 있던 누군가가 우리를 풀어 줄 때라고 결정했다. 요먼이 외쳤다. "조종사 탑승!"

나는 용수철이 튕겨 오르듯 의자에서 벌떡 일어나 비행 갑판으로 내달렸다. VS-6 조종사 16명이 내 뒤를 따랐고 우리는 흩어져 각자의 SBD에 올라탔다. 나의 S-7은 중앙 엘리베이터 부근에 주기되어 있었다. 충실한 후방사수 존 스노든이 나를 맞이했다. 스노든도 나만큼이나 출격하고 싶어서 안달이 나 있었다. 나는 조종석으로 뛰어들어가 안전벨트를 매고 표준 비행 전 점검 절차에 들어갔다. 우리 비행기는 1분도 안 되어 출격할 준비를 마쳤다.

VS-6과 VB-6의 급강하폭격기들이 엔진에 시동을 걸자 성난 33대의 전기톱이 뭐든 씹어 먹을 기세로 엄청난 소음의 합창을 만들어냈다. 비행기들은 서로 날개 끝이 거의 닿을 정도로 다닥다닥 붙어 있었다. 무장사들은 힘차게 돌고 있어 위험해진 프로펠러를 피해 급하게 움직이며 비행기들의 동체 아래로 들어갔다 나왔다 하면서 마지막 점검을 하고 있었다. 뒤를 돌아보니 존이 뒷좌석에서 안전벨트를 매고 있었다. 존은 내게 예의 순진한 미소를 지어 보이며 기운차게 엄지를 척 들어 올렸다. 우리 뒤에 있던 VS-6과 VB-6의 나머지 비행기들도 준비를 마친 것 같았다. 구름 사이로 비치는 이날의 첫 햇살을 받아 청회색으로 칠해진 기체들이 반짝거리고 있었다. 급강하폭격기 뒤로 시가 모양의 TBD들이 비행 갑판 뒤쪽을 가득 메웠다. 비행 갑판의 가용공간 전체를 비행기들이 차지했다. 나는 톰의 마지막 모습이라도 볼 수 있을까 싶어 눈을 부릅떴지만 기수 방향에서는 모든 TBD가 똑같아 보였다. 톰이 보이지 않았다. 나는 머리를 다시 조종석 안으로 넣은 다음 고글을 조정하고 함수와 우리를 기다리고 있는 임무 쪽으로 시선을 돌렸다.

엔터프라이즈함의 신호장교가 이함 명령을 내렸다. 우리 앞에서 F4F-4 8기가 먼저 날아올라 전투초계 위치로 향했다. 오전 07시 06분, SBD를 탄 클래런스 웨이드 매클러스키 신임 엔터프라이즈 비행단장이 날아올랐다. 그는 8일 전에 나와 나란히 비행수훈십자장을 받았다. 이제 매클러스키 단장은 엔터프라이즈의 급강하폭격기 비행대 전부를 지휘하고 있었지만, 그가 얼마 전까지 전투기 조종사였다는 점을 보면 다소 의아한 인선이었다. 매클러스키의 SBD 탑승 시간은 충분했지만 갤러허(VS-6)나 베스트(VB-6) 같은 급강하폭격대 대장만큼 급강하폭격 전술을 잘 알 수는 없었다. 매클러스키가 상급자였으므로 엔터프라이즈 함교의 누군가가 매클러스키가 급강하폭격대를 이끌고 전투에 나서기를 기대했던 것 같다.

매클러스키의 비행기가 하늘로 날아오른 후 엔터프라이즈 비행단의

1942년 6월 4일 오전 7시 25분, 바람을 안고 항진하는 엔터프라이즈함. 급강하폭격기를 장비한 2개 비행대는 모두 발진했으나 VT-6은 아직 발진하지 못한 상황이다. 비행 갑판 끝에 TBD 데버스테이터 뇌격기 여러 대가 있다. (NHHC)

나머지 비행기들도 차례차례 발함했다. 다음으로 두 신참 소위 빌 피트먼Bill Pittman과 리처드 앨론조 재커드Richard Alonzo Jaccard 소위가 모는 매클러스키의 요기인 S-8과 S-11이 이함했다〔매클러스키, 재커드, 피트먼의 3기가 지휘소대를 이루었다.—옮긴이〕. 오전 07시 10분, VS-6의 비행기들이 발함했다. 갤러허 대위가 날아올랐고 요기 2기—리드 스톤Reid Stone 소위와 존 퀸시 로버츠 소위—가 차례로 비행 갑판을 박차고 떠올랐다. 그리고 내 차례가 왔다. 나의 S-7은 비행 갑판을 따라 달리다가 엄청나게 큰 '붕' 하는 소리를 내며 하늘로 솟아올랐다. 내 요기는 1기뿐이었다. 또 다른 요기인 엘더 로덴버그Eldor Rodenburg 소위의 S-9가 8,000피트(2,438m) 고도에서 엔진에 이상이 생겨 모함으로 귀환했는데, 원인은 블로어 고장으로 보고되었다. 내 비행기가 이제 막 항공모함 주위를 선회하기 시작했을 즈음, 제임스 덱스터James Dexter 소위가 모는 요기 S-18이 내 왼편에서 날았다. 덱스터와 나는 VS-6의 2소

대 혹은 '옐로 소대Yellow Section'가 되었다. 우리 뒤에는 VS-6의 SBD 9
기가 이함하여 2, 3기씩 편대를 지어 날았다. 그다음에 VB-6의 SBD
15기가 이함했는데 모두 1,000파운드(454kg) 폭탄을 달고 있었다.

상공의 집합점에서 나는 '스텝다운step down' 대형*으로 선회하는 급
강하폭격기 32기로 편성된 공격대에 합류했다. 우리는 고개를 이리저
리 돌리며 이상한 것이 없는지 살펴보았다. 기동함대 상공을 선회하면
서 우리는 엔터프라이즈함의 다른 비행대들, VT-6과 VF-6이 약간
낮은 고도에서 우리와 합류하기를 기다렸다. 우리는 제16기동함대의
또 다른 항공모함인 호닛의 4개 비행대와 동쪽 수평선 바로 위에서 보
이던 요크타운함의 3개 비행대가 우리와 합류하리라고 기대했다.** 이
것이 갤러허 대장이 우리에게 알려 준 계획이었다. 그러나 다른 비행대
들은 코빼기도 보이지 않았다.

우리는 기다리고 또 기다렸지만 우리와 합류하는 비행기는 없었다.
40분이 지났고 우리는 귀한 연료를 태우며 제16기동함대 상공을 멍청

---

* 쐐기 모양(3기 편성) 소대가 계단과 비슷하게 하나씩 차곡차곡 쌓여 가는 형태로 배
치되는 대형이다. 후방사수들은 이 대형의 상공이나 뒤쪽에서 감히 접근을 시도하는
적기에 편대의 모든 화력을 집중할 수 있었다.
** 불행히도 우리 비행단의 3개 비행대는 하나의 공격대로 뭉치는 데 실패했다. 이때
는 몰랐으나, 우리가 상공을 선회하는 동안 비행 갑판에서 여러 가지 문제가 발생했
다. 우선 갑판 승무원들이 VF-6의 F4F-4 10기를 격납 갑판에서 끄집어내 비행 갑
판에 주기하는 데 시간이 걸렸다. 둘째로 항속거리와 연료 소비량을 고려한 결과, 요
크타운 비행단은 계획한 오전 07시에 공격대 35기를 발진시키지 않기로 했다. 그 대
신 오전 08시 38분까지 기다렸는데, 이때는 엔터프라이즈함의 급강하폭격대가 발진
한 지 92분 뒤였다. 마침 요크타운함에서 발진할 마지막 비행대인 VB-3은 오전 09
시 7분에야 발진했다. 즉 요크타운 비행단은 오전 09시 7분 이후에야 하나로 뭉쳐
적을 향해 날아갔다. 마지막으로 호닛함은 62기를 발진시켰으나 그중 우리와 합류한
비행기는 1대도 없었다. 호닛의 4개 비행대, VS-8, VB-8, VT-8, VF-8은 오전
08시 6분에 제16기동함대를 떠났다. 매클러스키가 지휘하는 2개 급강하폭격 비행
대가 출발한 지 10분 뒤였다.

하게 뱅뱅 돌고 있을 뿐이었다. 우리는 엄격한 무선침묵 규정에 따라 당연히 무전기를 꺼놓고 모든 교신을 수신호로 하고 있었다. 몹시 실망한 나는 화가 나 좌석에서 몸을 들썩였다. 적을 찾아가고 싶어 죽겠는데 뭔가 보이지 않는 힘이 녹색 신호를 막는 것 같았다.

마침내 07시 52분, 더 이상 지연을 참을 수 없었던 스프루언스 소장이 매클러스키에게 메시지를 보냈다. 함의 신호수가 거대한 탐조등의 셔터를 열었다 닫았다 하며 모스 신호를 보냈다. "배정 임무 수행. 비행대별 속행." 나는 메시지를 읽고 흡족했다. 스프루언스도 상황이 급박하며 지금 기회를 잡아야 한다는 것을 이해했음이 틀림없었다!* 명령에 따라 매클러스키도 우리 비행대와 VB-6에 따라오라는 신호를 보냈다. 모함 주위를 마지막으로 한 번 돈 다음 우리는 방향타를 똑바로 놓고 급히 속도를 올리며 남서쪽으로 떠났다. 호닛과 요크타운 비행단은 어디에서도 보이지 않았고 엔터프라이즈함의 F4F와 TBD들도 마찬가지였다.**

---

* 우리는 항로를 231도로 설정했고 시간은 오전 07시 52분이었다. VT-6과 VF-6 둘 다 이함과 집합을 마치는 중이었다.
** 다른 비행대들에 무슨 일이 일어났던 것일까? 물론 당시에는 관련 사실을 알 수 없었다. 그때 엔터프라이즈 비행단은 3개 집단으로 나뉘어 출발했다. 전술했듯이 매클러스키의 (나도 포함된) 2개 폭격비행대가 먼저 출발해 오전 07시 52분에 엔터프라이즈함에 작별을 고했다. VT-6(14기)은 우리가 떠난 지 몇 분 뒤에 제16기동함대를 떠났다. 이 비행대는 우리와 같은 항로를 유지하다가 오전 09시 30분에 급격하게 방향을 바꿨다. VT-6의 지휘관 유진 린지Eugene Lindsey가 전사하여 교전보고를 남기지 못했다. 하급장교인 로버트 E. 로브Robert E. Laub 중위가 린지를 대신해 교전보고를 작성했으나 항로를 명시하지 않았다. 1966년에 작가 월터 로드Walter Lord가 로브를 인터뷰해 VT-6의 항로에 대하여 명확한 진술을 얻었다. VT-6은 09시 30분까지 240도로 비행하다가 린지가 일본군 항공모함 부대에서 나오는 연기를 포착하자 우현으로 거의 90도를 틀었다.
결국 VF-6(10기)이 늦게 출발했고 우연히 호닛의 뇌격비행대인 VT-8을 따라가게 되었다. VF-6의 지휘관 제임스 S. 그레이James S. Gray 대위는 교전 보고를 제출하지 않았으나 1963년에 자신의 경험을 상세히 적은 기록을 작성했다. 공식적으로 출

242

우리는 2만 피트(6,096m) 고도로 올라가며 홀로 길을 떠났다. 전투기 엄호는 없었다. 일부 후대 역사가들은 우리 급강하폭격기 조종사들이 전투비행대, 뇌격비행대 없이 자력으로 전투를 벌이기를 원치 않았다는 의견을 은연중에 드러내 왔다. 내 해석은 그렇지 않다. 이날 아침에 일어났을 때 나는 우리 비행단의 각 비행대가 따로 전투를 벌일 것이라고 예상했다. 이것은 내가 전장에 돌입할 때 선호한 방법이었다. 임무를 수행하는 데 전투기는 필요 없었다. 우리 후방사수들은 명사수들이었고 충분히 엄호 역할을 할 수 있었다. 만약 4개 비행대가 함께 발진했다면 상황이 더 혼란스러워지고 속도가 더욱 느려졌을 것이다. 내 신경을 건드린 것은 발진의 템포뿐이었다. VS-6과 VB-6 조종사들이 완벽하게 이함한 다음 우리는 스프루언스 제독이 전투기와 뇌격기 없이 우리만 보내기로 최종 결단을 내릴 때까지 50분간 연료만 낭비했다.

우리는 항공유 한 방울 한 방울이 소중했는데, 상황이 전개됨에 따라 우리 두 폭격비행대가 불필요하게 빠른 속도로 연료를 소모했기 때문이다. 이렇게 말해 유감스러우나, 새 단장의 결정은 비행단에 참담

간하지 않고 개인적으로 유통한 「미드웨이의 결단Decision at Midway」이라는 제목의 기록에서 그는 자신이 VT-8을 따라갔음을 인정했다. 그는 "얼마간 우리는 다른 방향으로 가는 또 다른 부대(VT-8)을 엄호하려고 노력했다. 하지만 계속 엄호하기에 이 부대는 너무 뒤처져 있었다. 나중에 우리는 VT-6이 남서쪽으로 크게 방향을 틀었고 약 50해리(93km)를 지나쳐 북서쪽 방향을 수색하다가 북동쪽으로 방향을 틀어 공격했음을 알게 되었다." 그동안 다른 항공모함의 비행단들은 그들만의 전투를 벌이고 있었다. 오전 08시 06분, 호닛에서 발진한 62기가 비행단장 스탠호프 링Stanhope Ring 중령을 따라갔으나 이 비행단조차 오래 함께 있지는 않았다. 08시 25분 전후, 호닛의 TBD-1 비행대인 VT-8이 항로에서 이탈해 우현으로 30도 틀었다. 결국 요크타운의 세 비행대—VF-3(6기), VT-3(12기), VB-3(17기)—는 엔터프라이즈와 호닛 비행단이 함대 상공을 떠난 지 한참 뒤에 이함했다. 요크타운에서 발진한 첫 비행대인 VT-3은 08시 45분에야 이함을 개시했다. 요크타운의 세 비행대는 모두 남서쪽으로 날아갔다.

한 결과를 가져왔다. 매클러스키 소령은 전투기처럼 폭격기를 몰며 정상 순항속력인 시속 160노트(296km/h) 대신 시속 190노트(352km/h)로 쏜살같이 질주했다. 매클러스키는 일본군이 우리를 발견했을 것이므로 먼저 공격하는 쪽이 승자가 되리라고 생각했다. 그의 변칙적인 속력 운용은 큰 문제를 일으켰다. 비행대에서 각 소대, 중대의 가장 끝에 있는 비행기는 대장기의 고도와 속도에 맞추어 바짝 붙어 있는 것이 임무라서 연료를 더 심하게 소모하는 경향이 있었다. 실수를 저질러 약간이라도 소대장기나 중대장기와 떨어지게 된다면 속력을 높여 따라잡을 수밖에 없었다. 따라서 우리 공격대의 끝에 있던 비행기들은 연료를 빠르게 써 버렸고, 평소보다 더 빠른 순항속력을 내는 상황에서 필요 이상으로 많은 연료를 소모하게 되었다.

색적수색은 끝이 없어 보였다. 09시 20분경, 약 165해리(306km)를 날아온 다음 우리 두 비행대는 요격지점에 도착했다.* 예상과 달리 적 함대는 없었고 우리는 아무것도 발견하지 못했다. 드문드문 떠 있는 구름 사이로 내려다보니 사방 50해리(93km)까지 똑똑히 잘 보였다. 그러나 보이는 것은 빈 바다뿐이었다. 일본 함대는 미드웨이 공격대를 수용한 다음 변침한 것이 틀림없었다.

여기에서 매클러스키의 재빠른 판단이 빛을 발했다. 그는 상자형 색적을 하기로 결정했다. 매클러스키는 비행기를 90도로 돌리고 수신호를 통해 두 비행대에 자신을 따르라고 지시했다. 나는 조종간을 잡고 비행기를 우측으로 천천히 돌려 북서 방향으로 내 소대를 이끌었다.**

---

* 대략 북위 29도, 서경 179도 지점이다.
** 새 항로는 약 321도였다. 우리 급강하폭격대 조종사들은 그때 몰랐지만 일본 기동부대는 오전 09시 17분에 변침했다. 새벽녘에 미드웨이 환초를 공격한 공격대를 수용한 다음이었다. 일본군 지휘부는 항공모함을 북서로 돌려 미드웨이에서 멀어지며

일본 제독들의 처지에서 생각해 보면 변침은 논리적 행보였다. 나는 매클러스키가 일본 제독들과 같은 통찰력을 지녔음에 감사한다. 올바른 방향으로 우리를 이끌고 간 것은 매클러스키의 공로다. 만약 우리가 별생각 없이 원래 명령을 따랐다면 일본 항공모함들은 발각되지 않은 채 빠져나갔을 것이다.

매클러스키와 갤러허로부터 몇 야드 뒤에 있던 제2소대장으로서 나는 지휘관들의 수신호에 신경을 곤두세우고 있다가 내 뒤쪽의 중대 조종사들에게 이를 반복해서 전달했다. 우리가 상자형 수색의 다음 구간을 날기 위해 방향을 바꿔 북동쪽을 향하자 VB-6 대장 딕 베스트 대위가 내 시선을 붙들었다. 베스트는 수신호를 하고 있었는데 문제가 생겼다는 뜻이었다. 베스트가 산소마스크를 들어 올려 비행기의 산소 공급장치에 문제가 발생했음을 알렸다. 그는 아래쪽을 가리켰다. 베스트의 요기 조종사 에드윈 크뢰거Edwin Kroeger 중위의 산소가 떨어졌다. 안전하게 숨을 쉬려면 전체 비행대가 고도를 낮추어야 했다. 그에 따라 VB-6의 15기가 1만 5,000피트(4,572m) 고도로 강하했고, 조종사들은 정상적으로 공기를 들이마셨다. 우리 비행대들이 서로 떨어짐에 따라 적 함대에 집중공격을 할 가능성도 줄어들었다.

다음 30분 동안은 별일 없이 비행했다. 조종석에 혼자 있던 나는 생각에 빠져 있었다. 가끔 후방사수 존 스노든과 인터폰으로 임무에 대해 이런저런 이야기를 나누었다. 나는 존에게 후미의 쌍열 .30구경 기관총의 예비탄약이 준비되었느냐고 물었다. YE-ZB 유도장치 수신기

미국 함대를 수색하려 했다. 일본군이 원래 침로를 계속 유지했더라면 우리는 아마 모함에서 멀어지는 항로를 타고 비행하다가 일본군을 발견했을 것이다. 하지만 당시에는 시야에 아무것도 들어오지 않았다.

의 코일을 바꾸는 정확한 절차도 테스트했다. 무엇보다도 나는 우리 둘 다 정신 바짝 차리고 눈을 부릅뜨고 있다가 적 함대로 우리를 인도할 특이한 무언가를 찾기를 바랐다.

그리고 09시 55분, 돌파구가 열렸다. 한참 아래쪽에서 아침햇살이 물보라가 만들어내는 물안개를 통과하며 아름다운 색의 빛띠를 만들어내는 장면이 보였다. 매클러스키가 수신호로 갤러허에게 이 무지개를 가리키고 있는 것 같았다. 모두가 무지개를 볼 수 있었다. 너무나 눈부셨다. 아마 내가 본 것 중 가장 아름다운 무지개였을 것이다. 그러나 갤러허의 직업적 관심을 끈 것은 다른 데 있었다. 15해리(28km) 앞, 2만 피트(6,096m) 아래에 펼쳐진 푸른 바다 위로 흰 상처 자국이 보였다. 얼마 지나지 않아 이 상처가 고속으로 항해하는 구축함이 낸 항적이라는 것이 분명해졌다. 구축함은 빠른 속력으로 질주하고 있었다. 내가 승선한 적 있는 구축함 야날이 고속으로 항해하면서 일으키던 물보라가 생각났다. 우리가 발견한 것은 일본군 구축함 아라시嵐였다. 이보다 앞서 아라시는 일본 함대에서 떨어져 나와 자신의 함대를 공격했던 미 해군 잠수함 노틸러스Nautilus(SS-168)를 추격하고 있었다. 이제 아라시는 항공모함 4척과 호위함들과 합류하기 위해 길을 서두르고 있었다. 아라시가 직진하고 있었으므로 우리는 아라시가 적 항공모함이 있는 쪽으로 간다고 생각했다. 매클러스키는 우리를 이끌고 같은 방향으로 향했다. 3분도 되지 않아 우리는 일본 함대를 발견했다. 수평선 전체에 걸쳐 일본 기동부대가 펼쳐져 있었다.*

우리가 과연 살아남을 수 있을지 걱정스러웠다. 연료계는 이미 절반 이하를 가리키고 있었다. 만약 공격을 속행한다면 적함에 급강하공격

---

* 내 비행 일지에 따르면 일본 항공모함들은 북위 30.05도, 서경 181.45도에 있었다.

을 하고 회피기동을 한 다음 고도를 다시 높이는 데 많은 연료를 쓸 것이 거의 확실했다. 만약 공격에서 살아남는다고 해도 모함으로 바로 돌아가는 것은 허용되지 않았다. 대신 방향을 한 번 틀어서 귀환하라는 명령을 받았는데, 다른 방향으로 40해리(74km)를 날아간 다음에 귀환 항로를 잡아야 적이 우리가 어느 방위에서 왔는지를 알지 못할 것이기 때문이었다. 이렇게 비행하려면 추가로 연료를 소모해야 했다. 우리가 모함으로 돌아갈 수 있을지 불확실해 보였다.

긴박한 시점임을 일깨우려는 듯 VB-6 소속 토니 슈나이더Tony Schneider 소위가 몰던 던틀리스의 연료가 바닥났다. 엔진이 몇 번 쿨럭거리더니 프로펠러가 완전히 멈췄다. 내가 바라보는 동안 슈나이더는 바다를 향해 천천히 활강하기 시작했다. 나는 슈나이더와 후방사수 글렌 홀든Glenn Holden 통신 병장 앞에 어떤 일이 기다리고 있을지 생각했다. 과감한 공격에 나섰다가 연료가 떨어진 조종사는 어떻게 될까? 초계기가 추락한 승무원을 구조할 수도 있었으나 가능성은 100분의 1이었다. 폭탄을 버리면 엔터프라이즈로 귀환할 수 있지 않을까 하고 상상해 보았지만, 나나 내 동료들은 이런 행동을 생각할 수조차 없었다. 이 것은 비겁한 짓이다. 우리는 대장 갤러허 대위를 깊이 신뢰했고, 12월 7일 이후에 연합군이 당한 비참함을 적에게 되갚아 주기로 결심했다. 우리는 지금 물러서기에는 너무 길고 힘든 훈련을 받아 왔다. 연료가 다 떨어져 바다에서 외롭고 끔찍한 죽음을 맞을 수도 있으나 그것은 중요하지 않았다. 우리는 빠르고 자동적으로 결정을 내렸다. 우리는 공격하기로 했다. 우리는 공격해야 했다. 우리는 이겨야 했다.

슈나이더의 기체가 바다에 추락한 다음 나는 더 상세히 일본 항공모함들을 살펴볼 수 있었다. 4척이 보였다. 가장 가까이 있는 2척은 바로 식별할 수 있었다. 가가와 아카기였다. VS-6은 정면으로 이들을 향해 날고 있었다. 10해리(19km) 떨어진 곳에 더 작은 항공모함인 히류가 있었고, 멀리 수평선 위로 점 하나가 보였는데 소류 같았다. 이때 매클러스키가 마침내 무선침묵을 깼다.

"적 발견!" 대장이 무전기로 알렸다.

나는 스위치를 분주히 누르고 레버를 당기며 내 SBD-3의 전투태세를 갖추기 시작했다. 앞에서 말했듯이 나는 공포를 느꼈던 기억이 없다. 내가 걱정을 억누르는 데 전문가였을지도 모르겠지만, 그보다는 눈앞에 있는 과업 때문에 공포가 진정되었다는 편이 맞겠다. 다행히 SBD 조종사는 할 일이 많았다. 공격하기 전마다 나는 YE-ZB 유도장치가 제대로 작동하고 있는지 살폈다. 인터폰으로 후방사수 존 스노든을 호출해서 ZB 수신기의 무선 코일을 교체하라고 지시했다. 유도신호가 잡히면 엔터프라이즈로 돌아가는 정확한 경로를 보여 주는 모스 부호 알파벳 글자를 기록했다. 나는 좌석 밑으로 팔을 뻗어 폭탄 3개의 신관을 작동시켰다. 신형 SBD-3형에는 전기신관 작동 스위치가 장비되었으나 갤러허는 이 스위치를 너무 믿지 말라고 경고했었다(현명한 조치였다. 요크타운의 VB-3 소속 SBD-3 4기가 이 스위치를 작동시켰다가 한 시간이나 일찍 1,000파운드 폭탄을 떨어뜨렸다). 나는 현 위치의 위도와 경도를 기록한 다음, 귀환했을 때 군사재판 법정에 서지 않도록 —물론 돌아갈 수 있다면— 급강하에 필요한 기계적 조작을 모두 마쳤는지 한 번 더 확인했다.

존 스노든과 나는 수평선을 주의 깊게 살펴보았다. 제로센은 어디 있을까? 하늘에 적 전투기라고는 단 1대도 보이지 않았다. 1만 9,000피트(5,791m) 아래에서 바람을 안은 채 순항하는 아카기와 가가함이 보였다. 항공모함들이 급변침만 하지 않거나 옆바람이 강하게 불어 폭탄을 옆으로 날려 보내지만 않는다면 우리가 급강하하기에 완벽한 위치였다. 나는 안도의 한숨을 내쉬었다.

우리는 완전 무방비 상태의 적 함대를 발견했다.

우리는 바로 아래에 있는 번쩍이는 적 항공모함들의 자태에 사로잡혔다. 딕 베스트는 아카기함 비행 갑판의 색에 놀라 입을 딱 벌린 채 바라보고 있었다고 말했다. 갑판은 노란색이었고 붉은색 원이 함수에 칠해져 있었으며 위장도색은 전혀 없었다. 베스트는 이것이 일본군의 오만함을 보여 준다고 생각했다. 자신감 과잉이 아니라면 어떻게 비행 갑판에 표적지를 그려 놓겠는가? VB-6의 루 홉킨스Lew Hopkins는 이것이 "마음속에 깊은 인상을 남길" 광경이었다고 기억했다. 수십 년이 지난 뒤에도 홉킨스는 눈을 감고서도 당시 일본 항공모함들을 생생하게 그릴 수 있다고 말했다. 내 뒤에서 따라오던 라이벌 디킨슨 대위는 훗날 "기막힌 표적이었다. 비행대의 급강하[위치]는 완벽했다. 최고였다. 나는 이 다음은 시시하겠다고 생각했다."라고 설명했다. 내 머릿속에도 비슷한 생각이 스쳐 갔는지는 기억나지 않는다. 오로지 한 단어만 계속 반복되었다. "살아야 한다!" 내가 원한 것은 단 하나였다. 나는 이 전투에서 살아남아 진에게 돌아가고 싶었다.

그다음 일어난 일에 관하여 역사가들 사이에서 의견이 분분하다. 어떤 이들은 매클러스키가 갤러허와 베스트 두 비행대장에게 VS-6은 좌현의 항공모함을, VB-6은 우현의 항공모함을 맡으라는 명령을 내렸다고 말한다. 나는 이런 명령을 듣지 못했다. 아마도 경험 부족 탓이었겠지만 매클러스키는 무전기에 대고 "전군 공격!"이라고 소리쳤을 뿐이다. 마음이 급해 각 비행대에 목표물을 배정하는 것을 깜박 잊어버렸던 것 같다. 그는 날개를 양옆으로 흔들다가 왼쪽으로 급선회하여 가장 가까이 있던 가가를 향해 VS-6을 이끌고 내려갔다. 교범에 따르면 급강하 공격 시 선도 비행대―이 경우 VS-6―가 가장 멀리 있는 항공모함―이 경우는 아카기―을 공격한다. 매클러스키로부터 아무 지시도 받지 못한 딕 베스트는 VS-6은 아카기를, 자신의 VB-6은 가가를 공격할 것이라고 짐작했다. 그런데 아슬아슬하게 앞을 가로질러 달려가는 VS-6 소속기들을 보고 베스트는 매클러스키가 VB-6에 아카기 공격을 맡기려 한다는 것을 깨달았다. 베스트는 기체를 오른쪽으로 돌렸으나 너무 늦었다. 요기 2기만이 베스트를 따르고 있었다. VB-6의 나머지 11기는 매클러스키와 갤러허를 따라 가가로 급강하했다. 우리에게는 선택의 여지가 없었다. 비행단장이 앞장서서 급강하를 시작했기 때문에 우리는 따라야 했다. 우리 비행대와 VB-6 소속기 3분의 2가 길게 줄을 지어 모두 같은 항공모함으로 급강하하는 모양새가 되었다.

우리는 10시 23분에 공격을 시작했다. 매클러스키의 비행기가 기수를 아래로 내렸고 요기인 피트먼과 재커드의 비행기가 그 뒤를 따랐다. 사진 촬영 임무를 맡은 두 소위는 관전만 할 예정이었기 때문에 당연히 매클러스키의 기동에 충격을 받았다. 이제 매클러스키는 신참 둘을 이끌고 첫 실전 급강하를 할 참이었다. 처음에는 급강하하는 SBD들을 환영하는 일본군 대공포화가 없었지만, 일본 수병들이 SBD가 급강하하면서 내는 소음을 듣자 가가의 대공포화가 깨어나 탄막을 치기 시작했다. 매클러스키의 폭탄은 빗나갔고 피트먼과 재커드도 마찬가지였다. 놀라운 일은 아니었다. 매클러스키는 실전에서 급강하폭격기를 몰아 본 경험이 없었으며 피트먼과 재커드는 전투 자체가 처음이었다. 폭탄은 가가가 있는 바다로 떨어졌지만 함 근처에도 이르지 못했다. 다음 차례는 얼 갤러허였고 스톤과 로버츠가 모는 요기가 그를 뒤따랐다.

갤러허는 적 항공모함을 타격하려면 시간이 별로 없었음을 알았다. 꾸물거린다면 기회를 놓칠 것이다. 연달아 강하하는 급강하폭격기 조종사들은 모두 앞 비행기의 기동에 기반을 두고 자신의 조준을 수정했다. 만약 첫 번째 비행기가 목표에서 크게 빗나갔다면 일렬로 연달아 폭격하는 급강하폭격기들이 목표에서 크게 벗어나 강하하고 있다는 뜻이므로 조준을 수정하기가 몹시 어려웠다. 우리는 급강하 도중에 조준을 수정해야 했고 결과를 예상하기가 어려웠다. 내 생각에 갤러허는 우리 함대 최고의 급강하폭격기 조종사였다. 그 긴박한 순간, 다시금 우리 비행기들을 목표물에 정확하게 강하하게 만든 갤러허야말로 이날 우리가 거둔 승리의 일등 공신이다. 갤러허는 급격한 각도로 강하하다가 전술 교범이 추천하는 대로 최대한 낮은 고도에서 폭탄을 투하했다. 그때 고도는 약 1,500피트(457m)였다.

나는 갤러허의 폭탄이 가가의 비행 갑판 뒷부분, 후방 엘리베이터 바로 앞을 뚫고 들어가는 장면을 지켜보았다. 투하된 500파운드 폭탄은 혼자 있던 제로센 바로 위에 떨어져 비행기를 갈가리 찢어 놓았다. 폭탄은 불운한 비행기를 뚫고 격납 갑판을 관통한 다음에 폭발했다. 갤러허의 소이탄은 제로센 옆의 연료 탱크를 타격했다. 순식간에 함의 후미 부분이 거대한 화염에 휩싸였다. 갤러허는 급강하에서 빠져나오며 꼬리날개를 아래로 향한 채 비행기를 급격하게 흔들었다. 이렇게 하면 조종석에서 폭발 광경을 볼 수 있었는데, 정작 자기가 부하들에게 하지 말라고 늘 신신당부했던 행동이었다. 후방사수 토머스 메릿 통신 하사가 소리쳤다. "와! 끝내줍니다, 대위님!" 갤러허의 두 요기 조종사는 그다지 운이 좋지 못했다. 스톤 소위의 폭탄은 빗나갔고 로버츠 소위의 SBD는 급강하에서 회복하지 못했다. 손상을 입었거나 로버츠가 고도를 잘못 판단했던 것 같다. 이유야 어찌되었든 로버츠의 비행기는 바다에 수직으로 추락했고 로버츠와 후방사수 서먼 스윈들Thurman Swindell 항공 무장 하사는 전사했다.

내가 뛰어들 차례가 되었다. 나는 날개를 흔들어 내 요기 조종사인 덱스터 소위에게 급강하를 시작한다고 신호했다. 나는 SBD의 스플릿 플랩을 열고 엔진 블로어를 '낮음'으로 설정했다.

나는 혼잣말로 "간다."라고 말하고 조종간을 앞으로 밀었다.

몇 초 만에 내 비행기가 급강하에 들어가자 내 앞에 보인 것은 눈앞에 닥쳐오는 어마어마하게 크고 푸른 바다, 그리고 그 가운데 연기를 뿜고 있는 적 항공모함이었다. 여러 번 말했듯이, SBD로 급강하하는 것은 지구상에서 가장 무서운 롤러코스터를 애들 장난으로 만드는 수준이었다. 바람이 조종석 주변으로 포효하며 휘몰아쳤다. 급격한 각도로 하강해 위가 눌리는 기분이 들었지만 익숙한 일이었다. 나는 여러 번 실전에서 급강하를 해 봐서 방향감각을 잃게 하는 효과에 별로 개의치 않았다.

비행기는 240노트(444km)의 속력으로 아래를 향해 돌진했다. 함수에 있는 히노마루 표식 덕에 가가함은 매력적인 표적이 되었고 나는 조준하는 데 그 표식을 사용했다. 나는 49초 뒤에 붉은 공 표식이 위치할 바다 위의 한 점을 골라 그곳을 향해 강하했다. 정확한 급강하폭격을 하려면 목표물이 앞으로 어디 있을지를 정확하게 예측해야 한다. 실력 있는 급강하폭격기 조종사라면 급강하한 지 몇 초 내에 움직이는 목표물의 속력과 방향을 파악하고 급강하가 끝날 무렵의 위치를 겨냥할 수 있어야 한다. 나는 (마셜 제도에서의 순찰정 공격을 제외하고) 실전에서 움직이는 선박을 공격한 적은 없으나 어떡하든 가가의 속력을 완벽하게 추측해냈다. S-7에 가속도가 붙자 나는 급강하하는 동안 방향타가 흔들리지 않고 비행기가 한쪽으로 기울어지는 현상을 줄이기 위해 최선을 다하면서 다른 한편으로 고도계를 주의 깊게 지켜보았다.

그때쯤 가가의 사수들은 우리에게 모든 화력을 쏟아붓고 있었다. 천만다행으로 지옥 같은 우박은 내 비행기를 털끝만큼도 건드리지 못했

폭탄을 투하하는 SBD.

다. 절반쯤 급강하했을 때―즉 25초 정도 지났을 무렵― 나는 내 목표
물이 가가임을 분명히 식별할 수 있었다. 대기실에 보관했던 식별 모형
과 똑같이 생겼다. 확실하게 명중탄을 기록하고 싶었던 나는 고도계가
2,000피트(610m)를 가리킬 때(즉 실제 고도는 1,000피트라는 뜻이다.) 폭
탄을 투하했다. 이렇게 낮은 고도까지 급강해 본 적은 없었다. 폭탄 투
하 레버를 당기니 폭탄 3발이 떨어져 나갔다. 나는 조종간을 확 잡아당
겼다. 9G의 중력이 내 몸을 쥐어짜는 끔찍한 감각이 느껴졌다. 바닷물
이 튀며 방풍창에 맺혔다. 그때 수면에 얼마나 가까이 다가갔는지는 별
로 알고 싶지 않다.

　존 스노든이 바로 다음에 일어난 상황을 목격했다. 내 500파운드짜
리 폭탄이 가가의 전방 엘리베이터를 뚫고 들어갔다. 내가 조준한 커다
란 히노마루의 가장자리 위치였다. 폭탄은 가가의 비행 갑판 바로 아래
에 있는 상부 격납고로 뚫고 들어가 폭발했다. 소이탄 2발도 모두 명중
해 연료와 무장을 갖추고 주기된 비행기를 유폭시켰다. 무시무시한 불

지옥이 펼쳐졌고 가가는 회복하지 못했다.

상공에 있던 클래런스 디킨슨 대위가 급강하하던 중에 내 폭탄의 명중 결과를 보았다. "갑판이 쪼개지며 사방으로 확 찢어지더니 갑판 아래의 격납고 상당 부분이 노출되었다. … 앞으로 오랜 시간이 지나야 이 항공모함에 다시 비행기가 착함하거나 이함할 수 있겠다고 생각했다." 비행기가 수평으로 돌아오자 나는 뒤를 힐끔 쳐다보았다. 큰 화재에서 발생한 붉은 화염이 보였다. 가가함 승조원들은 대형 화재를 진압할 수 없었으므로 이 거대한 항공모함의 운명은 끝장났다. 게다가 항공모함 깊은 곳에서 시한폭탄이 째깍거리고 있었다.

물론 당시 나는 이렇게까지 깊이 생각해 보지는 않았고 엔터프라이즈함으로 돌아가는 데에만 온통 정신이 팔려 있었다. 우선 일본군 전투기를 피해야 했다. 급강하 시작 고도에서는 전투기가 전혀 보이지 않았지만 저고도에는 사실 몇 기가 있었다. 급강하에서 회복했을 때 한 일본군 전투기 조종사가 나를 포착했다. 이 전투기는 내 SBD가 수면에 바싹 붙어 비행하고 있을 때 나를 덮쳤다. 나도 이 제로센을 포착하고 기체를 옆으로 틀어 존 스노든이 양호한 사각에서 사격하도록 했다. 2초 만에 제로센이 사라졌다. 격추되었거나 추격을 포기했던 것 같다.

다음으로 나는 일본군 수상함들을 피하는 데 전력했다. 항공모함 4척은 대함대의 일부였고 17척의 전함, 순양함, 구축함 들이 이들을 둘러싸고 있었다. 구축함 1척이 나를 향해 맹렬하게 대공사격을 퍼부었다. 나는 왼쪽, 오른쪽으로 급하게 방향을 틀었다. 대공포화를 쏘아대는 수많은 함선을 재빨리 지나치며 매초 방향과 고도를 바꿨다. 호위함의 윤형진을 통과하자 나는 반 바퀴를 비스듬히 선회해 미드웨이 방향으로 항로를 잡았다. 남동쪽으로 비행하는 동안 끔찍한 전장의 소음이 서서히 멀어졌다. 폭발하며 부서지는 배가 내는 엄청난 폭음은 조종석 밖으로 거칠게 이는 바람이 내는 포효에 묻혀 갔다. 나는 그저 동료들이 내가 한 만큼 적에게 큰 피해를 입혔기를 바랄 뿐이었다.

나는 다음 전투를 보지는 못했으나, 동료들이 연기를 뿜는 가가를 끝장냈다는 사실을 나중에 알게 되었다. VS-6의 나머지 폭격기들과 VB-6의 제2, 제3 중대도 가가에 폭탄을 투하했다. 내가 공격을 끝낸 뒤에도 모두 합쳐 SBD 21기가 가가를 향해 급강하했다. 물론 그때 가가는 진한 연기구름에 휩싸여 있었으므로 전우들이 명중탄을 기록하기가 훨씬 어려웠을 것이다. 나는 그들보다는 쉽게 급강하했던 셈이다. 가가에는 2발만 추가로 명중했다. 디킨슨 대위가 투하한 폭탄은 중앙 엘리베이터 근처 우현 비행 갑판을 타격했다. VB-6의 조지 골드스미스George Goldsmith 소위가 네 번째로 1,000파운드 폭탄을 투하해 함의 정중앙에 명중시켰다. 가가함이 폭발하는 동안 다른 SBD들이 아카기와 소류를 동시에 공격해 치명상을 입혔다. 딕 베스트 대위가 이끄는 VB-6의 제1중대 소속 SBD 3기가 가가를 공격하던 우리 집단을 떠난 지 채 1분도 안 되어 아카기에 도달했다. 폭탄 2발이 아카기의 조타 장치를 망가뜨려 표류하게 만들었다〔다른 연구에 따르면 아카기함에 명중한 폭탄은 베스트 대위가 투하한 1발이며 다른 1발이 함미 근처 수면에서 폭발해 키를 고장 냈다고 한다. 조너선 파셜·앤서니 털리 지음, 이승훈 옮김, 『미드웨이 해전』, 378~381쪽 ─ 옮긴이〕. 마지막으로 요크타운에서 날아온 VB-3의 SBD 17기가 현장에 도착했다. 이 SBD들은 소류를 향해 강하했고 폭탄 3발을 명중시켰다. 공격에 나선 우리 SBD 48기는 명중탄 9발이라는 전과를 올려 아카기, 가가, 소류에 치명상을 입혔다. 3척 모두 화장터의 장작더미처럼 활활 불타올랐다.

10시 30분, 참극의 현장에서 5해리(9.3km) 떨어진 곳까지 이르자 나는 고개를 돌려 왼쪽 어깨 너머로 마지막으로 오랫동안 전장을 바라보

유명 디자이너 노먼 벨 개디스Norman Bel Geddes가 만든 6월 4일 아침 전투상황의 디오라마. 일본 항공모함 소류, 아카기, 가가를 상대로 엔터프라이즈와 요크타운 소속 급강하폭격기들이 공격하는 장면이다. (NHHC)

았다. 일본군 항공모함 3척이 거대한 모닥불처럼 불타고 있었는데 마치 캔자스에서 본 불붙은 건초더미 같았다. 아카기의 화염이 300피트 (91m) 높이까지 치솟았다. 강철로 된 선체는 빨갛게 달궈져 있었다. 가가는 마지막 단말마의 비명을 지르고 있었다. VS-6과 VB-6이 맞힌 폭탄 4발에 가가의 소화장비가 완전히 망가지고 손상통제반원 대부분이 몰살되자 소이탄이 일으킨 화재가 걷잡을 수 없이 퍼졌다. 가가는 활활 불타고 있었다. 7분 뒤 통제 불능 상태의 화재가 전부 탄약고에 도달했다. 갑자기 불지옥이 대폭발로 이어져 항모의 앞부분 일부를 날려 버렸다. 연기와 불길을 뿜는 큰 물체가 하늘로 솟구치는 모습이 보였다. 폭발로 인한 화염에 하늘로 사출된 가가의 전방 엘리베이터였다. 이 폭발 때문에 생긴 진한 갈색 연기구름이 죽어 가는 항모의 모습을 완전히 가려 버렸고, 연기가 바람에 쓸려갔을 때 가가는 사라지고 없었다(일본군 증언에 따르면 가가의 침몰 시점은 오후 19시 25분경이다. 조너선 파셜·앤서니 털리 지음, 이승훈 옮김, 『미드웨이 해전』, 488쪽 —옮긴이).

공격이 시작되어 끝날 때까지 걸린 시간은 4분이었다. 모든 훈련 성과와 노력을 쏟아부어 해군 역사상 가장 위대한 해전에서 승리하는 데 300초도 채 걸리지 않았다. 완벽하게 경탄할 만한 승리였다. 역사는 승리를 거둔 조종사 가운데 누가 귀환했는지를 그다지 신경 쓰지 않을 것이다. 물론 나 개인의 역사에서는 이것이 중요한 문제였다.

엄청난 규모로 펼쳐진 죽음의 불꽃놀이를 목격한 후 나는 모함 쪽으로 항로를 변경했고 돌아갈 때에 별다른 일이 없기를 희망했지만 그렇게 되지는 않았다. 제로센 1대가 나를 향해 달려들었다. 나는 다시 한 번 한쪽으로 기체를 기울였고 명사수 존이 기관총 사격을 퍼부었다. 이날 아침 두 번째로 내게 덤벼든 암살자를 쫓아냈다. 나는 안도의 한숨을 내쉬었다. 내 인생에서 정말 현명한 단 한 번의 결정이 있다면 그 것은 존을 후방사수로 뽑은 것이다. 그는 우리 목숨을 두 번이나 구했다. 존의 조준 실력은 훌륭했지만 모함으로 돌아가는 다른 조종사들과 합류하면 더 도움이 될 것 같았다. 내 앞에 서둘러 귀환하는 던틀리스 3기가 보였다. S-14, S-16, S-17이었다. 나는 이들을 따라잡으려고 노력했지만 세 조종사(2명은 신참이었다.)는 내가 적 전투기라고 생각했던 것 같다. 이들은 출력을 높여 달아나 버렸다.

굳이 연료를 써 가며 이들과 합류할 필요는 없었으므로 뒤쫓아가는 것은 현명하지 않아 보였다. 연료를 한 방울이라도 아껴야 한다. 90분 정도 비행할 만큼의 연료가 남은 상황에서 나는 시속 110노트(204km/h)로 속력을 높였다. 모함까지의 거리가 정확히 얼마인지는 몰랐지만 미드웨이 방향으로 갔다가 항로를 변경해 모함에 도달하려면 150해리 (278km) 이상을 비행해야 했다. 그때까지 연료가 남아 있을까? 나는 마른침을 삼키며 존과 함께 불시착해야 할지도 모른다는 사실을 인정했다.

미드웨이까지 40해리(74km)를 비행한 다음 YE-ZB 유도장치를 한 번 더 읽고 모함을 향해 항로를 바꿨다. 점점 고도를 높여 구름이 짙게 끼어 적의 시선에서 안전한 3,500피트(1,067m)에 도달했다. 그때 독일제 메서슈미트Messerschmitt 전투기와 똑같이 생긴 비행기가 2해리(3.7km) 떨어진 구름에서 튀어나와 내게 똑바로 다가왔다. 소류에서 발진해 요크타운과 제17기동함대를 포착한 후 귀환하는 중인 요코스카 D4Y1 정찰기가 틀림없었다*(D4Y1은 독일제 DB601 엔진을 면허 생산한 아쓰타熱田 엔진을 사용해서 기체 실루엣이 언뜻 보기에 DB601 엔진을 사용한 메서슈미트 BF-109와 비슷했다.—옮긴이). 전방 기관총의 사격 준비를 마치자 일본군 정찰기는 급하게 방향을 바꿔 구름 속으로 사라졌다. 나도 구름 속으로 들어가 주변을 잠깐 살폈지만 구름 밖으로 나오자 수수께끼의 일본기는 사라지고 없었다. 나는 사냥에 더 이상 시간을 낭비하지 않고 엔터프라이즈함으로 돌아가는 길을 재촉했다.

오전 11시 30분, 새로운 위협이 나타났다. 수평선에서 일본 비행기 24기가 보였다. D3A1 '발Val' 급강하폭격기(일본 명칭은 99식 함상폭격기 —옮긴이)와 호위를 맡은 A6M2 제로센 전투기 6기였다. 이 24기는 유일하게 살아남은 일본 항공모함 히류에서 오전 10시 57분에 발진해 우리 함대를 공격하러 가는 길이었다. 나는 일본군 공격대에 위험할 정도로 가까이 다가갔다. 장담하건대, 일본군이 내가 자기들 항공모함 1척에 폭탄을 맞힌 것을 알았다면 인정사정없이 쫓아왔을 것이다. 나를

---

* 몇몇 엔터프라이즈 소속 급강하폭격기 조종사들이 단독 비행하는 '메서슈미트'를 보았다고 증언했고 얼 갤러허가 VS-6 교전 보고에서 그 존재를 보고했다.

본 제로센 3기가 요격하려고 움직였고 내 쪽으로 몇 해리 다가오더니 갑자기 방향을 바꿔 편대 비행하는 급강하폭격기 쪽으로 돌아갔다. 이유야 어찌 되었건 일본군 조종사들은 홀로 비행하는 SBD를 추적할 가치가 없다고 결정한 것 같다. 나는 가끔 전투의 이 순간을 떠올리며 나 자신에게 이렇게 말했다. "어떻게 그렇게 운이 좋았을까?"

엔터프라이즈함에서 약 66해리(122km) 떨어진 해상에서 무엇인가가 물에 떨어지며 일으킨 물보라가 보였다. 나는 인터폰으로 존에게 정체를 알아보라고 말했다. 존은 나를 호출해 연료가 떨어진 VB-6이 불시착한 것 같다고 말해 주었다. 나는 더 가까이에서 보기 위해 고도를 낮췄다. 조종사와 후방사수가 구명보트를 부풀린 후 힘차게 노 저어 가는 모습이 보였다(내가 목격한 사람들이 누구였는지 확실하지는 않으나 정황상 조지프 R. 펜런드Joseph R. Penland 대위와 후방사수 해럴드 F. 허드Harold F. Heard 통신 병장이라고 생각한다). 나는 VB-6 전우들에게 손을 흔들고 차트에 이들의 위치를 기록했다. 상공에서 한 바퀴 선회해 이들이 무사한지를 확인한 다음 다시 귀로에 올랐다.* 바다에 추락한 동료들로부터 속도를 내며 멀어지자 과연 존과 내가 무사히 귀환해 이들의 위치를 보고할 수 있을까 하는 의문이 들었다. 우리가 불시착한다면 주변에서 누가 우리를 구조해 줄까?

고맙게도 답을 찾을 필요가 없었다. 오전 11시 50분, 다섯 시간 동안 체공한 끝에 제16기동함대를 발견했다. 수평선 너머에서 큰 갈색 막대 2개가 눈에 들어왔다. 엔터프라이즈함과 호닛함의 비행 갑판이었다. 항공모함을 둘러싼 호위함들이 일으키는 작은 물결도 보였다. 한 시간

---

* 내가 본 비행기가 정확했다고 가정하면, 내가 제출한 정보에 따라 이들은 구조되었다. USS 펠프스Phelps(DD-360)가 다음 날인 6월 5일에 펜런드와 허드를 구조했다.

반 전에 일본 항공모함을 발견했을 때보다 더 큰 안도감이 밀려왔다. 곧 착함한다. 나는 안전했다. VS-6과 VB-6의 SBD들이 1대씩 혹은 몇 대씩 짝지어 조금씩 돌아오는 모습이 보였다. 비행대 전우의 상당수가 귀환에 실패했다. 우리가 오는 모습을 본 엔터프라이즈함은 비행기의 연료가 부족하다는 점을 알았는지 바람이 부는 쪽으로 함수를 돌렸다. 우리는 1대씩 비행 갑판에 내렸다. 내 차례가 왔다. 어레스팅 와이어에 붙들리며 받는 충격이 전해지면서 비행기가 멈췄다. SBD의 엔진이 털털거리는 소리를 내며 연료가 부족함을 알렸다. 나는 어질어질해 정도로 기쁨에 들떠 고글을 위로 올렸다. 우리가 방금 겪은 것 같은 교전에서 살아남으리라고는 상상조차 하지 못했다.

매클러스키 소령은 맨 나중에 착함하겠다고 고집을 부렸다. 그는 비행단장이었으므로 당연히 가장 먼저 착함할 수 있었지만 다른 조종사들에게 먼저 착함하라고 간청했다. 나중에 알고 보니 매클러스키는 급강하에서 빠져나올 때 제로센의 공격을 받아 어깨를 다친 상태였다. 다친 몸으로 익숙하지 않은 비행기를 착함시킬 수 있을지 확신하지 못한 매클러스키는 다른 비행기들이 모두 격납 갑판에 내려간 다음에야 최종접근을 하겠다는 뜻을 굽히지 않았다. 매클러스키의 이타적인 행동은 그가 아침 공격에서 저지른 많은 실수를 만회하고도 남을, 영원히 찬사받을 만한 행동이었다. 우리는 총탄 구멍이 잔뜩 난 비행단장기를 살피다가 남은 연료가 5갤런(18ℓ) 이하였음을 발견했다.

내 비행기 S-7은 그보다 연료가 더 없었다. 310갤런(1,173ℓ) 중 3갤런(11ℓ)만 남았다. 선도기 바로 뒤에 있던 몇 대 중 하나였으니 당연한 결과였다. 돌아온 것 자체가 행운이었다. 홀시 제독이 내게 호의를 베풀어 소대장으로 추천하지 않았더라면 나 역시 바다에서 실종되었을지도 모른다. 엔터프라이즈함에서 출격한 32기 중 모두 합쳐 14기만이 귀환했다. VS-6에서 8기, VB-5에서 5기, 매클러스키의 비행단장기였다.*

존과 내가 S-7에서 내리기도 전에 엔터프라이즈함의 무장사 3명이 우리 비행기 밑으로 달려와서 신관 작동용 와이어를 떼어내 가져왔다. 신관이 작동했다는 증명인 동시에 무장사들도 작지만 자기들만의 방법으로 승리에 공헌했음을 보여 주는 증거였다. 흥분한 승조원들은 와이어를 가져가 여러 조각으로 자른 다음 비행기 모양으로 구부려 양쪽 끝을 서로 맞닿게 만들어 훈장처럼 제복에 달 수 있게 제작했다. 현장에서 급조한 이 훈장은 아침에 S-7을 정비한 모든 이에게 수여되었다. 정비병들은 존과 내게도 신관 작동 와이어를 주었다.

굉장한 아침이었다! 손실에도 불구하고 우리는 승리감에 도취했다. 지난 6개월간의 상황은 암울했다. 암호 해독자들이 눈부신 성공을 거두자 모든 눈이 우리 비행사들을 향했다. 우리는 승리를 거둬야 했다. 우리는 우리가 받은 훈련, 우리가 받은 장비, 우리의 결의가 시간 낭비

---

* 귀환한 비행기는 엔터프라이즈 비행단장기, VS-6에서 S-1, S-2, S-7, S-8, S-11, S-16, S-17, S-18, VB-6에서 B-1, B-2, B-3, B-12와 B-16이다. 이날 아침에 매클러스키 단장이 이끌고 출격한 SBD 32기 중 1대(S-3)는 급강하 중 추락(아마도 격추된 듯)해 조종사와 사수가 전사했다. 그리고 공격 전에 1대(B-8)가 연료 부족으로 불시착했다. 2대(B-5, B-15)는 요크타운함에 무사히 착함했고 14기는 일본 항공모함 공격 중 혹은 공격 후에 연료 부족으로 불시착했다. 연료 부족으로 추락한 15기 중 1대를 뺀 모두가 VS-6, VB-6의 제2, 제3중대 소속이었다. 다시 말하지만, 대형 선두에서 비행하는 것에는 분명 이점이 있었다. 불시착한 14기는 S-4, S-5, S-6, S-10, S-12, S-14, S-15, B-6, B-7, B-9, B-11, B-13, B-14, B-18이다. VB-6 소속 B-9의 불시착에 관해서는 약간 논란이 있다. 유진 그린Eugene Greene 소위가 조종한 SBD-2는 엔터프라이즈의 급강하폭격기대가 일본 구축함 아라시를 포착한 지 얼마 안 되어 불시착했다. 하지만 VS-6의 생존 조종사 중 한 명인 루 홉킨스 소위는 그린의 비행기가 살아남아 가가를 공격한 다음 급강하 회복 단계에서 자신의 옆으로 와서 편대를 지었다고 주장한다. 하지만 얼마 뒤 일본 함대가 이들의 시야에서 사라진 다음 그린의 비행기의 연료가 떨어졌다. 사실이야 어쨌건 그린은 망망대해에 불시착했고 그린과 후방사수 새뮤얼 먼틴Samuel Muntean 통신 상병은 행방불명되었다.

가 아니었음을 증명해야 했다. 이제 여기, 6월 4일. 우리는 그것을 증명했다. 해냈다. 우리에게 의문을 품었던 모든 이에게 미 해군 급강하 폭격대가 제대로 해냈음을 입증했다. 이제 우리에게 승리할 기회가 다가온 것 같았다.

하지만 승리감에 취해 아무것도 하지 않는다면 큰 실수가 될 터였다. 이제 정오였고 오늘은 아주 긴 하루가 될 것이었다. 전투가 끝나려면 아직 멀었다.

14

미드웨이 해전 제2부
오후 공격, 1942년 6월 4일

일본 함대는 여전히 강력했고, 살아남은 항공모함 히류는 상처 입은 맹수처럼 복수에 혈안이 되어 있었다. 마지막 일격을 가하지 않으면 우리도 그런 운명을 겪을 터였다. 나는 비행 갑판을 가로질러 걸어가는 동안 끔찍한 소식을 들었다. 엔터프라이즈함의 갑판병 몇몇이 일본군이 반격했다고 알려 주었다. 오전 11시 55분, 히류에서 출격한 일본군 —바로 내가 돌아오는 길에 보았던— 급강하폭격기대가 우리 항공모함 3척 가운데 요크타운함을 공격했다. 이 전투에서 일본군은 전투기 6기 중 5기, 급강하폭격기 18기 중 13기를 잃었으나 요크타운에 폭탄 3발을 명중시켰다.

빗발치는 대공포화를 뚫고 들어온 일본군 급강하폭격기대는 요크타운의 비행 갑판에 2개, 연돌 근처에 구멍 1개를 냈다. 함은 이 공격으로 가라앉지는 않지만 전투 불능 상태에 빠졌다. 비행 갑판이 엉망이 되었으므로 귀환하던 —23기의— 요크타운 소속 급강하폭격기는 엔터프라이즈에 착함해야 했다. 처음에는 우리 배가 너무 꽉 차는 게 아닌가 걱정했는데, 격납 갑판으로 들어가서 충격적인 사실을 깨달았

1942년 6월 4일 요크타운은 히류에서 발진한 일본군 비행기가 투하한 항공어뢰에 맞았다. 나와 우리 부대는 얼마 후 히류에 받은 만큼 되돌려주었다. 하지만 요크타운은 6월 7일에 결국 침몰했다. (NHHC)

다. 요크타운의 비행사들이 엔터프라이즈에 들어와도 손실을 채워 주는 정도라는 것이었다. 엔터프라이즈 뇌격비행대인 VT-6 대부분이 아침 공격에서 사라졌기 때문이었다.

나는 바로 친구 톰 에버솔이 생각나 VT-6의 대기실로 달려갔다. 몇 안 되는 살아남은 VT-6 탑승원들이 의자에 앉아 쉬고 있었다. 모두 망연자실한 모습으로 머리를 수그린 채 무표정하고 허탈한 눈빛을 보이고 있었다. 비어 있는 좌석을 보니 두려움이 온몸을 엄습했다. 분명 VT-6은 지옥과도 같은 전투를 겪었을 터였다.

나는 그들에게 단도직입적으로 물어보았다. "무슨 일이 일어난 겁니까?" 그들은 비보를 전했다. 우리 비행대가 제16기동함대를 떠난 다음 VT-6의 14기도 발진했다. 이 비행대도 대략 우리 비행대가 비행한 항로로 비행해 아침 9시 30분까지 이 항로를 유지했다. 그때 VT-6 지휘관 유진 린지 소령이 수평선에서 올라오는 연기를 보았다.* 린지는 부하들을 이끌고 우현으로 급격히 선회했고 VT-6은 우리 비행대가 공격하기 45분 전인 09시 40분에 일본 항공모함군에 도착했다.** VT-6은 전투기 엄호를 받지 못한 채 적 함대에 돌입해 어뢰를 투하했고 그 결과 큰 손실을 입었다. 몇 분 만에 제로센이 VT-6의 TBD 9기를 격추했다. 5기는 참혹한 현장에서 도망쳤지만 그중 T-8이 돌아오는 길에 불시착해 4기만 외로이 엔터프라이즈로 돌아왔다.*** 생존자들은 어뢰 2발을 맞혔다고 믿었으나 나중에 이루어진 연구에 따르면 폭발한 어뢰는 없었다.

엔터프라이즈함의 격납 갑판에는 갈가리 찢긴 VT-6의 잔해—TBD-1 4기—만 남았고, 그중 2기는 심각하게 피탄되었다. 생존자들이 귀환해 착함한 것이 기적이었다. 온통 총탄과 파편으로 인해 구멍투성이인데다 동체 외피 절반이 날아가 버린 상태였다. 생존기 중 하나는 꼬리 부분과 동체 나머지를 연결하는 알루미늄 파이프가 4개만 남았다. 마치 머리와 꼬리만 남고 몸통을 완전히 발라낸 생선 같았다. 이 비행기는 부품용으로 쓰기에도 손상이 너무 심해 승조원들이 갑판 밖으로 밀

---

* 몇 분 전에 시작된 VT-8의 소류 공격 때문에 발생한 연기였다. 호닛함 소속인 VT-8은 비행단에서 따로 떨어져 나와 독자적으로 비행한 끝에 적과 조우했다. VT-8은 제16, 제17 기동함대의 비행대 중 일본 함대와 처음으로 마주친 비행대였다. 몇 분만에 일본군 전투기와 대공포가 15기 전부를 격추했다. 탑승원 30명 중 29명이 전사했다. 다음 날 PBY 정찰기가 유일하게 살아남아 바다를 떠다니던 조지 게이George Gay 소위를 구조했다.

** VT-6의 교전 보고에 따르면 적과 접촉한 시간은 오전 10시로 보이지만 대부분의 역사서들이 09시 40분부터 교전이 이루어졌다고 주장한다.

*** 6월 21일, 표류한 지 17일 만에 PBY가 T-8의 탑승원인 앨버트 월도 윈첼Albert Waldo Winchell 정비 상사와 더글러스 마빈 코싯Douglas Marvin Cossitt 통신 상병을 구조했다.

어 바다로 떨어뜨렸다.

톰 에버솔의 비행기는 살아 돌아온 4기 중에 없었다. 내 머릿속에는 친구 생각뿐이었다. 나는 생존자들에게 톰에 대해 물었다. 그들은 톰이 격추당했다는 청천벽력 같은 소식을 전했다.

내가 톰이 격추된 뒤에도 살아남아 구명보트를 타고 표류하고 있을 거라는 실낱같은 희망에 의지했다는 것을 인정해야겠다. 실제로 그는 2월 18일에 똑같은 일을 겪었다. 하지만 나는 마음속 깊은 곳에서 톰이 떠났음을 알았다. 이 깨달음은 내게 큰 상처가 되었다. 2주 전에 빌 웨스트가 익사하는 모습을 보았을 때보다 더 큰 충격이었다. 톰과 나는 많은 것을 함께 했고 위험한 일도 같이한 사이였다. 톰은 내가 배 밖으로 떨어질 정도로 멍청한 짓을 한다면 위험 따위는 조금도 개의치 않고 망설임 없이 바다로 뛰어들어 나를 구할 사람이었다. 이제 톰은 떠났고 내가 할 수 있는 일은 아무것도 없었다. 이날 아침에 뇌격기 14기의 용감한 탑승원들에게 출격 명령을 한 사람은 저주를 받으리라! 톰의 죽음을 생각할 때마다 화가 난다. 톰은 처음부터 전장에 있어서는 안 되었다.

처음 톰의 사망 소식을 접했을 때 나는 그 일을 곱씹지 않으려고 애썼다. 우리는 아직 전투에서 승리하지 않았고 많은 인원과 비행기를 잃었다. 믿어지는가? 엔터프라이즈 비행단은 이날 아침 출격에서 탑승원의 43퍼센트를 잃었다.

VS-6의 대기실을 바라보기조차 미안할 정도였다. 고작 여섯 시간 전에 이 방을 채운 조종사 17명 중 9명만 남았다.* VB-6의 상황은 더

---

* 존 퀸시 로버츠 소위는 공격 중에 탑승기가 가가의 대공포화에 격추되어 전사했다. 나머지 조종사 7명—디킨슨, 매카시, 러프Lough, 파이퍼Peiffer, 웨어, 오플래허티

266

나빴다. 아침에 15기가 발진했으나 고작 5기만 돌아왔다.* 나는 실종된 조종사들 중 일부는 살아남아 바다를 떠다니며 구조를 기다리고 있을지도 모른다고 생각했다. 하지만 나머지는 죽었을 것이다. 요크타운함에서 피난 온 고아들을 합친다 해도, 이렇게 큰 손실을 본 빈약한 비행대가 작전을 수행할 수 있을지 의구심이 들었다. 우리 비행대는 조종사의 50퍼센트만 남은 상황에서 나머지 전투를 치러야 했다.**

나는 VS-6의 행정실에 출두해 갤러허 대위에게 아침 출격의 전과를 보고했다. S-7에 긁힌 자국 하나 내지 않고 어떻게 무사히 돌아왔는지를 자랑스럽게 말했다. 승조원들이 재무장과 재급유를 마치기만 하면 나는 오후에 비행할 수 있었다. 나는 갤러허 대위에게 불시착한 VB-6 탑승원들에 대해 말하고 내가 투하한 폭탄이 일본군 항공모함에 명중했음을 확인했다고 보고했다. 나는 내가 타격한 목표가 가가라고 확신했지만, 우리 둘 다 동의한 것은 우리가 일본 항공모함 3척에 화재를 일으켜 사용 불능 상태로 만들었다는 것뿐이었다. 당시에는 이것만으

O'Flaherty, 셸턴Shelton ― 은 귀환하지 못했다. 모두 돌아오는 길에 연료가 떨어졌다. 그중 2명, 디킨슨과 매카시는 나중에 발견되었다. 돌아온 조종사 9명은 나, 갤러허, 로덴버그(이함 후 곧 돌아왔다), 덱스터, 스톤, 미킬, 웨스트, 피트먼, 재커드다. VS-6에는 조종사가 2명 더 있었다. 파트리아르카와 배먼Vammen인데 이들은 예비 조종사로 엔터프라이즈함에 남았다. 나는 아침에 출격한 조종사 17명을 셀 때 두 사람을 넣지 않았다.

* 리처드 베스트 대위, 에드워드 크뢰거Edward Kroeger 중위, 프레더릭 웨버Frederick Weber 소위, 에드워드 앤더슨Edward Anderson 중위, 루이스 홉킨스Lewis Hopkins 소위의 비행기가 돌아왔다. 조지 골드스미스 소위와 윌버 로버츠Wilbur Roberts 중위의 비행기는 요크타운에 내렸다. 탑승원들은 살아남았지만 비행기는 요크타운이 격침당하면서 함께 가라앉았다. 다른 비행기들은 모두 연료 고갈로 추락했다. 실종 탑승원 8명 중 2명만 나중에 발견되었다.

** 우리 모함은 VB-3에서 온 급강하폭격기 15기와 VS-5의 8기를 수용했다. 히류의 비행기들이 공격하기 직전에 요크타운에서 이함한 VS-5 소속기들은 돌아왔을 때 착함할 장소가 필요했다.

로도 충분했다.

나는 벌처스 로에서 점심으로 샌드위치와 커피를 급하게 먹었다. 내가 식사하는 동안 히류에서 전투기 6기와 뇌격기 10기로 편성된 이차 공격대가 발진했다. 오후 2시 30분경, 일본군 공격대 제2파가 몇 시간 전에 히류의 비행사들이 손상을 입힌 요크타운함에 도달했다. 한 손에 샌드위치를 든 채 나는 전투 전개 과정을 지켜보았다. 엔터프라이즈함의 전투기 6기가 일본군 공격대를 향해 몰려가는 광경을 보았다. 이들은 요크타운의 전투기들을 도와 뇌격기 5기와 전투기 3기를 격추했다. 요크타운을 주축으로 한 기동함대가 우리와 멀리 떨어져 있어서 공중전은 수평선 위에서 화난 점 무더기가 이리저리 움직이는 모습처럼 보였다. 결국 적이 우위를 점했다. 요크타운에 어뢰 2발이 명중했다. 요크타운은 폭탄을 맞고도 동력을 잃지 않았지만 이번에는 동력을 잃고 정지했다. 함이 옆으로 기울었고 더 이상 비행기를 발진 시키거나 내릴 수 없게 되었다. 선임 지휘관 플레처 제독은 순양함으로 이승하고 스프루언스 제독에게 앞으로 있을 항공작전의 지휘를 맡겼다.

이때 대기실에 있던 이들은 모두 발을 구르며 출격을 기다리고 있었다. 불과 몇 시간 전에 사신을 마주쳤음에도 불구하고 우리는 간절히 전장에 나가고 싶었다. 그때만큼 우리 비행대가 전투에 대한 열망에 휩쓸려 하나가 된 때는 없었다.

우리에게 필요한 것은 목표물뿐이었다.

오후 2시 45분에 답신이 왔다. 요크타운의 정찰폭격비행대인 VS-5 소속 SBD 조종사가 히류와 호위함들의 위치를 타전했다. 조종사 새뮤얼 애덤스Samuel Adams 대위가 행방이 묘연했던 일본군 항공모함을 훌륭히 포착해 우리로부터 110해리(204km) 떨어진 히류의 위치를 정확히 판독했다.* 우리는 즉각 이차 공격을 준비했다. 매클러스키는 아침 공격에서 어깨에 부상을 입은 채 돌아와 의무실에서 꼼짝할 수 없었으므로 남은 조종사 가운데 최선임인 갤러허 대위가 지휘를 맡았다.** 발군의 실력을 갖춘 우리 비행대장이 지휘를 맡아 나는 뛸 듯이 기뻤다. 해군의 급강하폭격에 관한 한 그는 진정한 천재였다. 갤러허의 지도력은 즉각 빛을 발했다. 그는 아침과 전혀 다른 공격계획을 짰다. 갤러허는 비행단을 합치는 데 시간을 낭비하는 대신 엔터프라이즈함이 호닛 비행단의 합류를 기다리지 않고 급강하폭격기를 발진시키기를 원했다. 이렇게 하면 우리는 연료를 절약할 수 있고, 공격할 때 시간적 여유가 있었으며 다른 비행단과의 협조를 걱정할 필요가 없었다.

갤러허는 3개 폭격비행대—VS-6, VB-6, VB-3—를 하나의 혼성 비행단으로 편성했다. 갤러허는 내 비행기 S-7이 아직 비행할 수 있으니 내가 출격에 참여해야 한다고 말했다. 내가 간절히 원하는 바였다. 톰의 죽음이 떠오르자 나는 그의 희생을 의미 있는 일로 만들어야 한다고 느꼈다.

처음에는 작전 가능한 급강하폭격기가 모두 합쳐 30기라고 생각했다. 하지만 첫 5기는 발진하지 못했고, 여섯 번째로 발진한 놈 웨스트의 비행기는 엔진 이상으로 인해 모함으로 돌아왔다. 결국 엔터프라이

---

* 히류를 발견하리라고 예측이라도 한 것처럼 요크타운은 VS-5 소속 SBD 10기를 발진시켰다. 이들은 2기씩 짝을 지어 부채꼴 모양으로 비행했다. 그중 하나인 샘 애덤스 대위가 조종한 S-7이 발견보고를 타전했다. 이 전투에서 가장 중요한 순간 중 하나였다. 엔터프라이즈함 참모진은 애덤스의 데이터를 받고 몇 분 뒤에 이 정보를 우리 대기실에 정확히 전달했다.
** 매클러스키 다음의 선임 조종사는 VB-3의 지휘관 맥스웰 레슬리Maxwell Leslie 소령이었다. 그러나 레슬리는 비행기가 없었고, 사실 엔터프라이즈함에 있지도 않았다. 아침 공격에서 돌아오는 길에 레슬리의 비행기인 B-1은 연료가 떨어져 중순양함 USS 애스토리아(CA-34) 근처에 착수했다.

엔터프라이즈 함교에 설치된 카메라로 찍은 영사 필름의 스크린 캡처 사진. 6-S-7를 타고 발진하는 나와 존 스노든이 보인다. 아마 1942년 6월 4일 오후에 촬영한 필름으로 추측되는데 그렇다면 히류 격침으로 이어진 임무를 수행하기 위해 출격하는 모습이다. (국립공문서기록관리청National Archives and Records Administration; NARA)

즈함에서 VS-6 소속 6기, VB-6 소속 4기, VB-3 소속 14기의 SBD 24기가 출격했다. 두 번째 발진은 오후 3시 30분에 개시되었다. 스피커에서 "조종사 탑승!"이라는 호령이 울려 퍼지자 나는 비행 갑판으로 뛰쳐나갔고, 미소를 띤 채 출격 준비를 하고 있는 존 스노든을 보았다. 우리는 재빨리 프로펠러를 돌려 보았고 나는 장비를 점검하는 동안 힘차게 엄지손가락을 치켜들었다. 갤러허의 비행기가 요기인 스톤과 재커드의 비행기를 이끌고 먼저 날아올랐다. 이함 장교가 내 비행기를 비행 갑판의 발진 위치에 배치했다. 엔진 회전수를 높이며 두 번째로 존 스노든과 내가 하늘을 향해 떠올랐다. 아침에 출격했을 때 내 요기를 몬 제임스 덱스터 소위와 새 요기 조종사 버넌 미킬 소위가 나를 따라왔다. 둘 다 기량이 뛰어나고 믿을 만한 조종사였다. 우리 VS-6 소속 기들은 늘 하던 대로 500파운드(227kg) 폭탄 1발과 소이탄 2발을 장착했다. 우리가 이함한 다음 1,000파운드(454kg) 폭탄을 장비한 VB-6과 VB-3 비행대가 우리와 합류했다. 오후 3시 45분에 발진이 완료되었다. 우리는 1만 3,000피트(3,962m) 고도에서 순항하며 운명과 조우하기 위해 나아갔다.

두 번째 공습은 거의 실수 없이 진행되었다. 아침 공격은 다섯 시간이나 걸렸고 이 가운데 세 시간 이상을 일본 함대를 수색하는 데 썼다. 이와 대조적으로 오후 임무에서는 히류를 발견하는 데 단 90분이 걸렸다. 우리는 오후 4시 55분에 목표를 포착했다. 히류는 우리 위치의 북쪽에서 흩어진 구름 사이로 잘 보였다.

일본 항공모함은 전함 1척을 포함해 수상 함정 6척에 둘러싸여 있었다(그때 히류를 호위하던 잔존 일본 기동부대에 있던 전함은 기리시마霧島와 하루나榛名 2척이다. — 옮긴이). 남쪽에서 피어오르는 진한 연기 기둥이 보였다. 이전 공격의 현장이었다. 우리는 다른 적 수상함이 남아 생존자 구조와 잔해 처분 작업을 하고 있다고 추측했다. 새 목표물에 다가가자 히류의 상공을 선회하는 십수 대의 제로센이 보였다. 존과 나는 싸움이 더 힘들어지겠다고 예상했다. 아침에는 일본군 전투기가 아무 데도 없었다. 이들은 뇌격기를 추격하고 있었고, 우리 급강하폭격기들이 위에서 접근하고 있다는 사실을 전혀 몰랐다(최근 연구에 따르면 미군 뇌격기를 상대하던 일본군 전투기들이 함대의 북서—남동 축에 모여 있었기 때문에 남서쪽에서 다가온 엔터프라이즈 급강하폭격대와 북동쪽에서 다가온 요크타운 급강하폭격대에 제대로 대응하지 못했다고 한다. 즉 저고도에서 뇌격기를 추격하고 있어 미군기의 접근을 몰랐다기보다 서로 있던 곳이 엇갈려 제시간에 대응하지 못했다는 것이다. 조너선 파셜·앤서니 털리 지음, 이승훈 옮김, 『미드웨이 해전』, 336쪽 — 옮긴이). 오후가 되자 적 전투기들은 초계비행을 하고 있었다. 아침 공습의 교훈으로 현명해진 적들은 우리를 상대로 운을 시험해 보고 싶어 안달이 났을 것이다.

갤러허가 집합 신호를 내렸다. 그는 1만 9,000피트(5,791m) 고도로 상승해 공격을 개시하라고 지시했다. 한 걸음 더 나아가 매클러스키가 했던 대로 바로 공격에 들어가는 대신 적 함대 상공을 시계 방향으로 선회하라고 말했다. 즉 갤러허는 히류를 향해 남쪽에서 접근하던 우리가 서쪽으로 선회하기를 원했다. 그렇게 하면 우리는 적함이 햇빛을 받는 쪽의 구름을 뚫고 뛰쳐나갈 것이다. 생각대로 일이 풀린다면 제로센과 히류의 대공포 사수들은 정면으로 비치는 햇볕과 반사광에 눈이 부셔서 우리를 볼 수 없을 것이다.

우리가 히류함 정서쪽의 한 지점에 도달했을 때 적함은 작열하는 오후의 태양을 향해 곧바로 우리 쪽으로 다가오고 있었고, 그때 갤러허가 무선침묵을 깼다. 그는 VB-3에 북서쪽으로 호를 그리며 계속 순항해 전함 하루나를 공격하라고 명령했다. 그동안 VS-6과 VB-6은 자신을 따라 히류를 공격하라고 명령했다. 우리의 전력은 약해졌지만 갤러허는 SBD 9기로 일을 마무리할 수 있다고 믿었다. 훌륭한 지도자가 그렇듯 그는 부하들을 무한히 신뢰했다.

히류 상공의 전투는 오후 5시 05분에 개시되었다. 제로센 5기가 우리를 덮쳤고 우리 후방사수들이 대응 사격을 퍼부었다. 적어도 2기의 제로센이 갤러허의 비행기에 덤벼들었지만 후방사수 토머스 메릿 통신하사가 이들을 꼼짝 못 하게 막았다. 우리는 스로틀을 열어 고속으로 비행하며 급강하 지점에 도착했다. 갤러허가 먼저 거의 수직으로 강하했다. 그는 완벽하게 조준했지만 히류가 갑자기 좌현으로 방향을 틀었다. 우리의 접근을 본 조타수가 180도로 반전하려고 한 것이다. 히류가 선회하기 시작하자 막 폭탄 투하 레버를 잡은 갤러허가 오차를 수정하기 위해 비행기의 방향을 확 틀었다. 폭탄이 흔들리면서 투하되자 그

힘으로 인해 대장의 비행기가 측면 충돌을 당한 자동차처럼 크게 흔들렸다. 갤러허의 등이 충격 때문에 뒤틀렸다. 갤러허가 불편한 급강하에서 회복하는 동안, 폭탄은 목표물에 아무런 피해를 주지 못하고 고물 쪽에 떨어졌다.

나는 조종간을 밀어 넘겨 급강하를 막 시작했을 때 내 앞에서 줄지어 강하하는 SBD 3기를 볼 수 있었다. 히류가 침로를 그대로 유지했다면 갤러허의 폭탄이 명중했겠지만 급격한 선회 때문에 실패했다. 다음 조종사인 리드 스톤의 폭탄도 빗나갔다. 스톤 역시 강하하는 갤러허의 바로 뒤에 있어서 조준을 수정할 시간이 없었다. 고맙게도 세 번째 조종사인 리처드 재커드―아침 공격에서 가가를 빗맞힌 신참 조종사―가 첫 명중탄을 기록했다. 신참의 500파운드 폭탄은 히류의 전방 엘리베이터를 관통했고 폭발로 인해 거대한 엘리베이터 상판 일부가 함교 쪽으로 날아갔다.

네 번째 순서인 내가 바다를 향해 강하할 때 지금까지 했던 것 중 가장 힘든 급강하라고 생각했던 것이 기억난다. 아침에는 움직이는 목표물을 타격해야 했다. 지금의 목표물은 움직일 뿐만 아니라 급격히 선회하고 있었다. 몇 초 내에 나는 적함의 크기를 가늠하고 속력과 선회 반경을 판단했다. 아카기, 가가보다 작은 히류는 놀랍도록 빠르게 선회했다. 20초 만에 함수가 원래의 좌현 뒤쪽으로 방향을 바꾸었는데, 그것은 그렇게 짧은 시간 내에 120도 선회를 할 수 있다는 뜻이었다. 이크! 다시 한번 나는 흠집 하나 없는 비행 갑판의 히노마루를 겨냥했다. 나는 배를 직접 겨누지 않고 선회를 계속할 때 배가 있을 위치를 조준했다.

나는 저고도―약 1,500피트(457m)―까지 내려가 폭탄을 투하했다. 폭탄은 연기를 뿜는 히류의 비행 갑판으로 낙하했다.

오전 8시의 일본 항공모함 히류. 미드웨이 환초에서 발진한 B-17이 촬영한 사진이다. 엔터프라이즈의 SBD가 공격했을 때의 모습과 비슷한 장면이다. 비행 갑판 앞쪽에 그려진 동그라미와 고속으로 선회하는 항공모함이 일으키는 파도에 주목하라. (NHHC)

공격받은 후의 히류. 미드웨이 해전에서 내가 폭탄을 맞힌 두 번째 일본군 항공모함이다. 비행 갑판에 난 구멍에 주목하라. 내가 투하한 폭탄으로 인해 비행 갑판 앞부분이 찢어져 타코처럼 움푹 말려 있다. (NHHC)

상승하면서 나는 기수를 쳐들었다. 이번에는 정말로 내가 적에게 입힌 피해를 보고 싶었다. 어깨 너머로 500파운드 폭탄이 재커드의 폭탄이 명중한 곳에서 60피트(18m) 앞에 떨어지는 광경을 보았다. 내 폭탄들은 비행 갑판을 뚫고 들어갔고, 마치 거대한 손이 타코를 마는 것처럼 밖으로 파열된 비행 갑판이 반으로 접혔다. 히류가 격파되는 광경은 불도장처럼 내 기억에 굵고 선명하게 찍혔다. 지금도 눈을 감으면 훼손된 비행 갑판의 모습이 똑똑히 보인다. 아마 내가 가장 생생하게 기억하는 전투 장면일 것이다. 비행 갑판이 떨어져 나가자 비행기들이 열을 지어 격납된 함 내부가 보였다. 비산하는 파편과 화염이 비행기들을 잿더미로 만들었고 함수에서는 한 치 앞도 보이지 않을 정도로 큰 화재가 발생했다. 그래도 내가 아침 공격 때 본 화재에 비하면 아무것도 아니었다.

나는 비행기를 다시 수평으로 돌리고 상승했지만 계속 뒤돌아보며 다른 SBD가 급강하하는 모습을 지켜보았다. 히류에 여러 발이 명중하는 모습이 보였다. 드위트 셤웨이DeWitt Shumway 대위가 명령에 반하여 VB-3을 이끌고 히류에 접근했다. 갤러허는 셤웨이에게 전함을 공격하라고 말했지만 셤웨이는 갤러허와 스톤의 폭탄이 빗나가는 모습을 보고 자기 비행대에 히류에 급강하하라고 지시했고, 그 과정에서 의도치 않게 VB-6 앞을 가로지르게 되었다. VB-3은 최소한 명중탄 1발을 기록했고, VB-6의 딕 베스트도 명중탄을 올렸다고 주장했다. 베스트가 투하한 마지막 폭탄은 함수에서 90피트(27m) 떨어진 비행 갑판을 강타했다. 나중에 알고 보니 6월 4일에 명중탄 2발을 기록한 조종사는 딕 베스트와 나뿐이었다. 아침에 베스트는 아카기를, 나는 가가를 타격했고 오후에는 우리 둘이 히류를 맞혔다. 공격하는 내내 그리고 급강하하는 중에도 제로센들이 끈질기게 우리를 따라붙었다. 한 전투기는 갤러허가 급강하를 시작하자마자 그에게 달려들었다.* 내가 공격을 마치고 완전히 수평비행으로 돌아가자 나카지마中島 E8N2 수상정찰기—일본 기동부대가 보유한 4기 중 1기—가 나를 급습했다. 존 스노든이 기관총으로 사격했고 일본 수상기는 엔진에서 연기를 뿜으며 이탈했다.

공격이 끝난 다음에도 히류의 전투기들은 엔터프라이즈함으로 돌아가는 우리를 괴롭혔다. 적 조종사가 그것 말고 할 수 있는 일이 있었겠는가? 착함할 곳이 없었으므로 그들은 죽은 목숨이었다. 나는 갤러허와 두 VB-6 소속기에 합류했다. 제로센 1대가 우리를 꽤 오래 쫓아오며 가끔 사격했으나 결의에 찬 우리 후방사수들이 적의 접근을 막았다. 오후 6시 15분, 생존한 비행기 전부가 엔터프라이즈함에 도달했다. 우리는 손상된 3기를 포함해 하나씩 안전히 착함했다. 나도 아무런 문제 없이 착함했다. 놀랍게도 비행기에 긁힌 자국 하나 없이 두 번째로 모함에 귀환했다. 갤러허 대위는 운좋게 누더기가 된 비행기로도 깔끔하게 착함했다.

처음에 갤러허는 착함을 거부했다. 부상 때문에 테일훅을 내리는 레버에 손을 뻗을 수 없어서였다. 테일훅을 내리지 않으면 제동 와이어를 붙들지 못해 비행기가 통통 튀면서 비행 갑판을 가로질러 돌진하다가 결국 함수를 넘어가서 바다로 빠진다. 몇 분 동안 갤러허는 불시착할 것처럼 보였다. 비행 갑판에서 나는 공포에 질려 이 광경을 바라

---

* 제로센들이 VB-3 소속 SBD-3 2기를 격추해 B-12와 B-16의 조종사와 후방사수들이 모두 전사했고, 마지막으로 VB-6 소속인 B-3 1기도 추락시켰다. 이 사건은 VB-3이 VB-6의 앞을 가로질렀을 때 일어났다. 딕 베스트는 충돌을 피하기 위해 몇 초간 자신이 지휘하는 비행기들을 대기시켰는데 한 적극적인 제로센 조종사가 이 때를 틈타 집단 맨 뒤로 가 비행기 1기를 격추했다. 조종사 프레더릭 웨버 소위와 후방사수 어니스트 힐버트Ernest Hilbert 항공 무장 상병이 전사했다.

보았다. 그가 가라앉는 비행기에 딸려 들어갈까 봐 걱정스러웠다. 빌 웨스트의 운명을 고스란히 반복하는 상황이 아닌가! 어떻게 해냈는지는 모르겠지만 갤러허는 격심한 통증을 참고 간신히 레버를 당겼다. 오후 6시 34분, 갤러허의 비행기는 완벽하게 착함했지만 의무병이 갤러허를 조종석에서 끌어내야 했다. 부상 때문에 갤러허는 꼼짝달싹할 수 없었다.

전설적인 날이 막을 내릴 때가 다가왔다. 나는 VS-6을 지휘하게 된 프랭크 파트리아르카 대위에게 교전 보고를 했다. 또 한 번 적 항공모함에 폭탄을 명중시켰다고 자랑스럽게 말했다. 히류함이 연기를 뿜는 커다란 타코처럼 보였다고 말했지만 대위가 내 비유를 알아들었는지는 잘 모르겠다. 파트리아르카 대위는 고개를 끄덕이고 전사자, 부상자 때문에 내가 임시로 VS-6의 부장을 맡는다고 말했다.

나는 온 힘을 다해 싸웠던 탓에 굉장한 피로를 느끼며 선실로 휘청거리며 돌아가 비행 일지에 오늘의 사건을 기록했다. 기억하는 모든 세부 사항을 꼼꼼하게 적었다. 이렇게 말하면 이상하게 들릴지도 모르겠으나, 나는 내가 역사에 영원히 기억될 전투에 참여했음을 알았다. 나는 모든 것을 정확하게 기록하고 싶었다. 나는 해전에 관한 사실을 보존하는 데 전력투구할 각오로 임했지만 그 모든 것을 한데 모으기가 매우 어려웠다. 나는 내가 한 일을 일관성 있게 이야기하고 모든 일화를 기록으로 남기고 싶었다. 하지만 내 마음은 자꾸 톰 에버솔과 뇌격기 조종사들에게로 흘러갔다.

헤아릴 수 없는 슬픔에 빠진 나는 일지에 이렇게 썼다. "자살 공격에 나선 우리 TBD 비행대를 위해 기도하자." 6월 4일, 그날이 저물어가는 시간에 나는 기도문을 적었다. "주여, 우리를 사랑했던 저 훌륭한 이들을 돌보아 주소서. 그들은 망설임 없이 우리를 위해 죽음의 길로 나섰

나이다." 그때 VS-6의 한 조종사가 위스키 한 잔을 가져왔다. 나는 잔을 비우고 금방 잠들었다.

15

미드웨이 해전 제3부
1942년 6월 5일과 6일

나는 꿈도 꾸지 않고 깊이 잠들었다가 다음 날인 6월 5일 아침에 일찍 일어나 전투에 복귀할 준비를 했다. 전날과 달리 우리 비행대의 아침은 느리게 시작했다. 우리는 어제 일본 항공모함 4척을 격침했거나 전투 불능 상태로 만들었음을 알았지만 수상함들의 의도는 아직 알지 못했다. 이들은 과연 미드웨이로 계속 올 것인가 아니면 후퇴할 것인가? 아침 내내 수뇌부는 어떤 행보를 취할지 고민하며 망설였다. 혹은 그렇게 보였다. 시간이 지나갔다.

마침내 오후 2시, 스프루언스 제독은 SBD에 정찰 임무를 부여해 보내기로 결정했다. 참모장 마일스 브라우닝 대령의 건의에 따라 스프루언스는 1,000파운드(454kg) 폭탄을 단 SBD들에 270해리(500km) 정찰 명령을 내렸다. 명령이 떨어지자 우리 조종사들은 하마터면 단체로 항명할 뻔했다. 우리는 이렇게 무거운 폭탄을 단 채로 원거리 비행에 나서고 싶지 않았다. 납득할 만한 이의 제기였다. 전날 VS-6과 VB-6에서 18기가 귀환에 실패했다. 연료가 고갈되어 추락해 일어난 손실이었다. 무거운 폭탄을 탑재한 상태에서 극단적인 장거리 비행은 조종사들의 목숨을 건 도박이었고, 태평양 한가운데에서 일사병과 갈증으로 천천히 외롭게 죽어 가기를 원하는 사람은 아무도 없었다. 대기실에 있던 우리에게 브라우닝의 계획이 전해지자 벽이 울릴 정도로 불만에 찬 목소리가 터져 나왔다.

상관들에 의해 한계에 몰리게 된 우리는 큰소리로 항의했다. 그다음 일어난 일은 직접 보지 못했지만 나중에 들은 바에 따르면 급강하폭격기 조종사 몇 명이 이 계획에 대한 생각을 브라우닝과 스프루언스에게 말하기로 결정하면서 함교에서 언쟁이 벌어졌다고 한다. 항의하러 간 조종사들 중에는 요크타운함에서 온 드위트 셥웨이 대위와 월리 쇼트 Wally Short 대위가 있었고, 병상에서 뛰쳐나온 웨이드 매클러스키와 얼 갤러허도 있었다. 매클러스키와 갤러허는 발진 시간을 늦춰 목표와의 거리와 돌아오는 여정을 줄이자고 제안했다. 그리고 500파운드(227kg) 폭탄을 장착하자고 했다. 이렇게 하면 연료 탱크를 완전히 채울 수 있었다〔무거운 폭탄을 탑재한 채 연료 탱크를 가득 채우면 무게 때문에 이함하기가 어려워진다. ─옮긴이〕. 4명의 조종사들이 각자 의견을 피력해 논쟁이 길어진 끝에 스프루언스는 브라우닝의 계획을 변경해 참모진이 아닌 비행사들이 출격 계획을 짜도록 허락했다.

다시 한번 말하지만, 나는 엔터프라이즈 함교에서 벌어진 논쟁을 직접 보지 못해서 실제 벌어진 일에 대해서는 전해 들은 정보만 있을 뿐이다. 하지만 나는 이 사건이 미드웨이에서 미군 지휘부의 지도력에 대해 암시하는 바가 있다고 생각한다. 엔터프라이즈함의 지휘부는 6월 4일 아침에 큰 위험을 무릅쓰고 우리를 출격시켰다. 이 위험 부담은 성과를 거두었지만 큰 대가를 치렀다. 일본 항공모함 4척을 격파하는 데 엔터프라이즈함의 뇌격비행대 70퍼센트와 2개 폭격비행대의 절반을 희생시켰다. 우리 조종사들은 불평 없이 이 위험을 받아들였지만 하루 뒤인 지금, 또다시 위험 부담이 큰 항공작전을 실시하겠다는 브라우닝의 결단은 불필요하고 무모해 보였다. 하루 차이로 모든 것이 달라졌다. 나는 갤러허와 매클러스키가 이 사안에 대해 목소리를 내주어 기뻤다. 두 사람 덕분에 6월 5일에 많은 조종사들이 살아남을 수 있었다.

그렇지만 우리 조종사들이 만든 계획도 마냥 좋지만은 않았다. 처음에 나는 딕 베스트가 새로운 비행단장으로 활약할 것이라고 기대했지만 그날 아침에 베스트는 의무실에 누워 있었다. 오작동한 SBD의 산소호흡장치에서 나온 가성소다를 흡입하는 바람에 밤새 호흡기에 문제가 생겨 드러누운 것이다(SBD에는 날숨을 가성소다를 채운 캔에 통과시켜 이산화탄소를 흡착시키고 산소만 탱크로 돌려보내는 산소재호흡 장치가 있었다.―옮긴이). 몇 시간 만에 두 번째로, 또 다른 귀중한 비행대장이 비행을 할 수 없게 되었다. 갤러허도 베스트도 지휘할 수 없었으므로 최근까지 요크타운함에서 급강하폭격기 중대를 지휘한 셤웨이 대위가 새 지휘관이 되었다. 셤웨이는 VB-3의 10기, VB-6의 6기, VS-5의 7기, VS-6의 9기 등 총 SBD 32기의 지휘를 맡았다.

우리 임무는 단순했다. 일본 항공모함 부대를 찾아 히류의 격침 여부를 확인하는 것이었다. 만약 히류가 아직 가라앉지 않았다면 우리가 끝장내야 했다. 가라앉았다면 우리는 수상함을 타격하는 데 전력을 쏟아야 했다.

오전 내내 PBY 정찰기들에서 끊임없이 보고가 들어왔으므로 우리는 일본 함선을 찾을 위치를 잘 파악하고 있었다. 우리 목표물은 전날 있던 곳에서 얼마 떨어지지 않은 데에 있다고 보고되었고 구성도 전함 2척, 순양함 3척, 구축함 4척으로 거의 비슷했다. 항공모함 1척이 손상에도 불구하고 아직 떠 있다는 보고가 제일 중요했다. 우리는 이것을 히류로 추측했다.*

　오후 3시 12분에 SBD 32기로 편성된 혼성 비행단이 출격했다. 모함 근처에서 대열을 짠 다음 섬웨이 대위는 우리를 이끌고 일본군을 찾아 265해리(491km)를 비행했다. 정찰폭격비행대인 우리 비행대와 VS-5는 저공비행했다. 우리는 '정찰선scouting line'을 형성해 날았다. 즉 V를 반으로 나눈 모양처럼 밖으로 퍼지는 형태의 대형을 지어 가능한 한 수평선 멀리, 많은 부분을 탐색하면서도 중요한 것을 발견하면 무전기 없이 신호할 수 있을 정도로 가까이 비행했다. 그동안 VB-3과 VB-6은 우리 위의 1만 3,000피트(3,962m) 고도에서 순항하면서 바다를 넓게 조감했다. 나쁜 날씨가 정찰하는 데 장애가 되었다. 우리가 비행하는 내내 안개와 습기가 수평선을 가렸다. 내가 있는 곳에서는 거의 아무것도 보이지 않았다. 결국 적과 접촉하지 못한 채 수 시간을 체공한 끝에 섬웨이는 정찰비행대에 정찰선을 풀라고 신호했다. 우리는 폭격비행대의 공격 고도까지 올라가 VB-3, VB-6과 합류했다.

　오후 6시, 우리는 적을 요격할 지점에 도달했으나 텅빈 바다 말고는 아무것도 발견하지 못했다. 전날 겪은 실망스러운 상황이 반복되었다. 섬웨이는 우리를 남서쪽으로 이끌었고 우리는 색적을 계속했다. 오후 6시 20분, 무전기에서 메시지가 잡혔다. 우리 기동함대에 속한 항공모함인 호닛에서 엔터프라이즈와 거의 같은 시간에 SBD 33기가 발진했다. 이들이 적과 접촉했고, 호닛 비행단장 스탠호프 링 소령이 우리를 호출해 일본 경순양함과 교전하고 있다고 알렸다. 섬웨이의 신호에 우리는 또 한 번 항로를 변경했다. 10분 만에 현장에 도착했다. 순양함

---

* 애덤스 대위의 보고에 기반하면 전날에 목표물의 위치는 북위 31도 40분, 서경 172도 10분이었고, 6월 5일에 목표물의 위치는 북위 30도 00분, 서경 176도 32분이었다.

은 보이지 않았고 구축함 다니카제谷風 1척만 있었다. 일본군이 히류를 처분하기 위해 다니카제를 남겨 둔 것이 분명했고, 히류는 우리가 도착하기 한참 전에 파도 아래로 가라앉았다(6월 5일 오전 07시, 현장에 접근하던 일본 주력부대의 항공모함 호쇼鳳祥에서 발진한 비행기가 아직 가라앉지 않은 히류와 그 위의 생존자를 발견했다. 다니카제는 사실 확인과 생존자 구조(그리고 아마도 그때까지 히류가 가라앉지 않았으면 처분까지)를 위해 파견되었다. 생존자 증언으로 미루어 볼 때 히류는 최소한 6월 5일 오전 09시까지는 가라앉지 않았던 것으로 보인다. 조너선 파셜·앤서니 털리 지음, 이승훈 옮김, 『미드웨이 해전』, 512~516쪽 — 옮긴이).

우리가 현장에 도착했을 때 호닛의 급강하폭격대는 이미 공격을 마치고 재집결해 귀환하고 있었다. 다니카제에 급강하한 33기 모두 단 한 발도 맞히지 못했다. 우리 비행단이 상공에 도착하자마자 다니카제는 대공포화를 쏘아 올리기 시작했다. 셈웨이는 날개를 양쪽으로 흔들어 "공격!" 신호를 보냈다. VB-3의 급강하폭격기가 먼저 공격을 시작했고, 로이드 스미스Lloyd Smith 대위가 이끄는 VB-6의 6기가 그 뒤를 따랐다. 이들이 투하한 폭탄은 모두 빗나갔다. 이제 우리 차례였다.

파트리아르카 대위가 날개를 흔들자 VS-6의 9기는 운을 시험해 보기로 했다. 한 대씩 급강하했지만 좋지 못한 기상, 거친 파도, 목표물의 작은 크기 때문에 우리는 아무것도 맞히지 못했다. 구축함은 급격한 S자 회피기동을 하며 바다를 왔다 갔다 가르며 질주했다. 구름이 잔뜩 끼고 날이 점점 어두워지고 있어서 표적을 보기가 어려웠다. 알아볼 수 있었던 것은 대공포가 발사되면서 포구에서 번쩍이는 불빛과 방향을 가리키는 배 뒤에서 일어나는 물보라뿐이었다. 결국 나는 우리 비행대를 놓쳐 버렸다. 고도를 낮춰 떨어뜨린 폭탄은 구축함 옆으로 물기둥을 일으키며 떨어져 아무 피해도 입히지 못했다. 이날 저녁 늦게 나는 6월 5일자 전시일기에 이날의 공격에 대해 이렇게 적었다. "그 작은 악마는 가진 것 모두를 우리에게 쏘아대면서 최고속력〔약 40노트(74km)〕을 내며 지그재그로 잘 도망갔는데, 정말 맞히기 어려웠다. 지근탄 여러 발을 보았으나 명중탄은 없었다."

급강하에서 회복한 다음 나는 VS-5의 7기가 요리조리 도망가는 구축함을 격침하려고 애쓰는 모습을 보았다. 또다시 모두 빗나갔다. 설상가상으로 1기는 바다에 추락했다. 이 SBD에는 전날 히류를 포착해 위치를 정확하게 타전한 샘 애덤스 대위가 탑승해 있었다. 이 전투에서 가장 중요한 일을 해낸 인물 중 한 명이 아무것도 달성하지 못한 임무 수행에 나섰다가 물에 빠져 사망한 것이다. 우리 모두가 작은 깡통같이 보잘것없는 구축함 1척에 헛발질만 한 꼴이었다. 신은 우스꽝스러운 방법으로 인간을 겸손하게 만든다.

애덤스 대위와 후방사수 조지프 J. 캐럴Joseph J. Karrol 통신 병장을 잃은 것을 제외하면 우리 비행단은 별 탈 없이 빠져나왔다. 몇 기가 경미한 손상을 입었으나 사상자는 없었다. 우리 비행단은 선도기가 천천히 순항해 후속기가 따라잡을 수 있게 하는 방법으로 귀환 도중 집합을 시도했다. 우리는 YE-ZB 유도장치를 사용하며 모함 방향으로 비행해 오후 7시 45분에 귀환했다. 완전히 깜깜했다. VS-6의 조종사 중 6명은 야간 착함을 해본 경험이 없었으므로 위험한 상황이었다. 야간 착함을 여러 번 경험한 내게도 쉽지 않은 과정이었다. 그 후 해군 조종사들은 야간 착함을 눈을 감은 채 스케이트보드에 점프해 타는 것에 비유하곤 했다. 야간 착함의 정수를 잘 요약한 표현이라고 생각한다. 측면등과 탐조등을 모두 켰던 까닭에 엔터프라이즈함은 잘 보였지만 어둠 속에서 비행기의 접근 상황이 어떤지를 말하기란 거의 불가능했다. 낮에 착함할 때는 착함신호장교나 벌처스 로에 있는 촬영반—이들이 착함하는 비행기를 향해 카메라를 들어 올리면 조심해야 한다!—으로부터 시각적 단서를 얻었다. 하지만 어둠 속에서는 이들을 볼 수 없었으므로 혼자서 속도, 고도, 하강률을 결정해야 했다. 야간 착함은 그 자체로도 혼란스러울뿐더러, 특히 이렇게 많은 비행기가 동시에 귀환하는 상황에서는 더 그랬지만 나는 아무런 문제 없이 안전하게 착함했다. 6월 5일의 비행기 회수 작업에서 가장 큰 문제는 우리 조종사들이 항공모함을 구분할 수 없었다는 것이다. 호닛함과 엔터프라이즈함은 어둠 속에서 거의 구분할 수 없을 정도로 똑같아 보였다. 호닛 소속 조종사 5명이 의도치 않게 엔터프라이즈에 착함했는데 이들은 자기네 배에 착함했다고 믿었고, VS-6의 조종사 클래런스 배먼 소위는 호닛에 착함했다. 6월 5일의 출격은 전반적으로 썩 만족스럽지 않았다. 나는 전시 일기에 이렇게 요약했다. "이번 비행은 연료, 폭탄, 잃어버린 비행기 한 대만큼의 가치도 없었다."

다음 날인 6월 6일 토요일, 마지막 출격 기회가 왔다. 나는 또다시 일찍 일어나 아침을 든든히 먹은 후 간단한 임무 브리핑을 받고 아침 7시에 익숙한 "조종사 탑승!" 호령을 들었다. 이날 아침에는 우리 항공모함 북서쪽의 바다 한 구역을 정찰하는 '정찰비행'을 했다. 이 임무에 SBD 18기가 배정되었고 그중 6기는 우리 비행대 소속이었다. 우리는 아침 7시 10분에 발진했고 또다시 존 스노든과 나는 하늘로 날아올랐다. 200해리(370km)를 순항했지만 우리 구역에서는 적과의 접촉을 보고하지 못했다. 우리는 무사히 엔터프라이즈로 귀환했다. 다른 비행기들도 적과 접촉하지 못했다.

진짜 출격은 오후에 있었다. 우리 정찰기 1대가 기동함대에서 170해리(315km) 떨어진 해상에서 적 수상함 집단을 포착했다. 이 집단은 순양함 2척 모가미最上와 미쿠마三隈, 구축함 2척 아라시오荒潮와 아사시오朝潮로 구성되었다. 밤에 서로 충돌한 모가미와 미쿠마가 기름을 흘리며 천천히 항해하고 있었다. 전문 전송 오류로 인해 정찰기는 이 집단에 일본 항공모함이 있다고 잘못 보고했다(무전수는 원래 중순양함에 해당하는 코드인 'CA'를 발신하려고 했으나 그 대신 '항공모함'에 해당하는 코드인 'CV'를 발신해 버렸다.) 사실 대기실에서 파트리아르카 대위가 정찰기들이 전함 1척도 포착했다고 우리에게 말했는데, 우리 비행대가 현장에 도착하면서 오류로 밝혀졌다. 우리 수뇌부는 또 다른 항공모함 1척과 호위함들이 도착했다고 우려하고 있었다. 참모진과 잠시 회의한 다음 스프루언스 제독은 마지막 공격을 명령했다. 급강하폭격기로 이 집단을 요격해 미지의 항공모함을 격침하는 것이 그가 원하는 바였다.

호닛함에서 SBD 25기와 F4F-4 8기로 편성된 공격대가 먼저 발진했다. 호닛 비행단의 주장에 따르면 자기들이 일본군 순양함에 상당한 타격을 주었다고 한다. 미쿠마에는 폭탄 5발이, 모가미에는 폭탄 1발이 명중했다. 2기가 격추되었는데 1대는 호닛 비행단 소속이었고 다른 1대는 우리 비행대의 배먼 소위였다. 배먼은 어제 저녁에 호닛에 착함했기 때문에 이 임무를 끝내고 엔터프라이즈로 귀환하라는 명령을 받았다. 안타깝게도 그의 비행기가 대공포의 직격탄을 맞았고 배먼과 그의 후방사수 밀턴 클라크 항공 정비 하사(내가 별명을 얻은 사건이 벌어졌을 때 나와 함께 비행했던 사람)는 전사했다. VS-6의 전사자 명단에 훌륭한 두 전우의 이름이 추가되었다.

공격이 정확했음에도 불구하고 호닛의 조종사들이 두 순양함 중 한 척도 격침하지 못하자 스프루언스는 우리 엔터프라이즈의 조종사들에게 싸움에 참여하라고 명령했다. 오전 11시, 던틀리스 30기가 월리 쇼트 대위의 지휘하에 엔터프라이즈에서 발진했다.* 존 스노든과 나는 VS-6 소속 6기 중 하나였다. 지난번과 마찬가지로 나는 미킬과 덱스터가 조종하는 요기 2기를 이끌며 3기 편성 소대 하나를 지휘했다. 거기에 더해 F4F 전투기 12기가 우리와 동행하며 전투기 엄호를 제공했다. 스프루언스는 VT-6 TBD 3기를 발진시켜 함께 가게 했지만 위험해 보이면 임무를 포기하라는 특별 지시를 내렸다. 이 3기 중 적에게 도달한 비행기는 없었다. 이것이 TBD-1 데버스테이터가 치른 마지막 실전이었다.

이함 약 한 시간 뒤, 우리는 모가미와 미쿠마를 발견했다. 유출된 기름의 흔적을 쫓아가기만 하면 되는 쉬운 임무였다. 눈앞에 나타난 광경은 약간 실망스러웠다. 호닛에서 전달한 메시지에 따르면 호닛 비행단은 구축함 1척을 격침했고 순양함 2척은 동력을 잃고 꼼짝 못 하고 있었다. 우리 임무는 호닛 비행단이 시작한 일의 '마무리 청소'를 하는 것이었다.

현실은 상당히 달랐다. 전투의 열기에 휩쓸린 호닛 조종사들은 자신들의 공격이 거둔 전과를 부풀려 보고했다. 미쿠마는 눈에 띌 정도로 손상을 입었으나 4척 모두 물에 떠서 움직이고 있었다. 우리가 도착하자마자 대공포탄이 휙 하고 옆을 스쳐 지나갔다. 일본군은 아직도 투지가 왕성했고 이번 작전은 우리가 기대한 '마무리 청소'와는 아주 거리가 멀어 보였다. 더욱이 우리는 주변에 있다고 보고된 전함을 수색하느

---

* 또다시 우리 공격대는 엔터프라이즈 비행단 소속기들과 모함을 잃은 요크타운 소속기들로 구성되었다. 쇼트 대위는 VS-5의 5기를 이끌었고 파트리아르카 대위는 VS-6의 6기를 지휘했으며 스미스 대위가 VB-6의 5기를 이끌었다. 셤웨이 대위는 VB-3의 10기를 지휘했다. 호닛 소속으로 전날 잘못 착함했던 SBD-3 2기도 VB-6과 동행해 이번 출격에 참여했다.

라 순양함 주위를 선회하며 귀중한 시간을 낭비했다. 전함은 발견하지 못했다. 처음부터 전함이 없었기 때문이다. 잘못된 보고였다. 주변에 있는 적함이 순양함 2척, 구축함 2척임을 확신한 쇼트 대위가 공격 명령을 내렸다.

공격은 오후 12시 35분에 개시되었다. 우리는 고도를 1만 9,000피트 (5,791m)로 높였다. VS-5가 먼저 강하해 미쿠마에 폭탄을 투하했고 최대 5발을 맞혔다. 다음 차례는 우리 비행대였다. 나는 급강하할 6기 중 네 번째였다. 적 항공모함에 대한 이전의 급강하공격에 비해 이번 공격은 전투가 한창일 때여서 그랬는지 그만큼 혹은 그보다 더 짜릿했다. 호닛 소속 비행기들의 급강하공격 덕에 이미 경계 태세에 들어간 일본군은 결의에 차서 우리를 향해 격렬하게 응사했다. 크게 손상된 순양함들을 필사적으로 구하기 위해 구축함들이 일제사격으로 발사한 포탄들이 작은 연기를 내며 폭발해 우리 비행대가 뒤흔들렸다. 공격하는 동안 조종사들은 "저기 불타는 것 좀 봐!"라든가 "저 새끼 잡았다!" 같은 쓸데없는 말을 무전기에 대고 지껄이며 쉴 새 없이 감정을 쏟아붓고 있었다. 나는 이런 연극적인 행동에 빠지지는 않았지만 또다시 사냥할 생각에 아드레날린이 치솟았다는 점은 인정해야겠다. 급강하하면서 본 미쿠마는 잉크처럼 검은 피를 흘리는 상처 입은 야수 같았다. 그 고통을 끝내 주는 것이 뭔가 옳은 일일 것 같았다. 순양함은 항공모함보다 작아서 맞히기가 더 어려운 목표였지만 폭탄 투하 고도에 접근하자 연기를 뿜는 미쿠마의 갑판이 서서히 내 조준경 안으로 들어왔다. 그 순간 나는 자부심으로 환하게 웃었다. 또다시 완벽한 급강하를 해낸 것이다. 목표물이 빠져나갈 가능성은 전혀 없었다. 며칠 만에 세 번째로, 뭔가 큰 목표물을 타격할 것 같았다.

VS-6은 완벽한 명중탄을 3회 기록했다. 모두 함 정중앙에 맞았다.

내가 6월 6일에 폭격한 미쿠마의 마지막 모습. 뒤로 기울어진 연돌 바로 뒤에서 내가
떨어뜨린 폭탄이 폭발했다(이 각도에서는 연돌 바로 왼쪽). 이 사진을 찍은 SBD의 조
종사가 내 친구 클리오 돕슨이다. (NHHC)

내 폭탄은 미쿠마의 연돌 바로 뒤, 4번 포탑 바로 옆에서 폭발했다. 급
강하에서 회복하면서 ―이번 전투에서 네 번째 실전 급강하다.― 나는 심
하게 부서진 순양함을 관찰하기 위해 뒤를 돌아보았다. 미쿠마는 심하
게 부서진 잔해나 마찬가지였고 살아남을 가능성은 없었다. 나는 전시
일기에 이렇게 기록했다. "(우리가 떠났을 때) 목표물은 완전히 부서진
잔해였고 머리부터 꼬리까지 화염에 휩싸인 채 동력을 잃고 서 있었다.
… 오늘 누가 무엇을 타격했는지는 아무도 모르겠지만, 간단히 말하면
저 순양 전함(원문 오류―옮긴이)은 지금 바다 밑바닥에 있다."

완전히 가라앉기까지 몇 시간이 더 걸렸지만 미쿠마는 결국 침몰했
다.* 이날 올린 전과는 사진 정찰 임무에 자원한 친구 클리오 돕슨의

---

* VB-6과 VB-3의 공격으로 미쿠마의 상황은 더 참혹해졌다. 미쿠마는 호닛에서 발
진한 조종사들의 급강하폭격도 견뎠다.

SBD가 이날 오후 늦게 현장에 도착해서야 확증되었다. 오후 3시에 돕슨이 본 미쿠마는 연기를 뿜으며 방치되어 있었다. 뒷자리에 탑승한 수석 사진사 J. A. 미할로빅J. A. Mihalovic은 심하게 손상된 미쿠마의 사진을 여러 장 찍었다. 그가 찍은 미쿠마의 사진은 태평양전쟁 때 촬영한 사진 중 가장 유명한 사진 가운데 하나가 되었다(태평양전쟁에 관한 책들 중 미할로빅의 사진이 실리지 않은 책은 거의 없다).

미쿠마 상공을 비행하던 돕슨은 함미 근처에 모인 생존자 20여 명을 주목했다. 그중 몇몇은 바다로 뛰어들고 있었다. 엔터프라이즈함의 누군가가 돕슨에게 발견한 일본군 생존자들에게 기총소사하라는 명령을 내렸지만, 겁에 질려 바다로 뛰어드는 적병을 본 돕슨은 이미 벌어진 학살극에 희생자를 더하고 싶지 않다며 거부했다. 돕슨은 엔터프라이즈로 돌아와 내게 이렇게 토로했다. "나한테 손을 흔들고 있는데 그렇게 할 수는 없었어!"

마침내 미쿠마는 사관과 수병 650명이 묻힌 바닷속 수중 무덤이 되었다. 내 폭탄을 맞은 목표물인 히류와 가가도 침몰했다. 가가가 먼저 가라앉아 6월 4일 오후 7시에 승조원 811명의 시신과 함께 물속으로 미끄러져 들어갔다. 최종적으로 히류의 전사자는 389명이었다.

가끔은 이런 통계를 떠올리기조차 힘들다. 무엇보다 내가 이 인명 손실과 연관이 있지 않은가. 신은 '살인하지 말라'는 계명을 주셨다. 해군에서 내 일은 폭탄을 떨어뜨려 아래에 있는 사람을 죽이는 것이었다. 아주 가끔 그 점을 어떻게 느꼈느냐고 묻는 사람이 있다. 아마도 아주 잠시, 살인이라는 생각에 심란해진 적이 있다. 하지만 그때 나는 그 점을 고민하지 않았고 지금도 그렇지 않음을 당당하게 인정한다. 나는 국가에 대한 의무를 다했다. 나는 해군이 가르친 대로 내 임무를 수행했다. 나는 유성처럼 하늘에서 낙하하며 폭탄을 투하했고, 바다와 아슬아슬하게 스치는 고도에서 재상승한 다음, 위험한 임무를 다시 수행하기 위해 돌아가서 무장을 다시 달고 연료를 채워 넣었다. 이것은 직업이 아니었다. 신성하고 침해할 수 없으며 타협 불가한 의무였다. 결론적으로 말해 나는 내게 주어진 의무를 다하고자 했을 뿐이며, 살인 행위로 단죄되어야 할 사람들은 권력을 가진 자들, 즉 태평양에서 잔학무도한 전쟁을 일으킨 자들이다.

6월 6일 오후 1시 40분경 엔터프라이즈함에 돌아갔을 때 오로지 한 가지 사실에 감사했다. 나는 살아 있다! 그 무엇보다도 털끝 하나 다치지 않고 살아남았다는 데 감사했다. 6개월 전, 나는 이번 전쟁에서 전사해 내 인생 최고의 기회, 사랑스러운 진과 영원히 생을 같이할 기회를 놓칠까 봐 걱정했다. 쏟아지는 햇살을 받으며 믿음직한 SBD의 조종석에서 빠져나왔을 때 나는 내가 얼마나 운이 좋은지를 깨달았다. 이제 집에 간다. ―그것만은 확실했다.― 그리고 내 잘못을 바로잡을 기회를 얻을 것이다.

비행 장구를 벗고 옷을 갈아입자마자 나는 진에게 무사하다고 알리는 편지를 쓰기 시작했다.

오후,
1942년 6월 6일.
사랑하는 진에게,
잠깐 짬이 나 내가 무사하다는 것을 알릴 수 있게 됐지만, 지독히 피곤하네. 당신이 보내 준 부드러운 스웨터를 전투 내내 입어서 고공에서 따뜻했고 지상에 내려와서도 안전했어. 지금 말해야 할 게 있다면, 내 몫 이상의 행운을 받았다는 것과 도조 씨[당시 일본 수상 도조 히데키東條英機 ― 옮긴이]가 그 점을 매우 불쾌해한다는 것을 당신과 아빠가 알

앉으면 한다는 거야. 편지를 제대로 쓸 시간이 나면 또 쓸게.

사랑해. 걱정하지 말고, 나 때문에 다른 사람도 걱정시키지 말아. 잠시 안녕.

많이 사랑해.

잭

내가 6월 6일에 쓴 "내 몫 이상의 행운을 받았다는 것"이란 말은 그때나 지금이나 사실이다. 나는 내 비행대가 일본 함대를 불구로 만드는 데 일조했고, 내가 운이 좋아 일본 함선 3척에 폭탄을 맞힘으로써 이 전투에서 중요한 역할을 해냈음을 깨달았다. 하지만 빈 침대들이 증언하듯 이 승리에는 큰 대가가 따랐다. 사람들이 전사했고 나는 살아남았다. 아주 쉽게 그 반대가 될 수도 있었다.

다음 나흘은 초조함 속에 지나갔다. 나는 지휘부가 태평양을 가로질러 서쪽으로 일본 수상함대 추격에 나설지 궁금했다. 처음에는 스프루언스 제독이 제16기동함대를 이끌고 6월 3일에 공격받은 알류샨 열도를 향할 생각인 것 같았다. 우리 조종사들은 화를 내며 당혹스러워했다. 우리는 전투에 지쳤어도 미드웨이에 머무르며 적을 완전히 소탕하고 싶었다. 그때 쓴 일기를 보면 당시의 절망감이 잘 드러난다. "스프루언스 대신에 와일드 빌 홀시가 있어야 한다. 스프루언스는 지나치게 신중하다." 나는 그때 성미가 급하고 독선적이었다. 나는 우리 함대가 더 오래 머물러야 한다고 믿었다. 하지만 역사는 스프루언스가 옳았음을 증명했다. 우리는 그 해역에 오래 머물 필요가 없었지만 이제 막 전투를 치른 나로서는 남아서 미드웨이 환초를 방어하지 않고 떠나기로 한 스프루언스 제독의 결단이 가진 깊이를 헤아릴 수 없었다. 나는 뒤이어 이렇게 썼다. "누군가는 나보다 답을 더 많이 알겠지."

느리지만 확실히 좋은 소식이 들어왔다. 제16기동함대가 북방으로 항해하고 있을 때 실종되었던 엔터프라이즈함의 조종사들이 구조되었다는 소식이 들려왔다. 전투 후 우리 구축함들이 VS-6 소속 조종사 2명과 후방사수 2명을 구조했는데 클래런스 디킨슨, 맥 매카시, 조지프 델루카, 얼 E. 하월Earl E. Howell이었다. 그에 더해 구축함과 PBY들이 VB-6 탑승원 3명을 구조했다. 마지막으로 6월 21일에 수상기 1대가 혼자 망망대해를 떠돌던 VT-6 소속 조종사 앨버트 윈첼* 항공 정비 상사와 후방사수 더글러스 코싯 통신 병장을 구조했다. 두 사람은 미드웨이 해전이 끝나고 마지막으로 구조된 미국 비행사였다. 최종 집계 결과 엔터프라이즈함에서 10명—VS-6 탑승원 5명과 VB-5 탑승원 5명— 이 실종되었다. 10기 모두 6월 4일의 아침 공격 이후 불시착했고 탑승원들은 발견되지 않았다. 〔이 부분은 오류로 보인다. VS-6에서 이날 불시착했다가 구조되지 못한 조종사는 프랭크 우드로 오플래허티 소위, 칼 데이비드 파이퍼 소위, 제임스 아널드 셸턴 소위, 제임스 캠벨 덱스터 소위, 존 캐디 러프 소위이며 후방사수는 브루스 크레이그 통신 상병, 브루노 피터 가이도 항공 정비 하사, 루이스 데일 핸슨 통신 상병, 프레더릭 찰스 젝 통신 상병, 윌리엄 헨리 스탬보 통신 하사로 총 10명이며 실종된 비행기는 5기다. 이 책 부록의 VS-6 탑승원 명단 참조. —옮긴이〕

우리 탑승원 중 특히 한 사람의 운명이 나를 계속 괴롭혔다. 우리는 6월 4일 오후에 일본군 구축함 마키구모卷雲가 VS-6의 프랭크 우드로 오플래허티Frank Woodrow O'Flaherty 소위와 브루노 피터 가이도 항공 정비 하사를 바다에서 건져 올렸다는 사실을 몇 년 후에 알게 되었다.

---

* 몇몇 비행대에 부사관 출신 조종사가 한두 명 있었는데 앨버트 W. 윈첼이 그중 한 명이었다.

마키구모의 장교들은 즉각 두 사람을 심문했고, 미드웨이의 방어에 대한 정보를 얻어냈다고 한다. 전투가 끝난 후 함장 후지타 이사무藤田勇 중좌는 이들이 쓸모없어졌다고 여겼다. 후지타는 두 사람의 발목에 추를 달아 바다로 던지라고 명령했다. 6월 15일에 부사관 3명이 이 살인 명령을 이행했다. 일본 기록에 따르면 두 사람 모두 의연하고 담담하게 죽음을 받아들였고 불평 한마디 하지 않았다고 한다. 나는 1947년 5월 해군정보국ONI이 출간한 나구모 제독의 교전보고〔이 기록의 일본명은『제1항공함대전투상보第一航空艦隊戰鬪詳報』이며 서구에서는『나구모 보고서Nagumo Report』라는 이름으로 알려져 있다. ─옮긴이〕에 실린 오플래허티와 가이도의 심문과 처형 기록을 보고 이 만행에 대해 알게 되었다.

나는 일본군이 내 전우들을 죽인 이유를 전혀 헤아릴 수 없었다. 이 충직한 전우들이 죽기 전에 가치 있는 정보를 과연 발설했을지 의심스럽다. 적힌 문구로만 보면 ONI 보고서는 오플래허티와 가이도가 우리 함대를 위험에 빠뜨릴 중요한 정보를 실토했다고 넌지시 암시하고 있다. 이 이야기와 지금까지 계속된 관련 논쟁은 이 책 뒷부분에서 한 장에 걸쳐 다룰 것이다. 1942년 6월 15일에 발생한 이 알려지지 않은 이야기는 훗날 내 관심을 끈 일련의 사건을 촉발했다. 나는 내 인생의 한 시기에 있었던 미드웨이 전투를 잊어버리려고 했지만, 이 사건은 나를 역사의 진실과 대면하도록 만들었다.

물론 1942년 6월 11일에 이 모든 것은 내다볼 수 없는 미래의 일이었다. 그날 우리 조종사들은 니미츠 제독이 엔터프라이즈를 진주만으로 다시 불러들이기로 했다는 소식을 들었다. 그때였는지 모르겠지만, 합동참모본부는 제1해병사단에 뉴질랜드로 진출해 나중에 과달카날 상륙이 될 작전을 준비하라는 명령을 내렸다. 일본군 항공모함 부대에 큰 손실을 안긴 니미츠는 이제 솔로몬 제도에서 작전을 개시할 때까지 우리 항공모함들을 아껴 두어야 했다. 따라서 빅 E는 6월 13일 토요일에 진주만에 입항할 계획이었다. 나는 일기에 이렇게 썼다. "동료들이 몹시 흥분해 있다. 굉장한 토요일 밤이 될 것 같다." 우리는 기대감에 들떠 있었다. 우리는 격전을 치렀으니만큼 충분한 휴식과 휴양이 당연하다고 믿었다. 그날 나는 만족스러운 기분으로 침상에 털썩 드러누워 진과 함께할 삶을 느긋하게 상상했다. 그때 나는 지금까지 전 세계에서 일어난 가장 중요한 해전들 중 하나에 참여했다는 점을 깨달았지만 그 기억이 절대 나를 가만두지 않으리라는 것은 알 도리가 없었다.

16

본토 귀환
1942년 6월~10월

엔터프라이즈함은 6월 13일에 진주만으로 돌아왔다. 승조원들이 현문을 따라 부두로 천천히 내려오는 동안 내 비행대 동료들과 나는 여러 가지로 심경이 복잡했다. 우리는 오랜 피로가 신체와 정신에 끼치는 압도적인 영향력을 느꼈다. 지쳤다는 데는 의문의 여지가 없었다. 한편으로 우리는 역사상 가장 극적인 해전에서 살아남아 역경을 무릅쓰고 살아서 돌아왔다. 수적 열세를 극복하고 우리 기동함대는 6개월간 연전연승을 거둬 온 노련한 일본 함대를 물리쳤다. 억눌렸던 신경이 풀어지면서 들뜬 생존자들 가운데에서 무모한 행동을 서슴지 않는 사람도 나왔다.

우리 중 한 명—VS-6의 소위—이 하와이 카네오헤Kaneohe 해군비행장에 돌아간 첫날부터 겁 없는 짓을 저질렀다. 공중 사격 연습 중에 예인되던 표적에 사격하다가 타고 있던 SBD를 휙 뒤집어 버린 것이다. 그는 뒤집힌 상태에서 사격을 하고도 만점을 받았지만 비행기 엔진이 완전히 망가져 버렸다. 연기가 나오기 시작한 비행기는 바다에서 겨우 10피트(3m) 떨어진 근처 해변에 비상착륙 했다. 이 분별없는 행동에 대한 처벌로 갤러허 대장은 전 부대원이 호놀룰루에서 즐기는 동안 그에게는 밤새 비행기 경비를 서라고 지시했다. 나는 이런 과시적 행동을 할 마음이 없었다. 그저 마지막으로 본 모습 그대로일 애인에게 아무 탈 없이 돌아갈 수 있도록 조심하고 싶었을 뿐이다.

다른 한편으로 우리는 항공모함 1척을 잃었다. 요크타운함은 6월 4일에 입은 손상을 버티고 살아남았으나 진주만으로 돌아오지 못했다. 상처 입은 항공모함이 고작 시속 5노트(9.3km/h)로 예인되던 동안 호위망을 몰래 뚫고 들어온 일본 잠수함 이伊-168이 어뢰를 발사했다. 요크타운은 태평양 밑바닥으로 침몰했고 호위구축함 USS 해먼 Hamman(DD-412)도 같이 격침되었다. 또다시 태평양함대의 처지가 급박해졌다. 이제 항공모함 2척—엔터프라이즈와 호닛—만이 작전에 나설 수 있었다.

엔터프라이즈함 자체에는 손상이 없었지만 탑승원의 인명피해가 컸다. 우리 비행단은 미드웨이 전투에서 VS-6의 14명, VT-6의 18명, VB-6의 12명 등 총 44명을 잃었다. 모두 합쳐 우리 두 기동함대는 승조원과 비행기 탑승원 277명을 잃었다.

나로서는 이 끔찍한 인명피해를 차치한 채 미드웨이 전투의 승리가 얼마나 중요한지를 판단하기가 어려웠다. 전투가 자주 잔인한 숫자 놀음이라는 것을 이해하기는 하지만 중요한 것은 숫자가 아니었다. 톰 에버솔의 죽음은 특히 나를 무겁게 짓눌렀다. 그는 내게 통계 수치의 숫자가 아니라 좋은 친구였다. 마치 내 몸의 일부가 뜯겨 나간 것 같았고 그 상태가 영원할 것 같았다. 그때 나는 엄청난 결과에 비해 인명피해가 적었다며 긍정적으로 생각하려고 노력했다.

하와이로 돌아와 보낸 첫날 밤, 우리는 로열 하와이언 호텔에 무료로 숙박했다. 전사한 전우들을 추념하며 감상적인 건배를 들고 있을 때 미드웨이 환초에서 육군 비행사들이 굉장한 승리를 거두었다며 육군 B-17 조종사들이 떠드는 소리가 어깨 너머로 들렸다. 육군은 우리가 귀항하기 일주일 전부터 언론 홍보 작업을 하고 있었다. 6월 11일자 육군 보도자료에는 이렇게 써 있었다. "육군 조종사들은 … 일본군 상륙 부대가 완전히 흩어져 기지로 도주할 때까지 계속 일본 함대를 공격했다. 하와이 전구 폭격 작전 지휘관 헤일Hale 육군준장은 육군 조종사들이 일본군에게 가한 피해의 전체 규모가 지금의 추정치를 훨씬 넘어선다고 말했다." 믿거나 말거나 몇몇 하와이 신문들은 이 쓰레기 같은 보도자료 일부를 그대로 인용해 보도했다.

물론 우리 중에서 적 항공모함 4척을 불타는 고물로 만든 이들은 진실을 알았다. B-17 플라잉 포트리스Flying Fortress기가 투하한 폭탄은 단 1발도 적함에 명중하지 않았다. 전직 VT-6 조종사 한 명이 우리와 합석했다가 소란스러운 와중에 쩌렁쩌렁 울리는 육군 조종사들의 허풍을 들었다. 그는 벌떡 일어나 "빌어먹을 거짓말"이라고 소리쳤고 헌병대도 진압하지 못할 정도로 격렬한 싸움이 20여 분간 벌어졌다.

나는 화가 나서 비행 일지에 이렇게 갈겨썼다. "해군은 집에 가야 할 것 같아. 나는 내 눈으로 직접 CV〔항공모함 ― 옮긴이〕 갑판에 그려진 붉은 점을 봤다고. 하지만 저 위에 있던 육군 놈들은 나처럼 볼 수 없었잖아. 육군 팀은 투명한 화염으로 적들을 태워 버렸나 보지?" 세상에! 그때 나는 화가 머리끝까지 나 있었다.

물론 미드웨이 전투가 끼친 장기적 영향이 우리에게 즉각적으로 나타나지 않아 그런 감정들을 느꼈을 것이다. 비행사와 비행기 측면에서 손실이 컸으나 우리는 일본 함대의 자랑인 정규 항공모함 6척 가운데 4척을 없앴다(전쟁 중에 일본은 정규 항공모함을 2척밖에 건조하지 못했다. 따라서 우리는 하루 만에 적의 전시 항공모함 전력의 50퍼센트를 없앤 셈이다)〔일본이 미드웨이 전투 이후 건조해 취역시킨 정규 항공모함은 다이호大鳳, 시나노信濃, 운류雲龍, 가쓰라기葛城, 아마기天城로 총 5척이다. 이 외에 여객선을 개조했지만 비행기 운용능력이 정규 항공모함에 버금간 준요隼鷹, 히요飛鷹가 있었다. ─옮긴이〕. 간략히 말하면 우리는 미드웨이에서 일본의 주도권을 빼앗았다. 중부태평양에서 우리를 위협할 항공모함 부대가 없었으므로 우리 해병대와 육군은 반격을 개시해 태평양 도서지역을 잇는 방대한 제국을 만든 일본을 밀어붙일 수 있었다. 적을 굴복시키기까지 그 뒤로 3년이 걸렸지만 일본은 전략적 관점에서 다시는 반격하지 못했다. 1942년 7월에서 1945년 8월까지 우리 육해군은 과달카날 Guadalcanal, 베티오섬Betio Island, 콰절린, 사이판, 펠렐리우Peleliu, 이오지마Iwo Jima, 硫黃島, 오키나와Okinawa, 沖繩, 그리고 여타 먼 곳에서 중요한 상륙작전을 연달아 벌였다. 본질적으로 미드웨이에서 우리가 거둔 승리는 전쟁의 추동력이 움직이는 방향을 바꿨다. 길고 처절한 싸움 끝에 우리나라가 태평양에서 거둔 승리의 이야기는 1942년 6월 미드웨이 환초에서 우리가 예기치 못한 승리를 거둔 데에서 시작되었다.

1942년 6월 셋째 주 무렵 해군은 내게 새 보직을 주었다. 6월 16일에 나는 대위로 승진했다. 그것은 무엇보다도 월급을 더 많이 받게 되었다는 의미였다. 나는 진에게 보내는 편지에 "우와, 우리 돈 쓰는 재미가 있겠는데?"라고 썼다.

다음으로 해군은 VS-6을 해체해 남은 조종사들을 다른 임무에 배치했다.* 6월 21일 태평양함대 총사령부에서 태평양함대총사령관

---

* 1942년 11월 해군은 새러토가함에 배치된 제3비행단Air Group Three 소속으로 VS-6을 부활시켰다. VS-6은 과달카날섬의 헨더슨 비행장Henderson Field에서 활동하며 뉴조지아섬New Georgia Island과 콜롬방가라섬Kolombangara Island 폭격에 참여했다.

commander in chief, Pacific Fleet; CINCPAC 명의의 명령이 도착했다. 니미츠 제독이 고참 조종사들을 모두 본토로 돌려보낸다는 것이었다. 본토로 가는 수송선은 3일 내에 떠날 예정이었다. 니미츠는 6개월간 실전을 치르면서 얻은 귀중한 실력을 다음 세대 급강하폭격기 조종사들을 양성하는 데 사용하는 것이 가장 가치 있다고 믿었다. 신참 조종사—진주만 이후 합류한 소위들— 전원이 VB-6으로 재배치되었다. 마지막으로, 살아남은 VS-6의 후방사수들은 카네오헤 해군 항공기지에 출두해 인사 명령을 기다리라는 지시를 받았다. 나는 하와이를 완전히 떠날 준비를 하기 위해 서둘렀다. 차를 팔고, 엔터프라이즈함 1번 엘리베이터 밑에 보관한 개인물품을 챙기고, 함의 동료들에게 작별 인사를 했다.

VS-6을 떠나기는 힘들었다. 나는 13개월간 역량 있는 집단을 훈련하고 싸웠다. 특히 아직 태평양전쟁이 끝나지 않은 상황에서 부대 동료들에게 작별 인사를 하기가 어려웠다. 내 충실한 후방사수 존 스노든을 두고 간다는 게 가장 힘들었다. 6월 24일 수송선으로 가는 날, 우리는 눈물을 흘리며 마지막 작별 인사를 나누었다. 존은 쉽지 않았지만 나 없이 몇 달간 생존했다. 마침 해군은 그를 다른 SBD 비행대에 배치했는데, 그해 늦가을에 존은 과달카날 전역에서 복무하다가 문다 Munda와 콜롬방가라섬을 폭격한 다음 말라리아에 걸렸다. 1943년에 해군은 그를 본국으로 보내 비행 훈련 업무를 맡겼다. 1944년 초에 스노든은 내게 편지를 썼다. 내가 받은 편지 중 가장 훌륭한 편지였고, 나는 지금까지도 이 편지의 복사본을 가지고 있다. 이 편지는 서로를 믿고 의지한 우리 관계를 상기시켰다. 우리의 유대감은 여러 번 서로의

1943년 3월 VS-6은 제13폭격비행대Bombing Squadron Thirteen로 이름이 바뀌었다. 이 부대는 7개월간 더 활동하다가 9월에 현역에서 완전히 물러났다.

목숨을 구했다. 여기에서 편지의 한 부분을 소개한다.

대위님이 떠난 다음 저는 다른 조종사와는 절대 같이 비행하지 못하리라고 생각했습니다. 하지만 더스티 대위님, 저는 경험이 아주 많고, 누군가가 새로운 사수를 훈련하는 데 도움을 주어야 한다고 느낍니다. 저는 이제 혼자이고 해군에서 성장했으니 해군을 먼저 생각하는 것이 제 의무겠지요. 대위님과 떨어지게 되어 무척 아쉽습니다. 우리가 함께라면 어디를 가더라도 걱정하지 않을 텐데요. 대위님이 조종석에 앉아 있으면 지옥에라도 갔다 올 수 있을 겁니다. 대공포를 향해 급강하는 비행기에서 뒤쪽을 향해 앉아 있으면 빠져나오지 못할 것만 같고 아래쪽을 볼 수 없는데도, 누군가를 그렇게 믿는다는 것은 참 대단한 일입니다. 제가 앞 좌석으로 가서 조종해야 하나 느낀 적도 있지만 극복했습니다. 우리를 제대로 이해한 사람이 있기나 할까요? 우리가 살아남을 가능성에 돈을 건다면 저는 한 푼도 걸지 않았을 겁니다. 저는 종종 대위님이 급강하공격을 할 때 기분이 어땠을지 궁금합니다. 아마 저만큼 겁이 났겠죠.

나는 내가 근무한 배들 중 최고였던 엔터프라이즈함에 전우들을 남겨 놓고 떠날 때 몹시 슬펐다. 하지만 새 명령에 따라 샌디에이고 해군항공대 기지에 있는 태평양함대 항공모함 고등 훈련비행단Advanced Carrier Training Group; ACTG 본부에 출두해 사령관에게 보고하라는 지시를 받았다. 마침내 진과 가까워지게 되었다.

6월 24일 오후 4시, 샌프란시스코행 수송선에 몸을 실었다. 나는 완전히 긴장이 풀렸다. 몇 시간 동안 인생의 모든 걱정을 지구 반대편으로 보내 버린 다음에야 청할 수 있을 만큼 정말 깊이, 더없이 행복하게 잤다. 내가 샌프란시스코에서 본 첫 풍경은 내게 술을 사 주려고 안달

Chicago Sunday Tribune

JAP FLEET SMASHED BY U. S.
2 CARRIERS SUNK AT MIDWAY

미드웨이 해전 소식은 승리에 목마른 미국 전역에 들불처럼 퍼져 나갔다. 사진은 《시카고 선데이 트리뷴》에 실린 머리기사다. 우리 해군은 비밀 유지를 위해 정확한 정보를 내보내지 않도록 주의를 기울였다. 이 신문은 항공모함 4척이 아니라 2척을 격침했다고 보도했다.

13 TO 15 NIPPON SHIPS HIT; PACIFIC BATTLE RAGES ON

Yank Flyers Exact Heavy Toll; Enemy Loses Many Planes.

PEARL HARBOR, Honolulu, June 6 (AP)—United States armed forces have sunk or damaged 13 to 15 warships and transports of the repulsed Japanese invasion fleet at Midway Island and "a momentous victory is in the making." These include the sinking of two, and possibly three, aircraft carriers.

Adm. Chester W. Nimitz, commander in chief of the Pacific fleet, communicated enemy losses, tonight in his third communique on the great and continuing battle in the Pacific.

"Pearl Harbor has now been partially avenged," he said.

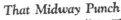

That Midway Punch

미드웨이의 승리를 축하하는 만평. 일본군을 인종 차별적 이미지로 풍자한 표현이 눈길을 끈다. 오늘날 이런 식으로 적을 묘사하는 것은 매우 유감스러운 행동이지만 1942년에 미국 정부와 언론매체들은 전 국민에게 이런 생각을 오히려 장려했다. (Sheboygan Press)

302

이 난 애국심에 불타는 군중이었다. 태평양에서 복무를 마치고 돌아온 해군 장병들이 흔하게 받는 보상이었다. 그들은 태평양에서 돌아오는 모든 해군 장병이 미드웨이에서 싸웠다고 믿고 합당한 보상을 해 주고 싶어 했다. 마침 나는 진짜로 미드웨이에서 싸운 사람이었다. 하지만 술을 마실 시간이 없었다. 나는 진에게 전화해 로스엔젤레스역 열차 승강장에서 만나자고 말했다.

다음 날 우리는 역에서 재회해 서로 끌어안고 키스했다. 와! 그때의 느낌을 뭐라고 표현할 수가 없다. 순수한 사랑이 활짝 꽃피운 순간을 어떻게 말로 묘사할 수 있겠는가? 태평양에서 생사가 걸린 공중전을 치른 후 나는 확실히 깨달았다. 나는 진에게 청혼했다. 내 가족이 우리의 종교에 대해 어떻게 생각하든 상관없었다. 내 가슴속에서 폭죽을 터뜨리는 것 같은 미소를 지으며 진은 "응."이라고 대답했다. 우리는 전속력으로 라스베이거스Las Vegas로 차를 몰았다.

7월 3일, 우리는 차양에 "신속 결혼식"이라는 광고문구가 쓰인 한 예식장에서 결혼했다. 나는 즉시 해군에 30일 휴가를 요청하는 서류를 제출했다. 신혼여행은 휴가 사유로 충분했다. 내 인생에서 나는 삶의 방향을 바꾸는 많은 결정을 내려야 했다. 어떤 것은 후회스러웠고 또 어떤 것은 확신 없이 결정했다. 진과의 결혼은 어느 쪽에도 속하지 않았다. 그날 나는 내 인생 최고의 결정을 내렸고, 그로 인해 나는 영원히 행복하게 되었다. 그 뒤로 나는 진을 매일 사랑하고 아꼈다. 처음에 내가 진에게 구애할 때 그녀는 단호히 거부하거나 무관심할 수 있었지만, 신 때문이든 운명이 결정했든 간에, 우리는 영원히 함께하게 되었다. 역사상 최악의 전쟁이 벌어지는 한복판에서 사랑하는 커플이 맺어진 것이다.

나는 새 신부를 데리고 캔자스로 달려가 그녀의 시아버지에게 신부를

1942년 7월 3일, 미드웨이 해전 후 한 달도 안 되어 진과 나는 네바다주 라스베이거스에서 초고속 결혼식을 올렸다. 결혼식 직후에 키스하는 진과 나. (NJK)

소개했다. 내가 곧 도착한다는 소식에 커피빌이 들썩였다. 내가 미드웨이에서 세운 공훈을 아는 사람은 아직 없었지만 이미 지역 신문들을 통해 니미츠 제독이 내게 비행수훈십자장을 수여했다는 이야기가 알려진 상태였다. 《캔자스시티 스타Kansas City Star》지는 훗날 유명해진 도리 밀러와 엔터프라이즈함 비행사들의 사진을 실었다. 사진에서 내 얼굴을 알아본 《커피빌 저널Coffeyville Journal》지는 며칠 뒤에 단독 기사를 냈다. 당연히 내 친구들과 가족은 각자 나에 대한 자부심과 고마움을 표현했다. 고향 친구 메리 C. 로즈부시Mary C. Rosebush는 나중에 내게 보낸 편지에 이렇게 썼다. "잭, [신문 기사에 나온] 너를 보고 얼마나 자랑스러웠는지 몰라. 네가 위험한 곳에 있다고 생각하고 싶지 않지만, 전시니 당연히 그렇겠지. … 내 가장 큰 희망은 전쟁이 곧 끝나서(진짜 그럴 거라고 기대하지는 않지만) 거기에 있는 청년 모두가 무사히 돌아오는 거야. 우리가 그렇게 다시 만나면 참 행복하지 않을까?" 고향에 돌아왔을 때 나를 환영해 주는 사람들이 너무 많아서 당황스러웠다. 나는 언제나 칭찬을 받으면 부끄러워했기 때문에 내가 미드웨이 전투에 참가했다는 사실을 아무에게도 말하지 않았다. 심지어 아버지한테도.

아버지와의 재회는 쉽지 않았다. 아버지는 내가 가톨릭 여성과 결혼한 것을 별로 달가워하지 않았고, 게다가 당신에게 알리지도 않고 라스베이거스에서 초고속 결혼식을 했다는 점을 싫어했다. 하지만 진의 행동거지에 아버지의 마음이 누그러졌다. 진은 언제나 사근사근하고 매력적인 사람이어서 어색한 상황을 능란하게 다룰 줄 아는 반면, 나는 특유의 무뚝뚝함 때문에 가족과 심한 말싸움을 벌이곤 했다.

어찌어찌해 아버지를 이해시킨 다음 진과 나는 샌디에이고로 갈 채비를 했다. 신청 가능한 임시 숙소에는 원래 진과 같이 갈 수 없었지만 고맙게도 담당 장교인 엔터프라이즈 비행단의 전임 단장 하워드 영 중령이 우리가 같이 지낼 수 있는 방법을 찾아 주었다. 그는 해군 조종사들에게 명령을 내리는 그의 친구를 '만나게' 해줄 14일 기한의 명령서를 발급해 주었다. 영의 개입 덕택에 7월 4일 해군 인사국은 내 사령장을 고쳐서 나를 대서양함대 소속 항공모함 고등 훈련비행단ACTG에 발령했다.

나는 샌디에이고에서 총 사흘을 보내고 8월 10일에 동부 해안으로 떠났다. 진과 나는 짐을 꾸려 14일간 대륙횡단 여행을 했다. 처음에 우리는 마음 편하게 워싱턴 D.C.로 가는 열차를 탔다. 그런데 도착해 보니 휘발유에 새로운 제약이 걸려 있었다. 물가통제국Office of Price Administration은 휘발유 우선 소요 등급에 따라 각각 A, B, C, T, X 등급이 붙은 배급 카드를 분배했다〔예를 들어 가장 등급이 낮은 A등급 카드 소지자는 일주일에 3갤런(11.3ℓ)을 받았다. 이와 대조적으로 X등급 카드 소지자는 무제한으로 휘발유를 받았다〕. 우리는 노퍽에 도착해야 카드를 수령할 수 있다는 통지를 받았다. 우리는 A등급보다 높은 등급의 카드를 받으리라 기대했지만 캘리포니아에 우리가 가진 최고의 차들을 남겨 놓고 왔기 때문에 워싱턴에서 몇 달러를 주고 포드 모델-T를 구입했다. 우리는 이 고물차를 타고 목적지인 버지니아 노퍽 해군기지까지 달려 8월 24일에 도착했다.

도착한 지 닷새도 안 되어 나는 ACTG의 교관으로서 비행하게 되었다. 이 훈련비행단은 대서양이든 태평양이든 실전 투입을 앞둔 조종사가 거쳐 가는 마지막 기착지였다. 훈련생들은 1개월간 자기가 조종할 비행기의 시스템을 배우며 급강하폭격을 연습하고 지정된 무전수-사수와 협업하는 방법을 배웠다. 원래 교과과정에 따르면 전술, 항법, 비행 사격, 폭격, 야간비행, 계기 식별을 포함한 여러 분야에서 비행시간 75시간을 기록해야 했다. 하지만 전시에 조종사들을 전장으로 더 빨리 보내기를 원한 항공국Bureau of Aeronautics은 훈련생의 필수 비행시간을 줄였다. 전쟁 전에 조종사들은 실전에 투입되기 전에 600 비행시간을 기록해야 했다. ACTG에서는 고작 300시간만 필요했다.

상황을 더 복잡하게 만든 것은 노퍽의 ACTG—1941년 7월 28일에 창설된 원래의 두 ACTG 중 하나—에 현대적 비행기가 부족했다는 점이다. 해군은 훈련비행단에 신형 SBD-3 대신 보트사의 XSBU-1 복엽기와 SB2U-2 빈디케이터Vindicator[이 비행기는 미드웨이 해전에서 해병 비행대가 사용했으나 별다른 전과를 거두지 못한 채 큰 손실만 보았고 미드웨이 해전 이후에는 TBD와 더불어 일선에서 물러났다.—옮긴이]를 배치했다. 두 비행기 모두 현대적인 급강하폭격을 견디지 못했다. 완전히 구식이 된 복엽기는 급격한 고도로 급강하하기에 너무 섬세했고, SB2U-2는 날개가 찢어질 위험을 감수하지 않고서는 70~80도로 급강하할 때 생기는 9G를 감내하며 급강하에서 빠져나올 수 없었다.

나는 시간에 쫓기며 내가 맡은 훈련생들을 가르쳤다. 학생들에게 급강하에서 빠져나오며 5G 혹은 6G 이상의 중력가속도를 내지 말라고 단단히 일렀다. 매일 나는 노퍽의 새내기 조종사들의 정확성을 평가했다. 외딴곳에 표적을 설치하고 훈련기들이 연막탄을 투하하는 모습을 관찰 플랫폼에서 지켜보았다. 물론 연막탄이 표적에서 크게 벗어날 경우에 재빨리 몸을 피할 경로를 사전에 반드시 확인해 두었다. 젊은 조종사들 중 표적을 정확하게 맞힌 이는 거의 없었다. 최고 기량의 비행대조차 표적 중심에서 평균 25피트(7.6m) 정도를 벗어났다.

나는 조종사들을 가까이에서 관찰하다가 결함을 발견하면 그들 자신이나 아무 죄 없는 구경꾼을 다치게 하기 전에 결함을 교정해 주었다. 조종사들의 80퍼센트 정도는 내 말을 귀담아들었지만 그러지 않은 사람도 언제나 있었다. 어떤 조종사는 늘 이륙 과정에서 애를 먹었다. 폭탄을 가득 실은 급강하폭격기 조종사는 지상에서 뜨기 전에 추가 속도를 얻기 위해 플랩을 밑으로 내리곤 한다. 그런데 이 조종사는 이륙과 동시에 플랩을 내렸다. 대기속도가 충분하지 못했으므로 비행기가 땅으로 머리를 박는 아찔한 상황이 벌어졌다. 내가 여러 번 경고했건만 그는 내 말을 듣지 않았고, 결국 최악의 사태가 벌어지고 말았다. 그가 조종한 구닥다리 빈디케이터 폭격기가 나무 꼭대기를 스치다가 회전하는 프로펠러에 무거운 나뭇가지가 끼었던 것 같다. SB2U-2의 기수가 90도로 땅바닥에 꽂혔다. 잔해에서 끄집어낸 조종사는 산산조각 나 있었다.

이 비극적인 죽음 이후 한 인사장교는 이 사고가 내 책임이 아니라며 나를 위로했다. 그 장교가 내게 밝힌 바에 따르면, 내가 도착하기 몇 주 전에 그 훈련생이 달리는 자동차에 충돌할 뻔했다고 한다. 나는 격분해서 내가 그의 비행 기록을 사전에 보지 못한 이유가 무엇이냐고 물었다. 나는 명확한 답을 듣지 못했다. 결국 항공국은 내 훈련비행단을 훈련생이 추락해도 민간인 사망자가 나오지 않을 법한 장소로 옮기기로 결정했다. 가을이 한창일 때 항공국은 플로리다주 잭슨빌Jacksonville 해군 항공기지를 이전 장소로 선택했다. 나는 10월 중순부터 ACTG의 비행기들을 잭슨빌로 옮기기 시작했다. 비행기 1대를 조종해 옮길 때마다 해군은 내게 수당을 지급했고 나는 민간 운송 수단을 타고 노퍽으로 돌아왔다. 몇 번의 비행기 수송을 성공적으로 마친 후 1942년 10월 25일 전출 명령을 받아 완전히 잭슨빌로 떠났다.

해군은 내가 새 조종사들에게 태평양전쟁의 첫 6개월간 배운 교훈을 계속 전수해 주기를 원했다. 나는 플로리다의 훈련생들이 내 말을 귀담아들을지 궁금했다. 노퍽에서의 짧은 경험으로 미루어 볼 때, 염려스러웠다.

17

비행 교관
1942~1945년

잭슨빌 해군 항공기지는 잭슨빌에서 남쪽으로 몇 마일 떨어진 곳에 있는 매머드급 시설이었다. 해군은 1940년에 이 기지를 건설했다. 전쟁 중반기에 이르자 잭슨빌 기지는 미국에서 가장 큰 항공기지 중 하나가 되었다. 기지는 세인트존강St. John's River 옆의 주요시설과 41개의 보조 비행장으로 구성되었으며 나는 그중 한 곳에서 주로 활동했다. 나는 잭슨빌에서 서쪽으로 16마일(26km) 떨어진, 플로리다 늪지대 깊숙한 곳에 있는 세실 비행장Cecil Field에 있는 ACTG의 정찰폭격비행대에 합류했다.

비록 전선에서 멀리 떨어져 있었지만, 내가 새로 부임한 기지까지도 슬픈 소식이 전해졌다. 내가 예전에 복무한 빈센스함이 사보섬 해전 Battle of Savo Island에서 격침되었다. 1942년 8월, 과달카날 근해에서 벌어진 야간 난전에서 일본군 수상 함정 8척이 미국과 오스트레일리아 해군으로 구성된 연합 기동함대를 타격해 순양함 4척을 격침했다. 빈센스함은 승조원 332명과 함께 침몰했다. 나는 2번 주포탑(1939년에 훌륭한 사격 솜씨를 보인 우리가 얻어 낸 큰 'E'자가 지붕에 그려진)에서 근무하던 수병 가운데 전사자가 있는지 궁금했다. 그 후 11월, 더 끔찍한 소식이 들려왔다. 수상함대에서 근무할 때 나와 친했던 톰 프레이저 중령이 전사했다. 1942년 11월 14~15일, 홀시 제독의 제64 남태평양 기동함대가 과달카날 북방 해역에서 일본 함대와 교전하다가 USS 워크 Walke(DD-416)를 포함해 구축함 3척을 잃었다. 워크함은 승조원 82명과 함께 침몰했고 프레이저 중령도 그중 하나였다. 견디기 힘든 소식이었지만 나는 프레이저 중령이 죽어야 했다면 이렇게 중요한 전투에서 구축함들을 이끌다 가기를 원했을 것이라고 스스로에게 타일렀다. 그날 밤에 거둔 승리로 남태평양의 일본군은 끝장났다. 〔프레이저 중령이 사망한 전투는 1941년 11월 14~15일에 벌어진 제2차 과달카날 해전이다. 이 해전에서 미 해군은 일본 전함 기리시마를 격침하고 과달카날에 주둔한 일본군의 증원 및 보급 계획을 좌절시켜 과달카날 전역에서 우세를 확립했다. 미군은 워크를 비롯해 구축함 3척을 잃었다. ─옮긴이〕

기쁜 소식은 조금 늦게 도착했다. 해군성이 내게 훈장을 수여하기로 한 것이다. 그 훈장은 해군 자체적으로 수여하는 훈장 중 최고 등급의 것이었다. 1942년 11월 22일, AP통신은 미드웨이에서 보인 영웅적 공로를 기리고자 프랭크 녹스Frank Knox 해군 장관이 해군 비행사 16명에게 해군십자장을 수여한다고 보도했다. 그 16명 중 10명이 VS-6 소속이었다.* 자, 보라. 나도 그중 하나였다. 내 상장에는 이렇게 적혀 있다.

---

* 6월 4일 아침 공격의 생존자 전원, 얼 갤러허, 리드 스톤, 클래런스 디킨슨, 빌 피트먼, 앨론조 재커드, 놈 웨스트, 제임스 덱스터, 버논 미킬, 존 매카시와 나는 미드웨이에서의 전공으로 해군십자장을 받았다.

나는 해군 최고의 영예인 해군십자장을 받았다. 오른쪽에 있는 장교가 프랭크 녹스 해군 장관의 명령서를 읽고 있다. (NJK)

미합중국 대통령은 엔터프라이즈함에 배속된 제6정찰폭격비행대 VS-6의 함재 정찰기 조종사로 복무하는 동안 적에 대항한 작전에서 영웅적 행위를 한 노먼 잭 클리스 해군 중위에게 해군십자장을 기쁘게 수여한다. 일본군에 대항해 1942년 6월 4~6일에 벌어진 '미드웨이 항공전Air Battle of Midway'에서 중위는 일본 상륙함대에 치명적 손실을 입힌 공격에 참여했다. 클리스 중위는 불굴의 용기와 임무에 대한 결연한 헌신으로 가공할 만한 대공포화와 맹렬한 적 전투기의 저항에 직면해서도 공격을 계속했다. 동 중위의 끈기와 개인적 안위를 돌보지 않은 태도는 우리 군이 달성한 승리의 중요한 기여 요소였으며, 미합중국 해군 최고의 전통과도 부합한다.

해군십자장 수여 소식 때문에 나는 세실 비행장의 조종사들 사이에서 거의 유명 인사가 되었다. 비행 기지 신문인 《잭스 에어 뉴스Jax Air

News》는 베테랑 교관들의 개인사를 회고하는 기사를 자주 실었다. 나는 거의 1년 동안 인터뷰를 피해 다니다가 1943년 9월에 결국 편집장에게 붙잡히고 말았다. 기사 제목은 "클리스 대위는 아슬아슬한 경험이라면 할 만큼 했다."였다. 나를 영웅으로 만들려고 한 첫 시도였다. 기사의 첫 줄부터 불필요한 칭찬이 쏟아졌다. "미드웨이 해전에서 무공을 세운 해군십자장 수훈자이자 마셜과 길버트 제도 공습 중 보인 용기로 비행수훈십자장을 받은 클리스 대위는 1941년 12월 7일에 일본이 진주만을 공격한 이래 늘 격전의 현장에 있었다." 나는 그때 겪은 잔혹한 사건들을 억지로 회상하는 것은 이번이 처음이라고 편집장에게 말했다. 미드웨이 해전을 회상한 것은 그때가 처음이었고, 그 뒤로도 그런 일이 여러 번 있었다.

당시에는 전투에서 겪은 사건들을 상기하기가 그다지 어렵지 않았다. 머릿속 이미지는 아직도 생생한 날것 그대로였다. 사실 나는 작가와 인터뷰하는 내내 마셜 제도 전투에 대해 이야기했다. 마셜 제도 전투는 미드웨이 해전보다 복잡했고 6월 4일의 사건들보다 더 철저히 재언급할 가치가 있었다. 나는 6월 4일 아침에 일어난 일들을 설명하려고 노력했지만 잘한 것 같지는 않다. 내 경험을 충실하게 이야기한다면 —관찰했던 실수들을 전부 다 말하면— 상관 모욕으로 군사재판에 회부될 것 같아 걱정되었다. 이 인터뷰는 후방의 국민들을 좋은 소식으로 기쁘게 하려는 '바람 넣기' 용도였다. 미드웨이 해전에 대한 내 첫 '전쟁 이야기'는 인상적인 이미지였을 뿐, 실제 전투를 실황대로 설명한 것이 아니었다. 나는 VS-6이 공격하기 직전에 손상되지 않은 일본 항공모함들을 보았을 때의 느낌과 불바다가 된 다음 보았을 때의 느낌을 묘사했다.

이런 과장된 칭찬을 제외하면 나는 다른 교관들과 다를 게 없었다.

잭슨빌 기지의 교관단에는 유명 인사들이 많았다. 내 이야기는 세실 기지의 부장 윌리엄 오스카 버치 주니어William Oscar Burch Jr. 중령의 이야기에 비하면 별것 아니었다. 버치 중령은 탁월한 기록의 보유자였다. 1927년에 해군사관학교를 졸업한 중령은 요크타운의 VS-5 비행대장으로 발군의 능력을 보였으며, 산호해 해전Battle of the Coral Sea에서 세운 전공으로 해군십자장을 받았다. 또한 툴라기, 라에, 살라마우아에서 싸웠다. 잭슨빌 해군항공기지의 신문이 정확히 설명했듯이 "버치 중령은 광범위한 전투 임무를 수행했으며 태평양전쟁 중에 해군항공대 역사의 빛나는 한 페이지를 썼다."

부장으로서 버치 중령은 압박을 받으면서도 훌륭한 모습을 보였다. 나는 1943년 3월에 심한 폭풍이 이 지역을 휩쓸고 간 사건을 기억한다. 이로 인해 비행기 87기와 건물 28동이 파손되었다. 폭풍이 다가오자 버치 중령과 나는 기지 지휘관 토머스 D. 사우스워스Thomas D. Southworth 중령이 세실 비행장에 있는 비행기의 즉각 소개를 명령하리라 기대했다. 기지에 유개 격납고가 없었으므로 폭풍이 닥치면 비행기가 널빤지처럼 이리저리 날릴 수 있었다. 우리는 부대원들을 재촉해 안전한 비행장으로 비행기들을 옮길 수 있도록 준비시켰다. 몇 시간 동안 우리는 사우스워스가 결정을 내리기만을 기다렸다. 한때 폭풍에 휘말린 잔해들이 사무실 창을 뚫고 들어와 유리 파편이 사방에 흩어졌다. 갑자기 전화벨이 울렸다. 버치 중령은 잔해들을 피하며 책상 밑으로 기어들어 가 전화를 받았다. 전화를 건 사람은 사우스워스 중령이었다. 통화 내용이 잘 들리지는 않았지만 버치는 내게 비행기를 소개할 권한을 주었다. 그는 "이륙 허가 났어!"라고 소리쳤다. 나는 비행 장구를 챙기고 비행대에 이 소식을 전했다. 사무실을 떠나는 동안 버치가 사우스워스에게 고함치는 소리가 들렸다. 그가 한 말들의 대부분은 차마 여기에 옮길 수 없는 내용이었다.

버치는 지휘관이 되자 규율과 예의범절을 눈에 띄게 바꾸었다. 사우스워스가 지휘하던 때에는 교관들이 기지의 손님 숙소 로비를 휴게 공간으로 사용했다. 그곳에서 우리는 훈련생들의 비행 기록을 완성하고 파일에 보고서를 첨부하고 공짜 커피를 마셨다. 로비에서 비행복을 입고 아내와 통화하기도 했다. 버치가 지휘를 맡자 모든 것이 달라졌다. 우리는 로비에서 비행복을 입고 다닐 수 없었고 하정복만 입어야 했다. 공짜 커피가 없어졌고 전화를 사용하면 월급에서 요금을 공제했다. 나는 전화비 공제를 피하려고 최선을 다했다. 월급이 올랐지만 진과 나는 얼마 안 되는 돈과 자원을 아끼기 위해 최선을 다했다. 우리는 세실 기지에서 13마일(21km) 떨어진 곳에서 살았다. 자동차로는 얼마 안 걸리는 거리였으나 휘발유 배급 쿠폰(민간용)에 의지해 출퇴근하며 귀한 휘발유를 아꼈다. 더 좋은 차를 살 여유가 없었으므로 오래된 포드 모델 T를 몰고 돌아다녔다.

문제가 생겨 기지에 가야 할 때면 모델 T를 몰고 갔다. 긴급상황이 생겨 세실 기지의 관제사가 호출하면 바로 출동해야 했다. 버치는 내게 집에 전화를 들여 이런 상황에 대처하라고 말했다. 새 전화선을 설치하는 것은 말이 쉽지, 몇 주 동안 전화 회사가 우리 거주지에 전화선을 연결해 주지 않았다. 결국 내가 직접 회사에 찾아갔다.

직원이 내게 물었다. "전화를 원하시는 이유가 뭡니까?"

전화 회사가 가설 요청 전부를 '필요해서'가 아니라 '원해서'의 문제로 본다는 데 짜증이 났다. 나는 "제 상관인 세실 기지 지휘관이 제 집에 전화를 놓기를 원해서."라고 답했다.

직원은 난처해하며 물었다. "아, 선생님 상관이 왜 전화를 놓으라고 하시는 건가요?"

나는 잔뜩 빈정대는 말투로 대답했다. "음, 이런 겁니다. 기지에서 제 임무를 끝내고 퇴근해 집에 있을 때 잭슨빌에 있는 누군가가 잠수함이나 추축국의 배를 보면 나한테 전화를 걸어서 1개 비행대를 보내 급강하폭격을 시키는 거죠."

직원이 눈을 깜박였고 나는 계속 말했다. "솔직히 말씀드리면 저는 전화가 필요 없어요. 차라리 자는 게 낫죠!"

전화회사 직원이 짤막하게 말했다. "음, 전화를 가설해 드려야겠군요."

진이 우리의 첫아이를 임신했음을 알게 되자 이런 문제들은 사소해져 버렸다. 나는 조금이라도 시간이 날 때마다 진을 위해 최고의 병원을 찾아다녔다. 여러 군데에 수소문해 잭슨빌의 장교들이 내게 산과를 전공한 경험 많은 군의관인 해군 대령의 전화번호를 주었다. 대령에게 연락하자 그의 전화를 대신 받은 인턴이 지금 대령님이 전화를 받을 수 없으니 나중에 연락해 달라고 답했다. 밤낮으로 전화해도 계속 인턴이 전화를 받자 결국 나는 그에게 진이 며칠 내에 출산할 예정이라고 말했다. 내 곤경을 동정한 인턴은 해군 군의관이 전화를 받을 수 없는 이유와 해군 병원에 병상이 없는 이유를 설명해 주고, 구급차를 불러 진을 가톨릭 병원으로 후송하면 자신이 그곳에서 진을 맞이하겠다고 말했다.

이렇게 출산 준비를 하고 1943년 6월 9일에 진은 첫아이 낸시 진 클리스Nancy Jean Kleiss를 낳았다. 나는 마지막 휘발유 쿠폰을 써서 사병들로 바글거리는 부두에 있는 세인트빈센트병원St. Vincent's Hospital에 아내와 아이를 만나러 갔다. 병실에 도착한 나는 충격을 받았다. 진은 몹시 괴로워하고 있었다. 그 인턴은 아이를 받아 본 경험이 전혀 없었고 적절한 의료장비도 가져오지 않았다. 어쨌든 진은 고통을 이겨냈고 산

모와 우리 딸 낸시 모두 살아남았다. 과로한 인턴은 후속 진료를 예약하지 않고 떠났다. 그 결과 진의 가슴에 목숨을 위태롭게 할 수 있는 농가진膿痂疹, impetigo이 생겼고 곧 아이의 입으로 번졌다. 세인트빈센트 병원 의료진이 항생제를 처방했지만 감염 부위의 크기가 계속 커졌다. 해군은 전혀 도움을 주지 않았다. 그 빌어먹을 의사는 전화를 받지 않았다. 진과 낸시를 잃을까 봐 두려웠던 나는 두 사람을 롱비치행 열차에 태우기로 결정했다. 그때 낸시는 겨우 생후 2개월이었다. 그렇게 어린 자식을 멀리 보내고 싶지는 않았지만 선택의 여지가 없었다. 해군은 나를 실망시켰다. 나는 진의 가족 주치의가 필요한 조치를 취해 그녀와 아이를 보살펴 주기를 바랄 뿐이었다.

결국 진과 낸시—나는 '지니Jeannie'라고 불렀다.—는 죽을 뻔한 위기를 넘기고 살아남았다. 이때 겪은 가슴 아픈 일들을 모두 잊고 나는 '꼬마 공주님'을 정말 사랑했다. 7월 하순에 진이 아기를 데리고 캘리포니아로 가자 나는 매일 편지를 썼다. "제~~~발 돌아와." 나는 8월 13일에 이렇게 썼다. "아빠는 엄마가 필요해. 그리고 꼬마 지니도." 이틀 뒤에는 이렇게 썼다. "사랑하는 진과 나의 보물 지니, 사랑해. 빨리 집으로 돌아와." 나의 꼬마 공주님은 내가 가지고 있는 줄도 몰랐던 다정함을 끄집어내 주었다.

그런데 어떤 면에서는 낸시의 출생으로 인해 나는 해군항공대에서 진로 선택의 갈림길에 섰다. 나는 계속 조종사로 근무하고 싶었으나 가족을 건사해야 하는 처지가 되니 사고나 실수가 끼어들면 무슨 일이 일어날지 걱정되었다. 진에게 보낸 편지에서 나는 이렇게 설명했다. "가끔은 당신이 비행을 어떻게 생각하는지 진심으로 궁금해. 좋은 비행사가 되려면 강한 자신감이 필요하고, 나는 당신에게 내 마음 전부를 주었어. 하지만 이 문제에 대해서는 우리가 잠깐—아마 며칠간— 대화해야 할 것 같아." 더욱이 '해상 복무'의 위협이 언제나 어른거렸다. 1943년 여름에 잭슨빌 기지의 지휘부가 바뀌고 나서 새 지휘부는 해상근무에 복귀할 수 있는 교관 명단을 계속 늘렸다. 내가 다시 전쟁터로 되돌아갈 가능성이 상존했다.

벽지의 보조 비행장에서 삶의 현실을 다루는 게 어려웠다면, 초보 조종사들을 훈련하는 일은 이보다 더 큰 난제였다. 매달 새로운 급강하폭격 훈련 조종사 한 떼거리가 도착했고, 이들은 자신의 패기를 시험해 보고 싶어 안달이 나 있었다. 이들 대부분은 전쟁이 시작되었을 때 고등학생이었다. 그 아이들이 진주만의 복수전에 참여하겠다는 열정에 불타 해군십자장을 받기를 고대하며 해군항공대에 몰려왔다. 급강하폭격기를 조종해 본 사람은 없었다. 나는 내 가르침 덕에 목숨을 구한 사람들이 있다고 믿는다. 나는 내 교관이었던 러니어 대위의 교수 방법을 떠올려 내가 가르치는 학생들에게 적용했다. 특히 불시착했을 때 생존하는 방법을 가르쳤다. 나는 훈련 조종사들에게 엔진이 동력을 잃으면 단단한 나무 두 그루를 찾아 골대로 삼고 그 사이로 미끄러져 들어가라고 말했다. 그렇게 하면 나무가 날개를 싹둑 잘라내고, 날개 없는 동체가 땅의 작은 덤불과 마찰을 일으키며 속도가 줄어들 것이다. 물론 비행기가 파괴되겠지만 조종사는 제 발로 걸어 나올 수 있을 것이다. 아니나 다를까, 내게 배운 조종사들이 추락했을 때 이 기법을 사용해 부상 없이 빠져나온 경우가 두 번 있었다.

우리 교관들은 새로 들어오는 조종사들에 대해 아는 것이 별로 없었다. 놀랍게도 해군은 새로 ACTG에 들어오는 비행사들의 비행 경험에 관한 기록을 정리해 두지 않았다. 이 조종사가 추락 경험이 있는지, 시력이나 청력에 문제가 있는지, 체공하는 동안 어지럼증에 시달렸는지를 알 길이 없었다. 간단히 말해 새로 도착한 훈련 조종사들의 기량을

ACTG 비행대가 플로리다 주 세실 기지에서 급강하 폭격 훈련을 하는 장면을 지켜보고 있는 나. 만약 폭탄이 엉뚱한 곳에 떨어지면(이런 경우가 자주 일어났다.) SBD에서 뛰어내려 대피해야 했다. (NJK)

평가하기 위해 우리는 개개인의 비행 일지를 검토하거나 비행시간을 합산해 보는 수밖에 없었다. 이것 때문에 큰 문제가 생겼는데, 교육기간 중에 우리가 몇몇 ACTG 조종사들을 소대장이나 중대장으로 추천해야 했기 때문이다. 더 나은 정보를 얻을 길이 없었으므로 일반적으로 버치 중령은 비행시간이 긴 조종사들이 소·중대장으로 복무해야 한다는 입장을 고수했다. 이는 여러 번 발생한 대형 사고의 원인이 되었다.

예를 들어 야간비행을 할 때마다 방향을 못 찾는 조종사가 있었다(실명을 거론하지 않고 '학생 M'이라고만 하겠다). 어느 날 저녁 훈련 비행대가 어두워진 다음에 도착했다. 착륙하자마자 신참 조종사들은 나와 교관 험 크롤Herm Krol에게 불만을 토로하며 대놓고 화를 냈다. 비행대장인 학생 M이 비행장의 위치를 파악하지 못해 몇 시간 동안 선회했고, 마지못해 다른 조종사에게 지휘권을 넘겼다는 것이다. 지휘권을 받은 조종사는 비행대를 이끌고 착륙에 성공했다. 크롤과 나는 학생 M이 자기 자신뿐만 아니라 다른 사람들의 안전을 위협한다는 데에 의견이 일치했다. 이전에도 훈련 조종사 중 부적격자를 솎아 내려고 했지만 매번 사우스워스와 버치가 허락하지 않았다. 하지만 학생 M은 실력이 너무 형편없어서 예외가 되기에 마땅했다. 우리는 설득력 있는 사례를 뽑아 버치 중령에게 들고 가서 보고했고 중령은 이를 그대로 상부에 보고했다. 얼마 후 특정 비행시간 기준을 충족한 훈련 조종사를 보조 교관으로 두라는 명령이 내려왔다. 학생 M은 퇴출당하기는커녕 우리와 동료 교관으로 같이 일해야 하는 상황이 되었다.

자연히 더 큰 혼란이 뒤따랐다. 얼마 뒤 학생 M이 폭격 훈련을 망쳐놓았다. 아름다운 어느 날, 나는 예인 표적을 공격하라고 ACTG 비행대를 바다로 보냈다. 늘 하던 대로 카메라가 장착된 해군 예인선이 표적을 끌면서 폭격 훈련 상황을 기록했다. 연습이 개시된 지 얼마 안 되었을 때, SB2U-3 급강하폭격기 1개 중대가 세실 비행장으로 돌아갔다. 충격을 받은 모습이 역력한 조종사들이 비행기에서 내리며 큰 소리로 욕설을 퍼부었다. 곧 나는 일부 비행기가 전투 손상을 입은 것을 눈치챘다. 한 비행기에는 구멍이 여러 개 나 있었다. 나는 훈련 조종사들에게 무슨 일이 일어났느냐고 물었다. 조종사들은 표적을 예인하던 예인선이 발포했다고 설명했다. 발포하는 선박 근처에서 급강하하고 싶지 않았던 조종사들은 훈련을 포기하고 귀환했다. 나는 궁금했다. 이전 공격에 누가 있었더라? 예인선과 연락한 후 문제가 밝혀졌다. 처음 급강하한 중대가 표적이 아닌 예인선을 공격했던 것이다! 예인선 승조원들은 또다시 위험한 공격을 받지 않으려고 다음 급강하폭격기 조를 사격해서 쫓아 버렸다. 아니나 다를까, 예인선을 실수로 공격한 중대의 중대장은 학생 M이었다. 그는 멍청하게도 예인선을 공격했고—불쌍한 수병들의 목숨을 위협하는 일이다.— 나머지 중대원들은 그를 따라갔을 뿐이었다. 운 좋게 학생 M의 조준 실력이 예외적일 정도로 형편없어서 그와 그의 중대가 예인선을 공격했을 때 폭탄이 모두 빗나갔다. 그런 사람이 있는데도 우리는 전쟁에서 이겼다.

더 터무니없는 사건도 있었다. 어느 날 저녁에 전화벨이 울렸다(전화 회사가 마침내 전화선을 연결해 주었다). 전화를 받아 보니 당직을 선 해군 여성 보조부대 WAVES 대원의 청명한 목소리가 들렸다. 전화를 건 곳은 세실 비행장의 관제탑이었다. 그녀는 정비반장이 방금 일어난 이례적인 착륙에 대해 나와 만나서 이야기하고 싶어 한다고 설명했다. 나는 서둘러 비행장으로 갔다. 정비반장이 방금 착륙한 SB2U-3을 가리켰다.

"무슨 문제가 있었습니까?" 내가 물었다.

"무슨 문제가 있느냐고요? 이 비행기가 후방사수 없이 돌아왔다는 게 문제입니다. 조종사와 사수를 태우고 이륙했는데 착륙했을 때는 조종사만 있었습니다."

그때 나는 넋이 나간 것처럼 보였을 게 틀림없다. "확실합니까?"

"그렇습니다."

나는 "비행기에 무슨 문제가 있습니까?"라고 물었다.

반장은 "아, 네, 꼬리 부분에 이상한 흔적이 있었습니다."라고 답했다.

나는 안정익 부분을 검사했다. 아니나 다를까, 방향타 부분에 커다란 발자국이 있었다. 비행 도중 사수가 떨어졌거나 아니면 고의로 뛰어내린 것 같았다.

"실종된 사수 이름이 뭡니까?" 내가 물었다.

"베일Bale 통신병입니다."

나는 크게 당황스러워하는 모습이 역력한 조종사에게 질문했다. 비행기를 착륙시킨 조종사는 후방 좌석을 확인해 보지도 않은 채 한 손에 차트 보드를 들고 기분 좋게 비행기에서 내렸다. 후방사수를 잃고도 전혀 눈치채지 못했다는 것을 부끄러워하던 그는 내 질문에 더듬거리며 답했다.

"베일에게 뭔가 문제가 있는 걸 알아챘나?"

조종사는 기어들어 가는 목소리로 대답했다. "아닙니다. 베일이 괜찮은지 알기 위해 자주 인터폰으로 연락했습니다."

"베일이 대답했나?"

"예, 그렇습니다!" 그는 잠시 말을 멈췄다. "음, 마지막 호출에는 응답하지 않은 것 같습니다."

실종된 사수의 미스터리를 해결할 실마리는 없는 것 같았다. 하지만 잠시 후 한 농부가 세실 비행장에 전화를 걸었다.

농부가 설명했다. "제 농장에 떨어진 비행사 한 명을 데리고 있습니다. 충격을 받은 것 같지만 괜찮아 보이는데요. 그와 얘기해 보시겠어요?"

내가 대답했다. "잠시만요, 우선 그 사람 이름이 뭡니까?"

"베일이라고 합디다."

나는 안도의 한숨을 내쉬었다. 사수는 낙하산으로 무사히 강하했다. "그가 뭐라고 하던가요? 어떻게 낙하산으로 선생님 농장에 내렸는지 이야기하던가요?"

농부가 답했다. "비행기가 추락할 것 같아서 조종사가 뛰어내리라고 했다는구먼요. 직접 통화해 보실래요?"

"아닙니다, 아닙니다. 그냥 잘 데리고만 계세요. 저희가 농장에 가서 이야기하겠습니다."

통화가 끝나자마자 차를 몰고 농부의 집으로 달려가 보니 충격에서 벗어나지 못한 사수가 아직도 비행 장구를 착용한 모습으로 나를 침착하게 기다리고 있었다. 나는 도대체 무슨 일이 일어난 거냐고 물었다.

그가 설명했다. "제 조종사가 인터폰으로 고함을 쳤고 저는 우리 비행기가 다른 비행기와 충돌할 거라고 이해했습니다. 그가 제게 뛰어내리라고 말했습니다."

나는 당혹스러웠다. 조종사는 공중충돌이 있을 뻔했다고 말하지 않았다. 나는 사수의 진술을 한 번 더 확인했다. "잠깐, 자네 조종사가 탈출하라고 했다고?"

"그렇습니다, 대위님. 인터폰으로 거의 고함을 질렀습니다."

"그가 뭐라고 말하던가, 정확히?"

"'베일!'이라고 소리쳤습니다, 대위님."

나는 눈을 깜박였다. "그거 자네 이름 아닌가?"

"예?"*〔영어로 "탈출해Bail(Out)!"와 사수의 이름 '베일Bale'은 철자는 다르지만 발음이 똑같다. — 옮긴이〕

1943년 7월, 마침내 해군은 우리 기지에 에드 하이네먼이 설계한 던틀리스 급강하폭격기의 최신 모델인 SBD-5를 보냈다. SBD-5는 SBD-3보다 더 강력한 엔진과 더 많은 수량의 기관총탄을 탑재했다. 이 같은 개선에도 불구하고 기계적 결함이 계속 발생했고, 훈련생들은 비행 도중에 이런 문제를 고치기에는 경험이 부족했다.

---

* 고백하자면, SB2U-3에서 탈출한 사수의 정확한 이름이 기억나지 않는다. 이 이야기가 너무 재밌어서 사람들에게 여러 번 말했지만 이 사건을 전하면서 후방사수의 이름을 다른 이름과 혼동했을지도 모르겠다. 베일이 정확한 이름이 아닐 수도 있지만, 이 책에서는 그때 상황에 가장 적절해 보이는 이름을 적었다. 독자 여러분께서 내 잘못된 기억을 관대히 용서해 주시기를 바란다.

하루는 관제사들이 나를 호출해 긴급상황이 발생할 수도 있다고 경고했다. 새로 받은 SBD-5를 두 번째로 조종하던 신참 조종사가 스로틀이 망가져 착륙하지 못하겠다고 알렸다. 나는 관제사들에게 그와 무전으로 연락해 선회를 계속하라고 지시하라고 말했다. 나는 내 SBD-5에 올라타 이륙한 다음 겁에 질린 조종사와 합류했다. 나는 송화기를 들어 "대기속도는?"이라고 물었다. 그가 대답했으나 나는 답을 이미 알고 있었다. 단지 그의 마음 상태를 판단할 수 있도록 목소리를 듣고 싶었다. 무전기로 대화하며 플랩을 이용해 속력을 낮추고, 활주로에 도착하면 엔진을 꺼서 활강해 착륙하라고 지시했다. 나는 그와 나란히 비행하다가 먼저 활주로에 착륙한 후 다시 이륙하는 시범을 보였다. 내가 착륙하는 모습을 본 신참은 두 번째 시도에서 나를 따라 무사히 착륙했다.

상상이든 실제든 파괴 공작도 걱정거리였다. 1942년 6월 17일, 독일 잠수함이 잭슨빌에서 남쪽으로 4마일(6.4km) 떨어진 폰트베드라 Ponte Vedra 해변에 파괴 공작원 4명을 상륙시켰다. FBI가 이들을 체포했고 짧은 재판 끝에 4명 모두 8월 8일에 전기의자에서 처형되었다. 이 사건 이후로 우리는 세실 비행장에 잠입할지도 모르는 스파이에 대비해 경계를 늦추지 말라는 지시를 받았다. 우리가 잡은 스파이가 있는지는 모르겠지만 나는 실제로 스파이가 있었다고 믿는다. 1943년의 어느 날, 활주로에서 SBD-5 1대가 지상 활주하는 모습을 보고 있을 때였다. 갑자기 광견병에 걸린 개처럼 엔진에서 거품이 뿜어져 나왔다. 엔진이 쿨럭거리며 멈췄고 조종사와 사수는 혼란스러워하며 비행기에서 내렸다. 나도 그들만큼 혼란스러웠다. 무엇 때문에 엔진에서 거품이 나온 걸까? 새로운 윤활유가 문제의 원인인가 싶어 완전 분해조사를 마칠 때까지 비행기를 절대 청소하지 말라고 명령했다. 정비반이 엔진을 뜯어내 열자 문제의 원인이 발견되었다. 누군가 .50구경 기관총 탄약에서 추출한 장약 한 움큼을 엔진에 쏟아 놓은 것이다. 누군지 알 수 없지만 그 파괴 공작원은 자신의 흔적을 감추기 위해 그 위에 기름을 부었다. 공작원은 엔진의 열기로 화약에 불이 붙으면 엔진이 폭탄처럼 폭발할 것이라고 예상했지만 화약, 기름, 열기가 화학 작용을 일으키면서 흰 거품을 만들어 내는 데 그쳤다. 이 문제가 어떻게 해결되었는지는 정확히 알지 못하지만, 헌병대가 용의자를 찾아내 체포했다는 소문이 뒤따랐고 이것이 내가 이 사건에 대해 마지막으로 들은 소식이었다. 독일 스파이였을까? 알 수 없는 노릇이다. 이것이 우리가 사는 세상이었다.

몇 주 후 나도 이륙할 때 곤란한 상황을 경험했다. SBD-5의 조종간을 잡아당겼는데 반응이 없었다. 비행기가 활주로를 따라 활주했지만 날아오를 수가 없었다. 나는 탑승한 채 그대로 격납고로 들어가 정비 반장에게 비행기를 맡겼다. 조종부를 분해해 본 정비반은 조종장치에 끼어 있는 납연필 조각을 발견했다. 어떤 바보가 거기에 연필을 떨어뜨렸을 수도 있지만 그때는 내가 파괴 공작의 희생자가 아닐까 하고 생각했다.

1943년 가을, 나는 세실 비행장을 떠나게 되었다. 1년간 교관으로 근무해 보니 나는 내가 엄격한 규율로 누군가를 통제하는 데 능하지 못하다는 사실을 깨달았다. 오해하지 마시라. 새로운 조종사들을 훈련하는 일은 즐거웠고 나는 내 지식을 나눔으로써 승전을 돕는다는 숭고한 의무에 충실했다. 내 학생들 중 몇몇은 1944년과 1945년에 필리핀해Philliphine Sea에서, 레이테만Leyte Gulf에서, 오키나와에서 벌어진 중요한 전투에서 싸웠다. 의심할 나위 없이 교관으로서의 내 임무는 작게나마 전쟁의 흐름에 영향을 주었다. 나는 내가 전장으로 보낸 신세대 조종사들을 자랑스럽게 여겼으나, 교관으로서의 삶을 반추할 때면 사고로 죽은 (혹은 죽을 뻔한) 조종사들이 머릿속에서 떠나지 않았다. 물론 훈련할 수 없을 정도로 멍청한 훈련생들도 있었지만, 대부분의 경우에는 내가 그들을 잘못 가르친 게 아닐까 걱정되었다. 교관을 계속한다면 해군이 나를 훈련 비행대장으로 만들까 봐 두려웠다. 그건 해상근무를 다시 하는 것보다 더 나빴다. 비행대장이 된다니, 생각하기도 싫었다. 그 자리에서는 규율과 연관된 중요한 결정을 해야 할 것이다. 내가 남들의 엄격한 시선을 받는 상황에서 의연히 서 있을 만한 자질이 있는지 의구심이 들었다.

나는 공학에 재능이 있다고 믿었다. 얼마나 흥미진진한 분야인가. 모든 종류의 신기술을 다룬다니! 나는 비효율적인 문제를 해결하는 데에 끌렸다. 나는 트럭을 몰 듯이 많은 수의 비행기를 조종해 보았고 더 나은 전쟁 무기를 개발하는 데 도움이 될 기술을 갖고 있었다. 이러한 내 경험을 적과의 실전에서 사용하지 않는다면 미 해군이 운용하는 비행기 개량 작업에 참여해 공헌해야겠다고 마음먹었다. 나는 공학이 우리 조종사들의 전투 능률에 ―그리고 목숨을 보전하는 데― 큰 차이를 만들 수 있음을 알았다. 나는 해군성 항공국의 항공공학 담당 장교에 임명될 방법을 분주히 찾았다. 옛 상관들에게 계속 편지를 보내 나를 추천해 달라고 요청했다. 홀시 제독과 니미츠 제독, 빈센스함 함장이었던 스티븐스 대령에게도 편지를 보냈다.

1943년 10월 26일, 추천을 얻기 위해 몇 달간 노력한 끝에 전보명령서가 도착했다. 진과 지니는 건강을 회복해 롱비치에서 돌아왔다. 1944년 초 겨울, 세실 비행장에서의 마지막 날들이 끝나갈 무렵 우리 가족은 짐을 쌌다. 성인 2명과 아기가 타고 나니 작은 차에 여행 가방 하나를 실을 공간도 없어서 짐을 화물열차로 보내야 했다. 게다가 나는 목적지인 미 해군사관학교 대학원까지 가기에 충분할 정도의 민간용 휘발유 쿠폰을 모아 놓았다. 우리는 1944년 3월 6일에 매릴랜드주 애너폴리스에 도착했다.

　나는 최고의 학생은 아니었지만 괜찮은 점수를 얻었고 강사들의 주의를 끌었다. 애너폴리스에서 2년째 되던 해에 새 지휘관—대학원장 랜들 제이콥스Randall Jacobs—은 나를 '페이퍼클립 프로젝트Project Paperclip'에 배치했다. 독일 과학자와 기술자들을 미국으로 데려와 이들의 군사 지식을 활용하는 프로그램이었다. 통합정보목표기관Joint Intelligence Objective Agency이 프로젝트 운용을 맡았다. 나는 독일 과학자, 엔지니어, 비행기 공장 운영자 10명의 에스코트를 담당해 이들이 새 직업에 정착하는 것을 도왔다. 간단했다. 내가 할 일은 그들과 같이 열차에 타서 목적지까지 데려다주는 것뿐이었다. 두 달 동안 나는 전국을 돌아다니며 페이퍼클립 프로젝트의 과학자들을 펜실베이니아, 뉴저지, 뉴욕, 오하이오, 버지니아로 데려다주었다. 나는 엄청난 지식을 보유했으나 나치즘에 동조하지 않아 고국을 떠난 그들을 좋아했다.

　1945년 봄 무렵, 대학원 졸업까지 한 해가 남은 상황이었다. 나는 캘리포니아 공과대학California Institute of Technology에서 학위과정을 마칠 생각이었다. 지루한 수업을 마치는 과업에 근성을 발휘하며 매진할 무렵 신나는 소식이 들어왔다. 1945년 7월 23일, 진이 둘째 아이 노먼 잭 클리스 주니어Norman Jack Kleiss Jr.를 낳았다. 첫아이를 출산할 때와 달리 이번에 진은 해군병원에서 훌륭한 보살핌을 받았다. 대기실에서 몇 시간 동안 기다린 후, 잭 주니어를 안은 간호사가 도착했다. "홈런 타잣감이네요!" 간호사가 말했다. 잭은 애너폴리스 해군병원에서 태어난 아기들 중 가장 컸다.

　더 큰 소식이 3주 뒤에 도착했다. 1945년 8월 14일, 전국이 기쁨으로 폭발했다. 우리는 일본 천황이 연합군의 항복 요구를 받아들였다는 사실을 알게 되었다. 사관생도들은 더없이 기쁨에 겨워 애너폴리스 거리에서 기차놀이를 했다. 그리고 한 달도 안 되어 태평양전쟁이 끝났다.

일본이 항복했다는 소식에 말로 표현할 수 없을 만큼 기뻤다. 마침내 살육이 멈췄다. 나는 전쟁의 마지막 3년간 전장 밖에 있었지만, 우리가 1942년에 시작한 임무를 이어받도록 젊은 급강하폭격기 조종사들을 훈련하는 일을 맡음으로써 승리에 공헌했다고 생각하고 싶다. 내가 좋은 교관이었는지는 모르겠다. 나는 학생들의 안전을 지키면서 자질이 없는 이들을 솎아 내기 위해 최선을 다했다. 내 학생들이 전장으로 가서 전쟁에 의미 있는 변화를 만들었기를 희망하고 기도할 뿐이다.

승리는 우리가 겪은 모든 비극적 죽음에 새로운 의미를 부여했다. 나는 목숨을 잃은 VS-6의 용감한 탑승원들, 내 친구 톰 에버솔, 빈센스함 승조원과 톰 프레이저 중령을 잊은 적이 없다. 가치를 헤아릴 수 없는 그들의 희생은 절대 헛되지 않았다.

18

제2차 세계대전 이후의 삶
1946~1976년

1946년 2월 15일, 봉투 하나가 내 책상에 도착했다. 제임스 포리스틸James Forrestal 해군장관이 서명한 발령 서류였다. 간절히 기다려 온 해군 항공공학 보직에 배치된 것이다. 1946년 6월, 현재의 직무를 끝낸 다음 우리 가족은 또 이삿짐을 싸서 워싱턴 D.C.로 갔다. 나는 해군성 항공국 구조분국Structures Branch에 출두했다. 항공국에서 에어프레임과Airframe Division의 과장 보좌로 근무하며 새로 설계된 비행기의 내구성을 테스트했다. 함께 일한 앨프리드 멜빌 프라이드Alfred Melville Pride 소장은 이 나라에서 해군 비행사 경력이 가장 긴 사람이었다. 프라이드는 미 해군의 첫 항공모함 랭리Langley(CV-1)에서 복무했고 1931년에 최초로 헬리콥터를 타고 항공모함 갑판에 착함했다.

우리는 에어프레임과에서 중요한 일을 했다. 나는 해군의 최신예 급강하폭격기 커티스 SB2C-5 헬다이버Helldiver의 실전 운용 중지를 이끌어 낸 보고서를 작성했다. 전쟁 중에 SB2C를 조종해 본 적은 없지만 경험하지 않아도 이 비행기는 우리가 사랑한 SBD 던틀리스의 후계기가 되기에 부적당해 보였다. 특히 SB2C의 꼬리날개 부분이 급강하

1952년 3월 7일, 캘리포니아주 버뱅크에 있는 항공기 제작사인 록히드사에서 내 서른여섯 번째 생일을 축하하는 우리 가족. 나는 록히드사에서 항공국을 위해 300명의 기술진과 시험 조종사들을 감독했다. 왼쪽부터 아내 진, 딸 낸시, 아들 로더릭, 잭 주니어, 나. (NJK)

폭격 과정에서 생기는 엄청난 힘을 견디기에 약했다. 전쟁 중에 헬다이버기에서 테일훅이 항공모함의 어레스팅 와이어를 붙잡았을 때 수평안정익이 뽑혀 나가는 현상이 여러 번 일어났다. 이미 주문받은 970기의 생산을 시작한 커티스-라이트Curtiss-Wright사는 내 권고에 반발했다. 1947년 5월, 프라이드 소장이 항공국장으로 승진하고 나는 구조분국장이 되었다. 1949년 5월에 보임 변경 명령이 떨어졌다. 그 후 3년 주기로 캘리포니아주 버뱅크, 버지니아주 노퍽, 펜실베이니아주 필라델피아, 워싱턴 D.C. 등, 이 기지 저 기지로 옮겨 다니며 새로운 비행기를 테스트했다. 마지막으로 보임된 곳에서 나는 함선장비 장착과Ship Installation Division의 캐터펄트와 어레스팅 기어 감독관이 되었다.

나는 캐터펄트와 어레스팅 기어 감독관으로서 보낸 날들이 자랑스럽다. 우리의 가장 중요한 임무는 건조 중인 원자력 추진 항공모함의 항공기 발진과 회수 시스템을 준비하는 것이었다. 뉴포트 뉴스 조선 및 드라이독 회사Newport News Shipbuilding and Dry Dock Company의 작업자들은 곧 엔터프라이즈라는 이름을 갖게 될 CVN-65의 용골을 막 설치했다. 내가 근무했던 CV-6은 1956년 10월에 제적 처분을 받았다. 이 배를 해상박물관으로 개조하기를 원한 참전용사들의 항의에도 불구하고 해군은 1958년에 CV-6을 고철로 팔았다. 그래도 해군은 이 이름을 계승하겠다는 열의가 있었고, 완성되지 않은 CVN-65에 이 영예로운 이름을 수여했다. 몇 가지 문제 때문에 CVN-65의 성공은 미지수였다. 특히 항공국은 1961년 CVN-65를 취역하기 전에 개량한 캐터펄트를 탑재하고 싶어 했다. 엔터프라이즈함에 강력한 제트기를 운용할 계획이었는데, 그중 일부가 이미 오래전에 퇴역한 SBD 급강하폭격기보다 여섯 배나 더 무거웠다.

내가 부임했을 때 우리 과는 야심 찬 마감 시한을 맞추기 위해 서둘러야 하는 상황이었다. 우리는 새로운 착함 반사경 시스템과 구식이 된 유압식 캐터펄트의 대체품도 장착해야 했다. 전자는 쉽게 해결되었다. 영국 엔지니어들이 설계해 둔 착함 반사경 시스템이 있었다. 태평양전쟁 중에 우리는 시력이 좋은 착함신호장교가 함미에 서서 색깔 있는 지시 패들을 흔들며 지시를 내리면 그에 따라 착함했다. 제2차 세계대전이 끝난 후 영국 해군은 자이로스코프로 제어되는 반사경과 사선으로 설치된 신호등으로 구성된 시스템을 개발했다. 이 시스템은 함에 접근하는 조종사에게 자신이 정확한 활강 경로를 따라 착함하고 있는지를 알려 주었다. 영국 해군에도 아직까지 착함 신호장교가 있었지만 이들은 비행기가 접근하는 동안 무선으로 교신하며 조종사를 인도했다. 나는 영국이 설계한 착함 반사경 시스템이 마음에 들었고 이 시스템을 거

록히드사에서 시험 조종
사와 함께 항공기 엔진
을 살펴보고 있다. 이때
내 계급은 중령이었다.
(NJK)

의 그대로 CVN-65에 탑재하고 싶었다. 우리는 그대로 가져다 쓰기만
하면 되었다.

우리 부서의 두 번째 문제―신형 캐터펄트―가 큰 난제였다. 나는 항
공모함 탑재 캐터펄트를 그리 높이 평가하지 않았지만 항공 기술의 발
전으로 인해 미 해군은 캐터펄트를 채택해야 했다. 내가 예전에 근무
했던 CV-6은 타입Type-H, 마크Mark-2, 유압식 캐터펄트를 탑재했
는데 1대는 비행 갑판에, 2대는 격납 갑판에 있었다. 이론적으로 이
캐터펄트는 7,000파운드(3.2t)짜리 비행기를 단 55피트(16.7m) 활주거
리로 하늘에 띄울 수 있었다. 그런데 실제 운용해 보니 이런 경우는 드
물었다. 엔터프라이즈의 제6비행단이 유압 캐터펄트를 사용할 때마
다 유압 엔진이 진동했고 케이블은 불완전했으며 갑판은 앞뒤로 흔들

렸다. 모두 조종사에게 불리하게 작용하는 현상이었다. 비행기는 겨우 이함하는 정도였고 신경이 날카로워진 조종사는 이함을 중단하기 위해 브레이크를 밟기까지 했다. 간단히 말해 우리는 캐터펄트 시스템을 싫어했다. 가끔은 술 취한 거인이 우리를 하늘로 던지는 것 같은 느낌이었다.

그러나 전후 시대에는 해군의 필요가 바뀌었다. 해군은 더 무거운 종류의 비행기와 강력한 제트기들을 운용하기 시작했고, 둘 다 새로운 발진 시스템이 필요했다. 외부 추력원의 보조 없이는 짧은 거리를 활주해 이함할 수 없었다. 결국 우리는 영국 해군의 도움을 받아 문제를 해결했다. 1950년에 영국 해군의 콜린 C. 미첼Coiln C. Mitchell 중령이 일자형 구멍이 난 증기 캐터펄트를 설계했다. 영국 해군은 관대하게도 이 설계를 우리와 공유했고, 1954년에 우리 조종사들이 이 캐터펄트를 USS 행콕Hancock(CV-19)에서 시험했다. 나는 미첼 중령의 설계에 감탄했다. 이 시스템은 부드럽게 작동했고 안전해 보였다. 나는 중령을 초빙해 고문으로 고용하자고 제안했다. 우리 해군이 증기 캐터펄트를 원자력 항공모함에 채용하면서 미첼 중령과 나는 친구가 되었다. 나는 놀라운 재능을 가진 사람들과 한 팀으로 일했고 우리는 미첼의 설계를 실제 항공모함에 적용할 방법을 찾았다. USS 엔터프라이즈(CVN-65)의 비행 갑판 아래에 증기 캐터펄트 4기가 설치되었다. 몇 년에 한 번씩 함장에게 편지를 써서 우리 캐터펄트가 아직도 제대로 작동하는지를 확인하는 게 일종의 습관이 되었다. 엔터프라이즈함은 2012년에 퇴역했지만 우리 캐터펄트가 51년간 작동했다는 사실이 무척 기쁘다. 나는 이 캐터펄트가 많은 조종사들의 생명을 구했다고 믿고 싶다. 이 캐터펄트 시스템이 내가 해군에 마지막으로 유용하게 기여한 성과였다.

전역하기 직전인 1962년에 찍은 사진. (NJK)

3년이 지난 1961년 6월, 나는 전후 다섯 번째 보직을 받았다. 해군 군수부Office of Naval Material의 행정장교로서 문제가 있는 장비에 대한 불만을 조사하는 것이 업무였다. 전후에 맡은 보직 가운데 이 일이 가장 싫었다. 해법을 찾는 데 기여하는 것이 아니라 끊임없이 이어지는 문제에 매몰되면서 진이 빠졌다. 이제 해군에서 물러날 때라고 생각했다. 3년마다 이사를 다니는 동안 많은 스트레스를 받은 가족에게 안정감을 줄 때가 되었다.

1962년 1월쯤 나는 민간 분야에서 일자리를 찾았다. 1962년 4월 1일은 감색 해군 동정복을 마지막으로 입은 날이다. 28년간 복무하고 대령 계급으로 전역했을 때 나는 현역 장교의 지위뿐 아니라 별명도 내려놓았다. 나는 더 이상 '더스티'가 아니었다. 나는 잭 클리스로 돌아왔다.

새 직장은 허큘리스 파우더 회사Hercules Powder Company로 화학제품과 탄약을 생산하는 곳이었다. 1945년에 이 회사는 웨스트버지니아주 로켓 센터에 있는 미 해군 앨러게이니 탄도실험실Allegany Ballistics Laboratory 산하 자회사의 운영을 맡았다. 앨러게이니 실험실은 로켓과 친숙하고 경험 있는 비행사 출신자를 직원으로 원했고 봉급도 후했다.

새 직장에는 해군에서 전역한 지 이틀 만에 출근했다. 앨러게이니 탄도실험실은 웨스트버지니아주 산지의 좁고 긴 지대 깊숙한 곳에 있는 시설군으로 당시 확장 일로에 있었다. 내가 받은 직위는 폭발물과 Explosives Division의 선임 엔지니어Senior Staff Engineer로, 폭발물과는 점점 규모가 커지던 미 해군의 미사일 프로그램과 맺은 모든 계약 수행을 담당한 부서였다. 이 실험실에서 겪은 몇 가지 위험한 일들이 기억난다. 어느 날 밤에 나는 회사 트럭으로 니트로글리세린을 수송하는 임무를 맡았다. 수송 도중에 트럭이 도로의 불쑥 튀어나온 곳을 치는 바람에 헤드라이트가 나갔다. 차를 갓길에 세우고 문제를 해결하려고 노력했지만 헤드라이트를 고치지 못했다. 어둠에 싸인 웨스트버지니아의 인적 드문 산길을 폭발물을 실은 트럭을 몰고 갈 수 있을지 확신할 수 없었으므로 트럭에서 동이 틀 때까지 기다렸다. 다음 날 나는 니트로글리세린을 안전하게 배달했다. 하지만 이런 물질을 취급하는 일은 언제나 위험했으며, 우리는 곧 그 실체를 알게 되었다. 1963년 4월 27일, 폭발 사고가 일어나 400피트(122m)까지 불기둥이 치솟았고, 건물 1채와 트럭 몇 대가 완파되었으며 직원 3명이 죽고 10명이 다쳤다.

3년 뒤, 나는 할 만큼 했다는 생각이 들었다. 나는 더 안전한 직업을 찾아 측량기사, 건축업자, 부동산 개발자로 일하다가 1966년 8월 웨스트버지니아주 버클리 스프링스Berkeley Springs 고등학교에서 교편을 잡았다. 나는 수학, 과학, 화학과 물리학을 가르쳤다. 무엇보다도 학생들을 데리고 현장실습에 나가기를 좋아했다. 내가 학생들 사이에 인기 있는 교사였는지는 모르겠지만, 내가 얼마나 가르치는 일을 즐기는지를 재발견했을 때 나는 내 선택이 옳았음을 느꼈다. 지나친 단순화일지 모르나, 전쟁을 준비하는 조종사들을 가르치는 것보다 고등학생들을 가르치기가 더 쉬웠다. 다시 말해, 학생들이 비극적인 비행기 사고로 죽지 않을까 걱정할 필요가 없었다는 뜻이다. 나를 짓누르는 공포가 없었으므로 나는 교실에서 마음껏 가르칠 수 있었다. 1976년 6월, 10년간의 교사 생활을 마치고 은퇴하기로 결심했다. 이때는 여러 군데에 투자한 부동산에서 어느 정도 수익이 나오고 있었다.

진과 나는 다섯 아이를 키웠다. 장남 잭 주니어는 제2차 세계대전이 끝날 때 태어났고, 차남 로더릭 에드워드 클리스Roderick Edward Kleiss는 1947년 11월 1일에 태어났다. 삼남 앨버트 루이스 클리스Albert Louis Kleiss는 1950년 11월 19일에 태어났다. 앨버트는 아비를 닮아 공학을 아주 좋아했고 어린 나이에 소형 모터를 설계하기 시작했다. 브러실리스 직류 모터를 만들어 웨스트버지니아주 과학전람회에서 수상할 정도였다. 앨버트는 볼티모어Baltimore에서 개최될 이름 있는 국제 과학전람회에 참석할 예정이었지만, 비극이 닥쳤다. 1970년 어머니날에 앨버트는 친구들과 가족 앞에서 유선 모형 비행기 비행을 시연하고 있었다. 갑자기 바람의 방향이 바뀌며 비행기가 고압선에 걸렸다. 앨버트는 몸을 타고 흐른 고압전류에 감전사했다. 나는 현장에서 그 장면을 보았다. CPR로 아들을 소생시키기 위해 필사적으로 노력했지만 소용없었다. 그날은 내 인생에서 가장 암울한 날이었다.

장남 잭 주니어는 결혼해 인디애나주 클로버데일Cloverdale에 정착해 기술자로 일했다. 차남 로드는 1972년에 결혼해 위스콘신주 그랜츠버그Grantsburg로 이사가 자동차, 의료기구, 연필깎이, 장난감, 로봇에 쓰이는 소형 폴리머 기어를 생산하는 클리스 기어Kleiss Gears라는 회사를 세웠다. 내게는 낸시와 질, 두 딸도 있다. 장녀 낸시는 트리니티 칼리지Trinity College(현재 트리니티 워싱턴 대학Trinity Washington University)에 진학했고 나중에 샌프란시스코로 이주했다. 막내딸인 테레사 질 클리스Theresa Jill Kleiss(1954년 8월 5일생)는 1992년 11월에 결혼했고 존슨앤드존슨의 영업 책임자가 되었다.

세월이 흐르며 내 가족에게도 많은 변화가 일어났으나 미드웨이 해전의 유산은 여전히 남아 있다. 매년 6월 4일에 나는 산화한 전우들을 위해 기도한다. 내가 바랐던 것과 정반대로, 해가 갈수록 그 전투를 잊어버리기가 점점 더 어려워진다. 처음에 나는 그 운명적인 날에 일어난 사건을 전혀 돌아보고 싶지 않았다. 솔직히 말해 그날의 전투가 너무 빠르게 전개되어 개별 사건의 상세한 부분까지 회상하기가 어려웠다. 더욱이 좋은 친구들을 잃었기에 내게는 불편한 기억이었다.

1967년에 월터 로드Walter Lord가 조종사 일인칭 관점의 서술을 포함한 『믿을 수 없는 승리Incredible Victory』를 출간하면서 미드웨이 해전에 대한 대중의 관심이 폭발했다. 뉴욕에 기반을 둔 미드웨이 프로젝트라는 기금의 지원을 받은 볼티모어 출신 유명 작가인 로드는 이미 진주만(『불명예스러운 날Day of Infamy』)과 타이타닉호의 침몰(『그리고 밴드는 연주를 계속했다And the Band Played on』)을 다룬 권위 있는 책을 냈고 잡지 《룩Look》에 연재할 기사를 쓰기 위해 참전용사들의 증언을 수집하고 있었다. 조사하는 동안 로드는 VS-6의 클리오 돕슨과 접촉했고 돕슨은 기꺼이 자신의 편지, 비행 기록, 일기를 제공했다. 다음에 돕슨은 다른 참전 경험자들과 로드를 연결해 주었고, 집필을 끝낼 무렵 로드는 나를 포함해 VS-6의 조종사와 후방사수 8명으로부터 설문지를 받았다.*

1942년 6월 4일의 사건을 후대를 위해 회상한 것은 그때가 처음이었다. 1966년 1월 25일, 로드는 내게 편지 한 통과 세 페이지짜리 설문지를 보냈다. 편지에는 이렇게 써 있었다. "이 작업은 미드웨이 해전이 실제 어땠는지, 선생님 같은 분들에게 무슨 일이 일어났으며 그때 현장에서의 소감을 묘사하는 데에 도움이 될 것입니다. 저는 모든 관점―계급이 높았든 낮았든, 해군이든 해병대든 공군이든, 해변에서 복무하셨든 바다에서 복무하셨든 하늘에서 복무하셨든―이 필요합니다." 로드는 길고 유용한 답변을 기대했을 것이다. 사실 그는 일부러 공들여 여백에 코멘트를 남겼다. "저는 VS-6의 일원으로 참전한 선생님께서 흥미진진한 이야깃거리를 가지고 계실 것이라고 확신합니다."

로드의 설문지는 7가지 질문으로 구성되었다. 대부분의 질문이 도발적이었고 그는 의도를 숨기지 않고 나에게서 인간적으로 흥미를 끌 만한 이야기를 얻으려고 애썼다.** 답장의 초고를 쓰는 데 4개월이 걸렸

---

* 8명은 얼 갤러허, 존 스노든, 버넌 미컬, 클리오 돕슨, 존 매카시, 프랭크 파트리아르카, 엘더 로덴버그, 나다.
** 질문은 다음과 같았다. ① 귀하의 임무는 무엇이었습니까? 당시 계급은 무엇입니까? ② 뭔가 큰일이 일어날 것 같다고 처음 느낀 때는 언제입니까? 일부 최고위 지휘관들은 한참 전에 적이 올 것을 알았다는데 … 귀하는 어떻게 처음 알았습니까? ③ 일본 비행기나 함선과 직접 접촉해 본 적이 있습니까? 그렇다면 먼저 본 것은 무엇입니까? 위기일발인 상황이 있었습니까? ④ 당시에는 그렇게 보이지 않았지만 지금 돌아보면 우스운 일을 보거나 들은 것이 기억납니까? 예를 들면 일본군이 우리 통신을 엿듣고 있다는 한 무전병의 경고에 약간 아시아 억양으로 누군가가 "뭐라고 하는 거야?"라고 답하자 "너희 일본놈들이 우리 무전을 사용하고 있다고 말했다고!"라고 무전병이 대거리했다는 이야기가 있습니다. 혹시 이런 웃긴 상황을 겪은 적이 있습니까? ⑤ 가장 기억에 남는 슬프거나 용감한 일화 혹은 기억할 만한 이야기가 있습니

다. 마침내 답장을 보냈을 때 나는 사건을 회상하기가 쉽지 않았다는 점을 인정했다. "1942년 6월 4일은 너무 오래전이라 전투 중에 계속 기록한 '일지'를 보지 않고 사실을 전달하기가 망설여졌습니다." 나는 아홉 페이지짜리 답장을 보냈으나 그 전투를 "어떻게 느꼈는지"를 묘사하는 데 애를 먹었다. 24년 전의 일이었다. 내 감정에 대한 기억이 다시 생생하게 떠오르지 않았고, 어쩌면 무의식적으로 내가 떠올리고 싶지 않았던 것 같다. 그동안 아무도 내게 미드웨이 전투 때 기분이 어땠느냐고 묻지 않았다. 이상한 질문이었다.

당시 기억을 상기하지 않으려고 억눌렀음에도 불구하고 몇몇 감정이 수면 위로 떠올랐다. 마치 머릿속에서 상영되는 영화 장면처럼 폭탄을 맞고 활활 불타는 가가, 아카기, 소류가 보였다. 잠시 동안 불타는 항공모함들의 이미지가 종이 위로 펼쳐졌다. 나는 이렇게 썼다. "아직도 휘발유에 흠뻑 젖은 건초더미처럼 불타는 항공모함 3척이 보입니다. 먼저 급강하하는 동안 아래에서 번지는 불꽃이 눈에 들어왔습니다. 그러고 수면 근처까지 내려가 급강하에서 회복하는 동안 300피트(91m) 높이까지 솟구치는 불길을 봤습니다. 그리고 몇 분 뒤 1,500피트(457m) 고

까? 예를 들어 그때 미드웨이섬에서 폭격을 목격한 사람들은 폭탄을 투하한 다음 스턴트 비행으로 이스턴섬 활주로 위를 날아간 일본군 조종사를 생생하게 기억합니다. 귀하께서 기억하는 사건이 있습니까? ⑥ 엄청난 스트레스를 받는 상황에서 어떤 사람들은 이례적인 창의력이나 독창적인 행동을 보이는 반면 어떤 사람들은 매우 어리석게 행동합니다. 두 가지 경우에 해당하는 눈에 띄는 사례를 기억합니까? 예를 들어 기관총 거치대가 망가지자 어떡하든 팔로 기관총을 안고 사격한 한 후방사수의 사례가 있고 … 탑승한 비행기가 불시착하자 구명보트로 6해리(11km)를 노 저어 모함으로 귀환한 조종사의 사례가 있습니다. … 배를 버리기 전에 신발을 나란히 한 줄로 세워 둔 요크타운함 승조원들의 사례도 있습니다. 귀하께도 생각나는 사례가 있습니까? ⑦ 귀하는 미드웨이 해전에 참전했고, 뭔가 의미 있는 기여를 한 다른 분의 현재 주소를 가지고 있습니까?

도에 도달했을 때 아카기〔원문 오류〕*에서 떨어져 나온 불붙은 거대한 파편 조각들이 몇천 피트 높이까지 튀어 오르는 모습을 보았습니다. 파편들을 따라가려면 고개를 들어서 봐야만 했습니다." 로드는 내가 시간을 내어 준 데에 감사를 표했다. 그는 올바른 이야기를 쓰고자 했다. "선생님 같은 많은 분들이 저를 돕기 위해 이렇게 애써 주셨는데, 완성된 작품이 선생님께서 내주신 시간과 노고에 부응하기만을 바랄 뿐입니다."

다음 해에 『믿을 수 없는 승리』가 출간되었다. 이 책 덕분에 미드웨이 해전에 대한 국민적 관심이 더욱 높아졌다. 로드는 미일 양국의 함대를 다윗 대 골리앗으로 묘사했다. 규모가 작고 왜소하고 준비도 안 된 미국 함대가 더 크고 전쟁으로 단련된 일본제국해군을 격파했다. 이 전투에서 이기면서 승리에 목마른 미국인들은 '미드웨이'라는 이름을 '마라톤Marathone, 무적함대Armada, 마른Marne'과 같은 반열에 올려놓았다. 미드웨이 해전은 "'그럴 수밖에 없는' 것이 간혹 반드시 그렇게 되지만은 않는다는" 것을 증명하는 사례다. 나는 이 책을 아주 좋아하지만 로드의 결론에 전적으로 동의하지는 않는다. 간단히 말해 로드는 이 승리를 "행운의 여신"과 연결 지었다. 그는 통제 불가능한 운명의 변덕이 우리에게 승리를 가져다주었다고 믿었다. "이길 도리가 없었다. 그런데도 이겼고 그럼으로써 전세가 뒤바뀌었다." 여기에서 한 걸음 더 나아가 로드는 이렇게 설명했다. "〔승패를 결정지은〕 차이는 근소했다. 너무나 근소해서 그곳에 있었던 모든 이가 내가 미드웨이에서 전황을 뒤집는 데 일조했노라고 자랑스럽게 말할 수 있을 정도였다. 워싱턴에서 마셜 장군이 말했듯이 미드웨이 해전은 '가장 근소한 차이로 거둔 가

* 무슨 이유에서였는지 나는 가가가 아니라 아카기라고 반복해 진술했다.

장 큰 승리'였다."

　나는 이런 생각이 몹시 유감스럽다. 나는 운 이상의 것이 전투의 승
패를 결정지었다고 생각한다. 우리는 하늘에서 세계 최고의 조종사가
되기 위해 오랜 기간 맹훈련을 받았다. 그것이야말로 승패와 관계가 있
음이 틀림없다.

19

미드웨이를 기억하며

1976~2016년

　미드웨이 해전의 공식 기념행사가 다른 생존자들과 연락이 닿을 좋은 기회라는 것을 깨닫기 전까지 나는 오랫동안 그 행사에 참석하기를 꺼렸다. 내가 처음으로 참석한 행사는 1979년 와이오밍주립박물관에서 개최되었는데, 이때 "미드웨이: 조류의 전환"이라는 제목의 해전 37주년 기념 전시회가 열렸다. 큐레이터 팻 홀Pat Hall 씨는 얼 갤러허, 딕 베스트(VB-6), 폴 홈버그Paul Holmberg(VB-3), 벤저민 G. 프레스턴 Benjamin G. Preston(VS-5)을 포함해 참전 용사 여러 명을 연사로 초빙했다. 박물관은 갤러허의 비행 일지와 내 해군십자장을 포함해 전투와 관련한 물건들을 전시했다. 내 오랜 비행사 친구들을 만나니 정말 좋았다.

　미드웨이 해전에 대한 관심이 높아지자 얼마 지나지 않아 내가 사는 곳의 작가들도 나를 찾았다. 웨스트버지니아주 신문에는 나를 취재한 기사가 자주 실렸고, 나는 매년 미드웨이 해전에서 전사한 비행사들의 친지들로부터 편지를 받았다. 대개 나를 구슬러 전사한 친척에 대한 정보를 얻으려는 사람들이었다. 나는 답장하려고 애썼다. 막상 편

1999년에 열린 엔터프라이즈함 전우회 가족 모임에서 찍은 사진. 맨 왼쪽이 VB-6에
서 복무한 루 홉킨스 해군 소장이다. 테이블 건너 맞은편에 그의 아내 루비가 있다. 왼
쪽에서 세 번째가 내 믿음직한 후방사수 존 스노든이다. 사진 오른쪽에서 두 번째가
그의 아내 페이다. 왼쪽에서 두 번째가 내 아내 진이고 나는 맨 오른쪽에 있다. (NJK)

지를 쓰려니 힘들었는데, 특히 전사자들이 익사했거나 비행기가 격추
되어 산 채로 불타는 등 끔찍한 방법으로 죽었을 때는 더 그랬다. 나는
최대한 긍정적으로 답하려고 노력했다. 내가 그들에게 옳은 일을 했기
를 바라지만, 간혹 더 좋은 방법으로 전사자들을 기릴 수 있지 않았을
까 걱정스러울 때가 있다.

나는 결함품 어뢰를 장착하고 전투에 돌입한 VT-6의 친구 톰 에버
솔을 자주 생각했다. 마음 한편으로는 아이다호주 포커텔로에 가서 톰
의 부모님을 찾아뵙고 아들에게 일어난 일을 말씀드릴까 생각했다. 하
지만 이런 생각도 들었다. 그게 무슨 소용이 있을까? 결국 나는 가지
않았다. 톰은 죽었고 내가 할 수 있는 일은 없었다. 무슨 말을 하겠는
가? 톰의 부모님이 나한테서 우리 어뢰가 얼마나 형편없었는지를 듣는
다고 해서 도움이 될 일은 아무것도 없었다.

1979년에 웨스트버지니아주 모건카운티Morgan County 계획위원장을 사임하면서 내 공직 생활에 마침표가 찍혔다. 완전히 은퇴했고 아이들도 각자의 길을 찾아 독립한 상황에서 진과 나는 사회에 보답할 수 있는 임무를 찾아 나섰다. 우리는 버려지고 학대받거나 방치된 아이들을 돌보는 기관인 세인트주드 랜치St. Jude's Ranch에서 자원봉사를 했다. 마침내 우리는 토호노 오담 인디언보호구역Tohono O'odham Indian Reservation으로 이주했다. 남부 애리조나주의 3개 카운티를 가로질러 퍼진 4,341평방마일(11,243km²)의 자연보호구역이다. 나는 그곳에서 수도관을 청소하는 자원봉사를 했다. 진은 가톨릭교회에서 오르간을 연주했다. 세인트주드 랜치와 토호노 오담에서 봉사하며 보낸 나날은 우리에게 일종의 영적 구원감을 선사해 주었다.

몇 년간 전쟁에 참여한 후 나는 평화로운 이타적 활동에서 평안을 찾았다. 토호노 오담에서는 비폭력 규칙을 철저히 엄수해야 했다. 그곳에 사는 사람들은 세상에서 가장 평화로운 집단일 것이다. 어느 순간 그들은 싸워서는 천국에 갈 수 없다고 생각하게 되었다. 나는 이 철학을 진심으로 좋아한다. 1997년 진과 나는 텍사스주 샌안토니오San Antonio의 래클랜드 공군기지Lackland Air Force Base 남서쪽 외곽에 있는 퇴역군인 마을인 에어포스빌리지Air Force Village로 이사했다. 그곳에서 나는 지금까지 살고 있다. 아주 멋진 곳이다. 매주 거주자들이 함께 모여 노래를 부른다. 진은 피아노를 쳤고 나는 취한 수병 역을 맡아 잰걸음으로 나오며 〈쇼 미 더 웨이 투 고 홈Show Me the Way to Go Home〉을 불렀다. 그런 나를 보고 사람들이 무슨 생각을 했는지는 모르겠다.

미드웨이 해전의 기억과 화해하는 것은 내 인생 최고의 도전이었다. 몇 해 동안 그 기억이 그림자처럼 내 마음속에 항상 숨어서 자리해 있었다. 나는 내 생각을 남들에게 거의 이야기하지 않고 침묵을 지켰다.

《잭스 에어 뉴스》와 인터뷰하고, 월터 로드에게 내 경험을 써서 보내고, 지역 신문사들의 취재에 응했지만 1997년까지 그 전투를 되돌아보는 데에 전혀 관심이 없었다.

그해, 내 마음속에서 뭔가가 방아쇠를 당겼다.

1997년에 V. 데니스 린V. Dennis Wrynn이 미드웨이 해전 후 일본이 저지른 전쟁범죄를 처음으로 포괄적으로 다룬 「미드웨이에서 사라지다Missing at Midway」라는 기사를 발표했다. 그의 기사는 《반스 리뷰Barnes Review》 6월호에 여섯 페이지에 걸쳐 게재되었다. 여기에서 린은 일본군이 미군 포로 3명, 즉 VT-3의 웨슬리 오스머스Wesley Osmus 소위, VS-6의 프랭크 W. 오플래허티 소위, 오플래허티의 후방사수 브루노 가이도 항공 정비 하사를 어떻게 살해했는지를 묘사했다. 세 사람의 죽음은 그전에도 어느 정도 알려져 있었다. 이 사건은 해군정보부ONI가 나구모 주이치 중장의 미드웨이 해전 보고서를 번역한 1947년에 처음 밝혀졌다. 이 보고서에서 나구모는 구축함 아라시와 마키구모의 승조원들이 그들을 바다에서 끌어내 심문하고 살해했음을 밝혔다. 전쟁이 끝난 후 점령지 일본의 연합군 최고사령부는 이 일에 책임이 있는 일본군 장교들을 기소하려 했으나 모두가 전사한 상태였다. 1943년 벨라만 전투Battle of Vella Gulf에서 미국 구축함들이 아라시를 격침했고, 같은 해에 마키구모는 기뢰를 건드려 침몰했다. 2척 모두 침몰하면서 승조원 대부분이 전사해 수장되었다. 기소할 자가 사라지자 사령부는 이 사건의 조사를 보류했다.

몇 년 동안 미드웨이 해전사에서 이 살인 범죄는 알려지지 않았고, 이 일을 아는 사람은 살해된 이들의 친구들과 가족뿐이었다. 린의 「미드웨이에서 사라지다」는 논란이 많은 이 사건을 본격적으로 다룬 첫 시도였다. 나는 이 기사에 훌륭한 면이 있다고 생각했지만, 포로로 잡힌

오플래허티와 가이도에 대한 설명에 대해서는 이의를 제기했다. 린은 이렇게 썼다. "두 사람 모두 미드웨이 환초에 있어 본 적이 없었으나 전략적으로 중요한 이 섬의 해병대, 해군, 항공 전력의 배치상황에 대한 귀중한 정보를 일본군에 제공했다." 특히 린은 그들이 구체적으로 8종의 정보를 제공했다고 주장했다. 그는 이렇게 추정했다. "그들은 (자신들이 일조한 일본군 항공모함의 격파를 고려해 보면) 명백히 쓸모없는 정보를 내놓으며 살아남을 수 있다고 생각했을 수 있다." 이 기사는 일본에 전쟁범죄의 책임을 묻고자 써졌다. 하지만 내게는 세 용감한 비행사가 입을 굳게 다물기에는 정신적, 육체적으로 나약했다고 묘사해 사람들의 손가락질을 받게 만드는 것처럼 보였다.

나는 이런 생각이 굳어지는 것을 용인할 수 없었다. 1998년 1월, 나는 《반스 리뷰》의 편집자에게 편지를 보내 오플래허티와 가이도를 변호했다. "기사에서 언급한 것처럼 두 사람은 미드웨이에 있었던 적이 없습니다. 그들은 나와 함께 VS-6에 근무하며 바다에 있었으므로 미드웨이의 전력 증강에 대한 정보를 받아 보았을 리도 없습니다. 그들이 우리 군사시설에 대한 정보에 접한 적이 없다는 것은 분명합니다." 나는 일본군이 오플래허티와 가이도를 잡았을 때 그들이 무슨 말을 했는지 린이 전혀 모른다고 주장했다. 그는 사실을 증명할 수 없는 가정에 의지해 기사를 썼다. 어쩌면 오플래허티와 가이도가 일본군에게 허위 정보를 흘렸을 수도 있다. 만약 그들이 "정보를 술술 불었다면" 일본군의 미드웨이 상륙을 막았을지도 모른다. 나는 이렇게 결론지었다. "배반자인가, 영웅인가? 해군은 그들을 평가한 다음 결론을 내렸습니다. 오플래허티에게는 해군십자장을 추서하고 그의 이름을 딴 함선을 건조했습니다. 가이도에게는 비행수훈십자장을 추서하고 그를 병·부사관 전투 항공탑승원 명예록Enlisted Combat Aircrew Roll of Honor의 해군 첫 등재자로 결정했습니다."

편집자에게 보낸 그 편지는 내가 미드웨이를 기억하는 방법에 있어서 중요한 전환점이 되었다. 처음으로 나는 미드웨이 해전의 기억을 끌어 안기로 결심했다. 과거에는 전투에 대해 말할 때마다 인상적인 이미지나 비행 일지에 의지해야 했다. 전투에 대해 이야기하기가 싫어서 건성건성 빨리 말했다. 이제는 아니었다. 나는 「미드웨이에서 사라지다」를 비판하기로 결심하면서 자신감이 생겼다. 나는 그곳에 있었다. 나는 그 사건의 배우이자 목격자였다. 나는 56년간 잠재의식 속에 꼭꼭 숨겨 둔 기억을 풀어내 다른 이들과 공유하기로 결심했다. 사람들이 내 이야기를 듣고 싶어 한다는 것을 깨달았다. 그 기억을 나만 가지고 있는 것은 이기적인 행동이었다.

나는 오래된 VS-6의 사진을 갖고 있다. 1942년 5월 12일에 찍은 사진이다. 거기에는 나를 포함해 조종사 21명이 있다. 누가 아직도 살아 있나 살펴보았다. 10명은 전사했다. 전쟁이 끝난 후 8명이 죽었다. 2001년 기준으로 미드웨이에서 싸운 내 비행대 조종사 중 겨우 3명만이 생존해 있었다. 엘더 로렌버그, 버넌 L. 미킬, 그리고 나였다. 나는 매우 종교적인 사람이다. 신은 우리 각자가 부여받은 다양한 임무를 완수할 때까지 우리를 불러들이지 않을 것이라고 믿는다. 나는 언제나 신이 왜 나만 살려 두고 전우들의 삶은 거두어 갔는지가 궁금했다. 80대에 들어서자 내게 남은 한 가지 임무를 완수해야만 신이 나를 데려갈 것이라는 결론에 도달했다. 내 비행대는 전쟁 중에 사망한 조종사와 후방사수들, 영웅들로 가득했다. 나는 그들이 잊히기 전에 그들의 이야기를 다른 사람들과 나누어야 했다. 나는 미드웨이와 화해하는 작업을 끝내야 했다.

처음에 나는 혼란스러운 미드웨이 해전의 기억을 억누르기 위해 노력하는 조용한 참전용사였다. 그 후 해가 갈수록 사건이 일어난 순서가 석판에 새겨진 것처럼 또렷하게 떠올랐다. 샌안토니오의 아파트에서 진과 나는 문서 원본, 사진, 비행 일지를 정리했고, 우리 가족의 친구인 데비 어스틴Debbie Ehrstin을 통해『VS-6, 전쟁기록VS-6 Log of the War』이라는 제목의 소책자를 자비로 출판했다. 이 소책자는 진주만에서 미드웨이까지 내 참전 경험에 관한 이야기다. 헌정사에서 나는 해군이 미드웨이에서 사라진 조종사들에게 승리의 공을 돌려야 한다고 분명히 밝혔다.

얼 갤러허와 저는 … 행운아였습니다. 우리는 편대 선두에 있었으므로 화재나 연기의 방해를 받지 않고 표적을 겨냥할 수 있었습니다. 더 중요한 점은 편대 뒤쪽에 있는 비행기들보다 연료를 적게 사용했다는 것입니다. 제1중대 대부분은 무사히 착함했으나 연료가 12갤런(40ℓ)도 채 남지 않은 상황이었습니다. 일부는 모함에 거의 다 와 바다로 떨어졌습니다. 제2중대는 실종되었습니다. 그들 대다수는 폭탄을 투하하기 전에 자신들이 귀환할 수 없다는 사실을 알았을 것입니다. 생존자가 아니라 그들이 영웅이었습니다. 진짜 최고의 영웅은 위축되지 않고 공격을 감행하고 전멸한 뇌격기 탑승원들입니다. 그들 덕에 우리 급강하폭격기들이 거의 저항 없이 완벽한 공격을 할 수 있었습니다.

나는 한정 부수만 찍은『VS-6, 전쟁기록』을 여러 간담회에서 무료로 배포했다. 그런데 이 책자를 귀중한 일차 사료집으로 여기고 관심을 가지는 역사가들이 나타났다. 나를 주제로 그린 에이비에이션 아트 aviation art〔항공기를 주제로 그린 그림. 보통 주제가 된 항공기를 조종했거나 연관된 사람이 서명한 한정판 복제화가 유통된다. ─옮긴이〕도 있었다. 화가

에이비에이션 아트 작가 데이비드 그레이의 〈던틀리스의 용기〉. 가가에 급강하해 폭탄을 투하한 후 날아가는 내 비행기의 모습을 그린 작품이다. 가가 함미 쪽의 연기는 얼 갤러허의 폭탄으로 발생한 피해이고, 함수 쪽의 폭발은 내가 떨어뜨린 폭탄이 일으킨 피해다. (David Gray)

데이비드 그레이David Gray가 〈던틀리스의 용기Dauntless Courage〉라는 제목의 한정판 석판화 프린트의 원화를 그렸다. 하늘에서 급강하하며 가가에 폭탄을 투하한 지 몇 초 후 급강하폭격기 안에 있는 나를 그린 그림이었다. 드디어 히스토리 채널History Channel까지 엔터프라이즈함의 전투를 그린 10부작 다큐멘터리 〈배틀 360Battle 360〉을 제작하기 위해 나를 인터뷰했다. 2008년 2월 29일부터 5월 2일까지 방영된 이 미니시리즈에는 태평양전쟁 전투의 컴퓨터 시뮬레이션과 함께 엔터프라이즈함에서 복무했던 사람들의 인터뷰가 소개되었다. 나는 1화, 2화, 10화에 나와 진주만과 마셜 제도, 미드웨이에서의 경험을 이야기할 기회를 가졌다.

불행히도 진은 내가 출연한 히스토리 채널의 〈영광의 15분〉 편을 보지 못했다. 2006년에 진은 췌장암 진단을 받았다. 우리는 항암화학요

그저 운 좋은 바보였을 뿐. 내 사랑 진과 함께. (William Luther/San Antonio Express-News/ZUMApress)

법을 시도했지만 암의 전이를 막을 방법은 없어 보였다. 64년간 나와 함께한 아내 진은 웃으며 투병을 견뎠다. 고통스러웠겠지만 그녀는 누구에게도 내색하지 않았다. 그녀는 마지막 순간까지 매주 똑바로 앉아 피아노를 연주했다. 진은 2006년 10월 25일에 세상을 떠났다. 우리는 그녀를 샌안토니오의 포트샘 휴스턴Fort Sam Houston 국립묘지(언젠가는 내 유골도 그녀 옆에 누울 것이다)에 안장했다. 말해 무엇하랴, 아내의 죽음이 만든 공백은 그 무엇으로도 채울 수 없었다. 우리는 67년간 함께했다. 나는 오로지 진을 다시 만나겠다는 흔들리지 않는 갈망 덕분에 전쟁에서 살아남았다. 그녀의 사랑이 나를 죽음에서 구했다. 진이 몹시 그립다.

진이 세상을 떠나자 미드웨이 해전의 기억이 부서진 댐에서 물이 빠져나가듯 흘러나왔다. 나는 어디에서든 ―그리고 지금도 여전히― 메모를 했다. 메모할 때 내 기억을 일깨워 전투의 다음 단계로 넘어갈 실마리가 될 단어를 적었다. 우스워 보일 수도 있겠지만, 나는 히류가 폭탄에 맞은 광경을 기억해 내기 위해 타코라는 단어를 사용한다. 그 단어를 보는 순간 나는, 앞에서 설명한 것처럼, 히류의 비행 갑판이 파열하며 바깥쪽으로 말아 올려지는 장면을 떠올리게 된다. 나는 훌륭한 대중 연설가가 아니다. 나이를 먹어 몸이 쇠약해져 긴 시간 동안 같은 자세로 말하기가 더 어려워졌다. 하지만 내게 남은 시간 동안 내가 겪은 전쟁 이야기를 진심으로 즐겁게 다른 사람들과 공유하고 있다. 지난 20년간 나는 샌안토니오에 있는 내 집에서 70마일(113km) 떨어진 텍사스주 프레더릭스버그Fredericksburg의 국립태평양전쟁박물관National Pacific War Museum을 자주 방문했다. 친절한 박물관 직원들이 미드웨이 해전에 대한 심포지엄에서 내가 발언할 기회를 여러 번 만들어 주었다.

대체로 나는 해전에 대한 요즘 저술을 비판하는 반대자 역할을 하는 것을 좋아한다. 독자 여러분의 양해를 구하고 내 주제 몇 가지를 적어 보겠다.

1. 전 장 말미에서 강조했듯이 나는 "행운이 가져다준 승리"라는 의견에 동의하지 않는다. 월터 로드가 『믿을 수 없는 승리』를 발표한 이래 대중은 미국 함대가 단지 운이 좋아서 미드웨이 해전에서 이겼다고 믿게 되었다. 행운이 유일한 승리의 열쇠였다는 주장은 우리 비행사들이 달성한 성과를 평가절하하는 것이다. 우리 비행대는 기량이 뛰어났다. 전쟁 전부터 우리는 맹훈련을 거듭했다. 나는 우리가 적보다 우리의 무기와 기량을 더 잘 알았기에 전투에서 이겼다고 믿는다. 다른 이들이 죽어 갔을 때 우리 중 일부가 살아남아 다음 날 비행할 수 있게 되었다는 사실만이 이 전투에서 행운이 한 역할일 것이다. 행운은 누가 살아남았느냐를 결정했지 전투의 승리를 결정하지 않았다.

2. 나는 역사가들이 승리의 공을 제독들에게 지나치게 많이 돌리고 조종사들의 공적을 과소평가한다고 믿는다. 우리 기동함대 지휘관들 —스프루언스와 플레처— 이 지나치게 정교하게 세운 계획에는 여러 가지 결함이 있었다. 그들은 항공모함 3척에서 출격한 비행대 전부를 "통합 합동 공격combined, joint attack"이라고 명명한 하나의 거대한 공격대로 묶으려고 했다. 그것은 극히 달성하기 어려운 목표였다. 내 비행대의 경험이 그 점을 잘 보여 준다. 6월 4일 아침 우리 비행대는 출격 후 50분간 함대 상공을 선회하며 다른 비행대를 기다렸지만 결국 합류하지 못했다. 만약 이함 후 바로 적에게 날아갔더라면 연료가 충분하게 남아 질서정연하게 공격하고 귀환했을 터이므로 많은 조종사들의 생명을 구할 수 있었을 것이다. 게다가 제독들은 우리를 틀린 방향으로 보냈다. 일본 함대를 요격하려면 거의 정서쪽으로 비행했어야 했는데 우리는 남서쪽으로 비행했다. 뛰어난 비행대장들과 비행단장들이 비행 중에 계획을 바꾼 덕에 우리가 적 함대를 찾을 수 있었다. 간단히 말해 우리는 스프루언스와 플레처의 계획 덕이 아니라 그런 계획에도 불구하고 적 함대를 찾았다고 생각한다.

3. 자신을 희생한 뇌격비행대는 자살 공격 임무를 띠고 출격하는 것이나 마찬가지였고 조종사들도 그 사실을 알았다. 개전 후 몇 달이 지나자 마크-13 항공어뢰에 엄청난 결함이 있음을 모두가 알게 되었다. 투하한 어뢰의 10퍼센트만이 목표물에 접촉해 폭발했고 그나마 아주 이상적인 조건에서만 그러했다. 이 어뢰가 전투상황에 투입된다면 폭발할 확률은 제로였다. 지휘부는 미드웨이 해전 이전에 이 형편없는 어뢰를 치워 버리라고 명령했어야 하지만 누구도 그럴 용기가 없었다. 다른 요소가 끼어들어 사태가 복잡해졌다. 1942년 5월 7일과 8일의 산호해 해전에서 4개 뇌격비행대 중 2개가 항공모함 쇼

호와 쇼카쿠에 다수의 어뢰를 명중시켰다고 주장했다. 이것은 빗나간 폭탄이 일으킨 물보라와 어뢰가 명중했을 때의 상황이 비슷해 보인다는 사실에 기인한 것으로 보인다(이 해전에서는 뇌격대와 급강하폭격대가 동시에 공격했다). 산호해 해전에서 우리는 어뢰가 매우 훌륭하게 작동했다고 잘못 보았다. 엔터프라이즈함에 있던 우리는 이 어뢰가 제 기능을 하지 못한다는 사실을 알았다. 우리는 목소리를 높여야 했다. 무슨 말이든 해야 했다. 그랬더라면 용감한 뇌격기 탑승원들은 6월 4일에 전사하지 않았을지도 모른다.

4. 조종사뿐 아니라 SBD-3 급강하폭격기와 이 우수한 비행기의 설계자, 제작자에게도 공을 돌려야 한다. 우리 비행기는 해군이 보유한 무기 중 최신이었으며 명중률이 가장 높았다. SBD는 고속으로 움직이며 선회하는 배를 격침하는 데 사용 가능한 유일한 무기였다. 남북전쟁 때에 철갑함이 목제 선박을 대체했듯이 중부태평양에서 작전하던 우리의 신예기들은 어뢰와 함포를 대체했다. 우리나라는 SBD의 설계자 에드 하이네먼과 캘리포니아주 엘세군도에 있는 더글러스 비행기 공장에서 근무하는 그의 팀에 큰 빚을 지고 있다. 그뿐 아니라 우리나라는 SBD 운용법과 SBD를 한계까지 몰아가는 법, 새 조종사들을 가르치는 법을 잘 알았던 뛰어난 비행대장들에게도 사의를 표해야 한다. 나는 그중에서도 가장 뛰어난 두 사람을 실전에서 직접 보았다. 얼 갤러허와 딕 베스트다. 독자 여러분, 혹시 알링턴 국립묘지Arlington National Cemetery에 방문한다면 나 대신 그들의 무덤에 헌화해 주기를 부탁한다. 그 누구보다 두 사람은 VS-6과 VB-6을 열심히 조련해 제모습을 갖춰 놓았다. 그들은 우리를 최고의 조종사로 탈바꿈시켰다.

미드웨이 해전의 진정한 영웅은 전사한 이들, 공격 중 산화한 뇌격비행대 탑승원들과 연료가 떨어져 망망대해에서 외로운 죽음을 맞은 전투기 조종사들이다. 톰 에버솔에게 건넨 마지막 인사의 기억이 지금도 나를 괴롭힌다. 나는 톰에게 진 빚을 미드웨이 해전에 대해 올바른 이야기를 전함으로써 갚을 의무가 있다. 나는 언제나 그 대전투 전날 밤 톰이 느꼈을 감정을 생각한다. 그는 우리가 은폐에 필요한 연막 탱크를 갖고 가지 않는다는 사실을 알았다. 그는 다음 날 죽음이 자신을 기다리고 있음을 잘 알았다. 나는 톰의 희생이 뜻하는 바가 있다고 믿고 싶다. 그의 비행대는 내 비행대보다 50분 앞서 일본군을 공격했다. 그의 —그리고 그 비행대의 다른 탑승원들의— 이타적인 행동이 일본군 전투기 조종사들의 주의를 끌어 그들을 낮은 고도로 유인한 덕분에 나중에 도착한 우리 비행대가 고공에서 최후의 일격을 가하기가 수월해졌다. 내가 6월 4일 저녁, 일지에 썼던 문구를 여기에 다시 쓴다. 자살 공격 임무에 나선 우리 TBD 비행대를 위해 기도드린다.

나는 VS-6의 전우들이 보인 용기를 사람들에게 말하는 일이 즐거웠다. 하지만 이미 말했듯이, 대중을 상대로 말하는 것은 언제나 내게 큰 도전이었다. 나 자신에 대해 이야기하기가 너무 싫었기 때문이다. 나는 오만함을 혐오하며 그렇게 보이지 않도록 세심하게 노력한다. 당연히 이 회고록을 쓰는 것도 내게 일종의 도전이었다. 나는 우리 비행대에 찬사를 보내고 싶지, 내 활약을 영웅화하고 싶지 않다. 나의 전쟁 체험을 이야기할 때마다 쏟아지는 예상 밖의 찬사와 감사의 말을 감당하기가 어렵다. 그중 받아들이기 가장 난처했던 영예는 2011년 5월 26일 샌안토니오에서 열린 현충일 추모식에 유나이티드 서비스 오토모빌 어소시에이션United Services Automobile Association; USAA[전현직 미군과 그 가족에게 보험 및 금융 서비스를 제공하는 회사—옮긴이]이 나를 주빈으로 초청한 것이었다. 500명이 행사에 참석했고 역사가 휴 앰브로즈Hugh Ambrose가 기조연설을 했다. 나는 가지 않으려고 무진 애를 썼다. 그곳에서 나 때문에 소란을 일으키고 싶지 않았다. 초대를 사양할 수도 있었지만 몇몇 친구들이 주최 측의 매너가 좋다며 초청을 받아들이라고 권했다. 프로그램은 아주 훌륭했다. 앰브로즈는 내가 등장해 미드웨이 해전의 사건들에 관해 이야기하는 12분짜리 동영상을 소개했다. 여기에서 나는 비극적인 이함 사고로 사망한 전우 빌 웨스트의 죽음을 설명했다. 전사자들에 대한 추념을 요청받은 나는 평소 즐겨 쓰는 방식으로 답했다. "저는 그들 한 사람 한 사람이 최선을 다했음을 압니다. 누구는 훈장을 받았고, 누구는 완전히 잊혔지요. 하지만 모두가 조국을 위해 싸웠습니다. 이제 사람들이 오늘 현충일에 그 점에 대해 생각하고, 자신의 모든 것을 바친 이들에 대해 충분히 생각해 주기를 바랍니다. 그들은 목숨, 재산, 그들이 가진 모든 것을 잃었지만 위대한 조국을 우리에게 남겼습니다."

그때 조명이 켜졌고, 앰브로즈가 내게 참석자들이 나를 볼 수 있게 일어서 달라고 부탁했다. 구석에 앉아 있던 나는 마지못해 일어났고 스포트라이트가 쏟아졌다. 사회자가 말하지도 않았는데 참석자 전원이 일어나 내게 박수갈채를 보냈다. 맙소사! 한 2분쯤 계속된 것 같았다. 그동안 나는 'USS ENTERPRISE'를 자수한 야구모자만 신경질적으로 꼭 붙들고 있었다. 뭐라고 말해야 할지 몰랐다. 박수 소리가 줄어들자 나는 진심에서 우러나오는 말을 전했다. "이런 박수를 받을 자격이 없지만, 정말 감사드립니다." 영예로웠고 그 자리에 참석해서 기뻤다.

영웅은 이상한 단어다. 그렇지 않은가? 우리는 '수호자protector' 혹은 '방어자defender'라는 뜻으로 이 단어를 사용하거나 아니면 타인에게 모범이 되며 용기를 발휘해 존경받는 사람을 가리킬 때 쓴다. 사람들은 이 단어를 나를 가리킬 때 써 왔는데 내게는 낯설고 끔찍하다. 내가 보기에 그것은 너무나 많은 것이 따라오는 단어다. 살아남은 자들 중에는 영웅이 있을 수 없으며 오로지 죽은 자만이 영웅이 될 수 있다. 살아 있는 영웅은 오만해지기 쉽다고 나는 생각한다. 나를 영웅이라고 부르지 말아 주오. 나는 단지 운 좋은 바보였을 뿐이니. 빌 웨스트, 브루노 가이도, 톰 에버솔을 비롯해 모든 것이 암담하고 승리가 저 높은 하늘의 별처럼 희미했던 태평양전쟁 초기에 싸우다 죽은 이들을 영웅으로 기억해 주오.

나는 아흔아홉 살이다. 가을이 끝날 무렵의 마지막 잎새처럼 나는 미드웨이 해전에서 싸운 급강하폭격기 조종사들 중 마지막 생존자다. 내가 이렇게 오래 산 데는 이유가 있을 것이다. 나의 이야기를 전함으로써 그 임무를 일부나마 수행했기를 바랄 뿐이다.

공저자 후기

로라와 나(티머시 오르)는 원래 이 책을 쓸 계획이 없었다. 그런데 이 주제가 우리를 찾아왔다. 2010년에 우리는 버지니아주 노퍽으로 이사했다. 로라는 햄프턴로즈 해군박물관Hampton Roads Naval Museum에서 박물관의 특별행사 코디네이터로 일했다. 2012년을 앞두고 로라는 미드웨이 해전 70주년 기념행사를 주관하게 되었다. 우리가 살게 된 동네인 햄프턴로즈는 이 전투에서 중요한 역할을 했다. 전투에 참여한 미국 항공모함 3척이 좁은 바다 건너편에 있는 뉴포트 뉴스 조선소에서 건조되었고, 노퍽 해군비행기지에서 전투에 참여한 여러 비행대가 훈련했다. 우리는 참전 비행사를 햄프턴로즈로 초대해 미드웨이에서의 경험을 듣는 자리를 마련할 수 있지 않을까 생각했다.

우리는 미드웨이 해전 원탁회Battle of Midway Roundtable의 운영자 론 러셀Ron Russel 씨의 협조를 얻어 수소문하기 시작했다. 문의한 지 며칠 후 더스티 클리스 대령이 로라에게 전화했다. 클리스 대령은 원래 노퍽을 방문하려고 했다가 폐렴 때문에 계획을 취소했다고 말했다. 하지만 로라와 클리스 대령은 정기적으로 통화했고 두 사람은 금방 친해졌다. 그는 전화 인터뷰에서 자신의 삶을 들려주었고 우리는 그에게 특별한 이야기가 있음을 깨달았다. 로라와 나는 오후에 산책하며 클리스 대령의 경험에 대해 말하다가 해군 역사의 아주 중요한 이야기 한 토막을 보존할 기회가 눈앞을 지나가고 있다는 것을 깨달았다. 만약 그의 이야기를 기록하지 못한다면 후회하게 될까? 우리는 즉시 행동에 나섰다. 그에게 혹시 우리와 함께 자서전을 집필할 의향이 있는지를 타진했다.

처음에 클리스 대령은 복잡한 심경을 드러냈다. 그는 한편으로 해군에서 겪은 흥미진진한 이야기를 한다는 데 기대감에 부풀어 흥분했다. 반면 자신이 주인공인 책을 쓴다는 데에 불편함을 드러냈다. 그는 자주 코웃음을 치며 "누가 나 같은 사람에 관한 책을 읽고 싶어 하겠나?"라고 말했다. 나중에 알게 된 사실이지만 클리스 대령은 인격에 겸손함이 밴 사람이었다. 그는 자기를 영웅으로 그리는 책을 원하지 않았다. 그의 걱정을 누그러뜨리기 위해 우리는 합리적인 범위 내에서 당신이 원하는 대로 회고록을 구성할 수 있다고 말했다. 사실 우리는 이 회고록에서 클리스 대령이 영웅이 아니라 평범한 일을 한 평범한 조종사였음을 강조할 수 있다고 말해 두었다.

이 책이 그 결과다. 『미드웨이 해전과 나』는 해군 조종사 더스티 클리스의 해군 생활과 그의 영혼에 지워지지 않을 흔적을 남긴 전투, 미드웨이 해전에 대한 이야기다. 클리스 대령 덕에 집필 과정은 수월했다. 놀랍게도 그는 자신에 관한 공문서들을 한 짐 가득 쌓아 놓고 있었다. 그의 아파트는 귀중한 정보로 가득한 진정한 문서고였다. 클리스 대령은 전시 비행 일지와 자비 출판한 전투 일기인 『VS-6, 전쟁기록』을 보관하고 있었다. 무엇보다도 이 책에는 VS-6의 공식 교전 보고가 들어 있었다. 그가 보관한 개인 문서 파일은 사실상 28년에 걸친 군대 생활의 기본 로드맵이나 마찬가지였다. 그는 (나중에 부인이 된) 여자친구 진 모숑 여사와 주고받은 연애편지도 가지고 있었다. 마침내 우리는 서른

샌안토니오에 있는 아파트에서 집필 작업을 하고 있는 아흔다섯 살의 클리스 대령. 공저자들에게 엔터프라이즈함의 사진을 보여주고 있다. (TJO/LLO)

세 시간 분량의 구술 역사 인터뷰를 마쳤다. 클리스 대령은 그의 내밀한 이야기, 의견, 고백을 우리와 나눴다. 그는 인터뷰에 최대한 정직하게 응하고자 했다. "나는 비밀이 없어요!" 그가 단호히 말했다.

물론 아무리 협조적이라 해도 한 사람의 모든 것을 속속들이 다 알 수는 없으므로 그가 우리와 모든 것을 공유했다고 단언할 수는 없다. 하지만 우리는 다양한 사건들에 대해 여러 번 반복해서 이야기했고, 어떤 문제에 대해서는 확답을 요구하고 또 어떤 문제에 대해서는 이중으로 점검했다. 클리스 대령의 도움을 받아 그가 만족할 때까지 어떤 이야기는 추가하고 어떤 부분은 삭제하며 여러 번 원고를 수정하는 과정을 거쳤다.

타계하기 직전까지 클리스 대령은 원고를 수정했다. 유족에게 소식을 듣고 장례식에 가 보니 그가 우편으로 보내려 한 노트 한 묶음이 우리를 기다리고 있었다. 클리스 대령이 무덤에서 우리에게 보낸 최종 수정본이었다.

2016년 3월 7일, 클리스 대령은 가족과 친구들에게 둘러싸여 100세 생일을 축하받았다. 존 매케인John McCain 상원의원과 버락 오바마

Barack Obama 대통령을 비롯해 수십 명의 축하객이 생일 카드를 보냈다. 조지 H. W. 부시George H. W. Bush 전 대통령은 직접 전화해 그의 100번째 생일을 축하했다[아버지 부시는 18세 생일이 지나자마자 해군에 입대해 조종사 훈련을 받고 경항공모함 샌저신토San Jacinto에서 TBF 어벤저 뇌격기를 조종하다가 1944년 8월에 지치지마 근해에서 격추되어 일본군 포로가 될 뻔했다. —옮긴이]. 애슈턴 카터Ashton Carter 국방장관은 그와 통화한 후 이렇게 썼다. "더스티 클리스 선생님과 방금 통화했습니다. 저는 선생님께 제 임무 가운데 하나는 지금의 전쟁을 치르는 것이고 다른 하나는 제2차 세계대전에서 승전한 우리 군처럼 지금의 군대를 반드시 훌륭하게 만드는 것이라고 말씀드렸습니다. 선생님, 조국은 선생님을 자랑스럽게 여기며 저희는 선생님의 봉사에 깊이 감사드립니다. 생신 축하드립니다!" 생의 마지막 몇 주 동안 클리스 대령은 자신에게 쏟아진 축하와 격려를 모두 감사히 받아들였다. 그는 우리가 알고 지낸 몇 년간 같은 질문을 반복했다. "나는 왜 이렇게 운이 좋을까?"

아마도 클리스 대령은 곧 그 질문에 대한 답을 얻을 것이다. 노먼 잭 클리스는 2016년 4월 22일 자택에서 세상을 떠났다. 7일 뒤 로라와 나는 클리스 가족과 함께 샌안토니오의 포트샘 휴스턴 국립묘지에서 마지막 인사를 했다. 전통에 따라 우리는 영결 나팔과 21발의 조총弔銃 사격 소리를 들었다. 한 장교가 아버지의 관에 드리웠던 국기를 장남 잭 주니어에게 전달하며 "미국을 대신하여" 감사를 전했다. 나는 인간으로서 행운을 만들어 가는 주체가 우리 자신이라고 생각한다. 인생의 선택들이 지금의 우리를 결정한다. 노먼 잭 클리스는 인생에서 수많은 좋은 선택을 했다. 용기, 사랑, 의무가 훌륭한 평가, 명예로운 전역, 국가와 수많은 사람이 보낸 감사함으로 돌아왔다. 오랜만에 처음으로 내 안의 역사가가 침묵을 지켰다. 일반적인 경우라면 나는 미드웨이 해전과 지금 우리를 잇는 마지막 살아 있는 고리가 사라졌다고 지적할 것이다. 이번에는 그런 생각이 나지 않았다. 나는 슬픔에 잠겼다. 내 친구가 돌아오기만을 바랐다. 클리스 대령은 자신이 왜 미드웨이에서 죽지 않았는지 궁금하다고 큰 소리로 말하곤 했다. 로라와 나는 그가 살아 있어서 그저 감사할 뿐이라고 말했다. 그렇지 않다면 우리의 소중한 친구가 될 수 없었을 테니까.

그런 이유 때문에 이 책을 쓰기가 어려웠다. 나는 거의 대부분의 나날을 남북전쟁을 연구하는 데 보냈다. 1861년의 전쟁에 대해서는 냉철한 글을 쓰기가 쉬웠다. 율리시스 S. 그랜트Ulysses S. Grant가 나를 저녁 식사에 초대하거나 로버트 E. 리Robert E. Lee가 내게 실없는 농담을 걸리가 없기 때문이다. 클리스 대령은 내게 역사적 주제 이상의 존재였다. 그는 친밀한 관계를 쌓은 친구였다. 나는 아흔다섯 살의 은퇴자 잭 클리스와 유대감을 형성했을 뿐만 아니라 스물여섯 살의 해군 조종사 더스티 클리스와도 친구가 되었다. 간혹 적절한 순간에 그의 영혼이 자신의 이야기에 푹 빠질 때면 그의 표정이 달라졌다. 그의 목소리는 결의로 가득 찼다. 그는 상상 속의 조종간을 잡았고, 저녁 식탁은 죽음을 불사한 채 수직으로 급강하하는 비행기로 바뀌었다. 손가락은 스위치를 찾아 분주히 움직였고 손은 보이지 않는 고글을 들어 올렸다. 그는 내게 자신만만한 조종사의 목소리로, 매일 죽음과 맞서 싸우기를 전혀 두려워하지 않는 사람의 목소리로 말했다. 너무나 흥분된 경험이었다. 남북전쟁을 공부하는 것과는 완전히 달랐다. 100살의 참전용사만큼이나 나는 그 자신만만한 조종사가 그립다.

하지만 내 안의 역사가에게 마지막 말을 양보해야겠다. 나는 독자들이 이 책을 있는 그대로, 제2차 세계대전에서 싸운 미국 조종사의 이야기로 즐겨 주기를 바란다. 군사사는 사실 역사에서 자신들의 위치에 주목한 목소리 큰 관찰자들의 기록이 아니었더라면 따분했을 것이다. 미국 독립전쟁사는 조지프 플럼 마틴Joseph Plumb Martin(1760~1850, 독립전쟁 참전 군인. 그의 수기가 1950년대에 재발견되어 독립전쟁사 서술에 큰 영향을 끼쳤다. ─옮긴이)이 없었더라면 아무것도 아니었을 것이다. E. 포터 알렉산더E. Porter Alexander(1835~1910, 미국의 기술자, 군인. 남북전쟁 당시 남군에서 준장까지 승진했다. 역시 자신의 경험을 기술한 책이 재발굴되어 1989년에『남부연합을 위해 싸우다Fighting for the Confedercy』라는 제목으로 출간되었다. ─옮긴이)의 기록이 없었다면 남북전쟁사의 재미가 덜했을 것이다. 태평양전쟁의 경우에는 유진 슬레지Eugene Sledge(1923~2001, 미국의 군인(해병대), 대학교수, 작가. 태평양전쟁 참전 기록인『태평양전쟁 With the Old Breed』이 유명하다. ─옮긴이)를 잊을 수 없다. 베트남전쟁의 필립 카푸토Phillip Caputo(1941~현재. 미국의 군인(해병대). 작가. 베트남전쟁에 참전했으며 베트남전쟁 참전 기록인『전쟁의 소문A Rumor of War』이 유명하다. ─옮긴이)도 마찬가지다. 이 흥미진진한 인물들이 역사가에게 전한, 현장에서 본 전쟁의 광경은 그 무엇으로도 대체할 수 없다. 고맙습니다, 더스티 클리스. 조종석에서 당신이 목격한, 어디에서도 볼 수 없는 광경을 우리에게 보여 주셔서.

티머시 J. 오르

감사의 말

집필은 혼자 하는 예술이 아니다. 우리는 이 진실을 오래전에 배웠다. 친구와 동료들의 도움 없이 쓸 수 있는 책은 없다. 그런 사람이 많았던 우리는 운이 좋았다. 이 책의 모든 장을 읽어 주시고 비할 바 없는 지혜를 주신 분들께 감사드린다. 브렛 베버Brett Bebber, 에린 조던Erin Jordan, 애너 미크로바Anna Mikrova, 젤머 보스Jelmer Vos, 존 웨버John Weber, 엘리자벳 자노니Elizabeth Zanoni, 고든 칼훈Gordon Calhoun, 매슈 엥Matthew Eng, 조너선 화이트Jonathan White, 일라이저 파머Elijah Palmer, 잭 빌Jack Beal 씨에게 대단히 감사드린다. 이 책의 태평양 해역 지도를 그린 존 헤이저John Heiser 씨와 몇몇 역사적 사진을 추적하는 데 도움을 주신 해군역사유산사령부NHHC의 데이비드 콜라마리아David Colamaria 씨에게도 큰 박수를 보낸다. 이들은 더스티 클리스의 이야기를 전하는 데 시간을 들여 우리를 도왔고 우리는 이들에게 큰 빚을 졌다.

이 프로젝트를 도우며 조언을 아끼지 않으면서 완성까지 지켜본 출판대리인 짐 혼피셔Jim Hornfischer 씨에게도 큰 감사를 드린다. 혼피셔 씨는 본인이 뛰어난 작가이기도 하다. 그는 불굴의 의지와 통찰력을 겸비하고 우리를 언제나 안심시켰다. 이 책의 성공은 그의 덕택이다.

이 책을 출간한 하퍼 콜린스Harper Collins사의 피터 허버드Peter Hubbard 씨에게도 박수갈채를 보낸다. 허버드 씨는 이 프로젝트가 매우 짧은 마감 기한 내에 원만히 출판될 수 있다고 믿어 주었다.

급강하폭격기 조종사 친구인 제80급강하폭격비행대 출신 조지 월시 George Walsh 씨에게도 특별히 감사드린다. 월시 씨와 급강하폭격과 미드웨이 해전의 역사에 대해 많은 시간 동안 즐거운 대화를 나눴다. 월시 씨는 더스티 클리스 대령의 친구이기도 하다. 월시 씨는 클리스 대령과 그의 책이 출판되는 과정을 깊은 관심을 가지고 지켜보았다. 이 프로젝트에 필수 불가결했던 월시 씨의 도움과, 태평양전쟁에서의 헌신적인 복무에 진심으로 고마운 마음을 금할 길이 없다. 감사합니다, 월시 씨!

특별히 클리스 가족에게 무한한 감사함을 전하고 싶다. 특히 잭 클리스 주니어, 로드, 질에게 감사한다. 우리가 이 프로젝트를 시작한 이래 클리스 가족은 우리에게 최고의 감사와 친절을 베풀어 주었고 우리를 가족처럼 대해 주었다. 그들의 관대함과 지원이 없었다면 이 책은 태어나지 못했을 것이다. 우리가 그들의 훌륭한 아버지가 기뻐할 만한 일을 했기를 희망할 뿐이다. 우리가 클리스 대령과 관계를 맺고, 넓은 의미에서 클리스 가의 일원이 되어 자랑스럽다.

VS-6 부대원 명단

1941년 5월 ~ 1942년 6월

장교

1. 랠프 뎀프시 스미스Ralph Dempsey Smith 소령(비행대 대장, 1941년 5월 21일 사고순직)
2. 할스테드 루벡 호핑Halstead Lubeck Hopping 소령(비행대 대장, 1942년 2월 1일 전사)
3. 윌머 얼 갤러허Wilmer Earl Gallaher 대위(비행대 대장)
4. 클래런스 얼 디킨슨 주니어Clarence Earle Dickinson Jr. 대위
5. 프랭크 앤서니 파트리아르카Frank Anthony Patriarca 대위
6. 레지널드 러더퍼드Reginald Rutherford 대위
7. 찰스 롤린스 웨어Charles Rollins Ware 대위(1942년 6월 4일 작전 중 실종)
8. 에드워드 소프 디컨Edward Thorpe Deacon 중위
9. 칼턴 세이어 포그Carleton Thayer Fogg 중위(1942년 2월 1일 전사)
10. 하트 데일 힐턴Hart Dale Hilton 중위(1942년 3월 4일 포로로 잡힘)
11. 노먼 잭 클리스Norman Jack Kleiss 중위
12. 페리 리 티프Perry Lee Teaff 중위(사고 부상, 1942년 2월 24일)
13. 벤저민 헨리 트로멀Benjamin Henry Troemel 중위
14. 존 노먼 웨스트John Norman West 중위
15. 로버트 키스 캠벨Robert Keith Campbell 소위
16. 제임스 캠벨 덱스터James Campbell Dexter 소위(VB-6 소속으로 작전 중

실종, 1942년 7월 19일)

17. 클리오 존 돕슨Cleo John Dobson 소위

18. 얼 로 도널 주니어Earl Roe Donnell Jr. 소위(1942년 2월 1일 전사)

19. 토머스 F. 더킨 주니어Thomas F. Durkin Jr. 소위

20. 퍼시 웬들 포먼Percy Wendell Forman 소위(1942년 2월 24일 포로로 잡힘, 1942년 3월 13일 이송 중 익사)

21. 윌리엄 에드워드 홀Willian Edward Hall 소위

22. 올던 윌버 핸슨Alden Wilbur Hanson 소위

23. 리처드 앨론조 재커드Richard Alonzo Jaccard 소위(1942년 12월 7일 부상)

24. 존 캐디 러프John Cady Lough 소위(1942년 6월 4일 작전 중 실종)

25. 존 레지널드 매카시John Reginald McCarthy 소위(1942년 12월 7일 부상)

26. 밀퍼드 오스틴 메릴Milford Austin Merrill 소위

27. 버넌 라슨 미킬Vernon Larsen Micheel 소위

28. 프랭크 우드로 오플래허티Frank Woodrow O'Flaherty 소위(1942년 6월 4일에 포로로 잡혔다가 수감 중 6월 15일에 처형당함)

29. 칼 데이비드 파이퍼Carl David Peiffer 소위(1942년 6월 4일 작전 중 실종)

30. 존 퀸시 로버츠John Quincy Roberts 소위(1942년 6월 4일 전사)

31. 윌리엄 로빈슨 피트먼William Robinson Pittman 소위

32. 호러스 어빈 프루Horace Irvin Proulx 소위

33. 엘더 언스트 로덴버그Eldor Ernst Rodenburg 소위

34. 대니얼 시드Daniel Seid 소위(1942년 2월 1일 전사)

35. 제임스 아널드 셸턴James Arnold Shelton 소위(1942년 6월 4일 작전 중 실종)

36. 리드 웬트워스 스톤Reid Wentworth Stone 소위

37. 클래런스 얼 배먼 주니어Clarence Earl Vammen Jr. 소위(1942년 6월 6일 전사)

38. 존 헨리 리언 보그트John Henry Leon Vogt 소위(1941년 12월 7일 전사)

39. 윌리엄 프라이스 웨스트William Price West 소위(1942년 2월 1일 부상, 1942년 5월 20일 사고순직)

40. 월터 마이클 윌리스Walter Michael Willis 소위(1941년 12월 7일 전사)

부사관, 수병

1. 토머스 에드워드 메리트Thomas Edward Merritt, 항공 통신 중사ACRM
2. 플로이드 델버트 애드킨스Floyd Delbert Adkins, 항공 정비 병장AMM 2/c
3. 어윈 G. 베일리Irwin G. Bailey, 항공 정비 상병AMM 3/c
4. 윌리엄 하트 버긴William Hart Bergin, 통신 하사RM 1/c
5. 토머스 제임스 브루스Thomas James Bruce, 갑판 병장Sea 2/c
6. 밀턴 웨인 클라크Milton Wayne Clark, 항공 정비 병장AMM 2/c(1942년 6월 6일 전사)
7. 미첼 콘Mitchell Cohn, 통신 상병RM 3/c(1941년 12월 7일 전사)
8. 오드리 제러드 코슬릿Audrey Gerard Coslett, 통신 상병RM 3/c(1941년 12월 7일 부상)
9. 데이비드 브루스 크레이그David Bruce Craig, 통신 상병RM 3/c(1942년 6월 4일 작전중 실종)
10. 퍼디낸드 조지프 커플스Ferdinand Joseph Cupples, 통신 하사RM 1/c
11. 존 듀이 댄스John Dewey Dance, 통신 상병RM 3/c
12. 조지프 퍼디낸드 델루카Joseph Ferdinand DeLuca, 통신 하사RM 1/c
13. 오티스 리 데니스Otis Lee Dennis, 통신 상병RM 3/c(1942년 2월 1일 전사)
14. 프레드 존 듀콜론Fred John Ducolon, 조타병COX(1941년 12월 7일 전사)
15. 브루노 피터 가이도Bruno Peter Gaido, 항공 정비 하사AMM 1/c(1942년 6월 4일 포로로 잡힘. 1942년 6월 15일 수감 중 처형)
16. 데이비드 프랭클린 그로그David Franklin Grogg, 항공 정비 상병AMM 3/c(1942년 2월 1일 전사)
17. 루이스 데일 핸슨Louis Dale Hanson, 통신 상병RM 3/c(1942년 6월 4일 작전 중 실종)
18. 도널드 호프Donald Hoff, 통신 상병RM 3/c
19. 얼 에드워드 하월Earl Edward Howell, 통신 병장RM 2/c
20. 로이 L. 호스Roy L. Hoss, 통신 상병RM 3/c
21. 프레더릭 찰스 젝Frederick Charles Jeck, 통신 상병RM 3/c(1942년 6월 4일 작전 중 실종)
22. 에드거 펠런 징크스Edgar Phelan Jinks, 통신 상병RM 3/c(1942년 2월 24일 전사)
23. 잭 리밍Jack Leaming, 통신 병장RM 2/c(1942년 3월 4일 포로로 잡힘)
24. 윌리엄 시서로 밀러William Cicero Miller, 통신 하사RM 1/c(1941년 12월

7일 전사)

25. 시드니 피어스Sidney Pierce, 통신 상병RM 3/c(1941년 12월 7일 전사)

26. 포터 윌리엄 픽슬리Porter William Pixley, 통신 상병RM 3/c

27. 존 워런 스노든John Warren Snowden, 통신 상병RM 3/c

28. 윌리엄 헨리 스탬보William Henry Stambaugh, 통신 하사RM 1/c(1942년 6월 4일 실종)

29. 엘프리드 R. 스티츨버거Alfred R. Stitzelberger, 통신 병장RM 2/c

30. 서먼 랜돌프 스윈들Thurman Randolph Swindell, 항공 무장 하사AOM 1/c (1942년 6월 4일 전사)

31. 해럴드 토머스Harold Thomas, 통신 하사RM 1/c(1942년 2월 1일 전사)

32. 올턴 존 트래비스Alton John Travis, 항공 정비 병장AMM 2/c(1942년 2월 1일 전사)

33. 존 에드윈 윈체스터John Edwin Winchester, 항공 정비 병장AMM 2/c (1942년 2월 24일 포로로 잡힘. 1942년 3월 13일 이송 중 익사)

* 제2차 세계대전기 미 해군 부사관/병의 계급명은 하사 계급까지는 직별 뒤에 등급을 붙여 표시한다. 예를 들어 AMM 1/c를 우리말로 옮기면 항공 정비직 하사다(이 책 에서는 '직'을 생략하고 '항공 정비 하사'라고 표기했다).

용어 해설

계급과 등급

1/c(First Class), 2/c(Second Class), 3/c(Third Class), 하사, 병장, 상병

ACRM: Aviation Chief Radioman 항공 통신직 중사

ADM: 대장

AMM: Aviations Mechanist's Mate 항공 정비직

AOM: Aviation Ordnanceman 항공 무장직

CAPT: Captain 대령, 함장

COX: Coxwain 조타병

CDR: Commander 중령

Ensign: 소위

LCDR: Lieutenant Commander 소령

LT: Lieutenant 대위

LTJG: Lieutenant Junior Grade 중위

RADM: Rear Admiral 소장

RM: 통신직

VADM: 중장

함선

BB: 전함

CA: 중순양함

CL: 경순양함
CV: 정규 항공모함
CVL: 경항공모함
CVN: 원자력 추진 항공모함
DD: 구축함
SS: 잠수함

미군 비행기

B-17: '플라잉 포트리스Flying Fortress', 보잉Boeing사 제작, 타입 17(엔진 4
개, 탑승원 10명, 장거리 폭격기)

F2F-1: 그러먼Grumman사 제작, 전투기, 타입 2, 마크 1(단발 단좌 복엽기)

F3F-1: 그러먼사 제작, 전투기, 타입 3, 마크 1(단발 단좌 복엽기)

F4B-4: 보잉사 제작, 타입 4, 마크 4(단발 단좌 복엽 전투 폭격기)

F4F-3: '와일드캣Wildcat', 그러먼사 제작, 전투기, 타입 4, 마크 3(단발 단좌
전투기)

F4F-4: '와일드캣', 그러먼사 제작, 전투기, 타입 4, 마크 4(단발 단좌 전투기)

N3N-1: 해군비행기공장Naval Aircraft Factory, 타입 3, 마크 1(앞뒤로 좌석이
있는 훈련 복엽기)

NJ-1: '택산Texan', 노스아메리칸North American사 제작, T-6 파생형(복좌
고등훈련기)

O2U: '커세어Corsair', 보트Vought사 제작, 관측기, 타입 2(복좌 정찰 복엽기)

O3U-1: '커세어', 보트사 제작, 관측기, 타입 3, 마크 1(복좌 정찰 복엽기)

PBY: '카탈리나Catalina', 콘솔리데이티드Consolidated사 제작, 초계 폭격기(10
인승 비행정)

SB2C-5: '헬다이버Helldiver', 커티스Curtiss사 제작, 정찰 폭격기, 타입 2, 마
크 5(복좌 정찰 폭격기)

SB2U-3: '빈디케이터Vindicator', 보트사 제작, 정찰 폭격기, 타입 2, 마크
2(복좌 정찰 폭격기)

SBC-4: '헬다이버', 커티스사 제작, 정찰 폭격기, 마크 4(복좌 정찰 폭격기)

SBD-1: '던틀리스Dauntless', 더글러스Douglas사 제작, 정찰 폭격기, 마크
1(복좌 정찰 폭격기)

SBD-2: '던틀리스', 더글러스사 제작, 정찰 폭격기, 마크 2(복좌 정찰 폭격기)

SBD-3: '던틀리스', 더글러스사 제작, 정찰 폭격기, 마크 3(복좌 정찰 폭격기)

SBD-5: '던틀리스', 더글러스사 제작, 정찰 폭격기, 마크 5(복좌 정찰 폭격기)

SNJ-1: '텍산', 노스아메리칸사 제작, T-6 파생형(복좌 고등훈련기)

SOC: '시걸Seagull', 커티스사 제작, 정찰 관측기(복좌 수륙양용 정찰기)

SU-2: '커세어', 보트사 제작, 정찰기, 마크 2(복좌 복엽 정찰기)

SU-3: '커세어', 보트사 제작, 정찰기, 마크 3(복좌 복엽 정찰기)

TBD-1: '데버스테이터Devastator', 더글러스사 제작, 뇌격기, 마크 1(3좌 뇌격기)

XSBU-1: '커세어', 보트사 제작, 정찰 폭격기 파생형, 마크 1(복좌 정찰 폭격기)

일본군 비행기

A5M-1: '클로드Claude', 미쓰비시Mitsubishi사 제작, 96식 함상전투기(단발 단좌 전투기)

A6M-2: '제로Zero', 미쓰비시사 제작, 0식 함상전투기(단발 단좌 전투기)

B5N-2: '케이트Kate', 나카지마Nakajima사 제작, 97식 함상공격기(3좌 뇌격기)

D3A-1: '발Val', 아이치Aichi사 제작, 99식 함상폭격기 11형(복좌 급강하폭격기) 〔원문은 Mark 1이지만 일본명은 11형〕

GM3: '넬Nell', 미쓰비시사 제작, 쌍발 96식 육상공격기(7인승 중거리 폭격기)

역자 후기

    먼저 이 책을 내주신 일조각의 김시연 대표님과 안경순 편집장님을 비롯한 일조각 직원 여러분, 번역 과정 중에 문의할 때마다 친절히 답해 주신 공저자 로라 오르 선생님과 한국어판 서문을 써 주신 티머시 오르 교수님, 언제나 힘이 되어 준 가족과 친구들에게 깊이 감사드립니다.

    미 해군 급강하폭격기 조종사는 태평양전쟁 초기 해전, 특히 미드웨이 해전의 주인공이었지만 자신이 겪은 일을 기록으로 남긴 이는 그다지 많지 않습니다. 이들 중 다수가 전사했거나, 살아남았어도 기록을 남기지 못하고 타계했기 때문일 것입니다. 아니면 기록으로 남기기 위해 당시의 끔찍한 기억을 되살리는 일 자체가 몹시 힘들었기 때문이었을 수도 있겠지요.

    따라서 미드웨이 해전에서 리처드 홀시 '딕' 베스트와 더불어 최고의 전과를 올린 급강하폭격기 조종사인 잭 '더스티' 클리스 대령이 쓴 『미드웨이 해전과 나』는 해전의 주인공이 남긴 귀중한 현장 기록이라는 점에서 가치가 큰 저서입니다. 또한 이 책은 진주만 공격 이래 태평양의 여러 요충지를 두고 벌인 양국 해군항공대의 전투가 미드웨이에서 절정을 맞기까지의 전개 양상에 관한 묘사이자 태평양전쟁기 해군 조종사의 양성 과정, 일상적 근무와 전투, 그리고 비전투 위험에 대한 생생한 증언이기도 합니다.

2022년은 미드웨이 해전 80주년을 맞은 해였습니다. 제 첫 번역서인 『미드웨이 해전Shattered Sword』에 이어 이 해전을 다룬 책을 또다시 우리말로 옮기게 되어 영광으로 생각합니다. 앞으로도 기회가 된다면 미드웨이 해전, 나아가 태평양전쟁의 해전에 대한 책을 더 소개할 수 있기를 바랍니다. 감사합니다.

지은이

노먼 잭 클리스Norman Jack Kleiss

1916년에 미국 캔자스주 커피빌에서 태어나 미 해군사관학교를 1938년에 졸업해 소위로 임관했다. 1940년부터 비행사 교육을 받아 1941년 항공모함 엔터프라이즈에 배치된 제6정찰폭격비행대VS-6에서 급강하폭격기 조종사로 근무했다. 태평양전쟁 중 마셜 제도, 웨이크섬, 마커스섬 공습에 참여했으며 여기에서 세운 공로로 비행수훈십자장을 받았다. 1942년 6월의 미드웨이 해전에서 일본 항공모함 가가, 히류, 중순양함 미쿠마에 명중탄을 기록한 공로로 미 해군 최고의 훈장인 해군십자장을 받았다. 이후 종전할 때까지 본토에서 비행 교관으로 근무했다. 전쟁 후에는 주로 기술 관련 보직에서 근무하다가 1962년에 대령 계급으로 전역했다. 다양한 직업을 거친 후 1966년 고등학교 교사가 되어 1976년까지 근무했다. 은퇴 이후에는 봉사활동, 참전자 행사 참여와 강연을 했으며 2016년 4월에 100세를 일기로 타계했다. 노먼 잭 클리스는 미드웨이 해전에 참전한 미 해군 급강하폭격기 조종사 중 가장 오래 생존한 사람이다.

티머시 J. 오르Timothy J. Orr

미국 버지니아주 노퍽 소재 올드 도미니언 대학교Old Dominion University의 역사학 부교수다. *Last to Leave the Field*의 저자이자 편집자다.

로라 로퍼 오르Laura Lawfer Orr

미국 버지니아주 노퍽 소재 햄프턴로즈 해군박물관Hampton Roads Naval Museum의 교육부 부부장이다.

옮긴이

이승훈

고려대학교와 서울대학교에서 공부했다. 옮긴 책으로 『미드웨이 해전Shattered Sword』, 『언익스펙티드 스파이Unexpected Spy』, 『욤 키푸르 전쟁The Yom Kippur War』이 있다. 『미드웨이 해전』의 저자인 조너선 파셜J. Parshall, 앤서니 털리A. Tully와 공동으로 미국해군연구소U.S. Naval Institute에서 발간하는 잡지 *Naval History* 2019년 6월호에 미드웨이 해전 관련 기사인 "A Double Turn of Misfortune"을 기고했다.

미드웨이 해전과 나

전설적인 미군 급강하폭격기 조종사의 회고록

1판 1쇄 펴낸날 2023년 5월 31일

지은이 ㅣ 노먼 잭 클리스
　　　　　 티머시 J. 오르·로라 로퍼 오르
옮긴이 ㅣ 이승훈
펴낸이 ㅣ 김시연

편집 ㅣ 오지은
디자인 ㅣ 본문 이미애, 표지 최정희

펴낸곳 ㅣ (주)일조각
등록 ㅣ 1953년 9월 3일 제300-1953-1호(구 : 제1-298호)
주소 ㅣ 03176 서울시 종로구 경희궁길 39
전화 ㅣ 02-734-3545 / 02-733-8811(편집부)
　　　　 02-733-5430 / 02-733-5431(영업부)
팩스 ㅣ 02-735-9994(편집부) / 02-738-5857(영업부)
이메일 ㅣ ilchokak@hanmail.net
홈페이지 ㅣ www.ilchokak.co.kr

ISBN　978-89-337-0821-7　03900
값 23,000원

* 옮긴이와 협의하여 인지를 생략합니다.